Sovraindebitamento: dalla tutela del debitore al recupero del credito

Aggiornato al d.lgs. n. 83/2022
per l'attuazione della direttiva UE 2019/1023

IUSTITIAM COLIMUS

Fabio Cesare - Chiara Valcepina

Sovraindebitamento: dalla tutela del debitore al recupero del credito

Aggiornato al d.lgs. n. 83/2022
per l'attuazione della direttiva UE 2019/1023

Giappichelli

VIA PO, 21 - TEL. 011-81.53.111
http://www.giappichelli.it

ISBN/EAN 978-88-7524-591-7
ISBN/EAN 979-12-211-5560-0 (ebook - pdf)

G. Giappichelli Editore

Questo libro è stato stampato su carta certificata, riciclabile al 100%

Stampa: Rotolito S.p.A. - Pioltello (MI)

INDICE

pag.

INTRODUZIONE

di *Fabio Cesare*

Parte Prima

PRESUPPOSTI E ORGANI

Capitolo Primo

PRESUPPOSTI

di *Marina De Cesare*

pag.

Capitolo Secondo
GLI ORGANI
di *Chiara Valcepina*

Parte Seconda
I PROCEDIMENTI

Capitolo Terzo
L'ACCORDO DI COMPOSIZIONE DELLA CRISI
di *Elisa Castagnoli*

Capitolo Quarto

IL PIANO DEL CONSUMATORE

di *Daniele Portinaro*

Capitolo Quinto

ESECUZIONE DELL'ACCORDO E DEL PIANO DEL CONSUMATORE

di *Laura Bonati* e *Nicole Cacciapuoti*

pag.

Capitolo Sesto
LA LIQUIDAZIONE DEL PATRIMONIO
di *Fabio Cesare*

Capitolo Settimo
L'ESDEBITAZIONE
di *Joel Giuliani*

Parte Terza
IL CODICE DELLA CRISI E DELL'INSOLVENZA

Capitolo Ottavo
LE DISPOSIZIONI COMUNI
di *Anna Porcari*

Capitolo Nono

LA RISTRUTTURAZIONE DEI DEBITI DEL CONSUMATORE

di *Gianfranco Benvenuto*

Capitolo Decimo

CONCORDATO MINORE

di *Margherita Rizzuto*

pag.

Capitolo Tredicesimo

LA COMPOSIZIONE NEGOZIATA MINORE NEL CODICE DELLA CRISI

di *Luca Calò*

INTRODUZIONE

di *Fabio Cesare*

SOMMARIO: 1. Il sovraindebitamento come istituto di rottura della tradizione giuridica. – 2. L'esigenza della regolazione dell'insolvenza dei soggetti non soggetti a liquidazione giudiziale. – 3. La genesi tardiva del sovraindebitamento nell'ordinamento italiano. – 4. La riforma: la legge delega, il d.lgs. 12 gennaio 2019, n. 14, il d.lgs. 17 giugno 2022, n. 83 e il d.l. 21 giugno 2022, n. 73. – 5. Il metodo di questo volume.

1. Il sovraindebitamento come istituto di rottura della tradizione giuridica

L'introduzione del sovraindebitamento nell'ordinamento italiano è stata particolarmente sofferta. Le ragioni che tradizionalmente hanno ostacolato l'adozione di un modello concorsuale per i soggetti non fallibili sono di ordine essenzialmente culturale e sociale.

Esse traggono origine dall'esigenza di regolamentare i traffici commerciali e la garanzia patrimoniale generica del debitore con una disciplina che garantisca il sistema dei pagamenti con un ragionevole grado di certezza, assicurato anche dai reati fallimentari, deterrente efficace per i debitori che non intendessero rispettare i propri impegni.

A partire dalla *lex mercatoria*, la tradizione storica ha infatti visto il fallimento (oggi liquidazione giudiziale) come reazione del ceto commerciale contro il debitore che pregiudichi la posizione degli altri membri [1]. Di qui, la particolare rilevanza sociale della crisi dell'impresa, che può innescare una reazione a catena nel mercato in ragione delle sue dimensioni e per la rete di rapporti che intrattiene.

Simili esigenze pubblicistiche non venivano riscontrate nella crisi dei soggetti non fallibili: la differenziazione tra insolvenza civile e commerciale

---

[1] Per un *excursus* storico del fallimento nella sua evoluzione storica dal diritto medievale si veda F. DI MARZIO, *Fallimento. Storia di un'idea*, 2018.

ha nel tempo superato anche il vaglio della Corte costituzionale [2], sulla base del rilievo che la crisi dei privati non avrebbe da sola incidenza pubblica e meriterebbe di essere trattata diversamente.

L'insolvenza civile veniva inquadrata nel solo ambito degli istituti dell'esecuzione individuale, assai potenziata all'indomani della crisi finanziaria del 2008, da plurimi interventi legislativi che hanno spostato il baricentro dell'espropriazione verso l'interesse dei creditori, comprimendo le possibilità di difesa del debitore.

Altre ragioni hanno poi condizionato l'intempestiva introduzione di una normativa concorsuale per l'insolvenza civile. Il radicamento culturale del principio del consenso, per cui *pacta sunt servanda*, e la riprovazione sociale di ogni lesione della garanzia generica, hanno agito come deterrenti per l'introduzione della disciplina, per poi tormentarne la prima introduzione legislativa ed infine scongiurarne l'applicazione per i primi anni di vigenza.

Tuttavia, le spinte sociali non consentono a una società a capitalismo evoluto di prescindere da una regolamentazione concorsuale dell'insolvenza civile, pena l'inefficienza del sistema e l'avvio di ampie sacche di illegalità in grado di intercettare i bisogni dei debitori che l'ordinamento non è in grado di elaborare.

2. L'esigenza della regolazione dell'insolvenza dei soggetti non soggetti a liquidazione giudiziale

La spinta alla crescita senza fine del prodotto interno lordo quale unico obiettivo di felicità sociale comporta, infatti, la necessità di destinare al consumo quote di reddito futuro ricorrendo all'indebitamento privato. Il ricorso ai finanziamenti al consumo impone una delicata assunzione di un rischio di inadempimento del debitore che può essere controbilanciato solo da chi possiede i rudimenti dell'educazione finanziaria, competenza non particolarmente diffusa tra la popolazione dei consumatori. Ne consegue che oltre una certa soglia, si incrementa il rischio di plurimi *default*, singolarmente insignificanti, ma rilevanti se collettivamente intesi.

L'eccessiva pressione sui debitori determina poi il rischio che questi si rivolgano alla criminalità organizzata per reperire le risorse necessarie ad

---

[2] Si veda Corte cost. n. 94/1970, che ha negato la violazione dell'art. 3 Cost. degli artt. 2221 c.c. e 1 l.fall., giustificando l'esclusione per la circoscritta incidenza che l'attività del privato riveste sulla collettività.

onorare le obbligazioni rimaste inadempiute, sotto la spinta crescente del disdoro sociale conseguente alle iniziative esecutive.

Non a caso la legge n. 3/2012 era intitolata "*Disposizioni in materia di usura e di estorsione, nonché di composizione delle crisi da sovraindebitamento*".

In quest'ottica, un corretto bilanciamento tra principio di affidamento, garanzia generica e rimodulazione delle obbligazioni assunte, acquisisce la forma di una riaffermazione del principio di legalità, poiché permette di rafforzare il patto di convivenza tra Stato e cittadini limitando le forze centrifughe che potrebbero attrarre i debitori insolventi verso meccanismi criminosi.

Sotto diverso profilo, il sovraindebitamento risponde a una esigenza deflattiva: come ogni procedura concorsuale, essa concentra all'interno di un unico contenitore plurime procedure esecutive, impegnando solo un giudice designato e non una singola risorsa giurisdizionale per ogni processo esecutivo.

Infine, il sovraindebitamento evita costi indiretti connessi all'inadempimento: l'impossibilità di produrre reddito disponibile per il nucleo familiare interessato dal dissesto comporta un maggiore accesso agli istituti di *welfare* intesi a garantire una soglia minima di dignità, se non di sopravvivenza.

In questa prospettiva, le plurime misure di sostegno al reddito concesse dal legislatore degli ultimi anni, fiorite ancor più intensamente nella legislazione dell'emergenza pandemica, non avrebbero senso se fossero dedicate al pagamento dei debiti pregressi, magari sulla scorta dell'onda emotiva conseguente alla pressione dell'assalto dei creditori al patrimonio del debitore.

Il sovraindebitamento assume così la funzione di supporto alle misure di sostegno sociale, perché senza il blocco delle azioni esecutive, il rischio che le provvidenze statali vengano deviate per regolare obbligazioni diverse dal mantenimento è assai concreto.

Queste esigenze, contrastate dalla religione del rispetto della garanzia generica da parte degli operatori del diritto, hanno condotto alla pur tardiva adozione del sovraindebitamento nell'ordinamento italiano.

3. La genesi tardiva del sovraindebitamento nell'ordinamento italiano

L'ordinamento italiano è stato l'ultimo in Europa ad adottare una disciplina compiuta sull'insolvenza dei soggetti non fallibili.

L'introduzione del sovraindebitamento prende le mosse dal progetto di legge A.S. n. 307, di iniziativa del senatore Roberto Centaro, recante "*Disposizioni in materia di usura e di estorsione, nonché di composizione delle crisi da sovraindebitamento*", approvato dal Senato della Repubblica il 1° aprile 2009; passato all'esame della Camera dei Deputati come A.C. n. 2364 è rimasto a lungo quiescente.

Prima che il progetto di legge Centaro terminasse il suo esame alla Camera, il Governo Monti, è intervenuto d'urgenza regolando la sola materia del sovraindebitamento con il d.l. 22 dicembre 2011, n. 212, entrato in vigore il 23 dicembre 2011 e vigente per soli 60 giorni: è stato successivamente abrogato in sede di conversione dalla legge 17 febbraio 2012, n. 10, entrata in vigore il 20 febbraio 2012. Contemporaneamente, la Camera dei Deputati terminava l'esame del progetto di legge Centaro che tornava al Senato ampiamente modificato, come A.S. 307B, poi trasformatosi nella legge 27 gennaio 2012, n. 3.

Dopo l'esperienza di una "legge fotocopia", la normativa venne poco dopo modificata dal d.l. n. 179/2012, convertito con legge n. 212/2012 ampliando la platea dei soggetti destinatari della normativa con l'inserimento delle *start up* innovative e introducendo la liquidazione del patrimonio con la successiva esdebitazione per le sole persone fisiche.

Nei primi due anni di vigenza i ricorsi sono stati pochissimi, complice l'inesistenza degli Organismi di Composizione della Crisi, istituiti solo con il d.m. n. 202/2014 e le plurime aporie della legge n. 3/2012.

Dopo il 2014, l'istituto in esame ha iniziato a dispiegare la sua portata applicativa, generando tuttavia straordinarie oscillazioni interpretative, frutto della difficoltà di classificazione di una normativa assai trasversale e della vischiosità esegetica delle sezioni fallimentari, ostili ad interpretazioni in grado di cancellare immeritevolmente i debiti laddove fossero riscontrate le più remote opacità.

Non da ultimo, i costi di un procedimento eccessivamente strutturato e bisognoso di un apporto professionale assai intenso, ma non adeguatamente ripagato, hanno reso assai difficoltoso l'accesso all'istituto da parte dell'utenza.

Si può dunque affermare che il cantiere del sovraindebitamento è rimasto aperto sia sotto il profilo delle soluzioni giurisprudenziali sia sotto il profilo dell'intervento legislativo per molti anni.

La legge n. 3/2012 ha subìto diverse modifiche nel tempo. L'art. 9 del d.l. n. 23/2020 nella fisionomia derivante dalla conversione del decreto legge con la legge n. 40/2020 ha differito *ex lege* il termine di adempimento del piano del consumatore e dell'accordo di composizione della crisi e ha introdotto la possibilità di modificare la proposta non ancora omologata in considerazione dell'emergenza epidemiologica. Poi il d.l. 28 ottobre 2020, n. 137 convertito con legge 18 dicembre 2020, n. 176 (c.d. emendamento Pesco) ha anticipato nel corpo della legge. n. 3/2012 gran parte delle disposizioni del Codice della Crisi in tema di sovraindebitamento: ha eliminato la verifica degli atti di frode per l'apertura della liquidazione del patrimonio, ha addossato all'ente creditizio e non al consumatore la responsabilità dell'erogazione di credito immeritevole, ha introdotto gli artt. 7-*bis* e 14-*quaterdecies* che disciplinano rispettivamente le procedure familiari e l'esdebitazione dell'incapiente.

4. La riforma: la legge delega, il d.lgs. 12 gennaio 2019, n. 14, il d.lgs. 17 giugno 2022, n. 83 e il d.l. 21 giugno 2022, n. 73

Il d.lgs. 12 gennaio 2019, n. 14 ha recepito in parte l'elaborazione della commissione Rordorf che ha supportato l'ufficio legislativo nell'arduo compito di dare forma al Codice della Crisi d'Impresa e dell'Insolvenza a partire dalla legge. 19 ottobre 2017, n. 155, che aveva delegato il Governo ad adottare una riforma sistematica del diritto concorsuale. Quest'ultima disciplina aveva già indicato nel dettaglio all'art. 9 i contenuti della riforma sul tema del sovraindebitamento. La disposizione in esame tentava di scegliere gli orientamenti giurisprudenziali meno restrittivi per escludere quelli che avevano limitato l'applicazione concreta della procedura. Ne sono un esempio l'adozione di misure in grado di favorire l'accesso all'istituto da parte dei soci illimitatamente responsabili e la legittimazione delle procedure familiari, talvolta osteggiate per il rischio di confusione dei patrimoni, oppure le norme che impongono la concorsualizzazione della cessione del quinto dello stipendio ceduto in garanzia di un finanziamento, talvolta considerato dalla giurisprudenza estraneo al concorso e dunque da pagare per intero al singolo cessionario.

Anche l'esdebitazione veniva favorita con l'introduzione di un meccanismo automatico di liberazione dei debiti dopo un triennio dall'apertura del concorso e con l'introduzione dell'esdebitazione del debitore incapiente, istituto che vede ribaltare il rapporto tra procedura concorsuale e procedimento di liberazione dei debiti con un perdono giudiziale immediato e una distribuzione solo eventuale ove pervengano utilità rilevanti del debitore entro quattro anni.

È qui evidente l'eco delle pronunce che hanno inibito l'apertura del concorso nel vigore della legge n. 3/2012 ove non vi siano beni utilmente liquidabili, e il tentativo, forse velleitario del legislatore [3], di inibire interpretazioni eccessivamente restrittive sorte dall'applicazione pratica.

Gli ultimi interventi sul Codice della Crisi sono stati effettuati con il d.lgs. 17 giugno 2022, n. 83, in attuazione della direttiva UE 2019/1023 e il d.l. 21 giugno 2022, n. 73 convertito in legge 4 agosto 2022, n. 122, recante misure urgenti in materia di semplificazioni fiscali e di rilascio del nulla osta al lavoro, Tesoreria dello Stato e ulteriori disposizioni finanziarie e sociali.

Gli interventi più significativi dell'ultima ondata riformatrice riguardano la legittimazione attiva del pubblico ministero, eliminata nella liquidazione controllata, istituto che ha visto elevare la soglia di procedibilità da trenta a cinquantamila euro di crediti scaduti per l'istanza del creditore.

Il Codice della Crisi d'Impresa e dell'Insolvenza delinea un sovraindebitamento dai contorni più netti e organici.

Ne consegue una completa modifica nominalistica: il piano del consumatore diventa la ristrutturazione dei debiti del consumatore e l'accordo di composizione della crisi si trasforma nel concordato minore per evidenti esigenze sistematiche. La riforma si dota di una rigida ripartizione nei requisiti soggettivi di accesso, non presente nella legge n. 3/2012, che invece permette al consumatore di esperire anche l'accordo di composizione della crisi.

La liquidazione del patrimonio diventa liquidazione controllata come sorella minore della liquidazione giudiziale, forma linguisticamente ingentilita del fallimento e, soprattutto, esperibile a certe condizioni persino su impulso dei creditori.

Il sovraindebitamento diventa così una forma di recupero del credito e si trasforma da strumento di tutela del debitore a veicolo di espropriazione tendenzialmente più equa, poiché l'esecuzione individuale non può assicurare una distribuzione destinata a tutto il ceto creditorio, ma la limita ai soli creditori più strutturati a detrimento di quelli meno motivati.

Inoltre, la nuova fisionomia del sovraindebitamento incentiva l'accelerazione dell'agonia del debitore verso un esito concorsuale.

La legittimazione del singolo creditore favorirà infatti un rapido esito dell'insolvenza individuale senza le remore e senza gli eccessivi costi di avvio che oggi sostiene il debitore, attualmente disincentivato anche dall'eccessiva

---

[3] Si vedano le lucide riflessioni di Sanzo, che rimarca come sia impossibile per il legislatore imbavagliare la superfetazione di interpretazioni giurisprudenziali in lesione della certezza del diritto in un ordinamento che si fonda sulla libertà di interpretazione della legge da parte dei magistrati, S. SANZO-D. BURRONI, *Il nuovo Codice della crisi di impresa e dell'insolvenza*, 2019, p. 5 ss.

procedimentalizzazione, così da lasciarlo rimanere in balia dell'assalto dei creditori senza che questi abbiano una seria prospettiva di soddisfacimento.

Si delinea così una piccola rivoluzione copernicana che vuole essere descritta da questo volume: la diffusione del sovraindebitamento passerà dall'educazione dei creditori, che lentamente si dovranno abituare a una normativa percepita oggi come una grazia concessa al debitore, ma che diventerà uno strumento di recupero del credito non appena verrà compreso dagli operatori del diritto.

5. Il metodo di questo volume

Questo volume presenta le discipline della legge n. 3/2012 e del Codice della Crisi: la prima si è lentamente armonizzata con la seconda, per effetto di continue applicazioni precoci del Codice della Crisi e per effetto dell'innesto delle nuove disposizioni sin dal decreto ristori. Infatti, insieme con la disciplina degli OCC dettata dal d.m. n. 202/2014, destinata a rimanere in vigore nonostante l'entrata in vigore del CCII, la legge n. 3/2012 rimarrà a lungo materia di interesse per le procedure aperte prima del 15 luglio 2022, data di entrata in vigore del Codice della Crisi.

Ciò varrà sia per l'esdebitazione, della quale potranno beneficiare solo le persone fisiche dopo quattro anni dall'apertura della liquidazione del patrimonio, sia per gli accordi di composizione della crisi e per i piani omologati nella vigenza della legge n. 3/2012 ma non ancora adempiuti al 15 luglio 2022, come disposto dalla norma transitoria dell'art. 390 CCII.

La disamina di entrambe le normative permette di affrontare le problematiche traversali che la disciplina del sovraindebitamento potrà presentare nei prossimi anni, pur nella consapevolezza che la materia sarà oggetto di probabili rivisitazioni e riassetti che potrebbero compromettere l'attualità del presente volume.

Nella seconda sezione del volume dedicato alla riforma sono recepite le disposizioni del d.lgs. 26 ottobre 2020, n. 147 più noto come decreto correttivo, così come le disposizioni del d.lgs. 17 giugno 2022, n. 83 di recepimento della direttiva Insolvency (2019/1023) e del d.l. 21 giugno 2022, n. 73 convertito in legge 4 agosto 2022, n. 122.

La prima parte dell'opera è dedicata pertanto ai requisiti soggettivi e alle differenze fra insolvenza civile e sovraindebitamento nonché agli organi e in particolare agli OCC sopravvissuti alla riforma perché non è stato abrogato il d.m. n. 202/2014; la seconda parte è dedicata alla abrogata legge n.

3/2012, che rimane trattata in questo volume perché non si sono esaurite le procedure avviate prima del 15 luglio 2022.

Pertanto gli accordi e i piani in corso di esecuzione potrebbero essere convertiti in liquidazioni del patrimonio e queste ultime dovrebbero poi essere trattate con l'esdebitazione regolata dall'art. 14-*terdecies*, legge n. 3/2012 in virtù della disposizione di diritto intertemporale stabilita dall'art. 390 CCII.

La terza parte dell'opera è incentrata sul Codice della Crisi d'Impresa e dell'Insolvenza e sulla composizione negoziata minore, alla quale occorre fare un cenno nonostante non vi siano stati molti riscontri pratici per le imprese minori.

La ripetizione e il richiamo di alcuni concetti all'interno dei singoli capitoli riflette l'intento di permettere una consultazione pratica e completa dei di ciascun istituto, attraverso una visione d'insieme tendenzialmente autonoma per ogni argomento, così da facilitare il lettore nella disamina dei singoli temi senza imporre eccessivi salti nella lettura del volume.

Parte Prima

PRESUPPOSTI E ORGANI

Capitolo Primo
PRESUPPOSTI

di *Marina De Cesare*

SOMMARIO: 1. Il sovraindebitamento: definizione e differenze con l'insolvenza civile *ex* art. 1186 c.c. e con l'insolvenza commerciale. – 2. La legittimazione attiva: l'imprenditore non assoggettabile al fallimento e al concordato preventivo. – 3. La platea dei soggetti "non fallibili": criticità. – 4. La nozione di "consumatore". – 5. I requisiti ostativi di cui all'art. 7, comma 2, legge n. 3/2012.

1. Il sovraindebitamento: definizione e differenze con l'insolvenza civile *ex* art. 1186 c.c. e con l'insolvenza commerciale

La nozione di sovraindebitamento è la situazione di perdurante squilibrio tra le obbligazioni assunte ed il patrimonio prontamente liquidabile per farvi fronte, che determina la rilevante difficoltà di far fronte alle proprie obbligazioni, ovvero la definitiva incapacità di adempierle regolarmente (art. 6, comma 2, lett. a), legge n. 3/2012); costituisce il **presupposto oggettivo** per accedere ad uno degli strumenti previsti dalla legge n. 3/2012.

La formulazione legislativa richiama concetti mutuati dalla legge fallimentare [1]; precisamente, la nozione di crisi ("*la rilevante difficoltà di adempiere le proprie obbligazioni*"), che può essere transitoria, e di insolvenza ("*la definitiva incapacità di adempierle regolarmente*"), *ex* art. 5, comma 2, l.fall. [2]. A titolo esemplificativo, quest'ultimo requisito può essere desunto dalla molteplicità ed entità complessiva delle obbligazioni che non hanno

[1] A. VIGO MAJELLO, *L'"accordo" del debitore ed il "piano del consumatore": nozione, presupposti e differenze*, in A. PISANI MASSAMORMILE (a cura di), *La crisi del soggetto non fallibile*, 2016, p. 6.

[2] Lo stato di insolvenza si manifesta con inadempimenti o altri fatti esteriori, i quali dimostrino che il debitore non è più in grado di soddisfare le proprie obbligazioni (art. 5, comma 2, l.fall.).

ricevuto adempimento alle rispettive scadenze con mezzi normali di pagamento [3], in assenza delle condizioni di liquidità e di credito necessarie all'attività commerciale [4], ovvero da altri indici esteriori quali numerosi decreti ingiuntivi ottenuti contro il debitore e protesti elevati [5].

Tuttavia, tale distinzione (reversibilità nella crisi contro irreversibilità della situazione di insolvenza) [6], sulla base della elaborazione della dottrina più attenta e della giurisprudenza, non pare persuasiva: ciò in considerazione del fatto che anche la conclamata insolvenza non preclude l'accesso alle procedure di risanamento del debitore fallibile [7], quali il concordato preventivo e l'accordo di ristrutturazione dei debiti. Viceversa, la situazione di crisi non riconducibile all'insolvenza comunemente intesa, può ravvisarsi nella possibilità di ristrutturazione del debito, senza il ricorso alla finanza esterna o ad una iniezione di liquidità, attraverso le forme richiamate dalla disciplina del concordato preventivo (art. 160, comma 1, lett. a), l.fall.) [8].

Si qualifica sovraindebitamento altresì quella situazione di squilibrio finanziario, in considerazione della difficoltà di far fronte a debiti scaduti e di imminente scadenza pur in presenza di un patrimonio (ad esempio, immobiliare) di valore superiore all'esposizione debitoria, ma non prontamente liquidabile [9], ovvero quando la liquidazione del patrimonio attuale del debitore nel momento di verifica non consente di estinguere integral-

---

[3] *Ex multis*, Cass. Civ., Sez. I, 28 marzo 2001, n. 4455.

La giurisprudenza di merito ritiene che l'accertamento dello stato di insolvenza non vada condotto in modo necessario ed automatico mediante valutazione del mero dato contabile, bensì in una prospettiva dinamica, indagando sulle condizioni economiche dell'impresa in un lasso di tempo futuro, ancorché ristretto. Di conseguenza, va esclusa la sussistenza dello stato di insolvenza quando, in esito a tale indagine, il debitore risulti in una situazione di difficoltà solo temporanea, superabile attraverso l'ordinaria prosecuzione dell'attività di impresa (Trib. Benevento 18 dicembre 2019, Rel. Monteleone; massima estratta da *Fall.*, n. 3, 2020, p. 425).

[4] Cass. Civ., Sez. Un., 11 febbraio 2003, n. 1997.

[5] *Ex multis*, Cass. Civ. 24 novembre 1999, n. 13048.

[6] V. per tutti, G.F. CAMPOBASSO (a cura di), *Diritto commerciale*, 3, *Contratti, titoli di credito, procedure concorsuali*, 2014, pp. 343, 423.

[7] S. AMBROSINI, *Il concordato preventivo e gli accordi di ristrutturazione dei debiti*, in G. COTTINO (diretto da), *Trattato di diritto commerciale*, 2008, p. 27.

[8] N. DE LUCA, *La nozione di sovraindebitamento: nuove parole per vecchi concetti*, in F. FIMMANÒ-G. D'ATTORRE (a cura di), *La composizione della crisi da sovraindebitamento*, Collana Regole e Mercati, II ed., 2017, pp. 50-51.

[9] Trib. Milano 16 novembre 2016, Giudice Dottor Rossetti.

mente i debiti [10], e, quindi, un indebitamento eccessivo, non fisiologico, non sostenibile [11].

Dal concetto di sovraindebitamento sopra delineato, si distingue anche quello di insolvenza civile, nell'ipotesi in cui è consentito al creditore, anche quando il termine per l'adempimento della obbligazione sia stabilito a favore del debitore "civile", di esigere immediatamente la prestazione, quando il debitore è divenuto insolvente o ha diminuito per fatto proprio, le garanzie concesse, o non ha fornito le garanzie che aveva promesso (c.d. decadenza dal beneficio del termine, *ex* art. 1186 c.c.).

Lo stato di insolvenza definito all'art. 1186 c.c. pur non strettamente riconducibile al presupposto oggettivo tipico delle procedure concorsuali, presuppone una difficoltà economica e patrimoniale, anche non irreversibile, tale da alterare le garanzie patrimoniali offerte al creditore. E ciò anche quando il debitore si trovi in difficoltà finanziaria al momento del sorgere dell'obbligazione [12]. L'insolvenza civile *ex* art. 1186 c.c. deve comunque rendere probabile l'inadempimento. Altre norme particolari sono previste, ad esempio, in materia di insolvenza delle parti nei contratti tipici, come nel caso dell'affittuario (art. 1626 c.c.), di una delle parti del rapporto di conto corrente (art. 1833 c.c.), del fideiussore (art. 1943 c.c.).

Al ricorrere di tali circostanze, è consentito al creditore, previa comunicazione al debitore di avvalersi della decadenza del beneficio del termine *ex* art. 1186 c.c., di agire in via esecutiva a tutela dei propri interessi.

Viceversa, la situazione di sovraindebitamento può ricorrere anche quando non sia stata intimata la decadenza del beneficio del termine, ma il debitore si trovi in una situazione tale da non poter far fronte al pagamento delle obbligazioni assunte nel loro complesso. In tale ipotesi, secondo la disciplina della legge n. 3/2012, era consentito al debitore intraprendere una procedura concorsuale.

Se si considera che l'inadempimento è un fatto, mentre la crisi e l'insolvenza sono uno stato, che non coincide mai con i singoli adempimenti, se ne

---

[10] N. DE LUCA, *La nozione di sovraindebitamento*, cit., pp. 50-51.

[11] N. DE LUCA, *La nozione di sovraindebitamento*, cit., p. 50. In giurisprudenza, in un caso di liquidazione del patrimonio il Tribunale di Milano in sede di reclamo (decreto del 17 aprile 2020, Est. Dottor Pipicelli) si è pronunciato sui requisiti di ammissibilità della procedura (compresa la questione degli atti in frode) di cui all'art. 14-*ter*, legge n. 3/2012 concludendo che, in assenza di patrimonio e di redditi futuri, manchino le condizioni per l'attivazione della procedura. È stata così negata l'interpretazione della normativa sul sovraindebitamento in chiave evolutiva alla luce della prossima dell'art. 283 del CCII, che ha disciplinato l'esdebitazione del "debitore incapiente".

[12] Trib. Milano 17 settembre 1992.

comprende anche la differenza in termini di tutela e strumenti previsti dalla legge; inoltre, l'inadempimento produce effetti nei confronti del singolo creditore, che può agire a tutela dei propri interessi, la crisi e l'insolvenza per la loro potenziale portata nei confronti della generalità dei creditori, giustificano una tutela collettiva dei crediti, consentita, secondo la disciplina di cui alla legge n. 3/2012 anche al c.d. debitore civile [13].

Il patrimonio cui fa riferimento la nozione di sovraindebitamento è quello posto a garanzia dei creditori nei confronti dei quali il debitore risponde illimitatamente e personalmente, perché vale nei suoi confronti il principio generale della garanzia patrimoniale generica *ex* art. 2740 c.c. [14], secondo cui il debitore risponde dell'adempimento delle proprie obbligazioni con tutti i suoi beni presenti e futuri (i redditi compresi), salvo le limitazioni previste dalla legge, e richiamando, quindi, i limiti di pignorabilità di cui agli artt. 545 c.c. ss., e 46 l.fall. (oggi 146 CCII), nel caso dell'insolvenza commerciale.

Dunque, non sono ammesse deroghe alla garanzia patrimoniale generica *ex* art. 2740 c.c.: i patti sarebbero nulli e le regole della *par condicio creditorum* non verrebbero rispettate, in caso di espropriazione forzata (art. 2741 c.c.).

Venendo al Codice della Crisi di Impresa e dell'Insolvenza (CCII), va evidenziato che la locuzione di "sovraindebitamento" (art. 2, comma 1, lett. c), CCII), viene "conservata" sia in quanto invalsa nel linguaggio comune, anche di diritto comunitario, sia per evitare confusioni terminologiche sotto il profilo delle fattispecie penalmente rilevanti, con l'intenzione di mantenere distinta, in tale ultima ipotesi, la posizione dell'imprenditore insolvente.

Quest'ultimo è assoggettabile alla liquidazione giudiziale (già fallimento), e quindi alle fattispecie di bancarotta; l'imprenditore titolare di un'impresa agricola o minore, è invece "assoggettabile" alla liquidazione controllata e non risponde dei reati "fallimentari" [15].

Il sovraindebitamento è definito lo "stato di crisi o di insolvenza" (art. 2, comma 1, lett. c), CCII), di difficoltà economico-finanziaria che rende probabile l'insolvenza del debitore e che per le imprese (minori e agricole) si manifesta come inadeguatezza dei flussi di cassa prospettici a far fronte regolarmente alle obbligazioni pianificate (c.d. crisi), oppure come lo stato del debitore che si manifesta con inadempimenti o altri fatti esteriori, i quali di-

---

[13] N. NISIVOCCIA, *La rinascita del debitore. Le regole sul sovraindebitamento per risolvere le crisi*, Il Sole 24 Ore – Economia, Mensile n. 2/2020, I ed. ottobre 2020, p. 12.

[14] E. ROPPO, voce "*Responsabilità patrimoniale*", in *Enc. dir.*, XXXIX, 1988, p. 1041.

[15] A. CICCIA MESSINA, *I nuovi presupposti: la crisi, l'insolvenza ed il sovraindebitamento. Il nuovo codice della crisi di impresa e dell'insolvenza*, in *Italia Oggi*, serie speciale n. 2, Anno 29, 23 gennaio 2019, p. 68.

mostrino che il debitore non è più in grado di soddisfare regolarmente le proprie obbligazioni, trovandosi sostanzialmente in stato di insolvenza [16]. Quindi, per la prima volta viene introdotto l'espresso richiamo al concetto di "crisi" [17], definito come lo stato di difficoltà economico-finanziaria che rende probabile l'insolvenza del debitore, e che per le imprese si manifesta come inadeguatezza dei flussi di cassa prospettici a far fronte regolarmente alle obbligazioni pianificate (art. 2, comma 1, lett. a), CCII), e di "insolvenza", definito come lo stato del debitore che si manifesta con inadempimenti o altri fatti esteriori, i quali dimostrino che il debitore non è più in grado di soddisfare regolarmente le proprie obbligazioni (art. 2, comma 1, lett. b), CCII). Per non essere considerato insolvente, il debitore deve essere nelle condizioni di poter adempiere alle proprie obbligazioni integralmente, regolarmente e con mezzi normali [18].

Si ritiene che la situazione di crisi sia logicamente e cronologicamente distinta dall'insolvenza; precede necessariamente l'insolvenza e si esprime in termini di probabilità dell'insolvenza futura [19], natura incerta, e che può ravvisarsi anche nelle situazioni di sovraindebitamento delle persone fisiche, con gli adattamenti del caso. Viceversa, per le imprese viene introdotto un elemento di natura sintomatica (l'inadeguatezza, in prospettiva, dei flussi di cassa ai fini del rispetto del piano dei pagamenti), che, tuttavia, si pone, come evidenziato dalla dottrina, in una linea di confine alquanto labile, rispetto al concetto di insolvenza [20] [cfr. Capitolo VII].

---

[16] F. MICHELOTTI, *Il sovraindebitamento per le imprese minori e i privati*, in M. POLLIO, *La riforma del fallimento, Il nuovo codice della crisi di impresa e dell'insolvenza*, in *Italia Oggi*, serie speciale n. 2, Anno 29, 23 gennaio 2019, pp. 236-237.

[17] LO CASCIO, *Il Codice della Crisi di impresa e dell'insolvenza: considerazioni a prima lettura*, in *Fall.*, n. 3, 2019, pp. 264-265. In senso critico sulla definizione di crisi, A. ROSSI, *Dalla crisi tipica ex CCII alla resilienza della* twilight zone, in *Fall.*, n. 3, 2019, p. 291 ss.

[18] S. AMBROSINI, *Crisi e insolvenza: distinzione teorica e incertezze applicative. Il nuovo codice della crisi di impresa e dell'insolvenza*, in *Italia Oggi*, serie speciale n. 2, Anno 29, 23 gennaio 2019, p. 25. Sull'insolvenza prospettica, di creazione dottrinale e giurisprudenziale, si veda Trib. Milano 9 ottobre 2019, Pres. Rel. Dott.ssa A. Paluchowski, in *Fall.*, n. 1, 2020, pp. 122-124. Per la ricostruzione del quadro normativo così come introdotto dal CCII, si veda il commento al decreto del Trib. Milano 9 ottobre 2019, Pres. Rel. Dott.ssa A. Paluchowski, di M. SPIOTTA, *Insolvenza (non ancora) prospettica: quali rimedi?*, in *Fall.*, n. 1, 2020, p. 124 ss.

[19] A. CICCIA MESSINA, *I nuovi presupposti: la crisi, l'insolvenza ed il sovraindebitamento*, cit., p. 68.

[20] S. AMBROSINI, *Crisi e insolvenza*, cit., p. 26.

2. La legittimazione attiva: l'imprenditore non assoggettabile al fallimento e al concordato preventivo

Con riguardo al **presupposto soggettivo** per accedere ad uno degli strumenti (già) previsti dalla legge n. 3/2012, ha la legittimazione attiva il debitore sovraindebitato proponente, persona fisica o giuridica che non sia soggetto o assoggettabile (non quindi assoggettato in concreto) a una procedura concorsuale diversa da quelle individuate dalla predetta legge (art. 7, comma 2, lett. a), legge n. 3/2012), secondo un criterio residuale[21]. Solo nell'ipotesi di conversione da una procedura di composizione della crisi (accordo di ristrutturazione dei debiti o piano del consumatore) in una procedura di liquidazione del patrimonio (art. 14-*quater*, legge n. 3/2012) è prevista la legittimazione attiva dei creditori.

La legge n. 3/2012 non contiene un elenco analitico dei soggetti che possono accedere alle procedure di sovraindebitamento. Essi vengono individuati come segue.

Può accedere alla procedura di sovraindebitamento l'imprenditore commerciale sotto soglia[22]: l'imprenditore cioè che, nei tre esercizi antecedenti la data di deposito dell'istanza o dall'inizio dell'attività *i*) riporti nel bilancio un attivo patrimoniale di ammontare complessivo annuo non superiore ad Euro 300.000; *ii*) abbia realizzato, in qualunque modo risulti, ricavi lordi per un ammontare complessivo annuo non superiore ad Euro 200.000; *iii*) presenti un ammontare dei debiti anche non scaduti non superiori ad Euro 500.000: non è necessario indagare il requisito di procedibilità dell'art. 15, ult. comma, l.fall.[23] ossia l'ammontare minimo di Euro 30.000 di debiti sca-

---

[21] A. VIGO MAJELLO, *L'"accordo" del debitore ed il "piano del consumatore"*, cit., p. 8.

[22] Ai fini della prova della sussistenza dei requisiti di non fallibilità, Cass. Civ., Sez. I, 23 novembre 2018, n. 30516; Cass. Civ., Sez. I, 23 novembre 2018, n. 30518, e l'approfondimento di G.B. FAUCEGLIA, *I requisiti di fallibilità dell'imprenditore commerciale in tema di bilanci degli ultimi tre esercizi*, in *Fall.*, n. 4, 2019, p. 462 ss. Sui poteri di indagine officiosa previsti dall'art. 15 l.fall. si veda anche Cass. Civ., Sez. I, 11 marzo 2019, n. 6991, e l'approfondimento di M. FALAGIANI, *Le soglie di non fallibilità: rilevanza dei bilanci, onere della prova e poteri officiosi del giudice*, in *Fall.*, n. 1, 2020, p. 69 ss.

[23] A. PACIELLO, *Prime riflessioni (inevitabilmente) critiche sulla composizione della crisi da sovraindebitamento*, in *Riv. dir. comm.*, 2012, II, p. 92; G.M. NONNO, *Il presupposto soggettivo di ammissibilità ed il contenuto del piano*, in M. FERRO (a cura di), *Sovraindebitamento ed usura*, 2012, p. 83; N. RONDINONE, *Il presupposto soggettivo delle procedure di sovraindebitamento quale espressione della nuova concorsualità* "debitor oriented", in F. FIMMANÒ-G. D'ATTORRE (a cura di), *La composizione della crisi da sovraindebitamento*, cit., p. 30.

duti; possono accedere all'istituto l'imprenditore non commerciale e la persona fisica non imprenditore, quali il professionista (intellettuale, ordinistico e non, anche ricadenti in categorie professionali non espressamente considerate dalla legge 14 gennaio 2013, n. 4), il lavoratore autonomo, il percettore di reddito da lavoratore dipendente o il pensionato consumatore e tutti gli enti non commerciali.

Nello specifico, e sulla base del criterio dianzi esposto, l'imprenditore agricolo può accedere alle procedure di composizione della crisi da sovraindebitamento (art. 7, comma 2-*bis*, legge n. 3/2012, a seguito delle modifiche introdotte dal d.l. n. 179/2012), proponendo un accordo ai creditori o chiedendo la liquidazione del patrimonio, ferma restando la possibilità di accedere ad un accordo di ristrutturazione dei debiti *ex* art. 182-*bis* l.fall., sempre che non cumuli la qualifica di imprenditore commerciale, divenendo perciò fallibile [24].

È comunemente ammessa la possibilità di accedere alla legge n. 3/2012 dell'imprenditore non più fallibile, per decorso dell'anno dalla cancellazione dal registro delle imprese [25].

Per l'ipotesi in cui non sia decorso l'anno dalla cancellazione della società dal registro delle imprese, il debitore deve fornire prova che non ricorrano i presupposti del fallimento. In un caso, il Tribunale di Milano ha rigettato la domanda di liquidazione del patrimonio presentata da un (*ex*) socio illimitatamente responsabile entro l'anno dalla cancellazione della società dal registro delle imprese (si trattava di una s.a.s.), sul presupposto che i soci illimitatamente responsabili falliscono in estensione al fallimento della società *ex* art. 147 l.fall. e che il debitore fosse assoggettabile alle procedure concorsuali non avendo dimostrato il mancato superamento delle soglie di cui all'art. 1 l.fall. [26].

I soci e gli amministratori di società di capitali, così come coloro che hanno prestato fideiussioni per i debiti contratti dalla società [27] (e tali possono essere gli stessi soci o anche terzi legati all'imprenditore, ad esempio da legami familiari) possono accedere ad un accordo di composizione della crisi o alla procedura di liquidazione del patrimonio; viceversa, si è posta la

---

[24] S. PACCHI, *Il sovraindebitamento. Il regime italiano*, in *Riv. dir. comm.*, 2012, I, p. 698; N. RONDINONE, *L'imprenditore agricolo esercente attività commerciale nel nuovo diritto concorsuale*, in *Riv. dir. comm.*, 2014, I, pp. 477, 444 ss., 485 ss.

[25] N. RONDINONE, *Il presupposto soggettivo delle procedure di sovraindebitamento quale espressione della nuova concorsualità* "debitor oriented", cit., p. 30.

[26] Trib. Milano 14 febbraio 2020, Dott.ssa I. Lupo.

[27] L. GUGLIELMUCCI, *Diritto fallimentare*, 2012, p. 406.

questione della possibilità per il fideiussore per debiti di impresa di accedere al piano del consumatore, di cui si dirà al paragrafo successivo.

È apparso in un primo momento incerto, e con soluzioni non condivise dalla giurisprudenza, l'accesso alla procedura di sovraindebitamento del socio illimitatamente responsabile di società di persone, astrattamente fallibile.

Gli **enti non commerciali** (fondazioni, associazioni, comitati), in situazione di sovraindebitamento, possono ricorrere ad uno degli strumenti previsti dalla predetta legge, ad eccezione del piano del consumatore, quando non svolgono attività di natura commerciale. Per contro, è stato escluso l'accesso agli enti pubblici economici, essendo, di regola, assoggettabili alla procedura di liquidazione coatta amministrativa (art. 15, d.l. 5 luglio 2011, n. 98, convertito con modificazioni dalla legge 15 luglio 2011, n. 111)[28], e, quindi, ad altra procedura concorsuale, quale requisito ostativo ai termini di cui all'art. 7, comma 2, legge n. 3/2012. In considerazione della espressa esclusione della soggezione alle procedure di cui alla legge fallimentare[29], si ritiene possibile l'accesso alle società tra avvocati[30], di cui al d.lgs. 2 febbraio 2001, n. 196, e alle società tra professionisti[31], di cui alla legge n. 183/2011 e al d.m. n. 34/2013.

Per la qualifica di **consumatore** in ordine all'accesso ad uno degli strumenti previsti dalla legge n. 3/2012 (art. 6, comma 2, lett. b), legge n. 3/2012), con particolare riferimento alla possibilità di proporre un piano del consumatore, si rinvia al paragrafo 4 del presente capitolo.

In assenza di una espressa previsione del sovraindebitamento di gruppo[32] e della non derogabilità dell'art. 2740 c.c., si è posta la questione delle domande di sovraindebitamento dei coniugi per risolvere questioni di squilibrio finanziario, a causa di un punto di rottura, che hanno colpito il nucleo familiare (malattia, perdita del lavoro) e che vanno necessariamente, ed inevitabilmente, ad incidere sulla tenuta della "solvibilità" dello stesso. Tema

---

[28] S. MASTURZI, *La composizione della crisi da sovraindebitamento mediante accordo di ristrutturazione dei debiti e soddisfazione dei crediti*, in *Dir. fall.*, 2014, I, p. 683; M. CORDOPATRI, *Presupposti e ammissibilità*, in F. DI MARZIO-F. MACARIO-G. TERRANOVA (a cura di), *La "nuova" composizione della crisi da sovraindebitamento*, 2013, p. 21; A. VIGO MAJELLO, *L'"accordo" del debitore ed il "piano del consumatore"*, cit., p. 9. *Contra*: A.M. LEOZAPPA, *Il sovraindebitamento del debitore fallibile, delle società professionali e degli enti pubblici*, in *Giur. comm.*, 2015, I, p. 601.

[29] G. BONFANTE-C. COTTINO, *L'imprenditore*, in C. COTTINO (diretto da), *Trattato di diritto commerciale*, I, 2001, p. 448 ss.

[30] A.M. LEOZAPPA, *Il sovraindebitamento*, cit., p. 589 ss.

[31] A.M. LEOZAPPA, *Il sovraindebitamento*, cit., p. 595.

[32] Trib. Novara 25 luglio 2017, in *Ilfallimentarista.it*.

che risulta superato con l'espressa previsione nel Codice della Crisi e dell'Insolvenza (art. 66 CCII) [cfr. Capitolo VIII].

Una volta individuato il perimetro soggettivo, l'individuazione dello strumento percorribile a vantaggio del debitore sovraindebitato deriva dalla natura delle obbligazioni per le quali sussiste la situazione di crisi da sovraindebitamento [33].

In una prima ipotesi, per le obbligazioni assunte nell'esercizio della propria attività economica eventualmente svolta, gli strumenti percorribili sono l'accordo di ristrutturazione dei debiti o la liquidazione del patrimonio; viceversa, in una seconda ipotesi, in relazione alle obbligazioni assunte esclusivamente per scopi estranei all'attività imprenditoriale o professionale svolta, è consentito l'accesso al piano del consumatore, fermo restando la possibilità di ricorrere agli altri due strumenti. Da ultimo, destinatario del piano del consumatore è il debitore persona fisica che non eserciti alcuna attività economica, di tipo imprenditoriale o professionale, anche se non gli è preclusa la possibilità di raggiungere un accordo con i creditori o chiedere la liquidazione del proprio patrimonio.

La seconda ipotesi relativa alla ristrutturazione dei debiti per obbligazioni assunte per scopi estranei all'attività di impresa, potrebbe porre (e ha posto) alcune difficoltà di ordine pratico in merito alla concreta applicazione dello strumento del piano del consumatore, *i*) sia per il fatto che difficilmente un soggetto ha obbligazioni assunte esclusivamente per scopi estranei all'attività imprenditoriale o professionale svolta, tali da generare una situazione di crisi da sovraindebitamento; *ii*) sia perché ciò comporterebbe l'individuazione di una sorta di patrimonio separato, tra i beni e i diritti rientranti nella procedura di sovraindebitamento, e conseguentemente destinati al soddisfacimento di quei creditori per obbligazioni di "consumo" [34]. In sostanza, nonostante l'apertura sancita dalla Suprema Corte nel 2016 [35], parte della dottrina ritiene che, in concreto, soltanto la persona fisica che non svolga alcuna attività imprenditoriale o professionale possa presentare un piano del consumatore [36].

Sotto il profilo sistematico resta difficile superare il principio generale della garanzia patrimoniale generica di cui all'art. 2740 c.c., poiché si do-

---

[33] A. VIGO MAJELLO, *L'"accordo" del debitore ed il "piano del consumatore"*, cit., pp. 9-11.

[34] F. MACARIO, *Finalità e definizioni*, in F. DI MARZIO-F. MACARIO-G. TERRANOVA (a cura di), *La "nuova" composizione della crisi da sovraindebitamento*, cit., p. 18.

[35] Cass. Civ. 1° febbraio 2016, n. 1869, Pres. Ceccherini, Est. Ferro.

[36] F. MACARIO, *Finalità e definizioni*, cit., p. 18.

vrebbe presupporre una separazione patrimoniale causale [37], tra il patrimonio con cui il debitore risponde per l'attività di impresa e quello ad essa estraneo. Ma ragioni di ordine pratico unitamente ad una interpretazione di ordine teleologico, potrebbero condurre ad una maggiore apertura intesa a far rientrare nell'alveo della famiglia del sovraindebitamento il titolare di una impresa individuale sana, ma sovraindebitato, in quanto incapace di far fronte alle proprie obbligazioni di natura personale.

Abbiamo illustrato, in termini generali, il presupposto soggettivo della disciplina sul sovraindebitamento, consistente nel fatto che può accedere all'accordo di composizione della crisi, come alle altre procedure di sovraindebitamento, solo chi non è assoggettabile ad altre procedure concorsuali diverse [38].

Venendo al Codice della Crisi di Impresa e dell'Insolvenza (CCII), con specifico riferimento ai requisiti soggettivi del debitore sovraindebitato, qualcosa bisogna aggiungere. Il CCII è più esplicito della legge n. 3/2012, poiché non si limita a prevedere che possono accedere alle procedure di sovraindebitamento tutti i soggetti che non possono accedere ad altre procedure concorsuali, ma ne espone anche un elenco esemplificativo [39]: i consumatori, i professionisti, l'imprenditore minore, secondo i requisiti richiesti per l'individuazione dell'imprenditore sotto soglia nella disciplina della legge fallimentare (art. 2, comma 1, lett. d), CCII), l'imprenditore agricolo (anche non minore, superando l'eventuale riconducibilità alla liquidazione giudiziale e al concordato preventivo avanzata in sede di lavori preparatori), le *start up* innovative (di cui al d.l. 18 ottobre 2012, n. 179, convertito con modificazioni nella legge 17 dicembre 2012, n. 221). Oltre all'elenco analitico su descritto, l'accesso alle procedure viene allargato ai soci illimitatamente responsabili di società di persone (s.n.c. o s.a.s.) e di società in accomandita per azioni per debiti estranei alla attività di impresa (art. 2, comma 1, lett. e), CCII), e ai "membri della stessa famiglia" (art. 66 CCII).

Ma a queste espresse previsioni viene conservato il criterio residuale di cui alla legge n. 3/2012, secondo cui l'accesso alle procedure è consentito ad ogni altro debitore non assoggettabile alla liquidazione giudiziale (già fallimento), ovvero alla liquidazione coatta amministrativa o ad altre procedure liquidatorie previste dal codice civile o da leggi speciali per il caso di crisi o insolvenza (art. 2, comma 1, lett. c), CCII), e che

---

[37] G. LIMITONE, *La nuova nozione di autonomia patrimoniale "causale" riferita al consumatore sovraindebitato*, 15 novembre 2017, in *www.ilcaso.it*.

[38] N. NISIVOCCIA, *La rinascita del debitore*, cit., p. 26.

[39] N. NISIVOCCIA, *La rinascita del debitore*, cit., p. 28.

consentirebbe di far rientrare tutti gli enti privati che non svolgono attività commerciale (fondazioni, associazioni, comitati)[40]. Il CCII prevede anche l'accesso agli strumenti del sovraindebitamento per i soci illimitatamente responsabili di società di persone (s.n.c. o s.a.s.) e di società in accomandita per azioni per debiti estranei alla attività di impresa (art. 2, comma 1, lett. e), CCII).

Come si è accennato, sono ora espressamente previste le **procedure familiari** per la risoluzione della crisi da sovraindebitamento (art. 66 CCII), in conformità ai principi sanciti dalla legge delega n. 155/2017 e recependo le soluzioni offerte dalla giurisprudenza di merito, soprattutto con riguardo alle domande congiunte dei **coniugi**, posto che la legge n. 3/2012 non contemplava la possibilità di un ricorso congiunto, disegnando la figura del debitore sul modello della persona fisica e non del nucleo familiare[41].

Quindi, i membri della stessa famiglia possono presentare un unico progetto di risoluzione della crisi da sovraindebitamento quando sono conviventi o quando il sovraindebitamento ha un'origine comune. Se uno dei debitori non è consumatore, si applicano le norme sul concordato minore (art. 66, comma 1, CCII).

Con riferimento al sovraindebitamento della famiglia, viene espressamente previsto che le masse attive e passive debbano restare distinte (art. 66, comma 3, CCII), nel rispetto del principio di responsabilità patrimoniale personale[42] [cfr. Capitolo VIII].

Si segnala che la giurisprudenza di merito ha ritenuto ammissibile il ricorso proposto congiuntamente dai due coniugi quando la gran parte dell'indebitamento è comune e deriva da un mutuo fondiario a garanzia del quale sono stati offerti beni di cui erano contitolari i due mutuatari in regime di comunione legale[43], ovvero di un piano del consumatore, a patto che i coniugi rivestano la qualifica di consumatore e venga rispettata la regola della competenza territoriale per ciascun componente[44]. In un caso, pur in presen-

---

[40] F. MICHELOTTI, *Il sovraindebitamento per le imprese minori e i privati*, cit., p. 237.

[41] G. BENVENUTO, "*Le domande congiunte per crisi familiare nel sovraindebitamento*", rinvenibile su *www.diritto24.ilsole24ore.com*.

[42] F. MICHELOTTI, *Il sovraindebitamento per le imprese minori e i privati*, cit., p. 239.

[43] Trib. Mantova 8 aprile 2018. In dottrina: F. CESARE, *Ammissibile la liquidazione del patrimonio di gruppo proposta dai coniugi congiuntamente*, in *Ilfallimentarista.it*, Giurisprudenza commentata del 2 ottobre 2018; G. BENVENUTO, *Domande congiunte e cessione del quinto*, in *Ilfallimentarista.it*, 2018. In precedenza, Trib. Napoli Nord 18 maggio 2018 con riguardo al piano del consumatore presentato da due coniugi, e Trib. Milano 6 dicembre 2017 con riguardo ad un accordo di ristrutturazione dei debiti.

[44] Trib. Novara 10 settembre 2018, Giudice Dott.ssa Delle Site.

za di due ricorsi distinti presentati da due coniugi, è stata disposta la riunione dei procedimenti con la nomina di un unico liquidatore [45].

Secondo una isolata pronuncia del Tribunale di Milano [46] risulterebbe improcedibile un unico ricorso congiunto in ragione della presenza di due distinte istanze, riferibili rispettivamente a ciascuno dei due coniugi, poiché sarebbe necessario il deposito di due ricorsi distinti. Diversamente, si ritiene opportuno che la relazione particolareggiata del gestore, abbia il medesimo contenuto per entrambi i ricorsi, in considerazione del fatto che, sovente, il sovraindebitamento ha una origine comune, nonché determinata dalle necessità della famiglia [47]. All'unicità della relazione fa fronte, comunque, la separazione delle masse patrimoniali: confondendo queste ultime, infatti, i creditori subirebbero un danno per la violazione dell'art. 2740 c.c. e del principio della *par condicio creditorum* [48], e ciò anche in ossequio al richiamato intervento legislativo (art. 66 CCII).

Con l'introduzione del codice della crisi, l'ammissibilità dei ricorsi familiari appare meno problematica, in virtù della portata generale dell'art. 66 CCII che rientra tra le norme del Capo II, Sezione I (rubricata Disposizioni di carattere generale) espressamente applicabili a tutte le procedure di sovraindebitamento [49].

---

[45] Trib. Bergamo 26 settembre 2018, Giudice Dott.ssa Golinelli.

[46] Sul presupposto che "*non esiste la riunione di procedura di sovraindebitamento, perché ogni procedura è autonoma non sussistendo previsione di procedura di gruppo*" Trib. Milano, provvedimento 19 maggio 2019, inedito. Viceversa, si segnala come in altra fattispecie sia stato omologato un accordo di ristrutturazione dei debiti presentato da due coniugi, con un unico ricorso, ma tenendo distinte le masse (Trib. Milano 14 giugno 2018, Dottor L. Giani).

[47] Nel silenzio della legge sul sovraindebitamento non potrà che trovare attuazione l'art. 66 CCII. In tal senso Trib. Napoli 2 aprile 2019, Giudice N. Graziano, che ha omologato un piano del consumatore su ricorso congiunto di due coniugi in regime di comunione dei beni e che avevano entrambi la qualifica di consumatori.

[48] Come si è anticipato, la proposta di un piano del consumatore "di gruppo" o "relativo al nucleo familiare" non può trovare accoglimento in mancanza di idonea divisione delle masse patrimoniali attive e passive. L'assenza di una previsione normativa implica la necessaria distinzione dei piani relativi a ciascun consumatore determinandosi, diversamente, una violazione dell'art. 2740 c.c. (Trib. Novara 25 luglio 2017, in *Ilfallimentarista.it*).

[49] Si veda a riguardo Trib. Verona 6 ottobre 2022; Trib. Forlì 20 ottobre 2022 che ha ritenuto ammissibile l'apertura di una procedura di liquidazione controllata, su ricorso congiunto presentato da due membri di una stessa famiglia.

3. La platea dei soggetti "non fallibili": criticità

Il presente paragrafo delinea alcuni profili critici emersi in ordine ai requisiti soggettivi alla luce delle soluzioni offerte dalla giurisprudenza di merito e dalla dottrina più attenta, solo in parte superate dalla entrata in vigore del Codice della Crisi di Impresa e dell'Insolvenza.

Come si è in precedenza accennato, una prima questione si pone con riferimento all'imprenditore individuale "sano" che risulta, tuttavia, in stato di sovraindebitamento, in ragione di una esposizione debitoria non riconducibile alla propria attività di impresa.

L'orientamento previgente all'introduzione della legge n. 3/2012 escludeva la possibilità per l'**imprenditore individuale** in crisi per obbligazioni estranee all'attività di impresa di andare esente dalla dichiarazione di fallimento.

Facendo un passo indietro, prima dell'introduzione della legge n. 3/2012, la persona fisica che sceglieva di svolgere la sua attività imprenditoriale nella forma dell'impresa individuale poteva essere assoggettata al fallimento anche in ragione di debiti personali o, comunque, estranei all'attività di impresa individuale. Ciò sul presupposto della confusione in un unico patrimonio dei rapporti di impresa e di quelli personali: così l'imprenditore diveniva fallibile anche in ragione dei debiti personali, che si cumulano per la soglia del "passivo". Ciò in quanto l'imprenditore individuale risponde con tutto il suo patrimonio *ex* art. 2740 c.c., senza alcuna differenza in ordine alla natura dei debiti stessi. Con specifico riferimento all'esposizione debitoria, quando l'ammontare dei debiti (a prescindere dalla natura) supera il requisito di cui all'art. 1, comma 2, lett. c), l.fall., l'imprenditore individuale è esposto al fallimento, anche se l'attività di impresa è fondamentalmente sana, ma ha contratto debiti consumeristici per oltre Euro 500.000. Così chi diviene titolare di una ditta individuale in un periodo successivo al sorgere di una obbligazione, anche di natura fideiussoria, per attività di impresa esercitata in forma di società di capitali, quale garante persona fisica, per un'attività comunque estranea a quella svolta in forma individuale, è assoggettabile al fallimento, qualora non provi di essere sotto soglia [50].

---

[50] È quanto affermato dalla Corte d'Appello di Torino con sentenza 7 ottobre 2010, n. 1439 (quindi, resa in data antecedente all'introduzione della legge sul sovraindebitamento), che nel rigettare il reclamo avverso la sentenza dichiarativa di fallimento di un imprenditore individuale, titolare di un'impresa "sana", non aveva dato alcuna rilevanza alla natura del debito, né ritenuto ipotizzabile alcuna separazione dei patrimoni, in considerazione dell'esercizio dell'attività di impresa in forma individuale e del principio generale della garanzia pa-

In assenza dell'alterità soggettiva, in base al principio dell'autonomia patrimoniale perfetta, anche il titolare di una impresa individuale sana poteva essere assoggettato al fallimento per debiti di origine consumeristica.

Con l'introduzione della legge n. 3/2012 ci si è chiesti se i principi elaborati dalla giurisprudenza pregressa in materia fallimentare[51] possano applicarsi al sovraindebitamento, come nel caso del fideiussore di società a responsabilità limitata (questa fallibile), che avvii un piccolo esercizio commerciale in forma individuale. Si è così anche ipotizzato di operare una sorta di separazione causale tra i debiti (strettamente) personali e i debiti legati all'attività di impresa e professionale, quale socio di società di capitali; in sostanza, con la presentazione di una proposta di accordo da parte del soggetto "in proprio", e non (anche) quale imprenditore individuale. L'ipotesi nasce da attenta dottrina[52] che illustra la possibilità della presentazione di un piano del consumatore da parte della persona fisica, ditta individuale o professionista con un'attività "sana".

Ci si chiede, anche, se sia possibile una proposta di accordo (oggi concordato minore) quando vi siano obbligazioni inadempienti legate all'attività di impresa o professionale del debitore, essendo precluso lo strumento del piano del consumatore.

Secondo questa impostazione, anche l'imprenditore individuale potrebbe accedere ad uno degli strumenti previsti dalla legge sul sovraindebitamento, posto che l'espressione "assoggettabile" al fallimento prevista dalla legge n. 3/2012 (e oggi alla liquidazione giudiziale, *ex* art. 2, lett. c), CCII) dovrebbe essere intesa nel senso che il debitore sia potenzialmente fallibile in quanto imprenditore, e non che sia fallibile sulla base del principio generale della responsabilità patrimoniale *ex* art. 2740 c.c., proprio in quanto ditta individuale (ove ci si riferisce ancora al soggetto fallibile, deve intendersi oggi soggetto sottoposto alla procedura di liquidazione giudiziale). Se si segue una lettura evolutiva della disciplina sul sovraindebitamento, si potrebbe introdurre un nuovo concetto di alterità, non riferita al soggetto, ma al patrimonio, scomponibile sulla base della causa del credito "... omissis ... *per cui in esso si possono configurare obbligazioni e risorse di natura personale ed*

trimoniale generica *ex* art. 2740 c.c. Detta pronuncia è stata confermata anche dalla Suprema Corte (sentenza 4 giugno 2012, n. 8930), che, nel rigettare il ricorso del medesimo imprenditore, ha statuito che l'ordinamento italiano non può consentire limitazioni della garanzia patrimoniale in funzione della causa delle obbligazioni contratte, che proprio ai sensi dell'art. 2740 c.c. sarebbero tutte rilevanti sotto il profilo dell'esposizione del debitore al fallimento.

[51] App. Torino 7 ottobre 2010, cit.

[52] G. LIMITONE, *La nuova nozione di autonomia patrimoniale "causale" riferita al consumatore sovraindebitato*, cit., p. 7.

obbligazioni e risorse di natura professionale, con autonome sorti e distinte possibilità di trovare assetto ... omissis ..."[53].

Al riguardo, occorre considerare che tale corrente di pensiero poggia sulla possibilità per lo stesso soggetto di presentare un piano del consumatore o un accordo (o concordato minore), ma purché risulti "sotto soglia" a norma dell'art. 1, comma 2, l.fall. (oggi art. 2, lett. d), CCII, che definisce l'"*impresa minore*").

In caso contrario, invero, a prescindere dalla eventuale "scomposizione" dell'ammontare dei debiti sulla base della natura delle obbligazioni e della crisi, non solo è stata preclusa l'assoggettabilità ad una procedura di sovraindebitamento, ma è stata negata la nomina di un OCC, con la trasmissione degli atti alla procura, ai sensi dell'art. 7, n. 2, l.fall., per la dichiarazione di fallimento[54].

Pertanto, l'imprenditore individuale ricorrente che risulti avere debiti derivanti dall'assunzione di obbligazioni miste ovvero riferibili a due differenti attività, quelli dell'impresa attualmente svolta, e quelli di un'attività precedente cessata (senza che sia decorso l'anno dalla relativa cancellazione e/o cessazione), in ragione della confusione dei patrimoni, *a*) non può presentare un piano del consumatore, e *b*) se l'esposizione debitoria risulti superiore ad Euro 500.000, risulta fallibile e, quindi, non potrà accedere a nessuno degli strumenti previsti dalla legge n. 3/2012 (si veda anche l'art. 2, lett. d), CCII, con riferimento alla "impresa minore").

In tale ipotesi, solo l'imprenditore cessato da oltre un anno, non più assoggettabile a fallimento (oggi liquidazione giudiziale), potrebbe richiedere l'apertura di una procedura di sovraindebitamento.

Secondo una lettura antesignana della disciplina sul sovraindebitamento[55], un possibile riferimento normativo, a favore dell'accesso alla procedura di sovraindebitamento dell'imprenditore individuale per debiti estranei all'attività di impresa, si potrebbe ricavare dall'art. 12, comma 3, legge n. 3/2012, che disciplina l'ipotesi del sopravvenuto fallimento, quale ipotesi di risoluzione dell'accordo.

Il concetto di alterità con riferimento alle obbligazioni estranee ai debiti di impresa si ricava dalla nozione di consumatore prevista dalla legge sul sovraindebitamento. Conseguentemente, come statuito dalla giurisprudenza

---

[53] G. LIMITONE, *La nuova nozione di autonomia patrimoniale "causale" riferita al consumatore sovraindebitato*, cit., p. 7.

[54] Trib. Milano decreto 21 aprile 2016, Est. F. D'Aquino, inedito.

[55] G. LIMITONE, *La nuova nozione di autonomia patrimoniale "causale" riferita al consumatore sovraindebitato*, cit., p. 9.

di legittimità [56] può qualificarsi consumatore anche l'imprenditore non fallibile, se la crisi è una diretta conseguenza di obbligazioni assunte al di fuori dell'attività di impresa non più esercitata, ovvero quando queste non sono attuali o solo residuali e di carattere tributario (*id est* iva e ritenute non versate) [57]. In definitiva, l'alterità della composizione debitoria e l'estraneità alla qualifica di consumatore per debiti di impresa (o professionale), potrebbero comunque consentire all'imprenditore individuale sottosoglia l'accesso alla procedura di accordo per la ristrutturazione dei debiti estranei all'attività di impresa attuale.

Venendo alla figura dell'**imprenditore agricolo** il primo aspetto da valutare è se l'impresa agricola di specie rientri nel **perimetro dell'agrarietà** [58]. Con riferimento alla disciplina del sovraindebitamento delineata dalla Legge n. 3/2023, si riteneva che l'imprenditore agricolo potesse avvalersi dello strumento di cui agli artt. 14-*ter* ss. (liquidazione del patrimonio), anche in assenza di espressa previsione da parte dell'art. 7, comma 2-*bis*, legge n. 3/2012: la liquidazione può infatti derivare, da un lato, dalla patologia dell'accordo (per conversione), oppure, dall'altro, a richiesta diretta del debitore stesso *ex* art. 14-*quater*, legge n. 3/2012 [59].

Sotto il **profilo soggettivo**, l'imprenditore agricolo può accedere alla procedura di sovraindebitamento (art. 7, comma 2-*bis*, legge n. 3/2012). Il requisito della natura agraria è condizione di ammissibilità (artt. 6, comma 1, e 7, comma 2, legge n. 3/2012), che deve essere provato dall'istante, e deve perdurare nel corso della procedura di accordo di composizione della crisi (la sopravvenuta dichiarazione di fallimento costituisce una delle ipotesi di risoluzione dell'accordo, art. 12, comma 5, legge n. 3/2012).

Secondo parte della dottrina, la legge n. 3/2012 conferma l'esonero dalla fallibilità dell'imprenditore agricolo [60]. La *ratio* va ricercata nella diversità

---

[56] Cass. Civ. 1° febbraio 2016, n. 1869, Pres. Ceccherini, Est. Ferro.

[57] Così, ai fini della qualifica di consumatore, non sono personali i debiti riferibili alle obbligazioni assunte per l'attività di impresa (o professionale) per l'adempimento delle quali, il soggetto richiedente ha rilasciato fideiussioni personali, ciò per la natura neutra dell'obbligazione accessoria. In tal senso Cass. Civ. 29 novembre 2011, n. 25212.

[58] Per i riferimenti essenziali e per un approfondimento sul tema mi permetto di rinviare a M. De Cesare, *I presupposti per l'accesso alla composizione della crisi da sovraindebitamento dell'impresa agricola*, in *Giur. comm.*, 17 gennaio 2019 su *Ilfallimentarista.it*; commento a Trib. Imperia, decreto 23 marzo 2018, *infra* nel testo.

[59] Trib. Ravenna 15 febbraio 2016, in *www.ilcaso.it*.

[60] T. Sannini-T. Stanghellini, *L'imprenditore agricolo insolvente tra fallimento e sovraindebitamento: un caso nel florovivaismo pistoiese*, in *www.ilcaso.it*, 20 luglio 2015, commento a Trib. Pistoia 14 novembre 2014, Est. Daniela Garufi.

del rischio assunto dall'impresa agricola rispetto a quella commerciale, che permarrebbe nonostante le innovazioni tecnologiche (lunghezza delle operazioni di riconversione delle strutture produttive, "polverizzazione" dell'offerta, ecc.[61]).

La questione si pone sia nell'ambito dell'istruttoria prefallimentare, sia per l'accesso diretto alle procedure di sovraindebitamento, nonché, per l'accesso agli strumenti di regolazione della crisi di impresa. In un caso di fallimento di un'impresa agricola (azienda vivaistica costituita in forma di s.s., iscritta nel Registro delle imprese, come impresa agricola, e con oggetto sociale "orticolture specializzate vivaistiche e sementiere"), di cui il creditore istante (fornitore di piante acquistate nei confronti del quale l'impresa agricola si era resa inadempiente), ne aveva invocato la natura commerciale, instando per la dichiarazione di fallimento *ex* art. 6 l.fall., il Tribunale di Pistoia[62], pur prendendo atto che l'impresa agricola società semplice si era costituita nella fase prefallimentare deducendo di aver richiesto la nomina di un professionista che svolgesse funzioni di OCC, ne dichiarava il fallimento. Ciò sul presupposto che non vi era stata contestazione in ordine allo svolgimento di attività di tipo commerciale da parte dell'impresa resistente nella prefallimentare; non era stata fornita la prova della misura non prevalente di tale attività rispetto a quella agricola; non era stata fornita la prova dei requisiti congiunti del sottodimensionamento *ex* art. 1 l.fall. (ora 121 CCII). In definitiva, una volta accertato l'esercizio in concreto di attività commerciale, in misura prevalente sull'attività agricola contemplata in via esclusiva dall'oggetto sociale (ovvero anche nell'ipotesi in cui non viene provata la natura agricola dell'attività esercitata), l'impresa agricola costituita in forma societaria resta assoggettabile al fallimento nonostante la sopravvenuta cessazione dell'esercizio dell'attività commerciale al momento del deposito di una domanda di fallimento a suo carico[63].

Anche dinnanzi alle difficoltà per l'impresa agricola di fornire la prova del mancato superamento del perimetro della non agrarietà, in ordine alla verifica della natura giuridica dell'impresa agricola è stato ritenuto che il potere istruttorio del Tribunale possa esercitarsi solo in via integrativa e non suppletiva dell'onere di allegazione e di prova che grava sulle parti[64], secondo il criterio della "vicinanza o riferibilità della prova". Sempre con rife-

---

[61] S. CARMIGNANI, *Presupposto soggettivo del fallimento e confini dell'impresa agraria*, in *Fall.*, n. 5, 2011.

[62] Trib. Pistoia 14 ottobre 2014.

[63] Cass. Civ., Sez. I, 22 febbraio 2019, n. 5342, Pres. A. Didone, Est. P. Vella.

[64] Cass. Civ. 15 novembre 2010, n. 23052.

rimento ad attività vivaistica di una ditta individuale è stato rilevato che l'effettivo svolgimento di attività agricola risultava confermato direttamente, così come risultava accertato che l'attività si fondasse su un rapporto con la terra non solo funzionale, ma concreto, effettivo e reale [65]. Conseguentemente, l'allegazione della natura agricola di un'attività imprenditoriale non è eccezione in senso stretto; cosicché al giudice competono sempre poteri istruttori officiosi attenuati, stante gli interessi di natura pubblicistica sottesi alla dichiarazione di fallimento [66]. L'apprezzamento concreto del perimetro dell'agrarietà è rimesso al giudice di merito, restando insindacabile in sede di legittimità se sorretto da motivazione adeguata, immune da vizi logici [67].

Nella casistica descritta, si riscontra quale minimo comune denominatore l'**onere in capo al debitore** di dimostrare il requisito della natura agricola dell'attività esercitata e come ciò risulti complesso quando il medesimo imprenditore agricolo è esonerato per legge dall'obbligo di tenuta delle scritture contabili. Nell'ambito dell'istruttoria prefallimentare in cui il "fallendo" è un imprenditore agricolo, si afferma che la prova della non fallibilità può essere fornita e può "desumersi da documenti altrettanto significativi" [68], quali la documentazione contabile e fiscale che l'imprenditore è obbligato a tenere in base alle leggi fiscali e di settore. Per l'imprenditore agricolo che intende accedere agli istituti del sovraindebitamento è requisito di ammissibilità l'aver fornito tutta la documentazione idonea a ricostruire compiutamente la sua situazione patrimoniale ed economica (cfr. art. 7, comma 2-*bis*, che richiama il comma 2, lett. d), legge n. 3/2012), eventualmente predisponendola *ex novo*, con la "*... redazione di documenti riepilogativi ...*", in funzione della proposta [69]. Ciò in quanto "*... le semplificazioni di cui l'imprenditore agricolo eventualmente gode sul piano civile e tributario non producono alcuna deroga alla disciplina della crisi da sovraindebitamento* [...], *che persegue altre finalità e che richiede che il debitore ...*", quando intende raggiungere un accordo con i propri creditori, debba esternare lo stato di crisi con "*... piena trasparenza, principalmente a tutela dei creditori ...*". Se ciò non avviene, si ricade in una delle ipotesi di inammissibilità della proposta per carenza del requisito di cui all'art. 7, comma 2, lett. d), legge n. 3/2012.

Il sovraindebitamento dell'imprenditore agricolo, riscontra, pertanto, di-

---

[65] Trib. Pistoia 11 ottobre 2017.

[66] Cass. Civ. 8 ottobre 2016, n. 16614; Cass. Civ. 18 novembre 2011, n. 24310.

[67] Cass. Civ. 26 settembre 2018, n. 23158; Cass. Civ. 10 dicembre 2005, n. 24995.

[68] Cass. Civ. 15 maggio 2009, n. 11309.

[69] Così Trib. Cremona, decreto 17 aprile 2014, reso nell'ambito di una procedura di accordo *ex* art. 9, legge n. 3/2012.

verse criticità, che rischiano, in molti casi, di vanificare lo strumento previsto dalla legge o di renderlo, di fatto, inapplicabile. Basti considerare che vi è un lasso di tempo in cui l'imprenditore agricolo potrebbe essere esposto all'aggressione dei creditori, in considerazione dei seguenti elementi: *i*) l'assenza del blocco preventivo delle azioni esecutive individuali, dei sequestri conservativi e dei diritti di prelazione sul patrimonio del debitore, che può essere disposto solo con il decreto che fissa l'udienza *ex* art. 10, comma 2, lett. c), legge n. 3/2012; *ii*) l'assenza di ogni pregiudizialità della procedura di sovraindebitamento rispetto all'istruttoria prefallimentare, come per il concordato preventivo [70].

In merito all'interazione tra procedura di sovraindebitamento ed istruttoria prefallimentare, si è pronunciata la giurisprudenza di legittimità [71] statuendo che non può essere attribuito valore condizionante all'avvenuta ammissione dell'imprenditore agricolo alla procedura di sovraindebitamento, priva di valore di giudicato, rispetto alla pronuncia di fallimento (nella fattispecie esaminata, la domanda è stata dichiarata improcedibile per mancato accordo con i creditori). Conseguentemente, anche ove si ritenesse escluso l'apprezzamento dell'attività in concreto svolta dall'imprenditore agricolo nell'accesso alla procedura di sovraindebitamento, non vengono elise le criticità evidenziate.

A ciò si aggiunga che nella procedura di sovraindebitamento la prova della natura di impresa agricola richiede un periodo di tempo per la predisposizione di perizie, di una situazione economica e patrimoniale aggiornata da parte dei consulenti dell'impresa che mal si concilia con l'esigenza di accelerare per evitare la pronuncia di fallimento, quando pendono esecuzioni individuali, sui beni dell'imprenditore agricolo, da arrestare.

Sulla prova della sussistenza della natura di impresa agricola, in altra fattispecie (imprenditore individuale esercente attività florovivaistica che aveva depositato una domanda di concordato preventivo con riserva), muovendo dalla nozione di imprenditore agricolo, anche alla luce dei criteri individuati dalla giurisprudenza in ordine alla verifica dell'attività in concreto svolta dall'imprenditore agricolo, il Tribunale di Imperia è pervenuto a convincersi dell'agrarietà del debitore sul presupposto che *i*) il debitore istante svolgesse la coltivazione diretta di piante, con varie metodologie, sfruttando le notevoli dimensioni del terreno mediante la cura dell'intero ciclo biologico, *ii*) l'attività di vendita non fosse altro che il necessario sviluppo della natura econo-

---

[70] Ci si riferisce alla pronuncia della Cass. Civ., Sez. Un., 15 maggio 2015, n. 9935, Est. Di Amato.

[71] Cass. Civ., Sez. I, 26 settembre 2018, n. 23158, Est. F. Terrusi.

mica dell'impresa agricola, e *iii*) l'acquisto di piantine da terzi per altre specie coltivate avesse un valore residuale, rispetto all'attività agricola principale. Conseguentemente, con decreto successivo alla concessione del termine per la valutazione della natura agricola o commerciale dell'impresa agricola, il Tribunale di Imperia ha dichiarato improcedibile il ricorso per l'ammissione al concordato preventivo [72], precluso alle imprese agricole.

Le criticità dianzi evidenziate paiono riproporsi anche con l'entrata in vigore del Codice della Crisi d'Impresa e dell'Insolvenza. È previsto, invero, che l'imprenditore agricolo in stato di sovraindebitamento possa formulare ai creditori una proposta di concordato minore, quando intenda proseguire l'attività imprenditoriale (art. 74, comma 1, che richiama l'art. 2 comma 1, lett. c), CCII). A tal fine, l'imprenditore agricolo deve allegare alla domanda, tra l'altro, il piano con i bilanci, le scritture contabili e fiscali obbligatorie e le dichiarazioni dei redditi concernenti i tre anni anteriori o gli ultimi esercizi se l'attività ha avuto minor durata (art. 75, comma 1, lett. a), e la relazione del gestore della crisi. Quest'ultima deve essere depositata con la domanda e deve comprendere, tra l'altro, la valutazione sulla completezza e attendibilità della documentazione depositata a corredo della domanda, nonché sulla convenienza della domanda rispetto alla alternativa liquidatoria (art. 76, comma 2, lett. d), a pena di inammissibilità della domanda di concordato minore (art. 77). In alternativa al concordato minore, l'impresa agricola può accedere "in proprio" o su istanza di un creditore, nei casi previsti, alla procedura di liquidazione controllata [cfr. Capitolo XI], restando, invece, riservato all'imprenditore agricolo "non minore" l'accesso agli accordi di ristrutturazione dei debiti, con ciò introducendo un discrimine tra le due discipline.

La questione resta di centrale importanza, in considerazione della ratio sottesa alla disciplina del sovraindebitamento e del fine ultimo che si propone di conseguire con il c.d. *fresh start* nell'ambito delle procedure concorsuali relative alle imprese.

Con riferimento alle ***start up* innovative**, vi è l'espressa esenzione delle medesime dalle procedure concorsuali diverse da quelle previste dal Capo II, legge n. 3/2012 (art. 31, d.l. 18 ottobre 2012, convertito in legge 17 dicembre 2012, n. 221), quando risultano in possesso dei requisiti di legge (art. 25, d.l. 18 ottobre 2012, convertito in legge 17 dicembre 2012, n. 221) e vengono iscritte quali *start up* innovative, oltreché nella sezione ordinaria, nell'apposita sezione speciale del registro delle imprese *ex* art. 2188 c.c. L'esenzione cessa decorsi sei anni dalla data di costituzione ed in ogni caso qualo-

---

[72] Trib. Imperia, decreto 23 marzo 2018, Dott.ssa S. Oronzo.

ra, prima di tale termine, la *start up* innovativa perda i requisiti di legge (art. 25, comma 2, d.l. 18 ottobre 2012, convertito in legge 17 dicembre 2012, n. 221), mentre l'arco temporale massimo dell'iscrizione è stato elevato dall'art. 38, comma 5, d.l. n. 34/2020 a sei anni. La nomina del gestore della crisi da parte della *start up*, anche quando venga richiesta presso il Tribunale e non presso l'Organismo di Composizione della Crisi, ai sensi e per gli effetti dell'art. 15, comma 9, legge n. 3/2012, apre un procedimento di nomina che ha natura di volontaria giurisdizione. Solo la (eventuale) fase successiva, se ne ricorrono i presupposti, relativa ad una delle tre procedure di sovraindebitamento determina l'inizio della procedura di sovraindebitamento e i suoi effetti (*ex* art. 31, comma 4, d.l. n. 179/2012) [73].

Nonostante l'espressa esenzione, non sono mancate nella prassi richieste di fallimento di *start up* innovative iscritte nell'apposita sezione speciale che hanno portato i Tribunali di merito ad interrogarsi *i*) in ordine alla natura costitutiva (o normativa) della relativa iscrizione (che avviene tramite autocertificazione, analogamente all'aggiornamento periodico), e *ii*) alla conseguente preclusione/facoltà in capo al Tribunale adito di procedere alla verifica della sussistenza in concreto dei requisiti di legge.

La giurisprudenza di merito non ha ritenuto sufficiente la mera iscrizione della *start up* innovativa nella sezione speciale del registro delle imprese [74], sancendo il potere del giudice ordinario di verificare l'esistenza in concreto dei requisiti per l'esonero dall'assoggettabilità del fallimento [75], ove contestati in sede prefallimentare.

La Cassazione ha infatti affermato che l'iscrizione di una società quale *start up* innovativa nella sezione speciale del Registro delle imprese, in base all'autocertificazione del legale rappresentante circa il possesso dei requisiti formali e sostanziali, e alla successiva attestazione del loro mantenimento, ai sensi dall'art. 25, d.l. n. 179/2012, convertito dalla legge n. 221/2012, permette sempre la verifica giudiziale dei requisiti medesimi in sede prefalli-

---

[73] Trib. Genova, Sez. VII Civ., 3 novembre 2019. In dottrina, A. PAGANINI, Start-up *innovativa e sovraindebitamento, la procedura non inizia con la mera richiesta di nomina del gestore della crisi*, in *Dir. e Giust.*, 3 febbraio 2020.

[74] Trib. Udine 22 maggio 2018, in apparente contrasto con Trib. Milano 22 settembre 2017. L'iscrizione rappresenta requisito necessario e sufficiente per ottenere la qualifica di "*start up* innovativa" e poter beneficiare, conseguentemente, dell'inapplicabilità delle disposizioni contenute nel r.d. n. 267/1942. In dottrina, F. CESARE, *Apertura della liquidazione del patrimonio di una* start up *innovativa e inapplicabilità della legge fallimentare*, in *Ilfallimentarista.it*, 12 gennaio 2018.

[75] Trib. Udine 22 maggio 2018; Trib. Milano 4 agosto 2016; App. Milano 15 dicembre 2016.

mentare, né è assistita da una presunzione di veridicità, in quanto la suddetta iscrizione costituisce presupposto necessario ma non sufficiente per la non assoggettabilità a fallimento, i cui requisiti di legge devono essere posseduti e come tali verificati in sede giudiziale secondo principi di effettività e concretezza[76].

Peraltro, l'ufficio del registro delle imprese ha il potere di rifiutare l'iscrizione di una società nella sezione speciale, che ai sensi di legge è iscritta automaticamente, quando è manifesta l'assenza di un carattere innovativo ed altamente tecnologico dell'oggetto sociale. Pertanto, viene esclusa una valutazione di merito in ordine all'effettiva presenza dei requisiti, dovendosi limitare ad una verifica del requisito formale. La competenza in ordine al rispetto dei requisiti e, più in generale, della disciplina cui sono soggette le *start up* innovative spetterà al Ministero dello Sviluppo Economico che vigilerà sull'effettiva sussistenza dei caratteri sopra richiamati.

Una pronuncia del Tribunale di Udine ha sancito il potere del giudice di verificare l'esistenza in concreto dei requisiti per l'esonero dall'assoggettabilità del fallimento[77], e si è posta in (apparente) contrasto con una pronuncia del Tribunale di Milano che ha dichiarato aperta la procedura di liquidazione del patrimonio prevista dall'art. 14-*ter*, legge n. 3/2012 senza che fosse provata l'effettiva sussistenza dei requisiti previsti per l'iscrizione[78] nel registro speciale.

La pronuncia milanese emessa nell'ambito di una procedura di liquidazione del patrimonio ha affermato che l'iscrizione nella sezione speciale del Registro delle Imprese è condizione necessaria e sufficiente per poter accedere alle procedure in materia di sovraindebitamento (e ciò per la presunzione di legittimità degli atti amministrativi, quale l'iscrizione nella sezione speciale).

La sentenza del Tribunale di Udine risulta ispirata all'esigenza di tutelare i creditori, ma non appare coerente con l'intenzione del legislatore di introdurre facilitazioni finalizzate ad incrementare gli investimenti proprio nel settore dell'innovazione. È infatti evidente come l'incertezza sul regime applicabile possa scoraggiare gli investimenti su questa tipologia di società[79].

Una soluzione percorribile sarebbe quella del ricorso al giudice del regi-

---

[76] Cass. Civ. 7 luglio 2022, n. 32491 con nota di A. FAROLFI, *Il primo intervento della Cassazione in tema di fallibilità delle start-up innovative: l'iscrizione non basta*, in *Fall.*, n. 12, 2022, p. 1508. si veda anche Trib. Milano 8 aprile 2021.

[77] Nello stesso senso Trib. Milano 4 agosto 2016, cit.; App. Milano 15 dicembre 2016, cit.

[78] Trib. Milano 22 settembre 2017.

[79] F. CESARE, *Apertura della liquidazione del patrimonio di una* start up *innovativa e inapplicabilità della legge fallimentare*, cit.

stro al fine di ottenere la cancellazione dell'iscrizione *ex* art. 2191 c.c. e contestuale sospensione del procedimento unitario per la dichiarazione della liquidazione giudiziale in attesa dell'esito del procedimento di cancellazione dell'iscrizione della *start up*.

La decisione del Tribunale ambrosiano [80] accoglie la tesi della natura normativa dell'iscrizione nel registro delle imprese della *start up* innovativa ma, come osserva parte della dottrina con riferimento all'accesso della *start up* alla procedura di liquidazione del patrimonio, il sistema potrebbe risultare svuotato di senso se non si supera l'aporia della perdita dei requisiti per essere *start up* durante la procedura, che potrebbe venire meno anche per effetto del ricorso da parte di un creditore al giudice del registro. In questa evenienza, ci sarebbe spazio per la conversione della liquidazione dei beni in fallimento. L'unica strada che pone al riparo la *start up* in crisi appare dunque l'accordo di composizione della crisi, con effetti esdebitatori immediati all'omologa, che precluderebbero la successiva procedura concorsuale maggiore, salvo il caso di inadempimento della proposta [81].

Da ultimo, la mera cancellazione della *start up* innovativa dal registro delle imprese (sezione speciale) non comporta l'automatica cancellazione dal registro delle imprese della società con conseguente estinzione della società; sicché la *start up*, qualora dimostri il mancato superamento delle soglie di cui all'art. 1 l.fall., non è assoggettabile a fallimento, né può trovare applicazione l'art. 10 l.fall. [82].

Con riferimento alla possibilità del **socio illimitatamente responsabile** [83] di società fallibile, ma non (ancora) sottoposta a procedura concorsuale, di accedere ad uno degli strumenti previsti dalla legge sul sovraindebitamento, all'indomani dell'introduzione della legge n. 3/2012 si era registrato un orientamento non univoco. Detto orientamento è superato dalla previsione, contenuta nel Codice della Crisi di Impresa e dell'Insolvenza, che consente alla persona fisica, socio illimitatamente responsabile di società di persone,

---

[80] Trib. Milano 22 settembre 2017.

[81] F. CESARE, *Apertura della liquidazione del patrimonio di una* start up *innovativa e inapplicabilità della legge fallimentare*, cit.

[82] App. Bologna, Sez. III, 24 ottobre 2018, n. 2686.

[83] Per le problematiche relative all'ammissibilità di una procedura di composizione della crisi da sovraindebitamento (accordo o piano del consumatore) del socio illimitatamente responsabile e le interferenze tra il concordato preventivo o l'accordo di composizione della crisi da sovraindebitamento del socio illimitatamente responsabile, prima dell'entrata in vigore del Codice della Crisi di Impresa e dell'Insolvenza, si veda il contributo di F. MICHELOTTI, *I soci illimitatamente responsabili e le procedure di composizione della crisi da sovraindebitamento*, in *Fall.*, n. 3, 2020, p. 315 ss.

di ricorrere al sovraindebitamento, e, di presentare anche un piano del consumatore [84]. Muovendo da tale presupposto, parte della giurisprudenza ha accolto i principi della legge delega permettendo l'accessibilità al sovraindebitamento del socio cui il fallimento andrebbe esteso *tout court ex* art. 147 l.fall. Ciò in quanto, in sede di estensione del fallimento della società, non viene valutata dal Tribunale la sua insolvenza personale e parallelamente non vi è ragione per sostenere che egli sia tenuto ad attendere la dichiarazione di fallimento della società [85] per ottenere l'esdebitazione. D'altra parte, l'art. 12, comma 5, legge n. 3/2012 prevede espressamente l'ipotesi del consecutivo fallimento del debitore che abbia proposto un accordo di composizione della crisi omologato [86], sicché l'attivo nelle more conservato a tutela dei creditori potrebbe essere acquisito dal curatore [87]. In un caso è stato dichiarato ammissibile, con conseguente omologa, l'accordo di ristrutturazione *ex* art. 182-*bis* l.fall. perfezionato da una società in nome collettivo ed espressamente condizionato all'omologa degli accordi di composizione della crisi contestualmente proposti dai soci illimitatamente responsabili, trattandosi di una definizione globale dello stato di crisi riguardante i debiti sociali e personali dei soci, sul presupposto che vi sia un collegamento negoziale tra i due piani di ristrutturazione [88].

Di diverso avviso è stata la giurisprudenza di merito per il sovraindebi-

---

[84] Nel decreto correttivo è invece stato espunto il comma 4 dell'art. 65 CCII, che faceva riferimento all'estensione degli effetti delle procedure di sovraindebitamento nei confronti dei soci illimitatamente responsabili, il che rende manifesta la volontà del legislatore di non ampliare a questi ultimi gli effetti della procedura principale in estensione laddove il socio illimitatamente responsabile sia un consumatore.

[85] Trib. Rimini 13 marzo 2018, Pres. F. Miconi; conforme, Trib. Rimini 9 marzo 2019, Est. F. Miconi. In precedenza, si era espresso per l'ammissibilità anche il Tribuna di Torino, con due decreti resi in sede di reclamo (Trib. Torino 9 novembre 2017; Trib. Torino 20 dicembre 2017), nonché Trib. Ivrea 15 novembre 2018.

[86] Trib. Rimini 13 marzo 2018, Pres. F. Miconi.

[87] Trib. Prato 16 novembre 2016. In dottrina, G. BENVENUTO, *Il sovraindebitamento del socio illimitatamente responsabile*, in *www.diritto24.ilsole24ore.com*, 12 dicembre 2016.

[88] Trib. Rimini 27 giugno 2019, Pres. F. Miconi. Nel caso di specie, è stato omologato un accordo di ristrutturazione *ex* art. 182-*bis* l.fall. di una s.n.c. con i propri creditori ai quali veniva proposto il soddisfacimento, non mediante il provento dei beni sociali, che erano inesistenti, bensì nell'ambito degli accordi di composizione della crisi da sovraindebitamento contestualmente presentati dai soci illimitatamente responsabili. Per la legittimazione dell'accesso dei soci nell'ambito di procedure collegate e per una disamina dei diversi orientamenti si veda il contributo di C. TRENTINI, *Ammissibilità delle procedure collegate di accordi* ex *art. 182* bis *l.fall. di società di persone e di accordo da sovraindebitamento dei soci illimitatamente responsabili*, commento a Trib. Rimini 27 giugno 2019, in *Fall.*, n. 3, 2020, p. 413 ss.

tamento che ha rigettato la domanda proposta da un socio illimitatamente responsabile di società astrattamente fallibile, sul presupposto che questi fosse fallibile in estensione *ex* art. 147 l. fall. e che la "non assoggettabilità" a procedure concorsuali diverse da quelle del sovraindebitamento, costituisca condizione di ammissibilità dell'istanza (art. 7, comma 2, legge n. 3/2012)[89]. Ad ogni modo, è stata accolta la domanda di accesso ad una procedura di sovraindebitamento (nella specie, di liquidazione del patrimonio) di un socio illimitatamente responsabile di società di persone fallibile, circostanza indicata anche dal gestore della crisi nella propria relazione particolareggiata allegata al ricorso; il giudice designato non sarebbe entrato nel merito dell'estendibilità del fallimento al socio, dichiarando l'apertura della procedura di liquidazione dei beni[90].

Il Codice della Crisi di Impresa e dell'Insolvenza prevede la propagazione degli effetti in estensione per il socio illimitatamente responsabile solo per la liquidazione controllata (art. 270 CCII) e per il concordato minore (art. 79 CCII) e i diversi presupposti di accesso alla procedura dovrebbero rendere più fluida l'applicazione dell'istituto nelle procedure di ristrutturazione diverse dalla ristrutturazione dei debiti del consumatore.

4. La nozione di "consumatore"

Per "**consumatore**" si intende il debitore persona fisica che ha assunto obbligazioni per scopi estranei all'attività imprenditoriale o professionale eventualmente svolta (art. 6, comma 2, lett. b), legge n. 3/2012), definizione che non ricalca quella del Codice del Consumo (art. 3, comma 1, d.lgs. 6 settembre 2005, n. 206)[91].

Secondo la disciplina sul sovraindebitamento di cui alla legge n. 3/2012, il consumatore può decidere di accedere al piano del consumatore, e, comunque, alle altre procedure previste dalla legge n. 3/2012 (accordo e liqui-

---

[89] Trib. Milano 18 agosto 2016. Conforme, Trib. Torino 6 luglio 2018.

[90] Trib. Milano 24 aprile 2019, Giudice Pascale. Nel caso di specie, è stata aperta la liquidazione del patrimonio di un socio illimitatamente responsabile di società di persone (s.n.c.) fallibile.

[91] La definizione di consumatore viene inserita per la prima volta nel nostro ordinamento con il recepimento della direttiva comunitaria 93/13/CE concernente le clausole abusive nei contratti stipulati con i consumatori, attuata con la legge6 febbraio 1996, n. 52, la quale, aggiungendo il Capo XIV-*bis* al Titolo II del Libro IV del codice civile, ha introdotto la disciplina (art. 1469-*bis* c.c.) sulle clausole vessatorie nei contratti tra professionista e consumatore.

dazione del patrimonio). Mentre, con l'entrata in vigore del CCII al consumatore viene precluso l'accesso al concordato minore[92] (art. 74, comma 1, CCII).

Il CCII ha ampliato il perimetro dei soggetti che possono ricadere sotto la definizione di "consumatore" estendendolo alla persona fisica che rivesta (anche) la qualifica di socio illimitatamente responsabile di società di persone, permettendole di ricorrere ad uno dei rimedi in materia di sovraindebitamento, con la possibilità, laddove ricorrano i presupposti richiesti (debiti estranei a quelli sociali), di presentare anche un piano del consumatore, così come a tali procedure può accedere il fideiussore (art. 59, comma 3, CCII).

La definizione di consumatore contenuta nel Codice della Crisi dell'Impresa e dell'Insolvenza recepisce l'orientamento delineatosi all'indomani dell'introduzione della legge sul sovraindebitamento, così ponendo fine ai diversi dubbi interpretativi sorti, soprattutto, con riferimento alla possibilità di presentare un piano del consumatore per quei soggetti quali imprenditori sotto soglia o lavoratori autonomi sovraindebitati per debiti estranei all'attività di impresa o professionale, e con riferimento al perimetro entro il quale possano essere contenuti detti "debiti estranei".

La Corte di Cassazione, nella nota sentenza del 2016, è intervenuta statuendo che ai fini della qualifica di consumatore rileva non tanto l'avere svolto da parte della persona fisica attività d'impresa o professionale, quanto piuttosto l'avere contratto obbligazioni "*per far fronte ad esigenze personali o familiari o della più ampia sfera attinente agli impegni derivanti dall'estrinsecazione della propria personalità sociale, dunque anche a favore di terzi, ma senza riflessi in un'attività d'impresa o professionale propria*"[93]. Da ciò si deduce come anche l'**imprenditore (o il lavoratore autonomo)** possa proporre un piano del consumatore, purché destinato a pagare debiti sorti per ragioni familiari in senso ampio. Fino alla pronuncia della Suprema Corte il piano del consumatore risultava, in pratica, uno strumento accessibile solo ai soggetti privi di partita IVA che avevano contratto debiti consumeristici o ricadenti nella sfera non professionale (ad esempio, il mutuo per l'abitazione) e per ragioni legate alla vita quotidiana[94]. Viceversa, davanti ad una natura composita delle obbligazioni contratte (debiti di natura personale,

[92] D. VATTERMOLI, *Il concordato minore. Aspetti sostanziali*, in *Fall.*, n. 4, 2020, p. 441 ss.

[93] Cass. Civ. 1° febbraio 2016, n. 1869, Pres. Ceccherini, Est. Ferro.

[94] Così è stato ritenuto ammissibile il piano del consumatore presentato dalla persona fisica che aveva contratto debiti per ristrutturare casa (Trib. Catania, decreto 17 giugno 2014) oppure per aiutare un familiare malato (Trib. Verona, decreto 8 maggio 2015), previa verifica della sussistenza del requisito della meritevolezza, qui inteso quale ragionevole previsione di poter assolvere le obbligazioni contratte al momento in cui erano sorte.

familiare e derivanti dalla propria attività di impresa/professionale), all'imprenditore o al lavoratore autonomo era precluso l'accesso al piano del consumatore. La Suprema Corte aveva, invece, fatto un passo avanti ritenendo di dover distinguere, ai fini dell'accesso al piano del consumatore e, dovendosi distinguere la sfera personale dalla sfera professionale e/o di impresa, non riconducendoli necessariamente ad un unico insieme.

La Suprema Corte muove dal profilo soggettivo dell'attività svolta dal soggetto sovraindebitato a quello della "qualità" della composizione debitoria e della causa dell'insolvenza [95], statuendo che "*non vi sono margini per escludere dall'accesso a tale procedura* (...) *tutti quei soggetti che abbiano assunto obbligazioni composite e che vogliano in tal modo, cioè come consumatori, ristrutturarle*" [96]. Sicché, secondo la Suprema Corte, la persona fisica con **relazioni d'impresa o professionali**, attuali o pregresse, può accedere al piano del consumatore, purché le stesse non abbiano dato vita ad obbligazioni residue non ancora soddisfatte al momento della presentazione del piano [97].

Quando la Suprema Corte fa riferimento alla risoluzione di debiti per impegni "presi a favore di terzi", apre un margine all'accesso allo strumento del piano del consumatore anche ai fideiussori, per le obbligazioni altrui non ricadenti nella propria attività di impresa o professionale, purché gli stessi non abbiano riflessi in una propria attività d'impresa [98].

Dalla lettura della nozione di consumatore nel Codice della Crisi di Impresa e dell'Insolvenza, si evince come possano presentare un piano del consumatore anche i lavoratori autonomi, i professionisti o imprenditori, così come gli imprenditori o i soci illimitatamente responsabili per debiti estranei

---

[95] Che non devono avere origine in attività d'impresa o di lavoro autonomo, che consentano "*un sicuro ancoramento tipologico alla figura del debitore compromesso in atti di rischio non speculativo o comunque proprio dell'intermediazione organizzativa*" (Cass. Civ. 1° febbraio 2016, n. 1869, Pres. Ceccherini, Est. Ferro, cit.).

[96] Cass. Civ. 1° febbraio 2016, n. 1869, Pres. Ceccherini, Est. Ferro, cit.

[97] Non è consumatore chi garantisce attività di impresa cui egli è professionalmente coinvolto (Trib. Torino 7 agosto 2017, in *www.ilcaso.it*).

[98] Hanno escluso il piano del consumatore del fideiussore, Trib. Bergamo 12 dicembre 2014 in relazione alle garanzie per obbligazioni di una società poi fallita; Trib. Milano ordinanza 16 maggio 2015, in relazione al sovraindebitamento di un socio e amministratore, nonché garante per obbligazioni di una società; Trib. Foggia 23 luglio 2015. In dottrina, M. CORIGLIANO, *Sovraindebitamento: la Cassazione fissa la nozione di consumatore*, in *www.ecnews.it*, 4 febbraio 2016; G.P. D'AMATO, *La Cassazione definisce la qualifica di consumatore per le procedure di sovraindebitamento di cui alla legge n. 3/2012*, in *www.diritto24.ilsole24ore.com*, 11 febbraio 2016; *Crisi da sovraindebitaento: anche l'imprenditore è qualificabile come consumatore*, in *Ilfallimentarista.it*, 3 febbraio 2016.

a quelli di impresa[99] e senz'altro il fideiussore per debiti di terzi non ricadenti nella propria sfera professionale e/o di impresa. In conformità all'orientamento maggioritario è stato omologato un piano del consumatore presentato da due coniugi di cui uno imprenditore, il cui sovraindebitamento discendeva dalle garanzie prestate a favore di un familiare per le obbligazioni assunte per la ristrutturazione di un appartamento destinato a casa familiare[100].

Ci si chiede se vi sia un'apertura verso la possibilità per il fideiussore per obbligazioni di impresa di ristrutturare i propri debiti, non solo attraverso una proposta di accordo di composizione della crisi di cui alla legge n. 3/2012[101].

In un giudizio di opposizione a decreto ingiuntivo promosso da un garante per obbligazioni estranee dalla attività di impresa, ma riferibili a un terzo, è stata invocata l'applicazione del **foro del consumatore** in forza del principio di diritto espresso dalla Corte di Giustizia Europea con le decisioni nn. 74 e 534/2015[102]. Secondo questa prospettiva la nozione di consumatore andrebbe determinata alla luce di un criterio funzionale, consistente nel valutare se il rapporto contrattuale in esame rientri nell'ambito di **attività non finalizzate alla professione**. Così, potrebbe essere considerato di ordine consumeristico il caso di sovraindebitamento derivante dalla garanzia di un mutuo contratto dal coniuge[103], sempreché i soggetti abbiano le altre condizioni per accedervi[104].

Altro orientamento ha escluso la possibilità di accesso al piano del con-

---

[99] Alla procedura di cui all'art. 67 CCII (ovvero alla procedura di ristrutturazione dei debiti del consumatore), può accedere solo la persona fisica che non abbia debiti estranei a quelli contratti con obbligazioni consumeristiche (Trib. Bologna, decreto 30 dicembre 2022, Giudice A. Rimondini. Si veda il contributo di G. RANA, *Ristrutturazione dei debiti del consumatore e debiti promiscui*, in *Fall.*, n. 7, 2023, p. 986 ss.

[100] Trib. Novara 10 settembre 2018, Giudice Dott.ssa S. Delle Site.

[101] N. NISIVOCCIA, *La rinascita del debitore*, cit., p. 47.

[102] Trib. Padova, sentenza 27 giugno 2018. Per una descrizione e un breve commento del caso, M. CONIGLIARO, *Sovraindebitamento: il fideiussore può essere considerato "consumatore"*, in *www.ecnews.it*, 5 settembre 2018. *Contra*, R. BATTAGLIA, *La crisi da sovraindebitamento nella giurisprudenza: lo stato dell'arte*, in *Fall.*, n. 11, 2018, secondo il quale "*tale ricostruzione parrebbe* prima facie *logica; tuttavia, appare arduo ricondurre allo schema del piano del consumatore (finalizzato all'esdebitazione di chi abbia assunto obbligazioni marcatamente con funzione consumistica per sé o per la propria famiglia) un soggetto che abbia garantito un'obbligazione di carattere imprenditoriale, che è per sua natura priva delle predette qualità*" (cfr. Trib. Rovigo 13 dicembre 2016, in *www.unijuris.it*)".

[103] Trib. Reggio Emilia, decreto 19 novembre 2016. *Contra*: Trib. Torre Annunziata, decreto 12 dicembre 2016.

[104] Trib. Rovigo, decreto 13 dicembre 2016.

sumatore del garante, sul presupposto che occorre aver riguardo alla posizione del soggetto garantito (se è imprenditore, dovrebbe escludersi la possibilità di invocare la qualifica di consumatore).

In sintesi, secondo un'interpretazione della disciplina sul sovraindebitamento e della nota pronuncia della Suprema Corte che ha delineato la figura del "consumatore", ai fini della legge sul sovraindebitamento, la posizione del garante può essere qualificata come consumatore in due ipotesi: *i*) se il soggetto, già imprenditore o professionista, ha cessato l'attività e non residuano debiti riconducibili all'attività stessa e la garanzia riguardi soltanto debiti estranei ad essa; *ii*) quando la garanzia personale afferisce a posizioni debitorie estranee all'attività di impresa o professionale, ad esempio per le obbligazioni assunte da un familiare per acquisti personali. Viceversa, se il soggetto richiedente-fideiussore ha garantito debiti relativi ad attività di impresa o professionale, oppure nell'ipotesi in cui le obbligazioni garantite siano di natura mista, allora egli non potrà essere considerato consumatore (e potrà dunque avvalersi soltanto dell'accordo di ristrutturazione o della liquidazione del patrimonio [105]).

Da una lettura delle disposizioni relative allo strumento della ristrutturazione dei debiti del consumatore del CCII, il discrimine per l'accesso agli istituti consumeristici è quello dello scopo dell'obbligazione assunta dall'imprenditore [106]; se le finalità sono estranee all'attività di impresa, il debitore potrà accedere al piano del consumatore o meglio alla ristrutturazione dei debiti del consumatore [cfr. Capitolo IV].

Partendo da queste considerazioni si possono risolvere i temi dei cosiddetti debiti promiscui e dell'imprenditore cancellato.

L'art. 33, comma 4, CCII vieta all'imprenditore cessato di accedere al concordato minore. Si tratta di un probabile errore del legislatore che voleva in realtà escludere l'accesso alla procedura regolatoria dei professionisti solo alle società di capitali, che perdono la capacità di agire con la cancellazione, ma non alle imprese individuali cessate che la conservano anche dopo (Trib. Ancona, Sez. II, decreto 11 gennaio 2023) [107].

---

[105] Qualora il fideiussore abbia agito per interessi derivanti dalla propria attività imprenditoriale, l'accesso al sovraindebitamento gli sarà inevitabilmente precluso. In tal senso, N. NISIVOCCIA, *La rinascita del debitore*, cit., p. 47.

[106] Sembra prevalere il principio che debba essere compiuta una valutazione caso per caso, al netto di qualunque automatismo, con la conseguenza che spetterebbe al giudice di verificare caso per caso lo scopo con il quale ha agito il fideiussore al momento dell'assunzione delle obbligazioni. N. NISIVOCCIA, *La rinascita del debitore*, cit., p. 47.

[107] Si veda a riguardo A. MANCINI, *La definizione dei debiti promiscui nel piano del consumatore*, (Brevi note a Tribunale di Grosseto 22 giugno 2021), in *www.ilcaso.it*, 2022 e F.

Nonostante vi siano pronunce che fanno leva sul dato letterale del citato art. 33, comma 4, CCII [108], diverse pronunce hanno ormai ammesso l'esperibilità della ristrutturazione dei debiti del consumatore per l'imprenditore cancellato facendo leva sull'attuale estraneità dell'imprenditore al mercato [109].

La procedura del consumatore con debiti promiscui sarebbe così legittima a condizione che sussista, alternativamente, una di queste condizioni: *(i)* al momento della presentazione della domanda il debitore non sia iscritto come imprenditore nel registro delle imprese oppure, *(ii)* anche qualora lo fosse, che non residuino obbligazioni risalenti a rapporti imprenditoriali o professionali.

Se il sistema impone di accordare a ogni posizione soggettiva una procedura di regolazione della crisi e una liquidatoria, occorre dunque sposare un'opzione interpretativa che consenta all'impresa cancellata di accedere a uno strumento diverso dalla liquidazione.

Se la crisi o l'insolvenza devono essere considerate in ottica prospettica, quale inettitudine dei flussi futuri a coprire i fabbisogni a norma dell'art. 2 CCII, anche in ottica prospettica va verificato la qualità di consumatore: in tal modo è forse più corretto accordare all'imprenditore cancellato la ristrutturazione dei debiti del consumatore e non il concordato minore perché non solo il debitore *agisce* come estraneo al mercato dell'impresa, ma perché lo squilibrio futuro riguarda debiti non più di impresa [110].

5. I requisiti ostativi di cui all'art. 7, comma 2, legge n. 3/2012

Nei precedenti paragrafi del presente capitolo sono stati esposti i requisiti oggettivi e soggettivi per accedere ad uno degli strumenti previsti dalla legge sul sovraindebitamento, requisiti da leggersi e da coordinare con Codice della Crisi di Impresa e dell'Insolvenza, di cui di seguito nel testo; sicché, in difetto, il soggetto debitore risulta escluso dalla relativa disciplina del sovraindebitamento, con conseguente emissione da parte del giudice designato di un provvedimento di inammissibilità a seguito del deposito della

---

CESARE, *L'imprenditore cessato tra piano di ristrutturazione e concordato minore*, in *Ius crisi d'impresa*, 2023.

[108] Cfr. *ex multis* Trib. Genova 16 novembre 2022.

[109] Trib. Napoli Nord 12 novembre 2022; Trib. Spoleto 23 dicembre 2023.

[110] Così F. CESARE, *L'imprenditore cessato tra piano di ristrutturazione e concordato minore*, in *Ius crisi d'impresa*, 2023.

domanda [111]. Venendo al dettato legislativo (art. 7, comma 2, legge n. 3/2012), la proposta non era ammissibile quando il debitore, anche consumatore:

a) è soggetto a procedure concorsuali diverse (la c.d. fallibilità è inserita tra le cause di esclusione dalle procedure di composizione della crisi da sovraindebitamento [112]); come si è anticipato, la dottrina ritiene che il debitore, non debba essere nemmeno assoggettabile (non quindi assoggettato in concreto) alle procedure concorsuali, diverse da quelle individuate dalla predetta legge, secondo un criterio residuale [113];
b) ha fatto ricorso, nei precedenti cinque anni attinenti al procedimento per la composizione della crisi da sovraindebitamento, da intendersi come procedura aperta, e di cui il soggetto istante ha usufruito, traendone i benefici previsti per legge;
c) ha subito, per cause a lui imputabili, uno dei provvedimenti di cui agli artt. 14 e 14-*bis*, legge n. 3/2012, ovvero la risoluzione, la revoca o la cessazione dell'omologazione di un precedente accordo o piano del consumatore, per causa a lui imputabile;
d) ha fornito documentazione che non consente di ricostruire compiutamente la sua situazione economica e patrimoniale, requisito che deve essere attentamente valutato anche dal gestore nominato o dal professionista designato, a norma dell'art. 15, comma 9, legge n. 3/2012 (per la figura dell'OCC e le funzioni si rinvia ad apposito capitolo [cfr. Capitolo II]). Nell'ipotesi di accordo di composizione della crisi, il gestore nominato ne deve attestare la fattibilità (art. 9, comma 1, legge n. 3/2012), mentre nell'ipotesi di piano del consumatore, deve esprimere "... omissis ... *il giudizio sulla completezza e attendibilità della documentazione depositata dal consumatore a corredo della proposta* ... omissis ..." (art. 9, comma 3-*bis*, lett. e), legge n. 3/2012) [114]. Il debitore che svolge attività

---

[111] Nei precedenti paragrafi sono state esposte anche le criticità in ordine all'individuazione del perimetro di "assoggettabilità" per un debitore (sia esso persona fisica o imprenditore o socio illimitatamente responsabile) alla legge sul sovraindebitamento, cui si rinvia per eventuali approfondimenti. Al fine di evitare una pronuncia di inammissibilità, il debitore, con l'ausilio del proprio legale o del gestore nominato o del professionista designato, a norma dell'art. 15, comma 9, legge n. 3/2012, deve procedere ad una attenta disamina della propria situazione.

[112] A. FICO, *La fase introduttiva dell'accordo di ristrutturazione dei debiti disciplinato dall'art. 6 e ss. della Legge n. 3/2012*, in F. FIMMANÒ-G. D'ATTORRE (a cura di), *La composizione della crisi da sovraindebitamento*, cit., pp. 487-488.

[113] A. VIGO MAJELLO, *L'"accordo" del debitore ed il "piano del consumatore"*, cit., p. 8.

[114] Medesimo requisito è richiesto anche nella relazione particolareggiata redatta per l'ipotesi di domanda di liquidazione del patrimonio.

d'impresa deposita le scritture contabili degli ultimi tre esercizi, unitamente a una dichiarazione che ne attesti la conformità all'originale (art. 9, comma 3, legge n. 3/2012). Mentre per il debitore che svolge attività di impresa tenuto alla contabilità ordinaria, non si pongono particolari questioni di ordine pratico, maggiori difficoltà si riscontrano per i sovraindebitati persone fisiche e per chi svolge attività di impresa con esonero dalla contabilità ordinaria [115]. Ci si è chiesti se il mancato deposito delle dichiarazioni dei redditi (omessa dichiarazione) risulti requisito ostativo all'accesso ad uno degli strumenti previsti dalla legge sul sovraindebitamento. Sul punto, si ritiene che la mancata presentazione della dichiarazione dei redditi e, quindi, il mancato deposito delle ultime tre dichiarazioni, a corredo della domanda, non consenta l'accesso alla procedura.

Il Codice della Crisi di Impresa e dell'Insolvenza (artt. 69 e 77 CCII) prevede quali ipotesi ostative all'accesso alla procedura di sovraindebitamento, per inammissibilità della domanda: *i*) l'intervenuta esdebitazione nei cinque anni precedenti il deposito della domanda, o l'intervenuta esdebitazione per due volte del consumatore (art. 69, comma 1, CCII) o del soggetto che intende accedere al concordato minore (art. 77, comma 1, CCII); *ii*) quando il consumatore ha determinato la situazione di sovraindebitamento con colpa grave malafede o frode (art. 69, comma 1, CCII); *iii*) quando mancano i documenti richiesti dalla legge (art. 77, comma 1, CCII) a corredo della domanda di concordato minore; *iv*) quando il soggetto che intende accedere alla domanda di concordato minore supera i requisiti dimensionali che eccedono i limiti di cui all'art. 2, comma 1, lett. d), nn. 1), 2) e 3), CCII (art. 77, comma 1, CCII); *v*) se risultano commessi atti diretti a frodare le ragioni dei creditori da parte del soggetto che intende accedere al concordato minore (art. 77, comma 1, CCII) [cfr. Capitolo IV].

Inoltre, il creditore che ha colpevolmente determinato la situazione di indebitamento o il suo aggravamento, non può presentare opposizione o reclamo in sede di omologa per contestare la convenienza della proposta, anche se dissenziente, né far valere cause di inammissibilità (art. 80, comma 4, CCII). Tra i creditori depotenziati del diritto di opposizione vanno annoverati anche i creditori finanziari che abbiano erogato un finanziamento non meritevole, in grado di lasciare il creditore con un reddito inferiore a quello dell'assegno sociale normalizzato ISEE. Va quindi evidenziato che se il legisla-

[115] Sull'onere in capo al debitore soggetto richiedente, per le soluzioni prospettate dalla giurisprudenza e sul potere del sindacato del Tribunale, si rinvia a quanto esposto nei paragrafi che trattano dei presupposti soggettivi e alle criticità riscontrate, anche con riferimento alla domanda di accesso di un imprenditore agricolo.

tore ha ritenuto di sanzionare l'intermediario in caso di accesso sproporzionato al credito, il consumatore non può essere considerato in colpa grave qualora abbia acceso finanziamenti che non avrebbe potuto prevedibilmente onorare [116].

Merita qualche cenno l'istituto della liquidazione controllata di cui al CCII nella parte relativa ai requisiti ostativi, rinviando ad apposito capitolo la trattazione della disciplina di detto istituto [cfr. Capitolo XI]. Essa è esperibile dai debitori in crisi e insolventi non assoggettabili alla liquidazione giudiziale "... *nuova versione del fallimento* ..." [117], su istanza non solo dell'interessato, *ma anche* dei creditori [118]. Permane la legittimazione del pubblico ministero solo nel caso di conversione da una diversa procedura di composizione di sovraindebitamento conseguente ad atti di frode o ad inadempimento. Il Tribunale non vaglia più l'assenza di atti di frode, quale condizione per l'apertura. Per l'apertura della liquidazione controllata, quindi, non rileva la causa del sovraindebitamento (tanto è vero che non è richiesto al gestore di pronunciarsi su tale punto nella propria relazione), né la sussistenza di atti in frode [119]. Il Tribunale si limiterà, quindi, a verificare il requisito soggettivo della non assoggettabilità del debitore ricorrente a procedure concorsuali maggiori, la sussistenza del sovraindebitamento (art. 268), la produzione della relazione dell'OCC (art. 269) e l'assenza di domande di accesso alle procedure alternative di regolazione della crisi o dell'insolvenza previste dal Titolo IV del CCII (art. 270, comma 1).

---

[116] Si veda già nel vigore della precedente normativa Trib. Bari 8 luglio 2020, Est. Nicola Graziano: "*l'assenza di colpa del consumatore nella determinazione del proprio sovraindebitamento può essere desunta dalla positiva valutazione, a monte, del c.d. merito creditizio da parte del soggetto finanziatore*".

[117] In dottrina: F. CESARE, *La liquidazione controllata nel Codice della crisi di impresa e dell'insolvenza*, in *Ilfallimentarista.it*, Focus del 22 gennaio 2019; *La liquidazione controllata*, in *www.dirittodellacrisi.it*.

[118] Trib. Monza, 21 dicembre 2022, Pres. C. Giovanetti, Rel. F. Ambrosio.

[119] F. CESARE, *La liquidazione controllata nel Codice della crisi di impresa e dell'insolvenza*, cit.

Capitolo Secondo

GLI ORGANI

di *Chiara Valcepina*

1. L'organismo di composizione della crisi ed il gestore

Nelle procedure di composizione della crisi da sovraindebitamento è centrale l'organismo di composizione della crisi da sovraindebitamento (anche "*OCC*" (già disciplinato dall'art. 15, legge n. 3/2012). Essi hanno la funzione di ausilio per il debitore, per il creditore e per il giudice della procedura.

Possono costituire organismi per la composizione della crisi da sovraindebitamento enti pubblici (e privati) dotati dei requisiti di indipendenza e professionalità (art. 15, comma 1, legge n. 3/2012), oltre che di una determinata adeguatezza patrimoniale. Una volta costituiti, gli OCC devono essere iscritti in un registro tenuto presso il Ministero della Giustizia.

I requisiti, le condizioni e le modalità di iscrizione degli OCC sono determinati dal d.m. Giustizia 24 settembre 2014, n. 202, tuttora in vigore anche con l'entrata in vigore del Codice della crisi, così come espressamente richiamato dall'art. 2, comma 1, lett. t), CCII, di cui di seguito nel testo.

Possono diventare OCC e sono iscritti di diritto (sezione A del registro) su semplice richiesta (già *ex* art. 15, legge n. 3/2012) *ex* art. 4, comma 2, d.m. n. 202/2014: *i*) gli organismi di conciliazione costituiti presso le camere di commercio; *ii*) i segretariati sociali; *iii*) gli ordini degli avvocati, dei commercialisti e degli esperti contabili e dei notai.

Mentre possono essere iscritti (sezione B del registro), se in possesso di determinati requisiti, gli organismi istituiti quale articolazione interna di Comuni, città metropolitane, Regioni ed Istituzioni universitarie pubbliche (art. 4, comma 1, d.m. n. 202/2014).

Per l'iscrizione degli OCC nel registro curato dal Ministero, il responsabile verifica: *i*) l'esistenza di un referente interno, cui sia garantito un adeguato grado di indipendenza; *ii*) il rilascio di una adeguata polizza assicurativa, con un massimale non inferiore ad un milione di euro (ciò a fini di tutela dalle possibili conseguenze patrimoniali derivanti dallo svolgimento del servizio di gestione della crisi); *iii*) il numero dei gestori della crisi, non inferiore a cinque, che abbiano dichiarato la disponibilità a rivestire l'incarico e a svolgere le funzioni di gestione della crisi in via esclusiva per l'organismo (solo per gli OCC di cui alla sezione B del registro); *iv*) la conformità del regolamento dell'organismo alle disposizioni del d.m. n. 202/2014; *v*) i requisiti di qualificazione professionale dei gestori della crisi iscritti nell'elenco (di cui si dirà nel testo).

In sintesi, il regolamento stabilisce le modalità e le condizioni per l'iscrizione, per la formazione dell'elenco e la sua revisione, nonché l'ammontare dei compensi e dei rimborsi spese dovuti agli organismi, che sono posti a carico dei soggetti che ricorrono alla procedura [1].

Quando il sovraindebitato si rivolge all'OCC, il referente dell'Organismo procede alla nomina del Gestore, persona fisica, che assiste il debitore e svolge le funzioni dell'OCC, sotto il profilo operativo, quale suo organo.

Il Codice della Crisi di Impresa e dell'Insolvenza (CCII), mantiene formalmente e sostanzialmente invariata la definizione di "OCC" (art. 2, comma 1, lett. t), CCII): essi sono definiti come "*organismi di composizione delle crisi da sovraindebitamento disciplinati dal decreto del Ministro della giustizia del 24 settembre 2014, n. 202 e successive modificazioni, che svolgono i compiti di composizione assistita della crisi da sovraindebitamento previsti dal presente codice*". Come si è avuto modo di chiarire all'indomani della pubblicazione del CCII (e oggi a seguito dell'entrata in vigore), il legislatore italiano ha previsto una disciplina più semplice e specifica rispetto al procedimento unitario, che è applicabile solo nei limiti di compatibilità e per quanto non direttamente previsto nelle disposizioni specifiche dettate in ma-

---

[1] L. DI NOSSE, *Gli Occ ed i professionisti designati: casi e problemi*, in F. FIMMANÒ-G. D'ATTORRE (a cura di), *La composizione della crisi da sovraindebitamento*, Collana Regole e Mercati, II ed., 2017, p. 185.

teria [2]. Come si vedrà nel prosieguo, il Codice della Crisi di Impresa e dell'Insolvenza prescrive, rispetto alla legge n. 3/2012, che la nomina dell'attestatore sia facoltativa e che le funzioni proprie del commissario e del liquidatore siano svolte dall'OCC, sempre regolamentato dal d.m. n. 202/2014 [3].

L'OCC assume (e conserva) un triplice ruolo: 1. consulente del debitore, 2. garante nei confronti del Tribunale e dei creditori della serietà ed attendibilità della proposta, 3. ausiliario del Tribunale nella gestione del procedimento e nella sua esecuzione [4]. Nei casi dove non è prevista la difesa tecnica (ristrutturazione dei debiti del consumatore e liquidazione controllata) assume anche il ruolo di patrocinio del debitore. Si tratta di ruoli all'evidenza non privi di una qualche contraddittorietà, perché è impossibile perseguire contemporaneamente gli interessi del debitore senza sacrificare quelli dei creditori e senza porre in discussione il ruolo di ausiliario del giudice. Si ritiene che, nel tempo, la giurisprudenza dovrà trovare un punto di equilibrio tra funzioni all'evidenza antitetiche e incompatibili se riunite nel medesimo organo.

2. Funzioni, indipendenza e responsabilità

I gestori della crisi, quali organo dell'OCC, svolgono un ruolo indispensabile nell'ambito delle procedure di sovraindebitamento.

Si tratta di una funzione infungibile. Il debitore che intende accedere ad una delle procedure di sovraindebitamento, deve avvalersi obbligatoriamente di tale figura, non essendo la funzione facoltativa o di mero ausilio [5], ma ricoprendo, bensì, una "posizione qualificata" che consente al debitore di perseguire proficuamente lo scopo di porre rimedio alle situazioni di sovraindebitamento non soggette, né assoggettabili alle vigenti procedure concorsuali [6].

---

[2] L. SERRA, *Codice della crisi di impresa e dell'insolvenza*, rinvenibile su *www.altalex.com/documents/news/2018/11/28/codice-crisi-impresa-e-insolvenza*, 15 febbraio 2019.

[3] L. SERRA, *Codice della crisi di impresa e dell'insolvenza*, cit.; F. MICHELOTTI, *Il sovraindebitamento per le imprese minori e i privati*, cit.

[4] F. MICHELOTTI, *Il sovraindebitamento nel Codice della crisi di impresa e dell'insolvenza*, 13 settembre 2019.

[5] L. DI NOSSE, *Gli Occ ed i professionisti designati*, cit., p. 185.

[6] S. LOCORATOLO, *Le funzioni degli organismi di composizione della crisi da sovraindebitamento*, in F. FIMMANÒ-G. D'ATTORRE (a cura di), *La composizione della crisi da sovraindebitamento*, cit., p. 213.

Il gestore della crisi nominato deve essere in possesso dei requisiti professionali fissati espressamente dal regolamento (art. 4, comma 5, d.m. n. 202/2014), quali: a) laurea magistrale, o titolo di studio equipollente, in materie economiche o giuridiche; b) acquisizione di una specifica formazione tramite la partecipazione a corsi di perfezionamento (art. 16, d.P.R. 10 marzo 1982, n. 162), di durata non inferiore a duecento ore nell'ambito disciplinare della crisi di impresa e del sovraindebitamento, e di durata non inferiore a quaranta ore per gli avvocati, commercialisti ed esperti contabili (art. 4, comma 6, d.m. n. 202/2014); c) acquisizione di competenze specifiche nella materia, mediante periodo di tirocinio (non inferiore a sei mesi), presso uno o più organismi, curatori fallimentari, commissari giudiziali, professionisti indipendenti ai sensi della legge fallimentare, professionisti delegati per le operazioni di vendita nelle procedure esecutive immobiliari ovvero nominati per svolgere i compiti e le funzioni dell'Organismo o del liquidatore (art. 15, legge n. 3/2012). Sono esentati dal predetto periodo di tirocinio gli avvocati, i commercialisti e gli esperti contabili iscritti negli appositi albi (art. 4, comma 6, d.m. n. 202/2014); d) acquisizione di uno specifico aggiornamento biennale, di durata complessiva non inferiore a quaranta ore, presso uno degli ordini professionali degli avvocati, dei commercialisti ed esperti contabili e dei notai ovvero presso un'università pubblica o privata.

Il professionista deve essere indipendente, ovvero non deve *i*) essere legato al debitore, o a coloro che hanno interesse alla procedura di sovraindebitamento (come ad esempio, i creditori) da rapporti di natura personale o professionale, tali da comprometterne l'indipendenza di giudizio (coniuge, parenti e affini entro il 4 grado); *ii*) trovarsi in una delle situazioni di cui all'art. 2399 c.c.; soprattutto in relazione ai potenziali conflitti di interesse, anche in considerazione delle (molteplici) funzioni attribuite all'OCC, talvolta ritenute inconciliabili (consulente del debitore, attestatore, ausiliario del giudice, mandato *in rem propriam* dei creditori).

I requisiti di onorabilità del professionista (art. 4, comma 8, d.m. n. 202/2014) si estrinsecano *i*) nell'assenza delle cause di incompatibilità o decadenza previste dall'art. 2382 c.c., *ii*) nella mancata sottoposizione a misure di prevenzione, *iii*) nel non aver riportato condanne penali.

Come ogni professionista, il gestore è responsabile civilmente, secondo il sistema della responsabilità civile, che può essere *i*) di natura contrattuale, nei confronti del debitore sovraindebitato; *ii*) di natura extracontrattuale, nei confronti dei soggetti terzi, quali i creditori, per il caso in cui fossero stati chiamati, a titolo esemplificativo, ad esprimere il proprio voto, senza aver potuto prendere contezza della reale situazione, in ordine alle possibilità di soddisfacimento del proprio credito, come delineata dal contenuto dell'attestazione di fattibilità del piano e dell'accordo di ristrutturazione dei debiti proposto dal soggetto sovraindebitato.

Si tratta di una responsabilità indiretta che all'evidenza va imputata all'OCC, del quale il gestore è organo: non a caso l'OCC deve avere una polizza assicurativa che copra eventuali pregiudizi connessi all'attività del gestore.

Il gestore stesso può invece essere chiamato a rispondere penalmente, quando rende false attestazioni, in ordine, come già previsto dalla legge n. 3/2012, *i*) alla veridicità dei dati contenuti nella proposta o nei documenti ad essa allegati, *ii*) alla fattibilità del piano sottostante all'accordo (di cui all'art. 9, comma 2), ovvero alla relazione particolareggiata allegata al piano del consumatore o al ricorso per la liquidazione del patrimonio (artt. 9, comma 3-*bis*, 12, comma 1, e 14-*ter*, comma 3, legge n. 3/2012). In tal caso, il gestore è punito con la reclusione da uno a tre anni e con la multa da 1.000 a 50.000 euro (art. 16, comma 2).

La responsabilità penale del gestore è disciplinata oggi dal Codice della Crisi di Impresa e dell'Insolvenza che all'art. 344, comma 3, CCII, quando questi rende false attestazioni false attestazioni nella relazione di cui agli articoli 68 (ristrutturazione dei debiti del consumatore), 76 (concordato minore), 269 (liquidazione controllata) e 283 (procedura di esdebitazione del sovraindebitato incapiente) in ordine alla veridicità dei dati contenuti nella proposta di cui agli articoli 67 (ristrutturazione dei debiti del consumatore) e 75 (concordato minore), nell'attestazione di cui all'articolo 268, nella domanda di apertura della liquidazione controllata, o nella domanda di esdebitazione di cui all'articolo 283. In tali casi, il gestore è punito con la reclusione da uno a tre anni e con la multa da 1.000 a 50.000 euro.

Nel presente paragrafo ci siamo occupati dei requisiti professionali prescritti dal regolamento; in generale, per requisito di professionalità si intende la preparazione tecnica e scientifica dell'organismo e dei suoi componenti nelle materie del sovraindebitamento, che per l'attestatore presentano profili affini al diritto della crisi: prima fra tutte la doverosa riservatezza sulle funzioni acquisite in ragione dell'incarico, connaturata all'esercizio professionale [7].

In conclusione, i compiti del commissario e del liquidatore nelle procedure concorsuali vengono affidati nelle procedure di composizione della crisi all'OCC.

Nel Codice della Crisi di Impresa e dell'Insolvenza viene confermato il triplice ruolo dell'OCC come tratteggiato nella previgente esperienza della legge n. 3/2012.

---

[7] AA.VV., *Composizione della crisi: generalità*, in AA.VV., *Fallimento e Crisi di impresa*, 2020, p. 907.

3. Il professionista di cui al previgente art. 15, comma 9, legge n. 3/2012: alternatività con il gestore

La legge n. 3/2012 prevedeva la possibilità che i compiti e le funzioni attribuiti agli OCC potessero essere svolti anche da un professionista o da una società tra professionisti, in possesso dei requisiti per la nomina a curatore (art. 28 l.fall., richiamato dall'art. 15, comma 9, legge n. 3/2012), ovvero da un notaio.

La relativa nomina avveniva da parte del Presidente del Tribunale o dal giudice da quegli delegato (art. 15, comma 9, legge n. 3/2012), su apposita istanza, redatta nelle forme del ricorso.

Nelle procedure di composizione della crisi da sovraindebitamento nel Codice della Crisi di Impresa e dell'Insolvenza, la domanda deve essere presentata sempre tramite un OCC costituito nel circondario del Tribunale competente, ai sensi dell'art. 27, comma 2, CCII.

La portata delle funzioni dell'OCC emerge dalla relazione illustrativa, secondo cui, "... *la formulazione della domanda, del piano e della proposta nella stessa contenuti compete all'OCC* ...".

Solo nel concordato minore, a causa della maggiore complessità del procedimento, è richiesta oltre all'assistenza dell'OCC, quella di un difensore. Pertanto, l'OCC svolge le funzioni che nel concordato preventivo spetterebbero al professionista che assiste l'imprenditore nella redazione del piano e al professionista indipendente incaricato dell'attestazione [8].

Se nel circondario del Tribunale competente non è costituito un OCC, i compiti e le funzioni allo stesso attribuiti dal CCII sono svolti da un professionista o da una società tra professionisti in possesso dei requisiti di cui all'art. 358 CCII, nominati dal Presidente del Tribunale o da un giudice da lui delegato [9]. Una simile precisazione non era inizialmente prevista per il concordato minore, ma la lacuna, è stata colmata con le modifiche apportate dal decreto correttivo (d.lgs. 26 ottobre 2020, n. 147, in G.U. 5 novembre 2020, n. 276).

Con l'entrata in vigore del Codice della Crisi di Impresa e dell'Insolvenza, nel sovraindebitamento non sarà più possibile il c.d. *forum shopping*: l'art. 28 CCII è certamente applicabile al sovraindebitamento anche se qual-

---

[8] F. MICHELOTTI, *Il sovraindebitamento per le imprese minori e i privati*, cit., p. 238. Sull'inammissibilità del ricorso presentato ai sensi dell'art. 68 CCII (ristrutturazione dei debiti del consumatore), sul presupposto che era stato depositato tramite un procuratore e non un organismo di composizione della crisi, si veda Trib. Grosseto 19 settembre 2022, Giudice C. Frosini.

[9] F. MICHELOTTI, *Il sovraindebitamento per le imprese minori e i privati*, cit., p. 238.

che dubbio può porsi per la liquidazione controllata, che non viene menzionata dall'articolo a differenza della liquidazione giudiziale. Per individuare il Tribunale competente per territorio, non rileva il trasferimento del centro degli interessi principali (art. 27, comma 3, CCII), intervenuto nell'anno antecedente il deposito della domanda di regolazione della crisi da sovraindebitamento o di apertura della liquidazione controllata [10].

4. Natura dell'incarico tra attività professionale e nomina giudiziale

Come esposto nei precedenti paragrafi, l'attività dell'OCC ha natura pubblicistica. Tuttavia, si ritiene comunemente che l'incarico svolto dal gestore o dal professionista designato, come già previsto dal previgente art. 15, comma 9, legge n. 3/2012, abbia natura privatistica, secondo i principi dell'autonomia negoziale, con la previsione di un mandato e di un preventivo sulle spese verosimilmente da sostenere [11], in considerazione dei parametri di cui al decreto ministeriale.

Ciò si ricava anche dai criteri (generali) per la determinazione del compenso che si basano, tra gli altri, sull'opera prestata, sui risultati ottenuti, sull'eventuale ricorso all'opera di ausiliari [12], sulla sollecitudine con cui sono stati svolti i compiti e le funzioni, sulla complessità delle questioni affrontate, sul numero dei creditori, sulla misura di soddisfazione agli stessi assicurata con l'esecuzione dell'accordo o del piano del consumatore omologato ovvero con la liquidazione [13] (art. 15, d.m. n. 202/2014). Sono altresì am-

---

[10] F. MICHELOTTI, *Il sovraindebitamento per le imprese minori e i privati*, cit., p. 238.

[11] In sostanza, è previsto l'obbligo del preventivo scritto e l'informativa preliminare al cliente-sovraindebitato sui costi del servizio professionale di gestione della crisi da sovraindebitamento. L'OCC, in conformità con quanto previsto dall'art. 10, comma 3, d.m. n. 202/2014, "... *deve comunicare al debitore il grado di complessità dell'opera, fornendo tutte le informazioni utili circa gli oneri ipotizzabili fino alla conclusione dell'incarico e deve altresì indicare i dati della polizza assicurativa di cui all'articolo 4, comma 3, lettera c). La misura del compenso è previamente resa nota al debitore con un preventivo, indicando per le singole attività tutte le voci di costo, comprensive di spese, oneri e contributi* ...". L'obbligo del preventivo disciplinato dal citato articolo si coniuga con quanto previsto dall'art. 1, comma 150, legge n. 124/2017 (legge annuale per il mercato e la concorrenza) che ha modificato l'art. 9, comma 4, d.l. n. 1/2017, convertito nella legge n. 27/2012.

[12] Intendendosi per tali gli ausiliari di cui il professionista può avvalersi ai sensi e per gli effetti di cui all'art. 2232 c.c., vale a dire soggetti che svolgono la propria prestazione sotto la direzione e la responsabilità del Gestore (o del Liquidatore).

[13] Per un approfondimento sulla tematica della determinazione dei compensi nell'ambito

messi acconti sul compenso (art. 15, d.m. n. 202/2014). Gli organismi di composizione della crisi ed i professionisti che svolgono le medesime funzioni su nomina del Tribunale hanno diritto al rimborso delle spese e al compenso nella misura prevista dal regolamento ministeriale, parametrato a quello dei commissari giudiziali e dei curatori fallimentari, con una riduzione percentuale [14].

Trattandosi di prestazione di natura professionale, si ritiene che la mancata fattiva collaborazione da parte del debitore consenta al gestore o al professionista designato, di nomina giudiziale, di giungere all'interruzione del rapporto professionale previa fissazione di un termine al debitore, trascorso il quale la pratica è da intendersi archiviata.

Quando l'attività del gestore o del professionista designato, di nomina giudiziale, si conclude prima del deposito della proposta o del piano, per impossibilità di accedere ad uno degli strumenti previsti dalla legge sul sovraindebitamento, per rinuncia del debitore, per interruzione del rapporto per altre ragioni o per mancata omologa del piano, secondo parte della dottrina, il compenso per l'opera fino a quel momento svolta viene (deve essere) liquidata dal giudice civile, su istanza del professionista "creditore". Secondo questa impostazione, la liquidazione deve, in particolare, avvenire facendo ricorso all'applicazione analogica di quanto disposto nel d.m. n. 140/2012 per la liquidazione giudiziale del compenso del professionista iscritto all'Albo, in relazione alla categoria professionale a cui il Gestore appartiene e in considerazione della complessità dell'attività dallo stesso documentata. Secondo una tesi minoritaria, il professionista "creditore" può ricorrere anche al procedimento monitorio [15]. È comunque innegabile che, a seguito della nomina dell'Organismo, anche in caso di mancato deposito della proposta o del piano presso il Tribunale competente, insorga il diritto dello stesso alla percezione del compenso per l'attività svolta [16].

---

dei procedimenti di cui alla legge 27 gennaio 2012, n. 3, con particolare riferimento alle più significative problematiche riscontrate nei primi anni di applicazione della disciplina sul sovraindebitamento, in considerazione della genericità e lacunosità delle previsioni contenute nel d.m. 24 settembre 2014, n. 202, si veda "*La liquidazione dei compensi nelle procedure di composizione della crisi da sovraindebitamento e nella liquidazione del patrimonio*", Documento della Fondazione Nazionale dei dottori commercialisti e dell'Odcec del settembre 2018.

[14] L. DI NOSSE, *Gli Occ ed i professionisti designati*, cit., p. 186.

[15] Sul punto si vedano le considerazioni di E. FORGILLO, *La nomina del professionista da parte del Tribunale*, cit., p. 209.

[16] Si veda "*La liquidazione dei compensi nelle procedure di composizione della crisi da sovraindebitamento e nella liquidazione del patrimonio*", Documento della Fondazione Nazionale dei dottori commercialisti e dell'Odcec del settembre 2018, cit., pp. 14-15.

Restando sul tema della natura dell'incarico dell'OCC e dei compensi, bisogna soffermarsi sulla qualificazione dei crediti del gestore nella fase successiva all'apertura della procedura di sovraindebitamento.

In primo luogo, i crediti per i compensi e per i rimborsi spese degli OCC, dei Gestori della crisi e dei professionisti facenti funzione di OCC, maturati per attività compiute prima dell'apertura delle procedure di composizione della crisi, godono della prededuzione nella successiva fase della esecuzione, in quanto considerati crediti sorti in funzione di uno dei procedimenti di composizione (così come previsto dal previgente art. 13, comma 4-*bis*, legge n. 3/2012).

Del pari, i crediti per i compensi e per i rimborsi spese degli OCC, dei Gestori della crisi e dei professionisti facenti funzione di OCC, maturati per attività compiute durante la procedura di accordo o di piano o nella fase della esecuzione – come quelli del Liquidatore o del Gestore per la liquidazione – godono della prededuzione, in quanto considerati sorti in occasione di uno dei procedimenti di composizione; tali crediti sono soddisfatti con preferenza rispetto agli altri crediti anteriori, con esclusione di quanto ricavato dalla liquidazione dei beni oggetto di pegno ed ipoteca per la parte destinata ai creditori garantiti.

Sono prededucibili anche i crediti di cui alla procedura di liquidazione del patrimonio; inoltre, i crediti per i compensi e i rimborsi spese degli OCC, dei Gestori della crisi e dei professionisti facenti funzione di OCC, maturati per attività compiute prima dell'apertura della liquidazione del patrimonio godono della prededuzione nella procedura di liquidazione del patrimonio, in quanto considerati sorti in funzione della medesima (art. 14-*duodecies*, legge n. 3/2012). Del pari, i crediti per il compenso del Liquidatore del patrimonio godono della prededuzione nella procedura di liquidazione, in quanto considerati sorti in occasione della medesima [17].

La disposizione è stata riprodotta nell'art. 277 CCII. Si ritiene che la prededuzione dei compensi possa essere riconosciuta anche nella liquidazione controllata.

Nelle procedure regolatorie era originariamente previsto che in caso di mancata approvazione del rendiconto, il giudice avrebbe potuto escludere il diritto al compenso.

Già con le modifiche apportate dal decreto correttivo (d.lgs. 26 ottobre 2020, n. 147, in G.U. 5 novembre 2020, n. 276) l'OCC, sentito il debitore, presenta una relazione finale e il giudice, se il piano è stato integralmente e

---

[17] Si veda "*La liquidazione dei compensi nelle procedure di composizione della crisi da sovraindebitamento e nella liquidazione del patrimonio*", Documento della Fondazione Nazionale dei dottori commercialisti e dell'Odcec del settembre 2018, cit., pp. 11-12.

correttamente eseguito, liquida il compenso dell'OCC autorizzandone il pagamento; diversamente, indica gli atti necessari per l'esecuzione del piano ed un termine per il loro compimento.

Se le prescrizioni (rivolte al debitore) non sono adempiute nel termine, anche prorogato (su istanza del debitore nel concordato minore), il giudice revoca l'omologazione. Nella liquidazione del compenso all'OCC, tiene conto della sua diligenza, ma sono stati eliminati i riferimenti alla possibile esclusione del compenso (rispettivamente, art. 71, comma 4, CCII, e art. 81, comma 4, CCII). Il giudice provvede allo stesso modo in caso di mancata esecuzione integrale del piano o qualora il piano sia divenuto inattuabile e non sia possibile operarne una modifica.

Nell'ambito della procedura di liquidazione controllata del debitore sovraindebitato, il gestore viene confermato quale liquidatore a meno che il Tribunale ritenga che sia opportuno nominare un altro gestore del circondario e in tal caso occorre una motivazione rinforzata e occorre una comunicazione al presidente del Tribunale.

Nella liquidazione del compenso del gestore-liquidatore, il giudice tiene conto del tempo trascorso, della natura delle operazioni effettuate, dei risultati ottenuti e della diligenza impiegata dal liquidatore. Terminata l'esecuzione del piano di liquidazione, il liquidatore presenta al giudice il rendiconto. Il giudice, se approva il rendiconto, procede alla liquidazione del compenso e ne autorizza il pagamento (art. 275, comma 3, CCII). Se non approva il rendiconto, il giudice indica gli atti necessari, anche per la rettifica o integrazione, nonché un termine per il loro compimento. Se le prescrizioni non sono adempiute nel termine, anche prorogato, il giudice provvede alla sostituzione del liquidatore e nella liquidazione del compenso tiene conto della diligenza prestata, con possibilità di escludere in tutto o in parte il compenso stesso (art. 275, comma 4, CCII).

Da ultimo, con riferimento all'introduzione dell'istituto dell'esdebitazione del debitore incapiente, il Codice della Crisi di Impresa e dell'Insolvenza prescrive che i compensi dell'OCC siano ridotti della metà (art. 283, comma 6, CCII) [cfr. Capitolo XII].

5. Attività dell'OCC nell'accordo: attestazione e verifica delle veridicità della base dati, verifiche in fase esecutiva

L'OCC, da intendersi quale Gestore, già nella previgente legge n. 3/2012, in primo luogo era tenuto a verificare a) la sussistenza o meno dei presupposti di ammissibilità della proposta di accordo (o del piano del consumatore, nella diversa ipotesi); b) l'ammissibilità e opportunità della scelta della liquidazione del patrimonio rispetto agli altri istituti della legge n. 3/2012. Sotto il profilo operativo, supporta il debitore nella redazione del piano, oppure predispone la relazione richiesta dalla legge, sulla base del piano già predisposto dal debitore o dai suoi consulenti, verificando la sua idoneità al raggiungimento degli obiettivi. Dunque, in questa fase raccoglie e verifica tutte le informazioni necessarie per impostare la proposta che il debitore può avanzare ai creditori. Naturalmente, è opportuna e proficua una costante sinergia, collaborazione, scambio di informazioni, tra il debitore (e/o il suo legale) e il gestore. L'OCC redige un inventario di tutti i beni mobili e immobili del debitore, dei crediti e di ogni altra attività di cui il debitore è titolare. Per effettuare la stima, laddove necessario, l'OCC potrà avvalersi di periti, nominati dal debitore, compatibilmente con i loro costi. È opportuno che il debitore dichiari espressamente che non sussistono altre attività oltre a quelle comunicate all'OCC, ad esempio, allegando al ricorso una dichiarazione sottoscritta dal medesimo debitore circa la completezza della documentazione trasmessa. Oltre alle richieste di informazioni al debitore, al fine di attestare la veridicità dei dati contenuti nella proposta e nei documenti allegati l'OCC effettua degli accertamenti di propria iniziativa quali: le visure camerali (se il debitore è un'impresa) e dei protesti, ma anche quelle relative ad eventuali partecipazioni in altre società; le visure catastali e le ispezioni all'ufficio del territorio; le visure al PRA; le richieste dei carichi pendenti ad Equitalia, agli enti locali per i tributi, all'INPS, all'INAIL, agli enti previdenziali di categoria (Enasarco, casse di previdenza dei professionisti, ecc. in relazione alla tipologia di debitore), all'Agenzia delle Entrate e al riscossore; le richieste alla cancelleria delle esecuzioni civili mobiliari e immobiliari per verificare l'esistenza di procedure a carico del debitore, sia pendenti che chiuse da non più di 5 anni. Per acquisire queste informazioni, l'OCC può accedere, su autorizzazione del giudice, gratuitamente o a pagamento a seconda degli enti, ai dati contenuti [18]: nell'anagrafe tributaria, nella centrale dei rischi, nel SIC (sistema di informazioni creditizie), nella centrale di allarme interbancaria, nell'archivio informatico degli assegni, nelle altre banche dati pubbliche, compreso l'archivio centrale informatizzato di cui all'art. 30-*ter*, d.lgs. n. 141/2010, ecc. (così come previsto dal previgente art. 15, comma 10, legge n. 3/2012).

---

[18] Sulla possibilità di accedere all'anagrafe tributaria prima dell'apertura della procedura e non successivamente nel codice della crisi, quale principio generale che accorda all'OCC – gestore tutti i poteri gestori – si veda la ricostruzione di G. LIMITONE, *La necessità dell'accesso alle banche dati nel sovraindebitamento*, in *www.ilcaso.it*, 2023.

Al riguardo, è stato osservato [19] che titolare dei dati personali e sensibili resta il debitore, nell'interesse del quale, su sua richiesta, viene avviata la procedura. Pertanto, non sarebbe necessaria l'autorizzazione del giudice all'acquisizione da parte del Gestore di informazioni personali, che necessariamente e spontaneamente egli deve comunicare e mettere a disposizione dell'OCC. Il debitore può quindi esprimere il proprio consenso, anche secondo le forme più comuni del mandato, consenso che risulta propedeutico all'attività dell'organismo e dunque connesso alla necessaria collaborazione del debitore nella redazione della relazione del gestore.

Secondo una pronuncia, l'esigenza di svolgere indagini presso le banche dati si pone in via generale per tutti i casi di esame di una posizione debitoria, ai fini dell'accesso (nella fattispecie di cui alla predetta pronuncia) alle procedure *ex* legge n. 3/2012, e cioè sin dal momento in cui si realizza il primo contatto tra potenziale ricorrente e il gestore della crisi (che è chiamato ad esaminare la documentazione anche alla luce di tali risultanze non solo per poter attestare la veridicità dei dati fornitigli e la fattibilità del piano, ma anche per sindacare la meritevolezza del piano). L'autorizzazione in oggetto va data dunque in via generale e preventiva, e poi rimessa al prudente uso dell'OCC, chiamato a nominare il gestore della crisi, destinatario dell'autorizzazione medesima [20].

In considerazione di quanto su esposto, si ritiene che la predetta autorizzazione risulti indispensabile, quando i dati sensibili e le notizie riservate riguardino invece terzi, quali coobbligati, garanti e fideiussori, ovvero soggetti che consentono il conferimento di redditi e beni per l'attuazione dell'accordo (o del piano del consumatore) [21].

Come segnalato da parte della dottrina [22] e dagli operatori del settore, è prassi quella di concedere l'autorizzazione in sede di nomina del professionista designato, ai sensi e per gli effetti dell'art. 15, comma 9, legge n. 3/2012, e, quindi, ancora prima che la procedura abbia inizio. Detta soluzione è preferibile perché consente di chiudere subito il procedimento ed archiviare gli atti [23].

---

[19] L. Di Nosse, *Gli Occ ed i professionisti designati*, cit., pp. 186-187.

[20] Trib. Vicenza 31 ottobre 2017, in *www.ilcaso.it*, nonché Trib. Vicenza 9 novembre 2017, in *www.ilcaso.it*. Per una disamina degli orientamenti giurisprudenziali in materia si rinvia al contenuto de *La crisi da sovraindebitamento nella giurisprudenza: lo stato dell'arte*, articolo, dalla rivista *Il Fallimento e altre procedure concorsuali*, Ipsoa, Milano, segnalazione del 21 novembre 2018.

[21] L. Di Nosse, *Gli Occ ed i professionisti designati*, cit., pp. 186-187.

[22] L. Di Nosse, *Gli Occ ed i professionisti designati*, cit., p. 187.

[23] E. Forgillo, *La nomina del professionista da parte del Tribunale*, cit., p. 205.

Alla luce delle funzioni che la legge attribuisce all'OCC, la giurisprudenza ha sottolineato la necessità che la richiesta (di cui al previgente art. 15, comma 9) venisse formulata prima di depositare la proposta: ciò, tenuto conto che l'intervento dell'OCC (o del sostituto) è richiesto sin dal momento della redazione della proposta, ed è inoltre necessario ai fini dell'attestazione di fattibilità e, tra l'altro, della verifica della veridicità dei dati di cui alla proposta medesima [24].

Tra le diverse funzioni, l'OCC svolge anche quella di garanzia e informazione dei creditori. Ed invero, data la mancanza (di regola) delle scritture contabili, l'OCC dovrà formare un elenco dei creditori, con l'indicazione delle somme dovute per capitale, interessi e spese, dell'eventuale causa di prelazione che assiste il credito, delle eventuali garanzie che terzi possono aver dato al creditore; dovrà richiedere ai creditori la conferma del loro credito (e/o l'ammontare del loro credito, c.d. circolarizzazioni); nel caso in cui il debitore sia una persona fisica, formare un elenco delle spese correnti necessarie al sostentamento del debitore e della sua famiglia, indicando anche la composizione del nucleo familiare, mediante (si ritiene sufficiente) l'autocertificazione dello stato di famiglia da parte del debitore. L'OCC deve altresì acquisire, trattandosi di documentazione da allegare al ricorso per l'accesso *ex* art. 39 CCII, le dichiarazioni dei redditi degli ultimi tre anni, le scritture contabili degli ultimi tre esercizi, se il debitore è un imprenditore soggetto al relativo obbligo, nonché gli atti di disposizione del patrimonio compiuti negli ultimi cinque anni. Nel Codice della Crisi di Impresa e dell'Insolvenza non è previsto l'elenco della documentazione da allegare al ricorso per l'apertura della procedura di liquidazione controllata; la documentazione, quantomeno quella già indicata dal previgente art. 14-*ter*, legge n. 3/2012, si giustificherebbe "*in funzione del vaglio del contenuto della relazione dell'OCC previsto dall'art. 269 comma 2 CCI, nell'ipotesi di liquidazione chiesta dal debitore*" [25].

Nella propria relazione, l'OCC attesta la fattibilità del piano (già art. 15, comma 6 e art. 9, comma 2, legge n. 3/2012, oggi art. 74, comma 4, CCII nel caso di ristrutturazione dei debiti del consumatore, e art. 80, comma 1, CCII nel caso di omologa del concordato minore), anche in relazione all'idoneità a pagare integralmente i crediti impignorabili, i debiti erariali per IVA e ritenute alla fonte, nonché i tributi risorse proprie dell'UE, e, per l'ipotesi di piano del consumatore, esprimere un giudizio sulla convenienza

---

[24] Trib. Cremona 17 aprile 2014, in *www.ilcaso.it*.

[25] Trib. Verona 20 settembre 2022, in *www.ilcaso.it* in merito all'apertura di una procedura di liquidazione controllata.

della proposta rispetto alla liquidazione, pur non espressamente richiesto, ma necessario per la valutazione del Tribunale in caso di opposizione dei creditori.

Nel Codice della Crisi di Impresa e dell'Insolvenza, resta obbligatoria la relazione estimativa dell'OCC per il pagamento parziale dei creditori prelatizi, strumentale alla degradazione al chirografo dei creditori privilegiati incapienti (art. 67, comma 4, e art. 75, comma 2, CCII).

La stima non è necessaria invece nella ristrutturazione dei debiti del consumatore qualora il ricorrente intenda escludere il mutuo sull'abitazione principale.

Le attività sopra descritte sono svolte come funzione di garanzia per i creditori e nelle altre procedure concorsuali sono affidate ad un professionista indipendente diverso dal consulente del debitore, e su incarico di quest'ultimo (incarico di tipo privatistico). Conseguentemente, l'OCC attesta l'esistenza e la consistenza dei beni sui quali si impernia il piano e l'attuabilità degli accordi, intesa come idoneità degli stessi a consentire il soddisfacimento dei creditori concorsuali come previsto dalla proposta[26]. Così che, se la relazione è provvista dei requisiti di analiticità motivazionale, esaustività, coerenza logica e non contraddittorietà, comporta che il giudice possa limitarsi a recepirne i contenuti[27].

Proprio la peculiarità del ruolo e dei compiti dell'OCC hanno sollevato alcuni dubbi e posto in evidenza alcune criticità.

Tra le novità più significative contenute nel decreto legislativo recante il Codice della Crisi di Impresa e dell'Insolvenza, vi è che nelle procedure di composizione della crisi da sovraindebitamento la nomina dell'attestatore è sempre facoltativa; ciò, come è stato sottolineato dalla dottrina[28], al duplice scopo di semplificare la procedura e di contenere i costi della medesima. Conseguentemente, in mancanza della predetta attestazione, il giudizio di fattibilità economica del piano non può che essere rimessa al Tribunale in composizione monocratica. Secondo la dottrina, detta previsione desta diverse perplessità, posto che è presumibile che il giudice – se lo ritenga necessario – richieda all'OCC una relazione in tal senso[29].

Mentre nel concordato minore è divenuta facoltativa la relazione di attestazione sulla fattibilità economica del piano, è stata introdotta, a cura dell'OCC, la relazione particolareggiata solo per il piano del consumatore, sulle

[26] Trib. Bergamo 31 marzo 2015.

[27] Trib. Bergamo 31 marzo 2015.

[28] F. MICHELOTTI, *Il sovraindebitamento per le imprese minori e i privati*, cit., pp. 237-238.

[29] F. MICHELOTTI, *Il sovraindebitamento per le imprese minori e i privati*, cit., p. 238.

cause dell'insolvenza e sulla completezza della documentazione, sui presumibili costi della procedura, oltre a quanto indicato nel prosieguo circa il comportamento tenuto dal creditore finanziatore rispetto al merito creditizio del debitore [30]. Inoltre, la relazione particolareggiata si deve pronunciare anche sulla convenienza del piano rispetto all'alternativa liquidatoria, nonché deve indicare i criteri adottati nella formazione delle classi, ove previsti dalla proposta.

6. Attività dell'OCC nel piano: ricostruzione contabile, verifica delle cause dell'indebitamento

Alla domanda di omologazione del piano del consumatore nel Codice della Crisi di Impresa e dell'Insolvenza deve essere allegata la relazione dell'OCC sulle cause della crisi e la completezza della documentazione (art. 68, comma 2, CCII).

Rispetto alla disciplina previgente, l'OCC non deve necessariamente pronunciarsi sulla probabile convenienza del piano rispetto all'alternativa liquidatoria, ancorché ciò sia opportuno perché il giudice possa esprimersi in caso di opposizione dei creditori. È invece richiesto che l'OCC valuti se i finanziatori abbiano tenuto conto, all'atto della concessione del credito, del merito creditizio del debitore, in relazione al suo reddito disponibile, calcolato deducendo un importo necessario a mantenere un dignitoso tenore di vita, importo che viene individuato dalla legge (art. 68, comma 3, CCII), come non inferiore all'assegno sociale, moltiplicato per un parametro corrispondente al numero dei componenti il nucleo familiare della scala di equivalenza ISEE di cui al DPCM 5 dicembre 2013, n. 159.

La relazione ha un contenuto predeterminato, scandito dall'art. 68, comma 2, CCII che prevede:

a) l'indicazione delle cause dell'indebitamento e della diligenza impiegata dal debitore nell'assumere le obbligazioni;
b) l'esposizione delle ragioni dell'incapacità del debitore di adempiere le obbligazioni assunte;
c) la valutazione sulla completezza ed attendibilità della documentazione depositata a corredo della domanda;
d) l'indicazione presunta dei costi della procedura.

---

[30] F. MICHELOTTI, *Il sovraindebitamento per le imprese minori e i privati*, cit., p. 238.

Nel concordato minore, la relazione si deve arricchire anche delle valutazioni sui criteri nella formazione delle classi e nella indicazione degli atti eventualmente impugnati dai creditori (art. 76, comma 2, CCII).

7. Attività dell'OCC nella liquidazione controllata

Con riferimento alla procedura di liquidazione controllata introdotta dal Codice della Crisi di Impresa e dell'Insolvenza, il contenuto della relazione dell'OCC non più particolareggiata è limitato alla valutazione sulla completezza ed attendibilità della documentazione depositata a corredo della domanda, che illustri la situazione economica, patrimoniale e finanziaria del debitore (art. 269, comma 2, CCII) [cfr. Capitolo XI].

8. Le comunicazioni predeposito: la comunicazione *ex* art. 269, comma 3, CCII

Nell'ambito della procedura di liquidazione controllata prevista dall'art. 268 CCII, l'OCC entro sette giorni dalla richiesta di predisposizione della relazione ne dà notizia all'agente della riscossione e agli uffici fiscali, anche presso gli enti locali, competenti sulla base dell'ultimo domicilio fiscale del debitore istante.

Tale adempimento consente al gestore della crisi di verificare, sulla base dei riscontri forniti dai predetti enti, la corrispondenza con la documentazione consegnata dal debitore, per la definizione del passivo e per il giudizio sulla completezza e attendibilità della documentazione a corredo della domanda.

9. Le attività successive al deposito e all'ammissione: la pubblicità del provvedimento e gli atti di straordinaria amministrazione nell'accordo

Secondo la previgente legge n. 3/2012, il gestore della crisi, nominato liquidatore con il decreto di apertura della liquidazione (art. 14-*quinquies*, comma 2, lett. a), legge n. 3/2012), doveva diversi adempimenti prescritti dalla legge n. 3/2012 e gestire la procedura di liquidazione del patrimonio.

Conseguentemente, l'OCC-liquidatore che si occupa della fase di esecuzione della procedura, ha i seguenti compiti:

- effettuava le pubblicità della domanda di liquidazione e del decreto di apertura della procedura (art. 14-*quinquies*, comma 2, lett. c);
- eseguiva l'annotazione nel registro delle imprese della domanda di liquidazione e del decreto di apertura della liquidazione, quando il debitore ammesso alla procedura esercita attività di impresa (art. 14-*quinquies*, comma 2, lett. c);
- eseguiva la trascrizione del decreto di apertura della liquidazione agli uffici del territorio competenti quando il patrimonio comprende immobili o al PRA se vi sono autoveicoli (art. 14-*quinquies*, comma 2, lett. d);
- poneva in esecuzione il provvedimento di apertura della liquidazione, che costituisce titolo esecutivo, con cui il giudice ha ordinato la consegna o il rilascio di beni facenti parte del patrimonio di liquidazione, ad eccezione delle ipotesi (gravi e specifiche ragioni) di autorizzare il debitore sovraindebitato ad utilizzare i beni (art. 14-*quinquies*, comma 2, lett. e);
- verificava l'elenco dei creditori e la completezza dei documenti;
- procedeva all'inventario dei beni del debitore (art. 14-*sexies*, comma 1).

Nel caso di pendenza di una procedura esecutiva immobiliare, lo "spossessamento" del debitore che accedeva con l'omologazione dell'accordo o del piano alla procedura di sovraindebitamento, era coerente con la disciplina prevista per l'esecuzione individuale (artt. 491 e 559 c.p.c.).

Mentre nella procedura di liquidazione, il liquidatore procede secondo le modalità previste nel piano di liquidazione, nella fase di esecuzione dell'accordo o del piano del consumatore, il debitore verrà coadiuvato dal gestore per la vendita dei beni e dei diritti, secondo quanto previsto nel piano omologato e nel decreto di omologazione, ispirandosi alle regole generali di massima trasparenza e del maggior ricavo e di competitività.

Nella fase di esecuzione della procedura di liquidazione del patrimonio, il liquidatore è assoggettato alla vigilanza dell'OCC e del giudice.

Le attività del liquidatore sono state sostanzialmente confermate anche nel Codice della Crisi di Impresa e dell'Insolvenza, soprattutto con riferimento, alla procedura di liquidazione controllata, alla cui trattazione nel presente libro si rinvia e descritti nel paragrafo seguente.

10. Il liquidatore giudiziale: compiti

Con la sentenza di apertura della procedura di liquidazione controllata (art. 270 CCII), il Tribunale nomina il liquidatore, confermando, in caso di domanda presentata dal debitore, l'OCC di cui all'art. 269 CCII, o, per giustificati motivi, scegliendolo nell'elenco dei gestori della crisi di cui al decreto del Ministro della giustizia 24 settembre 2014, n. 202. In questo ultimo caso la scelta è effettuata di regola tra i gestori residenti nel circondario del Tribunale competente e l'eventuale deroga deve essere espressamente motivata e comunicata al presidente del Tribunale. Sul punto, di recente, si è riscontrato un orientamento giurisprudenziale secondo cui nella nomina del liquidatore nella procedura di liquidazione controllata, i criteri indicati dall'art. 270, comma 2, lett. b), CCII devono essere coordinati con il disposto del successivo art. 356 CCII, il quale prevede l'Istituzione dell'Albo Nazionale dei soggetti "destinati a svolgere, su incarico del Tribunale, le funzioni di curatore, commissario giudiziale o liquidatore nelle procedure previste dal codice della crisi e dell'insolvenza" [31].

Nella liquidazione controllata il gestore nominato liquidatore giudiziale deve anzitutto rivolgere istanza al Tribunale per definire la quota di reddito disponibile per il debitore persona fisica a norma dell'art. 268, comma 4, CCII. Il limite del reddito disponibile dovrà essere fissato nei limiti di pignorabilità fissati dall'art. 545 c.p.c.

L'OCC-liquidatore deve procedere alla formazione dello stato passivo. A tal uopo *i*) comunica ai creditori e ai titolari di diritti reali e personali, mobiliari e immobiliari, su immobili o cose mobili in possesso o della disponibilità del debitore che possono presentare una domanda di partecipazione alla liquidazione entro il termine perentorio di sessanta giorni dalla comunicazione, e che lo stato passivo verrà comunicato ai creditori; *ii*) esamina le domande dei creditori e predispone un progetto di stato passivo, che comunica agli interessati in via provvisoria con la possibilità di effettuare contestazioni entro quindici giorni; *iii*) approva lo stato passivo, se non ci sono contestazioni e lo deposita in cancelleria. Ove siano contestazioni non superabili, il liquidatore le rimette al giudice che decide con decreto reclamabile nelle forme dell'art. 124 CCII.

L'OCC entro novanta giorni (art. 272 CCII) deve inventariare i beni del

---

[31] Trib. Torino 11 maggio 2023, in *www.ilcaso.it*. In dottrina, sulle ricadute di tale pronuncia per i professionisti che si occupano di sovraindebitamento, A. MANCINI, *Liquidazione Controllata: il tribunale sceglie il liquidatore tra gli iscritti all'Albo ex art. 356 CCII?*, in *www.ilcaso.it*, 20 maggio 2023.

debitore e redige un programma di liquidazione, sulla scorta dello schema previsto per la liquidazione giudiziale, che assicuri la minor durata possibile della procedura.

Il liquidatore ha inoltre l'amministrazione dei beni che compongono il patrimonio di liquidazione ed esercita le azioni di recupero dei crediti e le altre per ottenere la disponibilità dei beni, subentrando nelle procedure esecutive pendenti. Egli può infine sciogliersi dai contratti pendenti, e l'esecuzione rimane sospesa fino a quando il liquidatore stesso decide se subentrare o meno. Per indurlo a una scelta, il contraente *in bonis* può mettere in mora la procedura, facendosi assegnare dal giudice delegato un termine non superiore a sessanta giorni per l'esercizio di questa facoltà.

La liquidazione dei beni comprende: *i*) il recupero dei crediti non riscossi dal debitore e/o la cessione di quelli, anche se oggetto di contestazione, dei quali non è probabile l'incasso nel corso della procedura; *ii*) il subentro, in luogo del debitore, nelle procedure esecutive individuali o concorsuali pendenti alla data di apertura della liquidazione; *iii*) la vendita dei beni mediante procedure competitive.

Il liquidatore ha poi la legittimazione attiva per esperire o proseguire le azioni recuperatorie e revocatorie con l'autorizzazione del giudice (art. 274 CCII).

Al termine della procedura il liquidatore dovrà effettuare il rendiconto, chiedere la liquidazione del suo compenso ed effettuare il riparto finale. La durata della procedura, che può essere anche superiore a tre anni, non interferisce con l'esdebitazione che deve essere comunque resa automaticamente dopo il decorso di un triennio. Il liquidatore dovrà relazionare al giudice sui requisiti del beneficio, specificando nelle relazioni semestrali – che è obbligato a predisporre – se il debitore abbia collaborato con la procedura e si siano scoperti atti di frode o fatti che possano comunque escludere il beneficio dell'esdebitazione in modo da informare il giudice e i creditori.

Parte Seconda

I PROCEDIMENTI

Capitolo Terzo

L'ACCORDO DI COMPOSIZIONE DELLA CRISI

di *Elisa Castagnoli*

Parte A. *L'accordo di composizione della crisi. L'avvio della procedura*

1. L'accordo di composizione della crisi: origine e natura

L'originario testo della legge 27 gennaio 2012, n. 3 contemplava l'accordo di composizione della crisi quale unica procedura per la soluzione della crisi del debitore non fallibile.

La procedura in parola, modellata sulla falsa riga dell'accordo di ristrutturazione dei debiti di cui all'art. 182-*bis* l.fall., si configurava come un vero e proprio accordo di diritto privato, frutto della volontà negoziale tra i contrapposti interessi del debitore e dei suoi creditori ed era destinata a vincolare i soli creditori aderenti.

Tuttavia, all'indomani dell'entrata in vigore della legge, nel marzo del

2012, il Governo presentava alla Camera dei deputati un disegno di legge volto a riprendere e potenziare la nuova disciplina, in particolare attraverso l'apporto di modificazioni che avrebbero investito "*la natura del procedimento di composizione della crisi da sovraindebitamento, trasformandolo in chiave concordataria*".

L'incisiva riforma operata con il d.l. 28 ottobre 2012, n. 179 [1], pur preservandone la "forma", ha dunque, modificato la sostanza dell'accordo di composizione della crisi, rendendola più simile al concordato preventivo.

Orbene, la dottrina, sin dall'entrata in vigore della legge n. 3/2012, si è interrogata sulla natura di questo procedimento, dividendosi tra sostenitori della tesi concorsualista e coloro che, invece, ritenevano l'istituto assimilabile ai procedimenti di volontaria giurisdizione, il tutto attraverso contributi che hanno offerto importanti spunti di riflessione nella prassi.

Più in particolare, specialmente nel periodo immediatamente successivo all'entrata in vigore della legge, gli interpreti attribuivano alla fase iniziale della procedura la natura di **volontaria giurisdizione**, sulla scorta delle previsioni contenute negli artt. 6 e 7, legge n. 3/2012, a mente dei quali l'unico soggetto legittimato a presentare il ricorso per l'ammissione alle procedure di composizione della crisi risulta essere il *debitore stesso* [2].

Tuttavia, fatta eccezione per ciò che concerne la fase iniziale, l'orientamento dottrinale dominante [3], corroborato anche dalla giurisprudenza di legittimità, oltre che da plurime pronunce dei Tribunali di merito [4], ha riconosciuto natura concorsuale all'accordo di composizione della crisi, come del resto, in generale, a tutte le procedure di sovraindebitamento.

---

[1] Tra le novità più importanti, l'ampliamento del numero delle procedure di composizione della crisi da sovraindebitamento, con l'introduzione del piano del consumatore e della liquidazione del patrimonio.

[2] È noto che i creditori, laddove intendano assumere iniziative nei confronti del debitore, non possano che avvalersi dell'azione esecutiva individuale, non essendo legittimati a ricorrere per l'apertura delle procedure di composizione della crisi da sovraindebitamento. Tale impostazione, tuttavia, è mutata (parzialmente) con l'entrata in vigore del Codice della Crisi di Impresa e dell'Insolvenza, giacché l'art. 268, comma 2, consente al creditore, anche in pendenza di procedure esecutive individuali, nonché al pubblico ministero, qualora l'insolvenza riguardi l'imprenditore, di presentare domanda per la "*liquidazione controllata del sovraindebitato*".

[3] C. TRENTINI, *Le procedure da sovraindebitamento, Legge 3/2012 e Codice della crisi d'impresa*, Giuffrè, 2021, pp. 68-76.

[4] Cfr. *ex multis* Cass. Civ. 12 aprile 2018, n. 9087, in *Fall.*, 2018, p. 988, con nota di C. TRENTINI, "*Gli accordi di ristrutturazione dei debiti sono una procedura concorsuale: la Cassazione completa il percorso*"; Trib. Torino, 11 novembre 2019; Trib. Rimini 19 aprile 2018, Est. Miconi, in *www.ilcaso.it*, Sez. giur., 25 ottobre 2018, n. 20675; Trib. Ancona 15 marzo 2018, Est. Bilò in *www.ilcaso.it*, Sez. giur., 10 aprile 2018, n. 19471.

In questo senso, uno degli elementi ritenuti dirimenti si ritrova proprio nel tenore letterale del dato normativo [5].

Lo stesso d.l. n. 179/2012, peraltro, ha contribuito all'affermazione ed al consolidamento della tesi concorsualista [6].

Oggi, la concorsualità degli istituti può dirsi pressoché pacifica perché recepita dal Codice della Crisi: la disciplina del concordato minore, infatti, è dichiaratamente improntata al modello concorsualistico (cfr. art. 74, comma 4, CCII).

Alcune delle più significative novità previste dal Codice della Crisi di Impresa e dell'Insolvenza erano, comunque, già state anticipate dal legislatore nell'ambito della legge n. 3/2012; ed infatti, la legge 18 dicembre 2020, n. 176 ha convertito il d.l. 28 ottobre 2020, n. 137 inserendo l'articolo 4-*ter* nel corpo del decreto ristori e anticipando parte delle novità del Codice della Crisi di impresa.

2. La proposta di accordo e il relativo piano: i requisiti ed il contenuto

La procedura di accordo di composizione della crisi – come, del resto, anche le altre procedure da sovraindebitamento – si instaura mediante il deposito da parte del debitore, nella cancelleria del Tribunale competente, della domanda, che si compone di un piano e della relativa proposta.

Con l'introduzione dell'art. 7-*bis* nella legge n. 3/2012 è stato, altresì, previsto che i membri della stessa famiglia [7] possono presentare un'unica procedura di composizione della crisi – nella quale vengono tenute distinte le masse attive e passive di ciascun soggetto – quando sono conviventi o quando il sovraindebitamento ha un'origine comune [8].

In ordine al contenuto della proposta ai creditori, il legislatore non si è

---

[5] Il combinato disposto dell'art. 6, comma 1, e dell'art. 7, comma 2, preclude l'applicazione dell'istituto del sovraindebitamento ai debitori soggetti o assoggettabili "a procedure concorsuali diverse da quelle regolate" dalla legge n. 3/2012.

[6] In particolare, tra le modifiche allora introdotte, è scomparsa la figura dei creditori estranei all'accordo, sicché il raggiungimento dell'accordo vincola oggi l'intero ceto creditorio, secondo una dialettica squisitamente concordataria.

[7] Intendendosi per tali il coniuge, i parenti entro il quarto grado, gli affini entro il secondo grado, le parti dell'unione civile e i conviventi di fatto di cui alla legge 20 maggio 2016, n. 76.

[8] Previsione questa recepita ormai nel CCII che, all'art. 66, disciplina le "*procedure familiari*".

eccessivamente soffermato sullo stesso, che, pur nel necessario rispetto di alcune disposizioni inderogabili, risulta essere fondamentalmente "libero" e può essere, dunque, il più vario.

L'art. 8, comma 1, legge n. 3/2012 sancisce, infatti, espressamente che "*la proposta di accordo* [...] *prevede la ristrutturazione dei debiti e la soddisfazione dei crediti attraverso qualsiasi forma, anche mediante cessione dei crediti futuri*".

Come si può notare, quindi, al sovraindebitato è attribuito un ampio margine di autonomia nel costruire il piano e la proposta, che devono, in ogni caso, essere finalizzati alla ristrutturazione dei debiti e alla soddisfazione dei crediti.

Tuttavia, il piano non potrà comunque prescindere dal rispetto di alcuni *requisiti necessari*, meglio elencati nell'art. 7, comma 1, legge n. 3/2012.

In primo luogo, il debitore dovrà sempre assicurare nel proprio piano e nella conseguente proposta formulata ai propri creditori l'integrale pagamento dei crediti impignorabili di cui all'art. 545 c.p.c., nonché di tutti gli altri crediti previsti dalle disposizioni contenute in leggi speciali. Inoltre, il debitore avrà l'onere di prevedere espressamente le scadenze e le modalità con le quali intende pagare i propri creditori, nonché indicare le modalità per l'eventuale liquidazione dei beni.

Con riguardo, poi, al debito erariale – differentemente dall'originaria formulazione dell'art. 7, comma 1, legge n. 3/2012 – l'art. 4-*ter* del d.l. 28 ottobre 2020, n. 137, convertito, con modificazioni, dalla legge 18 dicembre 2020, n. 176, ha soppresso, con effetto dal 25 dicembre 2020, il periodo che recitava «*in ogni caso, con riguardo ai tributi costituenti risorse proprie dell'Unione europea, ed alle ritenute operate e non versate, il piano può prevedere esclusivamente la dilazione del pagamento*»[9].

Sul punto, era intervenuta anche la Corte costituzionale[10] la quale, con una nota pronuncia, aveva dichiarato l'incostituzionalità dell'art. 7, comma 1, legge n. 3/2012 nella parte in cui non ammetteva la falcidiabilità dell'imposta sul valore aggiunto, nell'ipotesi in cui fosse riservato all'amministrazione finanziaria un trattamento non deteriore rispetto a quello che avrebbe ottenuto nel caso di liquidazione del patrimonio[11].

---

[9] Si veda Trib. Parma 26 marzo 2021.

[10] Cfr. Corte cost. 29 novembre 2019, n. 245. Sulla tematica, in dottrina, si veda G. LAZOPPINA, *Falcidia IVA nel sovraindebitamento*, in *Ilfallimentarista.it*, 2020, il quale, riprendendo le parole della Corte, afferma che "*la differenza di disciplina che oggi caratterizza il concordato preventivo e l'accordo di composizione dei crediti del debitore civile non fallibile dà luogo ad una ingiustificata e irragionevole disparità di trattamento tale da concretare l'addotta violazione dell'art. 3 Cost.*".

[11] A causa dei limiti oggettivi della domanda di incostituzionalità, la Corte non si è

In particolare, il giudice delle leggi aveva motivato la propria decisione affermando che la differenza di disciplina che caratterizza le procedure concorsuali c.d. maggiori e quelle minori è irragionevole, poiché non vi è motivo di trattare diversamente soggetti sulla base dell'attività esercitata – imprenditoriale o meno – ovvero delle dimensioni dell'attività "*trattandosi di elementi (del tutto) indifferenti rispetto all'obiettivo perseguito dalle relative procedure di definizione della crisi*", che consiste nell'esdebitazione del debitore.

Al riguardo, peraltro, si evidenzia che lo stesso Codice della Crisi d'Impresa e dell'Insolvenza ha previsto espressamente la possibilità del pagamento parziale di tutti i crediti muniti di privilegio, pegno o ipoteca, ivi compreso il debito erariale [*infra*, Capitolo X].

Il debitore, inoltre, nella redazione del piano e della proposta può prevedere la suddivisione dei creditori in classi.

Con l'inciso (assai stringato) di cui all'art. 7, comma 1, il legislatore del 2012 ha così voluto estendere anche all'accordo di composizione della crisi – oltre che al piano del consumatore – la possibilità di suddividere i creditori in classi, in linea con la disciplina delle procedure concorsuali disciplinate dalla legge fallimentare.

Peraltro, proprio nel contesto dell'ampia autonomia concessa al debitore, ci si è interrogati sui principi che devono sorreggere l'eventuale formazione delle classi.

Più precisamente, nel silenzio della legge, gli interpreti si sono domandati se possa ritenersi ammissibile nel sovraindebitamento includere creditori aventi differente natura giuridica o interessi economici disomogenei, all'interno di una medesima classe, disattendendo, così, i canoni dettati dall'art. 160, comma 1, lett. c), l.fall., per il concordato preventivo.

Ebbene, l'inclusione del sovraindebitamento tra le procedure concorsuali non può che portare a ritenere che il debitore debba necessariamente rispettare i criteri di identità della natura giuridica e di omogeneità degli interessi.

In ottica comparatistica, si rileva che a norma dell'art. 74, comma 3, CCII, è oggi obbligatorio collocare i creditori titolari di garanzie di terzi in apposita classe, con la conseguenza che, benché la formazione delle classi

---

espressa in punto falcidia della ritenuta. Tuttavia, è ben auspicabile che, facendo leva sull'oggi prevista falcidia dell'IVA e, allo stesso tempo, sull'applicazione analogica dell'art. 182-*ter* in tema di concordato preventivo (ove la legge n. 232/2016 ha permesso la falcidia, oltre che dell'IVA, anche delle ritenute), possano ritenersi falcidiabili anche i crediti per ritenute. Ciò, peraltro, agevolerebbe il ricorso allo strumento di accordo di composizione della crisi, atteso che, sovente, l'infalcidiabilità dell'IVA e della ritenuta ne dissuadeva i debitori al ricorso.

debba ritenersi meramente facoltativa se tra i creditori vi sono titolari di garanzie di terzi, diviene necessario ripartire tutti i creditori in classi [12].

Altra questione al centro di un ampio dibattito dottrinale concerne la verifica in ordine all'obbligo per il soggetto sovraindebitato di rispettare, nella predisposizione del piano e della proposta, il principio della *par condicio creditorum*.

Sotto questo profilo, occorre infatti evidenziare che, analogamente a quanto accade nell'accordo di ristrutturazione dei debiti *ex* art. 182-*bis* l.fall., la legge n. 3/2012 nulla prevede in ordine all'obbligatorietà del soddisfacimento dei singoli creditori secondo le legittime cause di prelazione [13].

In ordine a ciò, si ritiene più convincente la tesi che sostiene la necessità di rispettare il principio della *par condicio creditorum*, sulla scorta del fatto che l'art. 2741 c.c. è norma di carattere generale, che trova applicazione in ogni ipotesi di concorso tra una pluralità di creditori.

L'art. 7, comma 1, legge n. 3/2012 contempla poi la possibilità di rilascio a favore della procedura di garanzie per l'adempimento, le quali devono essere espressamente indicate nel piano.

Tale previsione deve essere necessariamente coordinata con quanto stabilito dal successivo art. 8, comma 2, legge n. 3/2012, nel quale vengono esposti i casi in cui contemplare una garanzia che, da mera facoltà, diviene un vero e proprio onere per il debitore.

Precisamente, l'art. 8, comma 2, prescrive che, nel caso in cui i beni e i redditi del debitore non siano sufficienti a garantire la fattibilità dell'accordo, la proposta debba essere sottoscritta da uno o più terzi che consentano il conferimento, anche in *garanzia*, di redditi o beni sufficienti per assicurarne la realizzazione [14].

Dunque, le garanzie possono costituire, a seconda dei casi, sia un elemento accessorio della proposta, in grado di incrementare la convenienza rispetto alla liquidazione del patrimonio, sia un elemento necessario, ove ne assicurino la fattibilità giuridica. L'intervento del terzo, in quest'ultimo caso,

---

[12] C. TRENTINI, *Le procedure da sovraindebitamento, Legge 3/2012 e Codice della crisi d'impresa*, Giuffrè, 2021, p. 169.

[13] Il tema rispetto della *par condicio creditorum* nelle procedure di sovraindebitamento non è del tutto pacifico. Seppur si tratti, ad onor del vero, di una pronuncia isolata, si consideri che il Trib. Ascoli 4 aprile 2014, Est. Agostini, in *www.ilcaso.it*, ha infatti sancito che in assenza di una specifica disposizione normativa che imponga l'obbligatorietà della *par condicio creditorum*, può ugualmente essere omologato un piano (nello specifico, trattavasi di piano del consumatore) anche qualora un creditore lamenti un trattamento deteriore rispetto ad altri creditori.

[14] In questo senso, F.S. FILOCAMO, *Deposito ed effetti dell'accordo*, in *Il fallimento e le altre procedure concorsuali*, XXXIV, n. 9, 2012, p. 1052.

diviene una vera e propria **condizione di ammissibilità**, in assenza della quale la domanda di accesso alla procedura deve essere rigettata dal giudice designato.

Gli schemi con i quali il terzo garante può intervenire a supportare la proposta sono quelli noti, squisitamente civilistici: si pensi, a mero titolo esemplificativo, alla fideiussione, come forma di garanzia personale, ovvero all'ipoteca, come garanzia di carattere reale.

Peraltro, specie con riferimento ai casi in cui l'intervento sia funzionale ad assicurare la fattibilità dell'accordo, è necessario che i terzi dimostrino concretamente la loro capacità di garantire le obbligazioni che il debitore si assume con la proposta.

Sotto questo profilo, affatto differente risulta l'impianto del CCII, che, avvicinando ancor più la figura del concordato minore a quella del concordato preventivo, prevede, all'art. 74, per l'ammissibilità della domanda, l'apporto di risorse esterne tali da incrementare in misura apprezzabile la soddisfazione dei creditori, tutte le volte in cui la proposta non preveda la prosecuzione dell'attività imprenditoriale o professionale.

Dirimente, risulta, poi, la novità introdotta dalla legge n. 176/2020 in materia di rimborso delle rate del mutuo da parte del debitore.

In particolare, l'art. 8, comma 1-*ter*, legge n. 3/2012 sancisce che la proposta di accordo formulata dal consumatore [15] può prevedere anche il rimborso, alla scadenza convenuta, delle rate a scadere del contratto di mutuo garantito da ipoteca iscritta sull'abitazione principale del debitore se lo stesso, alla data di deposito della proposta, ha adempiuto le proprie obbligazioni o se il giudice lo autorizza al pagamento del debito per capitale ed interessi scaduto.

Parimenti, l'art. 8, comma 1-*quater*, sancisce che, quando l'accordo è proposto da un soggetto non consumatore [16] e contempla la continuità dell'attività aziendale, è possibile prevedere il rimborso, alla scadenza convenuta, delle rate a scadere del contratto di mutuo con garanzia reale gravante sui beni strumentali all'esercizio dell'impresa se il debitore, alla data della presentazione della proposta di accordo, ha adempiuto le proprie obbligazioni o se il giudice lo autorizza al pagamento del debito per capitale ed interessi scaduto a tale data.

---

[15] Oggi definito come "*la persona fisica che agisce per scopi estranei all'attività imprenditoriale, commerciale, artigiana o professionale eventualmente svolta, anche se socio di una delle società appartenenti ad uno dei tipi regolati nei capi III, IV e VI del titolo V del libro quinto del codice civile, per debiti estranei a quelli sociali*".

[16] Il Codice della Crisi ha oggi escluso espressamente il consumatore dal novero dei soggetti che possono accedere alla procedura di concordato minore.

Sarà onere dell'OCC attestare che il credito garantito potrà essere soddisfatto integralmente con il ricavato della liquidazione del bene effettuata al valore di mercato e che il rimborso delle rate a scadere non leda i diritti degli altri creditori.

Analogamente alle procedure di concordato preventivo o di concordato fallimentare, il piano può, altresì, prevedere, ai sensi dell'art. 7, comma 1, legge n. 3/2012, che i crediti muniti di privilegio, pegno o ipoteca non siano soddisfatti integralmente, purché ne sia assicurato il pagamento in misura non inferiore a quella realizzabile, in ragione della collocazione preferenziale, sul ricavato in caso di liquidazione, avuto riguardo al valore di mercato attribuibile ai beni o ai diritti sui quali insiste la prelazione, come attestato dall'organismo di composizione della crisi.

In tale eventualità, pertanto, l'incapienza dei beni rispetto all'esposizione debitoria privilegiata dovrà essere oggetto di specifica attestazione da parte dell'OCC, in analogia a quanto era previsto all'art. 160, comma 2, l.fall. in ambito concordatario (c.d. *attestazione di incapienza*) e, secondo regola analoga a quella oggi contenuta negli artt. 67, comma 4, 75, comma 2, e 85, comma 7, CCII.

Inoltre, il piano può anche prevedere (in alternativa alla nomina del liquidatore, per la quale si rimanda *infra*, § 9) l'affidamento del patrimonio del debitore ad un gestore, comunque nominato dal giudice, da individuarsi in un professionista in possesso dei requisiti per la nomina a curatore fallimentare ai sensi dell'art. 28 l.fall. Quest'ultimo dovrà farsi carico della custodia dei beni, della loro liquidazione e della distribuzione del ricavato degli stessi ai creditori.

Ancora, il piano può eventualmente contenere limitazioni all'accesso al mercato del credito al consumo, all'utilizzo di strumenti di pagamento elettronico a credito e alla sottoscrizione di strumenti creditizi e finanziari.

Queste due ultime disposizioni non sono state riprodotte nel CCII e non sono quindi più attuali.

D'altra parte, le limitazioni all'accesso al mercato del credito al consumo hanno perso qualsiasi funzionalità, considerata l'espressa esclusione del consumatore dall'accesso alla procedura. Quanto alla previsione di affidamento del patrimonio, la liquidazione del patrimonio non sembrerebbe più necessariamente affidata ad un liquidatore ma, per un'esigenza di contenimento dei costi, allo stesso debitore, salvo precisare sin da subito che (in forza del richiamo operato dall'art. 74, comma 4, CCII alle norme in tema di concordato preventivo), l'eventuale attività liquidatoria deve comunque avvenire con modalità di tipo competitivo [17].

---

[17] P. Farina, *La nuova disciplina del concordato minore tra semplificazioni e complicazioni*, in *Il diritto fallimentare e delle società commerciali*, fasc. 6, 2019.

Un'ultima importante prescrizione è contenuta nell'art. 8, comma 4, legge n. 3/2012, che, sulla falsariga di quanto disposto dall'art. 186-*bis*, comma 2, lett. c), l.fall. ed in linea con la disciplina del piano del consumatore, nell'ipotesi di accordo con continuità aziendale, concede al debitore la moratoria sino ad un anno dall'omologazione per il pagamento dei creditori privilegiati, salvo che sia prevista la liquidazione dei beni o diritti sui quali insiste la prelazione.

Il tenore letterale della norma sembrerebbe precludere l'ammissibilità di proposte di accordo con i creditori con pagamento oltre il termine previsto dalla disposizione sopra citata.

La giurisprudenza di legittimità, tuttavia, ha escluso che tale opzione interpretativa possa dirsi ammissibile [18].

Ed infatti, analogamente a quanto statuito per il concordato preventivo, la circostanza che la disposizione normativa prescriva espressamente che il credito munito di titolo di prelazione debba essere pagato entro dodici mesi dall'omologazione, non equivale a precludere l'ammissibilità di piani in continuità nei quali il soddisfacimento degli stessi avvenga oltre l'anno.

In buona sostanza, il pagamento dei crediti privilegiati con dilazione superiore a quella annuale corrisponde ad una soddisfazione non integrale degli stessi, a causa della perdita economica conseguente al ritardo nella corresponsione del dovuto. Ebbene, tale soddisfazione non integrale, a parere della Cassazione, va compensata con l'attribuzione al creditore privilegiato del diritto di voto per un importo pari alla perdita conseguente al ritardo [19], da calcolare con l'attualizzazione degli interessi sulla porzione di credito non tempestivamente regolate.

Dunque, anche nella procedura di accordo *ex lege* n. 3/2012, il debitore può proporre una dilazione di pagamento del creditore privilegiato oltre l'anno, purché attribuisca allo stesso il diritto di voto per la parte di credito non soddisfatta entro i parametri previsti a livello normativo.

Alla luce di quanto sopra esposto, i requisiti **necessari** dell'accordo possono così essere riepilogati:

- previsione di scadenze e modalità di pagamento dei creditori;
- indicazione delle modalità per l'eventuale liquidazione dei beni;
- regolare pagamento dei crediti impignorabili *ex* art. 545 c.p.c.;

I requisiti facoltativi, invece, risultano essere i seguenti:

---

[18] Cass. 20 agosto 2020, n. 17391; Cass. 3 luglio 2019, n. 17834.

[19] Cfr. Cass. 9 maggio 2014, n. 10112; Cass. 26 settembre 2014, n. 20388; Cass. 2 settembre 2015, n. 17461.

- suddivisione dei creditori in classi;
- indicazione delle garanzie rilasciate per l'adempimento del piano;
- l'affidamento del patrimonio ad un gestore, in possesso dei requisiti previsti dall'art. 28 l.fall., per la liquidazione, custodia e distribuzione del ricavato ai creditori.

Al di fuori dei descritti contenuti, la proposta può adattarsi alle specifiche esigenze del debitore: potrà avere contenuto *dilatorio*, laddove sia posto l'obiettivo di salvataggio dell'impresa (in caso, ovviamente, di debitore-imprenditore), *solutorio*, laddove sia posto l'obiettivo della liquidazione di parte del patrimonio [20], o anche "misto, *cumulando entrambe le soluzioni*" [21].

È, comunque, bene evidenziare che il principio di libertà dei contenuti incontra il limite *naturale* della adeguatezza della soluzione proposta dal debitore alla concreta finalità della procedura di sovraindebitamento, ossia la ristrutturazione dei debiti e la contestuale soddisfazione dei crediti. È da ritenere, infatti, che tutto ciò che sia **strettamente funzionale** al perseguimento dello scopo della procedura sia certamente da includere all'interno della proposta.

Ai sensi dell'art. 9, comma 2, legge n. 3/2012, unitamente al piano ed alla proposta, il debitore ha poi l'onere di allegare i seguenti **documenti**:

1. l'elenco di tutti i creditori con specifica indicazione delle somme dovute e delle cause legittime di prelazione;
2. l'elenco di tutti i beni del debitore, compresi quelli che possono tradursi in un valore di liquidazione, nonché l'indicazione dei beni e redditi eventualmente conferiti da terzi [22];
3. l'elenco degli atti di disposizione compiuti dal debitore negli ultimi cinque anni;
4. copia delle dichiarazioni dei redditi degli ultimi tre anni;

---

[20] In caso di liquidazione dei beni, il contenuto del piano si arricchisce con la necessaria indicazione delle relative modalità, ai sensi dell'art. 7, comma 1, primo periodo.

[21] Così L. PANZANI, *Composizione delle crisi da sovraindebitamento*, in *Nuovo dir. soc.*, n. 1, 2012, p. 10.

[22] L'elencazione di **tutti** i beni del debitore non comporta che il piano di ristrutturazione del debitore ricomprenda necessariamente l'intero patrimonio. A differenza della procedura liquidatoria di cui all'art. 14-*ter*, legge n. 3/2012, ove è prevista la liquidazione dell'**intero** patrimonio del debitore (con l'espressa esclusione di quelli indicati nel comma 6, sostanzialmente i beni c.d. impignorabili), nell'accordo di composizione della crisi la liquidazione dei beni è limitata alle esigenze dettate dal relativo piano, a condizione che il soddisfacimento dei creditori non risulti deteriore rispetto a quanto i medesimi percepirebbero nell'ambito della liquidazione del patrimonio.

5. l'elenco delle spese correnti necessarie al sostentamento del debitore e della propria famiglia, previa indicazione e certificazione della composizione del nucleo familiare [23];
6. solo nel caso in cui il debitore svolga attività di impresa, copia delle scritture contabili degli ultimi tre esercizi unitamente alla certificazione di conformità all'originale.

La corrispondente disposizione del CCII (art. 75 CCII) presenta alcune differenze rispetto all'impianto originario e conferma le analogie di disciplina fra procedure "maggiori" e procedure di sovraindebitamento. Esso prevede che alla domanda debbano essere allegati:

a) il piano con i bilanci, le scritture contabili e fiscali obbligatorie, obbligatorie, le dichiarazioni dei redditi, le dichiarazioni IRAP e le dichiarazioni annuali IVA concernenti i tre anni anteriori o gli ultimi esercizi precedenti se l'attività ha avuto minor durata;
b) una relazione aggiornata sulla situazione economica, patrimoniale e finanziaria;
c) l'elenco di tutti i creditori, con le rispettive cause di prelazione e l'indicazione delle somme dovute. L'elenco deve contenere l'indicazione del domicilio digitale dei creditori che ne sono muniti;
d) gli atti di straordinaria amministrazione di cui all'articolo 94, comma 2, compiuti negli ultimi cinque anni;
e) la documentazione relativa a stipendi, pensioni, salari e altre entrate proprie e della famiglia, con l'indicazione di quanto occorra al mantenimento della stessa.

Da notare che l'art. 75 CCII individua nel piano il primo tra gli allegati

---

[23] In ordine alle spese necessarie al sostentamento del debitore e della sua famiglia, non prevedendo la legge n. 3/2012 nulla in ordine ai criteri per procedere alla relativa quantificazione, si è fatto ricorso in materia al concetto di *minimo vitale*, mutuato dall'ambito delle procedure esecutive, intendendosi per esso il flusso reddituale periodico necessario ad ogni soggetto per il mantenimento proprio e della famiglia, da considerarsi assolutamente intangibile da parte dei creditori. Nell'ambito del sovraindebitamento il concetto di minimo vitale attualmente viene valutato e stimato caso per caso, anche in ragione della composizione del nucleo familiare e dell'area geografica in cui vive il soggetto sovraindebitato e/o comunque sulla scorta di altri fattori ritenuti rilevanti e opportunamente documentati. Al riguardo si evidenzia che, in ogni caso, che con l'introduzione del nuovo Codice della Crisi d'Impresa e dell'Insolvenza, il legislatore ha superato il vuoto normativo espressamente normando all'art. 68 il concetto di "*dignitoso tenore di vita*", identificandolo in "*una quantificazione non inferiore all'ammontare dell'assegno sociale moltiplicato per un parametro corrispondente al numero dei componenti il nucleo familiare della scala di equivalenza dell'ISEE di cui al DPCM del 5 dicembre 2013, n. 159*".

da prodursi con il ricorso, mentre non risulta menzionato fra gli allegati alla procedura di accordo di composizione della crisi, anche se non può dubitarsi che un piano dovesse, comunque, essere allegato, quantomeno per consentire all'OCC di relazionare in ordine alla sua fattibilità.

Il d.l. 28 ottobre 2020, n. 137, convertito in legge 18 dicembre 2020, n. 176, decreto ristori, ha modificato l'art. 9 introducendo alcune previsioni che hanno anticipato l'entrata in vigore del Codice della Crisi. Il comma 3-*bis*, in particolare, è stato modificato nel senso di prevedere che alla domanda di accordo di composizione della crisi debba essere allegata una relazione particolareggiata dell'organismo di composizione della crisi, che comprenda:

a) l'indicazione delle cause dell'indebitamento e della diligenza impiegata dal debitore nell'assumere le obbligazioni;
b) l'esposizione delle ragioni dell'incapacità del debitore di adempiere le obbligazioni assunte;
c) l'indicazione dell'eventuale esistenza di atti del debitore impugnati dai creditori;
d) la valutazione sulla completezza e sull'attendibilità della documentazione depositata a corredo della domanda, nonché sulla convenienza del piano rispetto all'alternativa liquidatoria;
e) l'indicazione presumibile dei costi della procedura;
f) la percentuale, le modalità e i tempi di soddisfacimento dei creditori;
g) l'indicazione dei criteri adottati nella formazione delle classi, ove previste dalla proposta.

La documentazione appena descritta, in ogni caso, non deve ritenersi esaustiva. La già menzionata libertà del debitore nella scelta dei contenuti della proposta di accordo comporta che, all'elencazione di cui all'art. 9, legge n. 3/2012, possano aggiungersi quei documenti il cui deposito risulta opportuno in considerazione del contenuto dell'accordo.

Nella propria relazione l'OCC dovrà anche indicare se il soggetto finanziatore, ai fini della concessione del finanziamento, abbia tenuto conto del merito creditizio del debitore ai sensi di quanto disposto dall'art. 124-*bis* TUB.

La conseguenza di tale verifica è indicata all'art. 12-*bis*, comma 3-*bis*, legge n. 3/2012, introdotto sempre dal decreto ristori, secondo cui "*il creditore che ha colpevolmente determinato la situazione di indebitamento o il suo aggravamento ovvero, nel caso di accordo proposto dal consumatore, che ha violato i principi di cui all'articolo 124-bis del testo unico di cui al decreto legislativo 1° settembre 1993, n. 385, non può presentare opposizione o reclamo in sede di omologa, anche se dissenziente, ne' far valere cause di inammissibilità che non derivino da comportamenti dolosi del debitore*".

Con il novellato art. 12-*bis* della legge n. 3/2012 il legislatore ha voluto valorizzare il comportamento dei creditori e responsabilizzare l'attività di concessione del credito, al fine di arrestare in radice e di non aggravare situazioni di indebitamento pregresse. La *ratio* di questa scelta muove sia da un'ottica macroeconomica di protezione del mercato da fenomeni patologici e irreversibili di sovraindebitamento, che rischiano di danneggiare il funzionamento del mercato creditizio, sia da un'ottica microeconomica, per sottrarre la clientela più debole e sprovvista di reddito adeguato dalla spirale del debito.

Il concorso di colpa del creditore, consapevole della previa condizione debitoria del cliente, allevia dunque eventuali profili di negligenza in capo a quest'ultimo aver fatto ricorso al credito in misura non proporzionata alle proprie capacità patrimoniali, sul presupposto della sua connaturata incapacità a soppesare adeguatamente le scelte negoziali, specialmente se dettate dall'impellente assillo del danaro[24]. Questa previsione è ora riprodotta nel Codice della Crisi, all'art. 76, comma 3.

Parte B. *Il procedimento*

Perfezionata la nomina del gestore ai sensi della legge n. 3/2012 e redatto il piano, con l'attestazione di fattibilità, la procedura può essere astrattamente suddivisa in quattro fasi:

i) il deposito della proposta di accordo;
ii) l'apertura della procedura;
iii) la votazione dei creditori;
iv) l'omologazione dell'accordo.

Nei paragrafi che seguono, pertanto, si provvederà alla disamina delle singole fasi dell'accordo; nell'ultima parte del capitolo, verranno trattate la fase dell'esecuzione e gli eventuali profili patologici della procedura.

3. Il deposito della proposta di accordo e l'apertura della procedura

Ai sensi dell'art. 9, comma 1, legge n. 3/2012 la proposta di accordo deve essere depositata nella cancelleria del Tribunale del luogo di residenza del

---

[24] Si veda Trib. Napoli Nord 21 aprile 2021, in *www.ilcaso.it.*

debitore (se si tratta di persona fisica) o della sede principale dell'impresa (se si tratta di debitore imprenditore o soggetto collettivo).

Analogamente a quanto previsto per le procedure concorsuali "maggiori", anche per le procedure da sovraindebitamento il legislatore ha adottato il criterio "COMI"[25], individuando la competenza territoriale (da ritenersi *inderogabile*)[26] in base al centro di interessi principale del debitore.

Con riguardo alla figura dell'OCC, ai sensi degli artt. 7 e 9 è competente l'organismo con sede nel circondario del Tribunale del luogo di residenza o sede principale del debitore[27]. In proposito, si precisa che l'Organismo è tenuto, entro sette giorni dall'avvenuto conferimento dell'incarico da parte del debitore, a darne notizia all'agente della riscossione e agli uffici fiscali, anche degli enti locali, competenti sulla base dell'ultimo domicilio fiscale dell'istante, i quali entro trenta giorni debbono comunicare il debito tributario accertato e gli eventuali accertamenti pendenti.

Con riguardo alla competenza territoriale, merita, altresì, un breve cenno la questione del c.d. *forum shopping*.

Si potrebbe, infatti, ritenere che in assenza di una disposizione analoga a quella di cui all'art. 9, comma 2, l.fall. (o, in materia di concordato preventivo, di cui all'art. 161 l.fall.), nell'ambito del sovraindebitamento non rilevi il trasferimento della residenza del debitore (o della sede dell'impresa) intervenuto nell'anno antecedente all'accesso alla procedura. Di talché, il debitore avrebbe facoltà di cambiare residenza (o sede principale) anche il giorno antecedente alla presentazione della domanda, senza che ciò abbia alcun impatto in termini di competenza territoriale.

Tale diversità di disciplina tra le procedure di sovraindebitamento e le procedure concorsuali maggiori sarebbe, peraltro, giustificata dal carattere volontario delle procedure *de qua*.

Tuttavia, è pacifico come l'irrilevanza del trasferimento della sede nell'anno anteriore al deposito del ricorso ai fini della competenza territoriale possa aprire il varco a possibili iniziative strumentali da parte del debitore[28].

Per questa ragione, parte della dottrina e della giurisprudenza ritiene preferibile considerare applicabili, pur in assenza di apposita disposizione, i principi giurisprudenziali in ordine alla prevalenza della effettività della re-

---

[25] Il *Center Of Main Interest* è stato adottato in sede comunitaria dal regolamento 29 maggio 2000, n. 1346, e, oggi, è applicato nella maggioranza dei sistemi concorsuali europei.

[26] F.S. FILOCAMO, *L'ammissione e l'anticipazione degli effetti protettivi*, in M. FERRO (a cura di), *Sovraindebitamento e usura*, 2012, p. 148 ss.

[27] Cfr. Trib. Rimini 14 dicembre 2017, Est. Rossi, in *www.ilcaso.it*.

[28] Trib. Prato 28 settembre 2016, Est. Brogi, in *www.ilcaso.it*.

sidenza e della sede al fine di scoraggiare fenomeni di c.d. *forum shopping*[29].

Tale interpretazione appare suffragata dall'impianto del Codice della Crisi, nel quale la disposizione di cui all'art. 28, che prevede l'irrilevanza dei trasferimenti di sede nell'anno anteriore, ha carattere generale e trova applicazione per tutti gli strumenti di regolazione della crisi e dell'insolvenza (maggiori e minori)[30].

Contestualmente al deposito presso il Tribunale competente e comunque entro i successivi tre giorni, la proposta deve, poi, essere presentata dall'OCC all'agente della riscossione ed agli uffici fiscali, anche presso gli enti locali, competenti sulla base dell'ultimo domicilio fiscale del debitore.

Questa disposizione è finalizzata sia alla corretta ricostruzione della posizione fiscale del soggetto sovraindebitato (ivi compresi gli eventuali contenziosi pendenti), che ad informare gli uffici pubblici dell'avvenuta instaurazione della procedura e valutare l'arresto di iniziative esattoriali destinate all'insuccesso.

L'ultimo comma dell'art. 9, legge n. 3/2012, disciplina poi, gli **effetti** del deposito della proposta.

Dal punto di vista *sostanziale*, il deposito dell'istanza, ai sensi dell'art. 9, comma 3-*quater*, legge n. 3/2012 (con disposizione ripresa dall'art. 76, comma 5, CCII) sospende, ai soli effetti del concorso, il corso degli interessi legali o convenzionali, a meno che si tratti di crediti privilegiati e, comunque, nei limiti degli artt. 2749, 2788, 2855 c.c.

Dal punto di vista *processuale*, invece, il deposito dell'istanza dà avvio a quel procedimento giurisdizionale finalizzato all'apertura della procedura di sovraindebitamento, alla concreta realizzazione del piano di accordo e al definitivo *fresh start* del debitore[31].

---

[29] Così F.S. FILOCAMO, *Deposito ed effetti dell'accordo*, cit., p. 1049; M. FERRO, *L'avvio del procedimento: il deposito della proposta*, in ID. (a cura di), *Sovrindebitamento e usura*, cit., p. 119 ss.; L. D'ORAZIO, *Le procedure di negoziazione della crisi dell'impresa*, 2013; G. TRISORIO LIUZZI, *La composizione della crisi da sovra indebitamento*, in *Giusto proc.*, 2013.

[30] C. TRENTINI, *Le procedure da sovraindebitamento, Legge 3/2012 e Codice della crisi d'impresa*, Giuffrè, 2021, pp. 266-267.

[31] Sebbene non espressamente contemplata per l'accordo di composizione della crisi, né per il piano del consumatore, ma solo per la liquidazione del patrimonio ai sensi dell'art. 14-*terdecies*, al beneficio dell'esdebitazione è indubbiamente ammesso il debitore che si avvalga di **qualunque** procedura di sovraindebitamento. Nelle procedure di accordo e piano del consumatore, infatti, l'effetto esdebitativo deve ritenersi *implicito* nella legge, la quale, limitandosi a ribadire che l'omologazione delle stesse è vincolante per *tutti i creditori pregressi* i quali, quindi, anche se dissenzienti (nel caso dell'accordo) devono accontentarsi di ricevere quanto proposto con l'accordo o con il piano omologati, comporta la (ovvia) conseguenza

4. Il provvedimento di ammissione: gli effetti inibitori e i limiti del sindacato del Tribunale

Depositato il ricorso al competente Tribunale, il giudice (che opera in composizione monocratica per l'intero corso della procedura, salvo quanto verrà illustrato nel prosieguo della trattazione) accerta la sussistenza dei presupposti di cui agli artt. 7, 8 e 9, ed eventualmente, concede un termine perentorio, non superiore a quindici giorni, per apportare integrazioni alla proposta e per produrre nuovi documenti. Tale ultima previsione non è stata riprodotta nel Codice della Crisi, anche se la legittimità di un simile provvedimento può desumersi in via analogica dal disposto di cui all'art. 182, comma 2, c.p.c. che consente al giudice che rilevi un difetto di costituzione delle parti di concedere un termine per la sua regolarizzazione [32].

Si apre, quindi, la seconda fase della procedura di accordo di composizione della crisi, quella del sindacato giurisdizionale, sindacato sul cui contenuto dottrina e giurisprudenza si sono divise.

Da una parte, infatti, vi sono coloro che ritengono che il controllo debba essere meramente formale; dall'altra, vi sono i sostenitori della tesi secondo cui il giudice debba spingersi fino a valutare la *fattibilità economica* della proposta [33].

Sul punto, occorre osservare che l'eventuale estensione del sindacato giudiziale sino alla sostanza dell'accordo, oltrepassando (l'inevitabile) con-

---

del beneficio esdebitativo per la parte di debito non pagata. Se così non fosse, infatti, l'intera procedura di sovraindebitamento perderebbe la propria *ratio* ispiratrice di risanamento della posizione economica del debitore e consequenziale possibilità di tornare a svolgere un ruolo economico attivo nella società (c.d. *fresh start*), con eliminazione dei debiti pregressi, e pur sempre tenendo in considerazione che uno dei motivi che ha spinto il legislatore del 2012 è stato quello di eliminare la disarmonia con l'imprenditore fallito (rilevante anche sotto il profilo costituzionale) il quale, in virtù degli artt. 142 ss. l.fall. beneficia espressamente dell'esdebitazione. Nel Codice della Crisi non è presente disposizione analoga, ma non vi è motivo di dubitare che trovi applicazione, in forza del richiamo operato dall'art. 74, comma 4, CCII, la previsione di cui all'art. 117 CCII che stabilisce che "*il concordato omologato è obbligatorio per tutti i creditori anteriori alla pubblicazione del Registro delle Imprese della domanda di accesso*".

[32] C. TRENTINI, *Le procedure da sovraindebitamento, Legge 3/2012 e Codice della crisi d'impresa*, Giuffrè, 2021, p. 270; Trib. Ancona 15 ottobre 2012 (in materia di concordato con riserva).

[33] Si evidenzia che con l'entrata in vigore del nuovo Codice della Crisi d'Impresa e dell'Insolvenza, è stato espressamente previsto il sindacato del giudice sulla fattibilità economica del piano di concordato minore (ex accordo di composizione della crisi) e del piano per la ristrutturazione dei debiti (ex piano del consumatore).

trollo sulla fattibilità giuridica del piano, rischia di svuotare completamente il ruolo che il legislatore ha voluto assegnare all'OCC.

Ferma restando la facoltà del giudice di valutare la logicità e la coerenza interna della relazione dell'Organismo di Composizione della Crisi – il quale, come detto, già si deve esprimere sulla fattibilità economica della proposta – sembrerebbe preferibile limitare ad ogni altro esperto il sindacato giudiziale.

Così facendo, infatti, si evita una (inutile) duplicazione di controlli, la quale, anche considerata la professionalità e le competenze di cui deve essere dotato l'organismo, non parrebbe essere necessaria [34].

Appare, dunque, più ragionevole aderire all'interpretazione restrittiva, che limita il controllo del giudice ai profili meramente formali e alla fattibilità giuridica [35].

In ogni caso, il giudice dovrà ritenere **non ammissibile** la proposta quando il debitore:

a) non sia in possesso dei requisiti soggettivi per l'accesso alle procedure di sovraindebitamento;
b) abbia già fatto ricorso ad una delle procedure di sovraindebitamento nei precedenti cinque anni;
c) abbia subìto, per cause a lui imputabili, uno dei provvedimenti di cui agli artt. 14 e 14-*bis*, legge n. 3/2012 ossia di annullamento o di risoluzione dell'accordo ovvero di revoca e cessazione dei relativi effetti;
d) abbia fornito documentazione che non consenta di ricostruire compiutamente la sua situazione economica e patrimoniale;
e) abbia già beneficiato dell'esdebitazione per due volte;
f) abbia commesso atti diretti a frodare le ragioni dei creditori.

Le ipotesi c) e d) meritano qualche considerazione.

Con riferimento alle limitazioni della lett. c), deve ritenersi che per incorrere in una declaratoria di inammissibilità sia necessario che i provvedimenti

---

[34] Sul punto, si veda ampiamente L. CESARO, *Profili procedimentali*, cit., p. 34 ss.; per un confronto con il concordato preventivo, dal quale la disciplina in esame trova applicazione analogica, si veda P.F. CENSONI, *I limiti del controllo giudiziale sulla fattibilità del concordato preventivo*, in *Giur. comm.*, 2013, II, p. 343.

[35] F. ROLFI, *Composizione delle crisi da sovraindebitamento: il profilo della fattibilità nell'accordo e nel piano*, in *Ilfallimentarista.it*, 2013, p. 4; L. PANZANI, *La nuova disciplina del sovraindebitamento, dopo il D.L. 18 ottobre 2012, n. 179*, in *Ilfallimentarista.it*, 2012, p. 13; G. IVONE, *L'ammissione alla procedura*, in F. DI MARZIO-F. MACARIO-G. TERRANOVA (a cura di), *Composizione della crisi da sovraindebitamento. Officina del diritto. Il civilista*, 2013, p. 34.

in parola risalgano a oltre cinque anni prima della presentazione: in caso contrario, laddove uno dei provvedimenti di inefficacia rientri nei cinque anni dalla presentazione, l'inammissibilità rientrerebbe nella più generale ipotesi b). Oggi la questione può dirsi risolta, in quanto il CCII prevede, all'art. 77, che la domanda sia inammissibile qualora il debitore si sia già esdebitato nei cinque anni precedenti la domanda o abbia già beneficiato dell'esdebitazione per due volte.

Si ritiene, invece, che quanto previsto *sub* d), sia difficilmente ipotizzabile, giacché il necessario intervento dell'organismo di composizione della crisi sin dalla fase embrionale della procedura dovrebbe già assicurare una ricostruzione documentale tale da potersi (auspicabilmente) escludere l'ipotesi di inammissibilità *de qua*.

Verificata positivamente la sussistenza dei requisiti di legge e, pertanto, l'ammissibilità della proposta, il giudice, con **decreto** qualificabile come **provvedimento di ammissione al procedimento**[36], fissa l'udienza non oltre *sessanta giorni* dal giorno del deposito della proposta di accordo medesimo.

L'Organismo di Composizione della Crisi ha l'onere di comunicare ai creditori il decreto, unitamente al piano predisposto dal debitore, entro *trenta giorni* prima del termine assegnato per esprimere il consenso alla proposta (che, come specificato *infra*, § 5, p. 18, cade il decimo giorno prima dell'udienza di omologazione).

Il contenuto del provvedimento di ammissione è analiticamente indicato dall'art. 10, comma 2, il quale prevede che il giudice:

- *stabilisca* idonea forma di pubblicità della proposta e del decreto stesso oltre che, nel caso in cui il debitore svolga attività di impresa, la pubblicazione degli stessi nel registro delle imprese;
- se è prevista la cessione o l'affidamento a terzi di beni immobili o mobili registrati, *ordini* la trascrizione del decreto presso gli uffici competenti, a cura dell'organismo di composizione della crisi;
- *disponga* che, sino al momento in cui il provvedimento di omologazione diventa definitivo, non possano, a pena di nullità, essere iniziate o proseguite azioni esecutive individuali né disposti sequestri conservativi né ac-

---

[36] È stato osservato, tuttavia, che tale provvedimento non sarebbe nemmeno qualificabile come decreto di ammissione, atteso che il legislatore ha semplicemente stabilito che, sussistendo i requisiti di legge della proposta, il Tribunale in composizione monocratica debba fissare con decreto l'udienza, senza che l'ammissione soggiaccia al vaglio del giudice, ma ad una sua mera "verifica". In questo senso, G. LO CASCIO, *La composizione delle crisi da sovraindebitamento (Introduzione)*, in *Il fallimento e le altre procedure concorsuali*, XXXIV, n. 9, 2012, p. 1025.

quistati diritti di prelazione sul patrimonio del debitore, da parte dei creditori aventi titolo o causa anteriore alla presentazione della proposta di accordo (la sospensione, tuttavia, non opera nei confronti dei creditori titolari di crediti impignorabili).

Proprio con riguardo agli **effetti** prodotti dal decreto, il principale e più rilevante è senza dubbio quello di cui all'art. 10, comma 2, lett. c), ossia la sospensione ed il blocco delle azioni esecutive o cautelari individuali sul patrimonio del debitore (c.d. *automatic stay*)[37]. Tale effetto, a ben vedere, risulta inevitabilmente ricollegato alla previsione di cui al comma 5, ove si dispone che il decreto di ammissione deve intendersi equiparato all'atto di pignoramento. Evidente è la *ratio* della disposizione in esame, da ravvisarsi nella protezione del patrimonio del debitore dalle eventuali aggressioni individuali, in funzione del suo futuro asservimento al pagamento dei creditori.

Così facendo, in ottica concorsualista, si neutralizza l'eventualità che taluni creditori possano avvantaggiarsi a danno di altri[38].

In ottica comparatistica deve essere sottolineato che la disciplina del Codice della Crisi è, sul punto, una effettiva novità. In adeguamento ai principi della legge delega, infatti, il regime di attivazione delle misure protettive è modellato su quello delle procedure "maggiori" di regolazione concordata della crisi e si prevede, quindi, che esse vengano attivate solo su istanza del debitore. Vale, inoltre, anche per il concordato minore la regola di cui all'art. 8, per cui la durata massima delle misure protettive non può eccedere il tempo, anche non continuativo, di un anno, compresi rinnovi e proroghe.

Ancora, tra gli effetti del decreto di ammissione si annoverano l'inefficacia degli atti di straordinaria amministrazione compiuti senza l'autorizzazione del giudice, rispetto ai creditori anteriori al momento in cui è stata eseguita la pubblicità del decreto (art. 10, comma 3-*bis*, disposizione recepita dall'art. 78, comma 5, CCII), nonché la sospensione delle prescrizioni e l'interruzione delle decadenze (art. 10, comma 4).

A decorrere dalla data di pubblicazione del decreto e sino all'omologazione dell'accordo, gli atti di ordinaria amministrazione sono compiuti auto-

---

[37] L'origine storica dell'*automatic stay* risale al *Bankruptcy Act* del 1800 dell'ordinamento statunitense, all'interno del quale venne poi definitivamente consacrata con il *Bankruptcy Act* del 1898. Tra i numerosi interventi sull'istituto dell'*automatic stay*, si segnalano A. RESTREPO, *A Pro-debtor and Majority Approach to the 'Automatic Stay' Provision of the Bankruptcy Code – In re Cowen Incorrectly Decided*, in *59 Boston College School Review*, n. 537, 2018; J. FRIEDLAND, *Chapter 11 – '101': An Overview of the Automatic Stay*, in *16 American Bankruptcy Institute Journal*, 2004; J. RIEDLAND, *Chapter 11 – '101': An Overview of the Automatic Stay*, in *16 American Bankruptcy Institute Journal*, 2004.

[38] Sulla necessarietà di tutela della *par condicio creditorum*, v. *supra*, § 2, p. 5.

nomamente dal debitore; gli atti di straordinaria amministrazione, invece, soggiacciono al vaglio autorizzativo del giudice, il cui mancato intervento inficia l'opponibilità degli stessi ai creditori anteriori.

Questa previsione esclude dunque che, con il decreto di fissazione di udienza, vi sia uno spossessamento automatico del debitore dai suoi beni.

Da ultimo, il novellato art. 7 legge n. 3/2012 prevede al comma 2-*ter* la produzione di effetti dell'accordo di composizione della crisi nei confronti dei soci illimitatamente responsabili [39].

Il legislatore ha, dunque, prescritto che la presentazione di una domanda di accesso alla procedura da parte di una società esplichi i propri effetti e vincoli, sostanzialmente, anche i soci illimitatamente responsabili della stessa, a prescindere da una loro domanda in tal senso.

Va da sé che continuano a rimanere esclusi dalla procedura in esame i debiti personali del socio, essendo estranei alla gestione societaria, in ordine ai quali lo stesso continuerà a rispondere ai sensi dell'art. 2740 c.c.

La raccolta delle adesioni

5. L'espressione del consenso

Come anticipato, la proposta presentata dal debitore, unitamente al decreto di ammissione, deve essere comunicata dall'organismo di composizione della crisi ai creditori.

Si apre quindi la **terza fase** del procedimento dedicata alla raccolta delle adesioni da parte dei creditori.

Questa fase, di fatto, costituisce la principale differenza che diversifica la procedura in parola dal piano del consumatore, ove non è prevista alcuna approvazione da parte dei creditori [40].

A mente dell'art. 11, comma 1, i creditori devono quindi esprimersi sulla

---

[39] Parimenti, l'art. 14-*ter*, comma 7-*bis*, legge n. 3/2012 afferma che "*il decreto di apertura della liquidazione della società produce i suoi effetti anche nei confronti dei soci illimitatamente responsabili*". La disposizione è stata recepita nel CCII al comma 4 dell'art. 79, con l'aggiunta dell'inciso "salvo patto contrario".

[40] Nel piano del consumatore la comunicazione della proposta ai creditori non è infatti funzionale al voto ed ha la principale funzione di mettere i creditori nella condizione di poter contestare la convenienza del piano rispetto all'ipotesi alternativa di liquidazione del patrimonio.

proposta: entro ***dieci giorni*** prima dell'udienza di omologazione [41], essi devono far pervenire all'organismo di composizione della crisi la dichiarazione sottoscritta del proprio consenso (o dissenso) alla proposta, a mezzo telegramma, lettera raccomandata con avviso di ricevimento, telefax o posta elettronica certificata [42].

A differenza di quanto avviene nel concordato preventivo, ove l'astensione dal voto equivale ad un dissenso, la mancata espressione di voto nei termini di legge, nel caso dell'accordo di composizione della crisi, è **qualificata** quale assenso alla proposta (c.d. *silenzio-assenso*) [43].

Questione connessa all'espressione del consenso è quella che concerne la facoltà del debitore di modificare la proposta di accordo.

L'art. 11, rubricato "*Raggiungimento dell'accordo*", prevede, infatti, che i creditori debbano far pervenire il proprio consenso alla proposta "*come eventualmente modificata*".

Pur implicitamente riconoscendo, dunque, la facoltà del soggetto sovraindebitato di modificare la proposta in atti, la legge omette di indicare un termine entro il quale il debitore possa esercitare tale facoltà. È preferibile ritenere che il debitore abbia facoltà di apportare modifiche alla proposta prima che i creditori si siano espressi sulla medesima [44].

È bene altresì evidenziare come, per espressa previsione di legge (art. 13, comma 4-*ter*) sia possibile, nel corso dell'esecuzione, modificare, con l'ausilio dell'Organismo di Composizione della Crisi, la proposta qualora l'esecuzione della stessa divenga impossibile per ragioni non imputabili al debitore (v. *infra*, § 12) [45].

Ai fini dell'approvazione e della successiva omologazione di cui all'art. 12 è necessario che il consenso all'accordo sia prestato da almeno il 60% dei crediti ammessi al voto [46].

---

[41] Il termine è da ritenersi perentorio; Trib. S.M. Capua Vetere 17 gennaio 2017; G. MINUTOLI, *Composizione delle crisi da sovraindebitamento*, III ed., Milano, 2019, p. 78.

[42] Nel Codice della Crisi è venuto meno ogni riferimento ad una udienza per la verifica dei consensi: il voto deve essere espresso dai creditori entro trenta giorni dalla ricezione della proposta mediante comunicazione inviata all'OCC.

[43] Rimasta immutata nel CCII.

[44] Si veda Trib. Mantova 25 maggio 2020, in *www.ilcaso.it*, che si è pronunciato successivamente al voto negativo da parte dei creditori.

[45] Si veda Trib. Mantova 9 novembre 2021, in *www.ilcaso.it*, che ha affermato che "*quando l'esecuzione dell'accordo di ristrutturazione diviene impossibile per ragioni non imputabili al debitore, questi non può procedere alla modifica unilaterale della proposta, ma può percorrere un nuovo iter di composizione della crisi per rinegoziare con i creditori un nuovo accordo*".

[46] Il Codice della Crisi ha modificato la percentuale necessaria per l'approvazione della

Sul punto, si rammenta che:

- non sono ammessi al voto i creditori ipotecari, pignoratizi e privilegiati per i quali la proposta prevede l'integrale soddisfacimento, salvo che rinuncino in tutto o in parte al diritto di prelazione;
- non sono ammessi al voto, altresì, il coniuge del debitore (cui il Codice della Crisi ha equiparato la parte dell'unione civile e il convivente di fatto), i parenti e affini fino al quarto grado e i cessionari o aggiudicatari dei loro crediti da meno di un anno prima della proposta [47].

La legge non disciplina espressamente cosa accada una volta accertato il mancato raggiungimento della percentuale prevista. È certamente opportuno che l'OCC comunichi al giudice il mancato raggiungimento delle maggioranze di legge ai fini degli opportuni provvedimenti in funzione dell'attivazione (o riattivazione) delle procedure esecutive individuali oppure, per il debitore, di domandare l'accesso all'*extrema ratio* della liquidazione del patrimonio [48], che può essere richiesta il via subordinata rispetto all'accordo [49].

Nel Codice della Crisi non si rinviene alcuna specifica disposizione che regoli la fase procedimentale che intercorre fra la scadenza del termine assegnato ai creditori per esprimere la propria adesione e la successiva decisione del Giudice. Nel silenzio della legge si potrebbe ritenere applicabile l'art. 110 CCII, che riserva al commissario (e quindi all'OCC nel concordato minore) il compito di redigere apposita relazione in cui sono inseriti i voti favorevoli e contrari dei creditori con indicazione nominativa dei votanti e dei

---

proposta, prevedendo per la stessa il voto positivo dei creditori che rappresentano la maggioranza dei crediti ammessi al voto. Se un solo creditore sia titolare di crediti in misura superiore alla maggioranza dei crediti ammessi al voto, oltre alla maggioranza dei crediti è richiesta anche la maggioranza dei creditori calcolata per teste.

[47] Il CCII ha introdotto due ulteriori categorie di creditori esclusi dal voto: (i) la società che controlla la società debitrice, le società da questa controllate e quelle sottoposte a comune controllo; (ii) i creditori in conflitto di interessi.

[48] Nel silenzio della legge, il foro milanese, chiamato a pronunciarsi in merito al mancato raggiungimento delle maggioranze di legge, ha espressamente evidenziato l'assenza nella disciplina del sovraindebitamento di una norma analoga all'art. 179 l.fall. precisando che "*essendo il ricorso per omologa depositato, necessariamente prima della sottoposizione dell'accordo ai creditori, non possa dichiararsi* tout court *l'improcedibilità ma debba rigettarsi il ricorso medesimo*" (cfr. Trib. Massa 20 febbraio 2015, in *Fall.*, n. 11, 2015, p. 1222 ss.). In questo senso si è espresso Trib. Milano, Dott.ssa Guendalina Pascale, 31 gennaio 2018.

[49] Si veda Trib. Milano 12 giugno 2021, in *www.ilcaso.it*, che ha ritenuto che nel caso in cui l'accordo di composizione della crisi da sovraindebitamento sia convertito in liquidazione del patrimonio *ex* art. 14-*quater*, legge n. 3/2012, sia applicabile il principio della consecuzione tra procedure già previsto dall'art. 69-*bis*, comma 2, l.fall. per il fallimento e il concordato preventivo.

rispettivi crediti, da depositarsi in cancelleria il giorno successivo alla chiusura delle operazioni di voto. Qualora dalla relazione emerga il non raggiungimento nelle maggioranze, il giudice, con decreto dovrà dichiarare l'improcedibilità del ricorso, l'inefficacia delle misure protettive e, su eventuale istanza del debitore, l'apertura della liquidazione controllata [50].

6. Il raggiungimento dell'accordo e le eventuali contestazioni

Una volta raggiunto l'accordo con la maggioranza stabilita, l'Organismo di Composizione della Crisi trasmette a tutti i creditori, ai sensi dell'art. 12, comma 1, una relazione sui consensi espressi e sul raggiungimento della percentuale richiesta *ex lege*. Dalla sua trasmissione decorrono dieci giorni di tempo entro i quali i creditori possono sollevare le eventuali ***contestazioni***.

Sul punto occorrono alcune precisazioni, a fronte delle evidenti lacune normative.

Sotto il profilo *oggettivo*, data la genericità della disposizione ("*i creditori possono sollevare le eventuali contestazioni*"), si presume che le contestazioni possano investire qualsiasi profilo dell'accordo, da quello procedimentale sino a quello sostanziale: si pensi al caso del mancato inserimento del credito contestato nel passivo della procedura, la legittimazione al voto, la quantificazione dei crediti, sino anche all'asserimento della non fattibilità del piano [51], nonché anche la più generale contestazione della convenienza dell'accordo rispetto alla procedura liquidatoria (unica fattispecie tipizzata, ai sensi dell'art. 12, comma 2, secondo periodo).

Dal punto di vista *soggettivo*, invece, si deve ritenere che le contestazioni possano essere sollevate da **qualunque** creditore, nonché qualsiasi altro interessato.

Nel dettaglio, il tenore letterale dell'art. 12, comma 1, legittima *tutti* i creditori – senza distinzione alcuna tra dissenzienti e aderenti alla proposta – a contestare il piano. Con riguardo, invece, al generico riferimento a qualunque interessato, non si comprende sino in fondo quali categorie di soggetti il legislatore abbia inteso tutelare, poiché i terzi non creditori non rivestono posizioni soggettive in grado di interagire con il procedimento.

---

[50] C. Trentini, *Le procedure da sovraindebitamento, Legge 3/2012 e Codice della crisi d'impresa*, Giuffrè, 2021, p. 338.

[51] Così A. Maffei Alberti, *Commentario breve alla legge fallimentare*, 2013, p. 2044; A. Nigro-D. Vattermoli, *Diritto della crisi delle imprese*, 2014, p. 563.

Dal punto di vista procedurale, decorso il suddetto termine di dieci giorni, l'organismo di composizione della crisi redige la relazione sulle eventuali contestazioni ricevute nonché un'attestazione **definitiva** sulla fattibilità del piano.

La relazione viene, quindi, trasmessa al giudice il quale provvederà sulla stessa – all'interno di una complessiva verifica dell'accordo – per poi omologare l'accordo in presenza dei requisiti di legge.

L'omologazione dell'accordo

7. Il procedimento di omologazione dell'accordo

Come già brevemente anticipato nel paragrafo che precede, raggiunto il consenso dei creditori rappresentanti il 60% dei crediti ammessi al voto [52], l'organismo di composizione della crisi trasmette a tutti i creditori ed al giudice la relazione sui consensi espressi e sul raggiungimento del *quorum*, nonché un'attestazione definitiva sulla fattibilità del piano.

Si apre, quindi, la fase dell'omologazione.

In primo luogo, è bene evidenziare che tale segmento del procedimento è anche la sede dell'eventuale **revoca del decreto di apertura del procedimento**.

La disposizione di cui all'art. 10, comma 3 – inadeguatamente collocata nell'ambito della fase di apertura del procedimento, anziché nella più corretta fase di omologazione – sancisce che il giudice, ancor prima di entrare nel merito dell'omologazione, debba verificare se siano stati posti in essere dal debitore atti di frode [53]. Se la verifica ha esito positivo, il giudice ***revoca*** il decreto di ammissione al procedimento, ordinando altresì la cancellazione

---

[52] Si veda Trib. Bologna 29 aprile 2022, in *www.ilcaso.it*, che ha disposto che "*ai sensi e per gli effetti dell'art. 11 L. 3/2012, va riconosciuta all'Agenzia delle Entrate – Riscossione la legittimazione al voto esclusivamente per le somme dovute a titolo di aggio e spese di riscossione, mentre spetta unicamente ai corrispondenti Enti impositori la legittimazione al voto per i crediti iscritti a ruolo. Il voto eventualmente espresso dall'Agenzia delle Entrate – Riscossione per i crediti di competenza degli Enti impositori non è pertanto validamente prestato, poiché non proviene dal soggetto titolare del relativo diritto di credito*". In questo senso si è espresso anche Trib. Mantova 11 aprile 2022.

[53] Sul punto, si veda G. BENVENUTO, *Gli atti in frode e l'inutilità della meritevolezza*, in *Ilfallimentarista.it*, 2019.

della trascrizione del decreto stesso, nonché la cancellazione di ogni altra pubblicità disposta.

Ai fini della verifica della sussistenza di atti in frode è prevista la fissazione di una apposita udienza: questa, infatti, non è finalizzata alla verifica dei voti già espressi e conteggiati dall'OCC, né alla discussione sulla proposta, bensì solo alla verifica circa l'esistenza di iniziative o atti in frode.

Non può mancarsi di ricordare, sul punto, come la riforma introdotta dal decreto ristori, nell'anticipare alcune disposizioni del Codice della Crisi, abbia proceduto alla novellazione anche dell'art. 7, comma 2, ove si individuano profili di inammissibilità di queste procedure. In particolare, ha previsto che la proposta non sia ammissibile – con riferimento all'accordo – quando risulta che il debitore "*abbia commesso atti diretti a frodare le ragioni dei creditori*" [54].

Quindi, la riforma, con la integrazione dell'art. 7, ha palesato come l'assenza di atti in frode sia una condizione di ammissibilità della domanda ancor prima che un ostacolo alla sua omologazione [55].

Qualora dovesse essere preclusa la strada per l'omologazione, ci si interroga sulla possibilità in capo al debitore di richiedere la conversione nella procedura di liquidazione del patrimonio [56], che appare possibile ove richiesta in via subordinata.

Se, invece, non è riscontrato alcun atto di frode ai creditori ed è stato positivamente verificato il rispetto delle norme, *il giudice dovrà senz'altro omologare l'accordo*, disponendone l'immediata pubblicazione secondo le regole già descritte in sede di ammissione alla procedura.

All'interno del procedimento di omologazione assume un rilievo centrale

---

[54] A. FAROLFI, *La frode nel sovraindebitamento dopo la Legge n. 176/2020*, in *Diritto della crisi*, 17 giugno 2021.

[55] Nel Codice della Crisi non è prevista invece alcuna udienza, né per la verifica degli atti in frode, né per l'adunanza dei creditori, con ciò confermando che, attualmente, la presenza di "atti diretti a frodare le ragioni dei creditori" costituisce motivo di inammissibilità *ab origine* della domanda di concordato minore.

[56] L'art. 14-*quater*, infatti, sancisce che il debitore possa richiedere la conversione della procedura di composizione della crisi in quella di liquidazione del patrimonio nell'ipotesi di annullamento dell'accordo *nonché in quella di cessazione degli effetti* ex *art. 11, comma 5*. Il noto principio secondo cui *ubi lex voluit dixit, ubi noluit tacuit*, pone il dubbio se la lacuna legislativa sia stata, o meno intenzionale: attesa l'evidente analogia tra l'art. 11, comma 5 ("*L'accordo è altresì revocato se risultano compiuti durante la procedura atti diretti a frodare le ragioni dei creditori*") e l'art. 10, comma 3 ora in esame ("*All'udienza il giudice, accertata la presenza di iniziative o atti in frode ai creditori, dispone la revoca del decreto* [di ammissione alla procedura]"), il mancato espresso richiamo del legislatore, nell'art. 14-*quater*, anche alla fattispecie di cui all'art. 10, comma 3, fa interrogare gli interpreti sulla possibilità di richiesta di conversione della procedura anche nel caso in cui sia disposta la revoca dell'accordo ai sensi dell'art. 10, comma 3.

il momento della verifica della fattibilità del piano e della sua idoneità ad assicurare i pagamenti previsti dalla legge.

Seppure la normativa non si esprima specificamente in tal senso, secondo alcuni interpreti il giudice potrebbe sia vagliare la correttezza e adeguatezza dell'attestazione definitiva da parte dell'Organismo di Composizione della Crisi, sia disporre accertamenti e richiedere chiarimenti d'ufficio [57].

L'ampio spettro dei poteri del giudice in questa fase della procedura si completa con la valutazione della **convenienza** dell'accordo per i creditori [58]: ai sensi dell'art. 12, comma 2, legge n. 3/2012, infatti, in presenza di contestazioni da parte di un creditore dissenziente o escluso, il giudice potrà comunque omologare l'accordo se ritiene che il credito (di colui che contesta la convenienza) *possa ugualmente essere soddisfatto dall'esecuzione dell'accordo in misura non inferiore all'alternativa liquidatoria* [59].

Il Tribunale omologa, altresì, l'accordo di composizione della crisi anche in mancanza di adesione da parte dell'amministrazione finanziaria quando la stessa è determinante ai fini del raggiungimento della percentuale di cui all'articolo 11, comma 2, e quando, anche sulla base delle risultanze della specifica relazione dell'OCC, la proposta di soddisfacimento della predetta amministrazione è conveniente rispetto all'alternativa liquidatoria [60].

---

[57] Sugli ampi limiti entro cui può operare il controllo giudiziale si sono espressi, tra gli altri, L. PANZANI, *La nuova disciplina del sovraindebitamento*, cit., p. 13; G. LO CASCIO, *La composizione delle crisi*, cit., p. 1026; A. CARRATTA, *La semplificazione dei riti e le nuove modifiche del processo civile*, 2012, p. 179 ss.; F. LAMANNA, *Composizione delle crisi da sovraindebitamento: poteri e funzioni del tribunale*, in *Atti del Convegno itinerante sul sovraindebitamento*, Milano, 10 dicembre 2012, p. 4. Un'interessante motivazione è fornita da R. DONZELLI, *Prime riflessioni sui profili processuali delle nuove procedure concorsuali in materia di sovraindebitamento*, in *Dir. fall. e soc. comm.*, n. 5, 2013, p. 621, secondo cui "*L'idoneità del piano ad assicurare il pagamento integrale dei crediti impignorabili e dei crediti fiscali previsti dall'art. 7, rinvia, infatti, ad un sindacato di fattibilità sia giuridico che pratico-economico, sicché è opportuno chiedersi come si possa procedere a tale valutazione in stretto ed esclusivo riferimento alle due menzionate classi di crediti*".

[58] Si rammenta quanto indicato *supra*, § 6, p. 20.

[59] È questo il c.d. giudizio di *cram down*, di origine statunitense, il quale svolge la precipua funzione di favorire la *confirmation* (che corrisponde alla nostra omologazione) e, dunque, l'esito positivo della procedura. Per l'influenza del *Bankruptcy Code* e, in particolare, del *Chapter 11* sul nostro impianto fallimentarista, v. A. JORIO, *Introduzione generale alla disciplina della crisi d'impresa*, in A. JORIO-B. SASSANI (a cura di), *Trattato delle procedure concorsuali*, I, 2014, p. 42, e L. PANZANI, *Crisi d'impresa e ristrutturazione: protagonisti, costi e scenari europei*, in *Nuovo dir. soc.*, 2015, p. 10.

[60] Con provvedimento del 29 giugno 2022, in *www.ilcaso.it*, il Trib. Bari, in un procedimento di omologa di concordato preventivo in continuità di una s.r.l., nonostante il voto contrario dell'Agenzia delle Entrate e benché la proposta non avesse raggiunto né la maggioranza

Il procedimento di omologazione si conclude con un provvedimento con cui il Tribunale si pronuncia sull'accordo, accogliendo o rigettando la richiesta di omologazione.

Il giudice dovrebbe provvedere nel termine di sei mesi dalla presentazione della proposta; tale termine, tuttavia, è da ritenersi ordinatorio [61].

Il provvedimento, reclamabile al Tribunale in composizione collegiale [62] deve essere comunicato e pubblicato nelle stesse forme previste per la comunicazione e pubblicazione del decreto di ammissione al procedimento.

8. (*Segue*). Gli effetti dell'omologazione

In considerazione dei riflessi che le procedure di sovraindebitamento hanno sugli interessi economici e personali del debitore civile, il tema degli effetti dell'accordo omologato risulta essere di estrema rilevanza.

Prima della novella del d.l. n. 179/2012, analogamente a quanto accade ancora oggi negli accordi di ristrutturazione dei debiti, l'omologazione dell'accordo era vincolante per i soli creditori aderenti, sopravvivendo quindi l'obbligo del soddisfacimento integrale per quelli non aderenti.

La nuova formulazione dell'art. 12, comma 3, invece, ha sancito una profonda modifica della struttura stessa dell'accordo di composizione della crisi: oggi, infatti, il principale effetto dell'omologazione è proprio quello di rendere efficace e vincolante l'accordo per **tutti** i creditori **anteriori** alla pubblicità del decreto di ammissione alla procedura (art. 10, comma 2) indifferentemente se assenzienti o dissenzienti [63]. Essi subiscono la decisione della maggioranza e

---

delle classi né del voto complessivo dei creditori, ha applicato su richiesta della parte e previo parere dei commissari giudiziali il meccanismo del *cram down* omologando il concordato (art. 180, comma 4, l.fall.). In questo senso anche Trib. Bologna 17 maggio 2022; Trib. Palermo 2 novembre 2021; Trib. Napoli 21 giugno 2021; Trib. La Spezia 14 gennaio 2021. Sul *cram down* in caso di voto contrario dell'Ente Previdenziale Trib. Spoleto 10 maggio 2022; Trib. Forlì 4 aprile 2022; Trib. Forlì 4 ottobre 2021; Trib. Pistoia 8 luglio 2021.

[61] Così G. Lo Cascio, *L'ennesima modifica alla legge sulla composizione della crisi da sovraindebitamento*, in *Il fallimento e le altre procedure concorsuali*, n. 7, 2013, p. 819, secondo il quale, in assenza di conseguenze sanzionatorie in caso di inosservanza del termine, si riterrebbe che la procedura non possa arrestarsi senza avere esaurito le operazioni preliminari richieste.

[62] Il giudice che si è pronunciato sull'omologazione non può far parte del collegio.

[63] È evidente il parallelismo con l'art. 184 l.fall., in tema di concordato preventivo, a mente del quale "*il concordato omologato è obbligatorio per tutti i creditori anteriori alla pubblicazione nel registro delle imprese del ricorso di cui all'articolo 161* [...]". Non è un caso, peraltro, che nel nuovo Codice della Crisi d'Impresa e dell'Insolvenza, l'accordo di composizione della crisi ha preso il nome di "*Concordato minore*".

l'eventuale falcidia concordataria, vedendo inesigibile la parte eccedente del proprio credito il cui soddisfacimento non è contemplato nel piano [64].

Tale circostanza, a ben vedere, avvalora la tesi della natura concorsuale dell'accordo di composizione della crisi.

Per i creditori **posteriori**, ossia per causa o titolo insorto successivamente alla pubblicità di cui sopra, l'effetto di cui all'art. 12, comma 3, legge n. 3/2012 è invece quello di *inibire* le azioni esecutive sui beni oggetto del piano [65]. Non essendo precisata l'estensione temporale dell'inibizione, è pacifico ritenere che essa sia destinata a permanere sino alla completa esecuzione del piano stesso.

Ulteriore conseguenza dell'omologazione, infine, è quella di cui all'art. 13, ultimo comma, a mente del quale sono **inefficaci** i pagamenti e gli atti dispositivi dei beni posti in essere in violazione dell'accordo [66].

L'art. 11, comma 3, legge n. 3/2012 prevede poi che restino impregiudicati i diritti dei creditori nei confronti dei coobbligati, fideiussori e obbligati in via di regresso del debitore, mentre il successivo comma 4 sancisce che l'accordo non determina la novazione delle obbligazioni (salvo che sia diversamente stabilito) [67]. Entrambe le disposizioni, disciplinate nella rubrica "Raggiungimento dell'accordo" [68], rispondono alla comune esigenza di *favorire la raccolta dei consensi* da parte dei creditori [69].

[64] La parte di credito eccedente, falcidiata dall'omologazione dell'accordo, diventa inesigibile, pur tuttavia senza estinguersi. Ciò legittima il creditore ad escutere gli eventuali coobbligati, fideiussori e obbligati in via di regresso del debitore, e, in ogni caso, il debitore stesso successivamente alla chiusura dell'accordo, fatto salvo che nei suoi confronti sia pronunciata esdebitazione.

[65] C'è chi ritiene, in particolare, che per "*beni oggetto del piano*", debbano rientrare anche quelli eventualmente *conferiti* dai terzi ai sensi dell'art. 8, comma 2, legge n. 3/2012. La previsione in esame consente di ritenere che, ragionando *a contrario*, i creditori posteriori possano invece aggredire i beni *non oggetto del piano*, giacché, appunto, non espressamente esclusi dagli effetti inibitori dell'art. 12, comma 3.

[66] In tale ipotesi sono previste sanzioni penali a carico del debitore, ai sensi dell'art. 16, comma 1, lett. d).

[67] In particolare, a seconda della novatività o meno, si parlerà di accordo c.d. **semplice** o **novativo**. In particolare: nel primo caso, la fonte delle obbligazioni del debitore nel corso della fase esecutiva sarà individuata nel titolo originario *esterno* alla procedura; nel secondo caso, la fonte sarà costituita dall'accordo stesso. Sul punto, v. M. SERRA, *Gli effetti e l'esecuzione*, in A. PISANI MASSAMORMILE, *La crisi del soggetto non fallibile*, 2016, p. 74.

[68] Più propriamente, tali disposizioni avrebbero dovuto trovare spazio nell'esaminando art. 12, legge n. 3/2012, quali conseguenze dell'omologazione dell'accordo.

[69] La sopravvivenza delle pretese in capo ai coobbligati, fideiussori e obbligati in via di regresso è comunque ispirata, anche, al principio di sopravvivenza delle garanzie in sede concorsuale. V. *ibidem*.

9. L'esecuzione dell'accordo omologato

L'esecuzione dell'accordo (nonché del piano del consumatore) trova la propria disciplina in un solo articolo della legge n. 3/2012, il quale, tuttavia, non fornisce alcuna indicazione in merito alle modalità concrete con le quali l'accordo stesso debba essere portato a compimento.

L'esaminando art. 13, anzitutto, non identifica espressamente il soggetto deputato ad eseguire materialmente l'accordo di composizione della crisi.

È soltanto attraverso una lettura complessiva di tutta la legge che si può trovare una risposta al quesito.

Dall'esame della normativa, infatti, si rileva come l'esecutore possa essere sia lo stesso debitore (art. 7), sia un gestore (art. 7), sia un liquidatore (art. 13) sia lo stesso OCC (qualora venga nominato liquidatore).

In particolare, l'art. 7, comma 1, legge n. 3/2012 stabilisce che "*il piano può anche prevedere l'affidamento del patrimonio del debitore ad un gestore per la liquidazione, la custodia e la distribuzione del ricavato ai creditori, da individuarsi in un professionista in possesso dei requisiti di cui all'articolo 28 del regio decreto 16 marzo 1942, n. 267*".

L'art. 13, comma 1, invece, prevede che "*se per la soddisfazione dei crediti sono utilizzati beni sottoposti a pignoramento ovvero se previsto dall'accordo o dal piano del consumatore, il giudice, su proposta dell'organismo di composizione della crisi, nomina un liquidatore che dispone in via esclusiva degli stessi e delle somme incassate. Si applica l'articolo 28 del regio decreto 16 marzo 1942, n. 267*".

Oltre a ciò, si può notare come la funzione dell'OCC nella fase esecutiva sia decisamente meno pregnante rispetto a quella antecedente all'omologazione.

Tra le funzioni attribuite all'OCC, dalla lettura dell'art. 13 si rinvengono:

- la facoltà di proporre al giudice la nomina di un liquidatore nel caso in cui, per la soddisfazione dei crediti, sia prevista la liquidazione di beni staggiti, oppure se ciò sia genericamente previsto nell'accordo [70];
- la risoluzione delle eventuali difficoltà insorte nell'esecuzione dell'accordo, vigilando sull'esatto adempimento dello stesso, nonché comunicando ai creditori ogni eventuale irregolarità.

È, in ogni caso, opportuno che il piano specifichi se il debitore stesso, un gestore o l'OCC siano incaricati della sua esecuzione.

---

[70] Con riguardo alla figura del liquidatore, i principali Tribunali di merito si sono divisi tra quelli che hanno riconosciuto la possibilità di una coincidenza della figura del liquidatore con quella dell'OCC e quelli che hanno ritenuto necessario mantenere distinte le due figure.

Si anticipa sin d'ora come il legislatore della riforma, facendo tesoro delle difficoltà emerse nella prassi con riguardo all'individuazione specifica dei singoli ruoli nella fase esecutiva, abbia ritenuto opportuno potenziare la figura dell'OCC, la quale assumerà un ruolo assolutamente centrale nella fase esecutiva sia dell'attuale accordo di composizione della crisi che dell'attuale piano del consumatore [*infra*, Capitolo V].

Per quanto riguarda, infine, la figura del giudice nella fase esecutiva, si rileva che il medesimo:

- nomina, ed eventualmente sostituisce per giustificati motivi, il liquidatore proposto dall'organismo;
- decide sulle contestazioni che abbiano ad oggetto la violazione di diritti soggettivi;
- sospende, in qualunque momento e con decreto motivato, gli atti di esecuzione dell'accordo qualora ricorrano gravi e giustificati motivi;
- sentito il liquidatore e verificata la conformità dell'atto dispositivo all'accordo e al piano, anche con riferimento alla possibilità di pagamento dei crediti impignorabili, autorizza lo svincolo delle somme ed ordina la cancellazione della trascrizione del pignoramento, delle iscrizioni relative ai diritti di prelazione, nonché di ogni altro vincolo, compresa la trascrizione del decreto di cui agli artt. 10, comma 1 e art. 12-*bis*, comma 3 e la cessazione di ogni altra forma di pubblicità.

Come già evidenziato, potrebbe accadere che venga nominato un liquidatore per l'esecuzione del piano o della proposta.

Nel dettaglio, la lettera della legge indica due presupposti (alternativi) per la nomina del liquidatore nella fase esecutiva del piano o dell'accordo e precisamente:

- utilizzo, per la soddisfazione dei creditori, di beni sottoposti a pignoramento;
- espressa previsione nell'accordo.

La legge prevede, altresì, che il giudice nomini il liquidatore su proposta dell'OCC.

Non è ben chiaro che valore abbia questa proposta; pare corretto affermare, tuttavia, che questa non sia vincolante ma semplicemente orientativa.

10. I profili patologici dell'accordo di composizione della crisi

Meritano il dovuto approfondimento, infine, gli aspetti *patologici* della disciplina dell'accordo di composizione della crisi [cfr. anche Capitolo V].

La normativa in esame, senza dubbio, presenta profili di asistematicità.

Se è vero, infatti, che l'art. 14, legge n. 3/2012, regola espressamente le ipotesi di impugnazione e risoluzione dell'accordo, è altrettanto vero che questo non esaurisce interamente la disciplina dell'inefficacia successiva all'omologa.

La materia della caducazione degli effetti dell'accordo, infatti, è variamente dislocata in altre parti della stessa legge n. 3/2012.

Ne consegue che per una disamina organica è necessaria una analisi combinata dell'art. 14 con le altre norme che, congiuntamente, consentono una ricostruzione sistematica della fattispecie in esame.

11. L'annullamento dell'accordo

L'art. 14, legge n. 3/2012 prevede che, riscontrata una *patologia* dell'accordo, gli unici rimedi esperibili dai creditori siano l'annullamento e la risoluzione.

L'azione di annullamento può essere esercitata da *ogni creditore* (che abbia un concreto interesse ad agire), e deve svolgersi in contraddittorio col debitore, dinanzi allo stesso Tribunale (in composizione monocratica) che ha omologato l'accordo; questo provvede nelle forme del procedimento camerale disciplinate dall'art. 737 ss. c.p.c.

La legge enumera tassativamente i casi per i quali può essere annullato l'accordo, ovverosia quando:

- sia stato dolosamente o con colpa grave aumentato o diminuito il passivo;
- sia stata sottratta o dissimulata una parte rilevante dell'attivo.

Il ricorso per l'annullamento, ai sensi del comma 1-*bis*, deve proporsi nel termine decadenziale di *sei mesi* dalla scoperta dell'atto di frode ai creditori, e, in ogni caso, non oltre due anni dalla scadenza del termine fissato per l'ultimo adempimento previsto.

12. La risoluzione dell'accordo

L'art. 14, comma 2, legge n. 3/2012 disciplina, invece, la risoluzione dell'accordo.

Anche in questo caso, la legge enumera tassativamente i casi in cui può essere risolto l'accordo, mediante apposita domanda da formulare al competente Tribunale, il quale tratterà il procedimento secondo le forme dell'art. 737 ss. c.p.c.

La risoluzione può essere chiesta:

- se il proponente non adempie agli obblighi derivanti dall'accordo;
- se le garanzie promesse non vengono costituite;
- se l'esecuzione dell'accordo diviene impossibile per ragioni non imputabili al debitore [71].

Analogamente alla disciplina dell'annullamento, anche in questo caso il ricorso per la risoluzione è proposto, a pena di decadenza, entro sei mesi dalla scoperta di uno dei predetti fatti e, in ogni caso, entro un anno dalla scadenza del termine fissato per l'ultimo adempimento previsto dall'accordo.

Contro il provvedimento che annulla o risolve l'accordo si può proporre reclamo al Tribunale in composizione collegiale, di cui non può far parte il giudice che ha pronunciato il provvedimento.

È bene evidenziare che, ai sensi dell'art. 14, comma 4, sia l'annullamento sia la risoluzione dell'accordo non pregiudicano i diritti acquistati dai terzi in buona fede. Restano dunque fermi gli eventuali atti di disposizione dei beni compiuti in esecuzione dell'accordo (salvo che si dimostri la mala fede del terzo acquirente).

Nulla, invece, è previsto con riferimento all'irripetibilità delle somme già riscosse da parte dei creditori, come invece prescrive l'art. 140, comma 3, l.fall., alla cui disciplina attinge quella qui in esame [72].

---

[71] È bene evidenziare che questa ipotesi di risoluzione dell'accordo è da leggere congiuntamente all'art. 13, comma 4-*ter*. A mente di quest'ultimo, infatti, in caso di impossibilità sopravvenute non imputabili al debitore, che impediscono l'esecuzione dell'accordo, il debitore stesso ha la facoltà di modificare la proposta, scongiurando non solo l'eventualità che i creditori ricorrano al Tribunale per la risoluzione dell'accordo, ma anche l'eventualità che, su istanza di uno dei creditori, il giudice converta la procedura di composizione in procedura di liquidazione, ai sensi dell'art. 14-*quater* (unica conseguenza, peraltro, nel caso di impossibilità sopravvenute all'esecuzione dell'accordo o del piano del consumatore per **cause imputabili** al debitore).

[72] Dalla mancata espressa previsione, anche nell'accordo, della disciplina di cui al citato articolo della legge fallimentare, si dovrebbe dedurre la caducazione retroattiva degli effetti dell'accordo (e del piano del consumatore): in questo senso, R. DONZELLI, *Prime riflessioni sui profili processuali delle nuove procedure concorsuali in materia di sovraindebitamento*, cit., p. 623; P. CELENTANO, *La caducazione degli effetti dell'accordo*, in *Il fallimento e le altre procedure concorsuali*, XXXIV, n. 9, 2012, p. 1097 ss.; F.S. FILOCAMO-P. VELLA, *L'annullamento e la risoluzione dell'accordo*, in M. FERRO (a cura di), *Sovraindebitamento e usura*, cit., p. 227 ss. A favore di un'interpretazione estensiva della norma, che attinga alla disciplina fallimentare considerando irripetibili le somme già riscosse dai creditori, v. L. PANZANI, *Composizione delle crisi da sovraindebitamento*, cit., p. 25; R. GIORDANO, *L'im-*

Come anticipato, al di fuori dell'art. 14, legge n. 3/2012, la normativa prevede talune ipotesi di risoluzione (*ex lege*) dell'accordo. Ciò, in particolare, avviene quando, ai sensi dell'art. 11, comma 5, il debitore non provvede al pagamento entro novanta giorni dalla scadenza del piano di quei crediti la cui soddisfazione risponde ad interessi pubblici (si veda il caso dei crediti delle pubbliche amministrazioni, degli enti gestori di forme di previdenza ed assistenza obbligatorie) o che, ai sensi dell'art. 12, comma 4, ricevono una particolare tutela in altri rami dell'ordinamento (si veda il caso dei crediti che l'art. 545 c.p.c. o altre disposizioni speciali sottraggono all'espropriazione forzata).

Un'altra particolare ipotesi di risoluzione *ex lege*, poi, è quella individuata dall'art. 12, comma 5, e consiste nel fallimento del debitore nel corso della procedura.

Nel contesto di un istituto destinato – e creato *ad hoc* – al debitore *non fallibile*, l'eventualità che vi sia dichiarazione di fallimento, più che per ipotesi (poco plausibili) di errori nell'accertamento del presupposto della *non fallibilità*, è da ricondurre, a titolo meramente esemplificativo, al caso del fallimento in estensione di cui all'art. 147 l.fall. ovvero dell'imprenditore commerciale c.d. *sottosoglia* che, nel corso della procedura, superi gli indici dimensionali di cui all'art. 1, comma 2, l.fall.

Il legislatore del 2012, per l'esigenza di evitare asimmetrie rispetto ad altri strumenti di composizione della crisi, ha altresì specificato una duplice conseguenza in caso di dichiarazione di fallimento del sovraindebitato. È stabilito, infatti, che gli atti, i pagamenti e le garanzie posti in essere in esecuzione del (risolto) accordo non siano soggetti ad azione revocatoria fallimentare e che sia comunque estesa la prededucibilità di cui all'art. 111 l.fall. ai crediti derivanti da finanziamenti effettuati in esecuzione o in funzione dell'accordo omologato.

13. La revoca dell'accordo

Le ipotesi patologiche previste dalla legge n. 3/2012 non si arrestano al solo art. 14, ma, come anticipato, si rinvengono altrove nella normativa.

Oltre ai casi di annullamento e risoluzione dell'accordo, che presuppongono l'avvenuta omologazione dello stesso, vi è un'altra ipotesi patologica che può ostacolare la procedura impedendo l'approdo alla predetta fase di omologazione, ovvero la **revoca dell'accordo**.

---

pugnazione e la risoluzione dell'accordo, in F. DI MARZIO-F. MACARIO-G. TERRANOVA (a cura di), *Composizione della crisi da sovraindebitamento*, cit., p. 64.

Ed infatti, l'art. 10, comma 3, prevede che, all'udienza di omologazione, il giudice debba disporre la *revoca* del decreto di ammissione laddove riscontri il compimento di atti in frode ai creditori[73]. Ed ancora, l'art. 11, comma 5 prescrive la revoca dell'accordo (non ancora omologato) per il compimento, durante la procedura, di generici atti in frode ai creditori.

14. La modifica del piano ex art. 9, d.l. n. 23/2020

Nel periodo dell'emergenza sanitaria dovuta alla diffusione del Covid 19, il legislatore ha prestato una scarsa attenzione agli istituti del sovraindebitamento, tanto nel d.l. n. 23/2020 quanto nella legge di conversione n. 40/2020. Al sovraindebitamento è stato fatto un solo accenno all'art. 9 del c.d. decreto liquidità ove, nel differire *ex lege* di sei mesi i termini di adempimento delle proposte già omologate, l'accordo di composizione della crisi e il piano del consumatore sono stati sottoposti alla stessa disciplina del concordato preventivo.

Se, dunque, le scadenze dei piani già omologati sono state differite *ex lege* di sei mesi, nulla è stato invece previsto per le procedure depositate ma non ancora aperte, quelle già ammesse e in attesa del voto oppure approvate e non ancora omologate.

Per ovviare a queste lacune, si è tratto spunto dalle norme entrate in vigore nel periodo pandemico per le ristrutturazioni dei debiti c.d. maggiori. Una lettura attenta delle disposizioni della legge n. 3/2012 e una lettura costituzionalmente orientata dell'art. 9, d.l. n. 23/2020 ha permesso, infatti, di superare il rischio che le procedure depositate e anche omologate prima del 23

---

[73] G. Benvenuto, *Gli atti in frode e l'inutilità della meritevolezza*, in *Ilfallimentarista.it*, 2019.

Sul punto, deve, altresì, citarsi il Trib. Salerno 20 novembre 2021 che ha disposto che, "*benché costituisca atto di frode ai creditori la stipula del contratto di affitto di azienda la cui esistenza sia stata taciuta ai creditori, l'eliminazione dal contratto della clausola che preveda il diritto di prelazione a favore dell'affittuario e la disponibilità del debitore a fornire i chiarimenti richiesti in ordine alla situazione del patrimonio personale e di quello che costituisce l'impresa individuale da lui esercitata, consentono di ritenere eliminato l'ostacolo alla omologazione dell'accordo*".

Ancora, il Tribunale di Parma, con provvedimento del 26 agosto 2021, ha disposto che "*deve escludersi la sussistenza di atti in frode ai creditori, legittimanti la revoca del decreto emesso ex art. 10 legge n. 3/2012, quando l'atto con finalità protettive (nella specie la costituzione di un fondo patrimoniale), stipulato svariati anni prima dall'accesso alla procedura di sovraindebitamento ed oggetto di azione revocatoria ex art. 2901 cod civ. da parte di un creditore, sia stato correttamente evidenziato dal debitore nel ricorso introduttivo così da consentire una completa informazione del ceto creditorio ed una corretta valutazione della proposta di accordo*".

febbraio 2020 venissero rigettate o risolte per ragioni estranee dalla sfera di dominio del debitore.

Per una maggiore chiarezza espositiva si differenziano di seguito tre ipotesi: *i*) casi in cui accordi e piani sono stati depositati ma non omologati prima della pandemia; *ii*) casi in cui accordi e piani sono stati depositati e ammessi prima della pandemia; *iii*) casi in cui accordi e piani sono stati omologati prima della pandemia.

a) Gli accordi e i piani depositati e non omologati prima della pandemia

Per gli accordi e i piani depositati prima della pandemia ma non omologati, è stata verificata la possibilità per il debitore possa modificare la proposta tra il deposito del ricorso e l'omologa della stessa, come previsto dall'art. 9 del decreto liquidità per il concordato non ancora approvato. Infatti, l'art. 9, comma 2, d.l. n. 23/2020, per il concordato non omologato ma non rigettato dai creditori, ha concesso al debitore la facoltà di richiedere un termine massimo di novanta giorni per il deposito di un nuovo piano, tenuto conto del contesto economico, eventualmente mutato, sul quale fondare la proposta.

Per il *concordato già approvato*, è sembrata inevitabile la fissazione di un'ulteriore fase per l'espressione di un consenso *ex novo* sulla nuova proposta. Invece, per la modifica riguardante solo i termini dell'adempimento, l'art. 9, comma 3, d.l. n. 23/2020 ha concesso la facoltà di depositare, sino all'udienza di omologa, una richiesta di differimento della durata del piano per un periodo di massimo sei mesi rispetto alla scadenza originaria. In questa seconda ipotesi, il Tribunale ha proceduto all'omologa della proposta unilateralmente differita, senza bisogno di ripetere le operazioni di voto.

Applicando al sovraindebitamento gli stessi principi dettati per il concordato, si è posta la necessità di riconoscere le medesime facoltà anche al debitore proponente l'accordo di composizione o il piano del consumatore, non omologato al 23 febbraio 2020. In questi casi, *per il piano già approvato*, è stata valutata la possibilità di riconoscere un termine massimo di sei mesi per il deposito di un nuovo accordo o di un nuovo piano, sentito l'OCC, pur senza il consenso dei creditori; *per il piano non ancora approvato*, sulla base delle norme del decreto liquidità applicate in via analogica, è stata ipotizzata la concessione di un termine per la sua modifica anche dopo il decreto di apertura.

A ben vedere, peraltro, la legge n. 3/2012 contiene delle disposizioni che hanno permesso di giungere ad una soluzione simile a quella prospettata poc'anzi. Infatti, l'art. 9, comma 3-*ter*, legge n. 3/2012 per le procedure non ancora aperte e l'art. 11, legge n. 3/2012 per le procedure aperte e in attesa di votazione prevedono la possibilità di modificare il piano in modo che possa recepire gli eventi esterni che ne abbiano alterato le originarie previsioni di fattibilità. In particolare, l'art. 9, comma 3-*ter*, si riferisce alla fase anteriore all'apertura: infatti, prevede che dopo il deposito della proposta di piano e di accordo, il giudice possa assegnare al ricorrente un termine perentorio non superiore a quindici giorni per apportare integrazioni alla proposta e produrre nuovi documenti. Il termine di quindici giorni viene definito espressamente perentorio, ma non viene comunque esclusa la possibilità di prorogarlo secondo gli ordinari principi della rimessione in termini stabiliti in via generale dall'art. 153 c.p.c., costituendo il *lockdown* evento estraneo alla sfera di dominio del ricorrente e come tale giustificativo del ritardo.

b) Gli accordi e i piani depositati e ammessi prima della pandemia

Per l'accordo o il piano già dichiarati ammissibili, la possibilità di modificare la proposta è stata prevista dall'art. 11, legge n. 3/2012, nel senso di effettuare la modifica prima della conclusione delle operazioni di voto.

In maniera analoga a quanto previsto dall'art. 9, comma 2 "decreto liquidità" per i concordati, al ricorrente è stata riconosciuta la possibilità di formulare istanza di modifica del piano, motivata da esigenze legate all'origine dalla pandemia, con riserva di chiederne eventualmente una successiva proroga.

c) Gli accordi e i piani omologati prima della pandemia

Per l'accordo o il piano già omologati, sono state individuate due soluzioni: *i*) i termini per l'adempimento degli accordi e dei piani omologati con scadenza dopo il 23 febbraio 2020, sono stati prorogati di diritto di sei mesi, applicando in diretta l'art. 9, comma 1 "decreto liquidità"; *ii*) per situazioni di impossibilità sopravvenuta della prestazione dovuta per l'adempimento del piano che necessiti di un termine superiore ai sei mesi di proroga già concessa *ex lege*, facendo leva sull'art. 13, comma 4-*ter*, legge n. 3/2012.

La legge n. 3/2012 infatti attribuisce al debitore la facoltà di modificare l'accordo o il piano del consumatore su impulso del debitore (e con l'ausilio dell'OCC), ove la loro esecuzione divenisse impossibile per ragioni non imputabili al debitore. Dopo l'omologa, infatti, il debitore può *i*) modificare il contenuto del piano o dell'accordo a norma dell'art. 13, comma 4-*ter*, legge n. 3/2012, o *ii*) mantenere il contenuto del piano o dell'accordo inalterati, prevedendo però una dilazione dei termini di adempimento di sei mesi a norma dell'art. 9, commi 2 e 3 "decreto liquidità".

Capitolo Quarto

IL PIANO DEL CONSUMATORE

di *Daniele Portinaro*

SOMMARIO: 1. Struttura del procedimento: differenze con l'accordo di composizione della crisi. – 2. L'assenza di voto e l'*automatic stay* eventuale e circoscritto. – 3. Il sindacato del Tribunale: l'esclusione dell'indebitamento colposo e il ricorso al credito. – 4. Il ricorso al credito sproporzionato e l'art. 124-*bis* TUB. – 5. Il provvedimento di ammissione. – 6. L'udienza di omologa e le opposizioni. – 7. L'omologazione.

1. Struttura del procedimento: differenze con l'accordo di composizione della crisi

Il piano del consumatore, come suggerisce il sostantivo che lo identifica, era un procedimento di composizione della crisi da sovraindebitamento che il legislatore – con il d.l. 18 ottobre 2012, n. 179, successivamente convertito nella legge 17 dicembre 2012, n. 221 – aveva deciso di introdurre ad esclusivo beneficio di coloro che possono essere qualificati come "consumatori" [1].

La ragione della sua introduzione nel corpo della legge 27 gennaio 2012, n. 3, e, più in generale, nell'ordinamento, si può individuare nell'intenzione di fornire ai soggetti che contraggono obbligazioni di carattere prettamente consumeristico uno strumento agile e snello, privo di una fase di approvazio-

[1] Per i primi commenti alla procedura di piano del consumatore si vedano A. GUIOTTO, *Nuove modifiche alla disciplina delle crisi da sovraindebitamento*, in *Fall.*, 2012, p. 1277 ss.; L. PANZANI, *La nuova disciplina da sovraindebitamento dopo il D.L. 18 ottobre 2012, n. 179*, in *Ilfallimentarista.it*, 2012; F. LAMANNA, *Composizione delle crisi da sovraindebitamento: poteri e funzioni del tribunale*, in *Ilfallimentarista.it*, 2012; E. FRASCAROLI SANTI, *Gli accordi di ristrutturazione dei debiti, un procedimento concorsuale da inserire nell'ambito di applicazione del regolamento (ce) n. 1346/2000: lo richiede la commissione europea*, in *Dir. fall.*, 2013, p. 348 ss.; R. TISCINI, *I procedimenti di composizione della crisi da sovraindebitamento e di liquidazione del patrimonio*, in *Riv. dir. proc.*, 2013, p. 649 ss.

ne da parte del ceto creditorio [2], per risolvere la complessiva situazione debitoria [3]. Dunque, solamente chi possedeva i requisiti descritti dall'art. 6, legge n. 3/2012 [4] era ammesso ai benefici del piano del consumatore [5].

La procedura attualmente oggetto di disamina era regolata dall'art. 12-*bis*, legge n. 3/2012.

Tale disposizione, a sua volta, faceva rinvio agli artt. 7, 8 e 9 del medesimo provvedimento legislativo, i quali disciplinavano, rispettivamente, i presupposti per l'accesso all'accordo di composizione della crisi e la fase del deposito della domanda, ivi compresa la regolamentazione della competenza territoriale.

Questo specifico rinvio conduceva ad affermare che, sotto il profilo contenutistico e della struttura dell'atto, la proposta di accordo e il piano fossero sostanzialmente analoghi [6].

Peraltro, alla luce dell'evidente parallelismo tra gli artt. 10 e 12-*bis*, legge n. 3/2012, anche sotto il profilo procedimentale il piano del consumatore e

---

[2] E. Pellecchia, *L'interesse del debitore alla ristrutturazione dei debiti*, in *Contr. e impr.*, 2015, p. 1132.

[3] Si veda A. Vigo Majello, *L'"accordo" del debitore ed il "piano del consumatore": nozioni presupposti e differenze*, in A. Pisani Massamormile (a cura di), *La crisi del soggetto non fallibile*, 2016, p. 22. Si veda anche G. Lo Cascio, *Composizione della crisi da sovraindebitamento*, in *Fall.*, 2013, p. 802, il quale si esprime sull'assenza di voto affermando che "*si tratta di un meccanismo sottratto ai principi dettati nelle altre procedure concorsuali nelle quali la partecipazione e l'approvazione dei creditori è fondamentale e rispecchia il nuovo orientamento inteso a limitare l'intervento giurisdizionale ed attribuire natura privatistica agli istituti che regolano la crisi e l'insolvenza delle imprese*"; A. Maffei Alberti, *Commentario breve alla legge fallimentare*, 2013, *sub* artt. 12-*bis*-12-*ter*, pp. 2049-2050; D. Manente, *Gli strumenti di regolazione delle crisi da sovraindebitamento dei debitori non fallibili introduzione alla disciplina della l. 27 gennaio 2012, n. 3, dopo il c.d.* "decreto crescita-*bis*", in *Dir. fall.*, 2013, p. 557.

[4] Sulla descrizione della qualifica di "consumatore", si rinvia al Capitolo I.

[5] Occorre evidenziare che, a differenza di quanto accadrà quando entrerà in vigore il Codice della Crisi d'Impresa e dell'Insolvenza, oggi il consumatore ha la facoltà di presentare, in alternativa al piano del consumatore, una proposta di accordo con i creditori o un'istanza di liquidazione dei beni.

[6] D. Manente, *Gli strumenti di regolazione delle crisi da sovraindebitamento dei debitori non fallibili*, cit., p. 557 ss. Sotto il profilo della durata del piano, peraltro, merita di essere segnalato un recente orientamento della Corte di Cassazione, secondo la quale, atteso che la legge nulla prescrive in ordine al termine massimo per il compimento dei pagamenti, non si può escludere aprioristicamente che gli interessi dei creditori – che dovrebbero essere tutelati dal predetto limite di durata – risultino soddisfatti meglio da un piano che abbia una durata significativa, anche superiore a sette anni, rispetto ad un piano che preveda la liquidazione dei beni del sovraindebitato. Cfr. Cass. Civ. 28 ottobre 2019, n. 27544.

l'accordo di composizione della crisi da sovraindebitamento presentavano diverse analogie [7].

In ambedue le procedure, infatti, a seguito del deposito della domanda, il giudice designato provvedeva a verificare la sussistenza dei presupposti di ammissibilità e, in un secondo momento, fissava con decreto l'udienza.

Inoltre, dopo la fase di interlocuzione con i creditori – in ambedue i procedimenti, l'udienza fissata con il decreto di apertura della procedura – e in assenza di contestazioni, il giudice provvedeva ad omologare il piano o l'accordo, dando inizio alla fase esecutiva.

È innegabile, tuttavia, che le differenze tra piano del consumatore e accordo di composizione della crisi fossero numerose.

L'elemento che certamente più di tutti diversificava le procedure è il voto da parte dei creditori [8]: mentre nell'accordo di composizione della crisi questi erano chiamati, ai sensi dell'art. 11, comma 1, legge n. 3/2012, ad esprimersi sulla proposta a loro formulata dal debitore sovraindebitato, nel piano del consumatore non era prevista alcuna approvazione del piano da parte del ceto creditorio.

Tale semplificazione, peraltro, aveva come contraltare la presenza di requisiti di ammissibilità ulteriori per l'accesso alla procedura [9]. Tra di essi, vi è la c.d. meritevolezza [10], che impediva al soggetto che si è colposamente indebitato in misura sproporzionata rispetto alle proprie capacità reddituali e patrimoniali di beneficiare delle "agevolazioni" del piano.

Inoltre, la disciplina della sospensione delle procedure esecutive da parte del giudice presentava alcune difformità rispetto a quella prevista dall'art. 10, comma 2, legge n. 3/2012, non essendo prevista alcuna automaticità nella sua applicazione.

---

[7] R. DONZELLI, *Prime riflessioni sui profili processuali delle nuove procedure concorsuali in materia di sovraindebitamento*, in *Dir. fall.*, 2013, p. 621. Nello stesso senso N. RONDINONE, *Note critiche sul declino della* lex concorsus *commerciale e sull'avvento del* novus concorsus *civile*, in *Dir. fall.*, n. 2, 2014, p. 149 ss.; P. FARINA, *Le procedure concorsuali di cui alla legge n. 3 del 2012 e la (limitata) compatibilità con la legge fallimentare. Le problematiche della domanda e dell'*automatic stay, in *Dir. fall.*, 2017, p. 53.

[8] R. DONZELLI, *Prime riflessioni sui profili processuali*, cit., p. 622. Si veda altresì M. DEL LINZ, *Spunti critici sulle nuove procedure di sovraindebitamento e ordinamenti a confronto*, in *Dir. fall.*, 2015, p. 482.

[9] Si veda, sul punto, N. RONDINONE, *Note critiche sul declino della* lex concorsus *commerciale*, cit., p. 149 ss.

[10] Si anticipa che il legislatore, attraverso il d.l. 28 ottobre 2020, n. 137, convertito con modificazioni dalla legge 18 dicembre 2020, n. 176, ha mutato i connotati della valutazione sulla c.d. meritevolezza del consumatore. Si rinvia a quanto si dirà nel § 3.

2. L'assenza di voto e l'*automatic stay* eventuale e circoscritto

La procedura di piano del consumatore presentava dunque numerose differenze rispetto alla procedura di accordo con i creditori.

La caratteristica che più qualificava il piano del consumatore era l'assenza, nell'ambito del procedimento, di una fase in cui i creditori possano manifestare il loro assenso alla proposta formulata dal debitore.

In ragione di ciò, alcuni interpreti hanno qualificato il piano del consumatore come un vero e proprio atto unilaterale del debitore, in quanto rivolto non ai creditori ma al Tribunale, il quale, in presenza dei requisiti di legge, provvede ad omologarlo [11].

Come detto, la scelta di non demandare al ceto creditorio la facoltà di esprimersi [12] trova un suo fondamento nella volontà di agevolare la persona fisica qualificabile come consumatore nella composizione del proprio sovraindebitamento e, in ultima istanza, nell'ottenere l'esdebitazione più agevolmente.

In ogni caso, il legislatore aveva ritenuto opportuno contemperare il *favor* dell'assenza della facoltà di voto dei creditori con la previsione, per il piano del consumatore, di ulteriori requisiti di carattere soggettivo e oggettivo: da un lato, la meritevolezza del debitore e, dall'altro, la necessità che i creditori privilegiati venissero pagati entro un anno dall'omologa. Tali presupposti – il primo di essi sarà oggetto di una più approfondita disamina nel prossimo paragrafo – stringono le maglie dell'ammissibilità alla procedura e fungono, per così dire, da contraltare all'agevolazione di cui si è detto.

Dunque, se da un lato il consumatore beneficiava della mancata previsione del diritto di voto sul piano per i creditori, dall'altro risultava sottoposto ad un controllo maggiormente pregnante da parte del Tribunale.

L'assenza del voto del ceto creditorio, peraltro, non era l'unico elemento che differenziava la struttura del procedimento del piano del consumatore da quello dell'accordo di composizione della crisi.

Entrambe le procedure, infatti, avevano una specifica disciplina della sospensione delle procedure esecutive individuali.

---

[11] P. FARINA, *Le procedure concorsuali*, cit., p. 53.

[12] Alcuni autori, contestando la scelta operata dal legislatore, ritengono il piano del consumatore un procedimento scarsamente compatibile con l'art. 24 Cost. poiché priva il creditore sia della facoltà di voto sia del diritto di intraprendere ogni iniziativa processuale per tutelare il proprio credito. Si veda E. SABATELLI, *Prime osservazioni su una disciplina in itinere: la composizione delle crisi da sovraindebitamento del consumatore*, in *Ilfallimentarista.it*, 7 novembre 2012, p. 10.

Nell'accordo di composizione della crisi si prevedeva che, dal momento di emissione del decreto di fissazione di udienza, non potessero essere iniziate o proseguite, ad opera dei creditori antecedenti il deposito della domanda, azioni individuali di natura esecutiva o cautelare, pena la nullità delle medesime iniziative [13]. Allo stesso modo, a partire dalla pronuncia del provvedimento di apertura della procedura [14], risultavano inopponibili alla massa i diritti di prelazione acquistati sul patrimonio del debitore dai creditori anteriori.

Nel piano del consumatore, invece, la disciplina era significativamente diversa.

Precisamente, la stessa previsione di sospensione delle procedure esecutive che si trova legata, in seno alla procedura di accordo, al decreto di fissazione dell'udienza, si ritrovava associata, nella procedura di piano del consumatore, al decreto di omologazione [15].

In altre parole, la c.d. *automatic stay* [16] sul patrimonio destinato ai creditori concorrenti si verificava, nell'accordo e nel piano, in due fasi differenti della procedura, che erano rispettivamente l'apertura, ossia in un momento antecedente all'instaurazione del contraddittorio con i creditori, e l'omologazione, ossia successivamente all'udienza fissata dal giudice designato.

Tuttavia, il legislatore aveva, in qualche misura, contemperato questa differenziazione.

L'art. 12-*bis*, comma 2, legge n. 3/2012, infatti, attribuiva al giudice, senza automatismi di alcun tipo, la facoltà di sospendere le procedure esecutive pendenti sul patrimonio del debitore laddove queste possano pregiudicare la stessa fattibilità del piano [17]. Tale caratteristica attribuiva una marcata connotazione cautelare al provvedimento giudiziale [18].

---

[13] In giurisprudenza, si veda Trib. Rimini 15 dicembre 2015, in *www.ilcaso.it*.

[14] Il provvedimento di apertura della procedura risulta essere il decreto di fissazione dell'udienza, di cui si è dato conto poco sopra.

[15] In particolare, la sospensione si verifica nel momento in cui il provvedimento di omologazione diviene definitivo. Cfr. M. Rispoli Farina, *La nuova disciplina del sovraindebitamento del consumatore*, in *Dir. fall.*, 2014, p. 657. Si veda anche V. De Sensi, *La nuova disciplina della crisi da sovraindebitamento: dubbi sulla sua natura concorsuale*, in *Riv. dir. comm*, 2013, p. 629.

[16] Si precisa, a tal fine, che la sospensione delle azioni esecutive pendenti viene disposta dal giudice del sovraindebitamento e non dal giudice dell'esecuzione. In questo senso si veda Trib. Marsala 3 gennaio 2018, in *Foro it.*, 2018, c. 1436, che ha chiaramente affermato come "*la sospensione dell'esecuzione in corso può esser disposta nell'ambito di una procedura di composizione della crisi da sovraindebitamento, e non dal giudice dell'esecuzione in forza*".

[17] *Ibidem*, p. 657.

[18] R. Donzelli, *Prime riflessioni sui profili processuali*, cit., p. 622, nota 45.

Vi erano, infine, due ultimi significativi aspetti che differenziavano la procedura di accordo con i creditori da quella di piano del consumatore.

Per l'appunto, la legge prescriveva che il decreto di fissazione dell'udienza nell'ambito della procedura di accordo di composizione della crisi avesse la stessa efficacia dell'atto di pignoramento.

Il decreto di fissazione di udienza nel procedimento del consumatore, invece, non aveva la stessa valenza. La legge, infatti, equiparava al pignoramento solamente il decreto di omologa [19].

In ultimo, l'art. 10, comma 3-*bis*, legge n. 3/2012, stabiliva che, a seguito del deposito della proposta di accordo con i creditori, il debitore potesse realizzare atti di straordinaria amministrazione solamente se autorizzato dal giudice [20].

All'opposto, tale prescrizione non si riscontrava nell'ambito del piano del consumatore.

Sul punto, non erano di immediata comprensione le ragioni che hanno portato il legislatore a discriminare le due procedure che, per quanto visto in precedenza, risultavano pressoché analoghe nella struttura.

3. Il sindacato del Tribunale: l'esclusione dell'indebitamento colposo e il ricorso al credito

Il soggetto che possiede i requisiti per poter essere qualificato "consumatore" ai sensi dell'art. 6, legge n. 3/2012, ha la facoltà di accedere al piano del consumatore, procedura che non prevede il diritto di voto dei creditori.

Tuttavia, come visto, per l'apertura di tale procedura è richiesto il requisito [21] della c.d. meritevolezza [22].

---

[19] M. SERRA, *Gli effetti e l'esecuzione*, in A. PISANI MASSAMORMILE (a cura di), *La crisi del soggetto non fallibile*, cit., p. 72.

[20] Cfr. M. RISPOLI FARINA, *La nuova disciplina del sovraindebitamento del consumatore*, cit., p. 656.

[21] I connotati del requisito sono stati modificati dal legislatore, come detto, attraverso il d.l. 28 ottobre 2020, n. 137, convertito con modificazioni dalla legge 18 dicembre 2020, n. 176.

[22] M. LAZZARA, *Riflessioni sulla meritevolezza del consumatore*, in *Dir. fall.*, 2017, p. 1567 ss. L'autrice correttamente osserva che "*nella disciplina prevista per la 'Composizione della crisi da sovraindebitamento' non compare esplicitamente il termine 'meritevolezza', tuttavia i primi commentatori hanno da subito richiamato questa risalente nozione per identificare il presupposto sostanziale al quale è subordinato il riconoscimento e l'efficacia giuridica della procedura introdotta per il consumatore. Il requisito della meritevolezza assur-*

La necessarietà di tale presupposto [23] rende opportuno approfondire le sue declinazioni, onde poter individuare con sufficiente precisione – pur tenendo in considerazione la sussistenza di una "zona grigia" all'interno della quale gioca un ruolo rilevante la sensibilità del giudice – le fattispecie in cui possa dirsi ammissibile il ricorso al piano del consumatore [24].

È bene sottolineare sin da subito che nella valutazione sulla sussistenza della meritevolezza, che ha un elevato tasso di soggettività, il magistrato viene (tendenzialmente) influenzato e guidato dalla relazione predisposta dal gestore della crisi, il quale è tenuto, per primo, ad indagare quali siano state le cause del sovraindebitamento del soggetto istante ed esprimere, ai sensi dell'art. 9, comma 3-bis, legge n. 3/2012, un proprio giudizio sulla diligenza impiegata dal debitore nell'assumersi le obbligazioni.

Sotto questo profilo, sia giudice che gestore della crisi sono tenuti ad effettuare una approfondita indagine sulle vicende personali e sul contegno che il consumatore ha tenuto, con particolare attenzione sul reddito percepito nonché sulle spese effettuate nel periodo oggetto di scrutinio.

Solo all'esito di tale scrutinio potrà essere effettuata una valutazione sulla meritevolezza del consumatore sovraindebitato.

Venendo alla definizione di meritevolezza, occorre evidenziare come il legislatore, nel tempo, alla luce anche di alcuni orientamenti giurisprudenziali molto stringenti, abbia ritenuto opportuno edulcorare il requisito della meritevolezza, novellando la legge n. 3/2012 in modo coerente con la formulazione contenuta nel Codice della crisi d'impresa e dell'insolvenza.

Originariamente, infatti, la meritevolezza [25] trovava una sua disciplina

---

ge ad elemento qualificante di tale sistema normativo e, così come caratterizzava il 'vecchio' concordato preventivo, sembrerebbe enfatizzare la natura premiale di siffatto rimedio che presuppone connotazioni etiche". Si vedano anche F. PACILEO, *Ancora sullo "stato di insolvenza". Appunti sull'art. 5 legge fallim. e spunti sulla nozione di "sovraindebitamento" di cui alla l. n. 3/2012*, in *Dir. fall.*, 2013, p. 42 ss.; A. CRIVELLI, *Profili applicativi delle procedure di accordo e di piano del consumatore*, in *Dir. fall.*, 2017, p. 526 ss.

[23] La giurisprudenza di merito ha evidenziato che il consumatore non è soggetto al rischio di impresa e, dunque, alle alterne fortune del mercato ma solamente alle conseguenze delle proprie scelte di vita: ciò spiega la scelta di introdurre una condizione di ammissibilità che impone valutazioni sulla riconducibilità del sovraindebitamento ad una condotta colpevole o meno da parte del consumatore. In ordine a tale aspetto, si veda Trib. Cagliari 11 maggio 2016, in *www.fallimentiesocietà.it*.

[24] Critico, su tale aspetto, A. BERTOLINI, *La tutela del debitore inadempiente nella disciplina europea dei mutui ipotecari. Eterogenesi dei fini, errori prospettici ed aporie alla luce dell'analisi economica del diritto*, in *Nuove leggi civ. comm.*, 2016, p. 327 ss.

[25] Per una differente ricostruzione del requisito di meritevolezza, si veda R. BOCCHINI, *Sovraindebitamento del consumatore – La meritevolezza dell'accesso al credito nel sovrain-*

nell'art. 12-*bis*, comma 3, legge n. 3/2012, il quale stabiliva che il giudice potesse omologare il piano "*quando esclude che il consumatore ha assunto obbligazioni senza la ragionevole prospettiva di poterle adempiere ovvero che ha colposamente determinato il sovraindebitamento, anche per mezzo di un ricorso al credito non proporzionato alle proprie capacità patrimoniali*" [26].

Ebbene, tale disposizione normativa è stata oggetto di interpretazioni assai restrittive ad opera della giurisprudenza di merito che per prima si è pronunciata sull'ammissibilità di piani del consumatore [27].

Precisamente, l'orientamento interpretativo che si è fatto strada in una prima fase di applicazione della legge n. 3/2012, e che è rimasto diffuso in giurisprudenza sino all'entrata in vigore del d.l. n. 137/2020, sosteneva che la condotta del sovraindebitato, affinché potesse reputarsi meritevole, dovesse essere irreprensibile [28] sotto il profilo della diligenza impiegata [29]. In altre parole, a parere di questo filone interpretativo, l'accesso al piano del consu-

---

debitamento del consumatore, in *Giur. it.*, 2017, p. 1569 ss., a commento di Trib. Napoli 12 ottobre 2016.

[26] Tra i primi autori a prendere posizione sul requisito della meritevolezza vi è E. SABATELLI, *Prime osservazioni su una disciplina in itinere*, cit.

[27] Cfr. F. PASQUARIELLO, *Le procedure di sovraindebitamento alla vigilia di una riforma*, in *Nuove leggi civ. comm.*, 2018, p. 732 ss. L'Autrice, con riferimento al vaglio giudiziale, afferma che il requisito della meritevolezza "*per come attualmente configurato* (…) *appare davvero troppo restrittivo: è del tutto scontato che ai sovraindebitamenti c.d. 'passivi', ossia generati da eventi imprevisti e non voluti, non potrà essere riservata la stessa severità che, invece, si lascia consigliare al cospetto di un sovraindebitamento 'attivo', cioè provocato da erronea programmazione dei flussi di reddito, scelte sproporzionate o irrazionali consumi 'cicala'. Ma meritano particolare attenzione quelle situazioni riconducibili ad uno stato di necessità; e potrebbe risultare non irragionevole che diversificati apprezzamenti siano riservati a condizioni di sovraindebitamento insorte anteriormente al 2012 – quando non era ancora stata immessa nel sistema la modalità esdebitatoria delle nostre procedure – rispetto a quelle condizioni di sovraindebitamento che, per il fatto di essere successive, potrebbero disvelare che si sia fatto opportunistico affidamento sulla possibilità di una liberazione da debiti assunti con troppa leggerezza*".

[28] Trib. Catania 6 luglio 2016 ha affermato che "*per integrare il requisito della meritevolezza occorre che il debitore si sia trovato senza sua colpa ad affrontare eventi imprevisti e non prevedibili che lo abbiano costretto a contrarre nuovi debiti nel tentativo di far fronte alle più elementari esigenze familiari*".

[29] In questo senso, si vedano Trib. Pistoia 7 gennaio 2014, in *Banca, borsa, tit. cred.*, 2014, p. 543 ss.; Trib. Ascoli Piceno 4 aprile 2014, in *www.ilcaso.it*; Trib. Napoli 7 luglio 2015, in *Giur. it.*, 2016, p. 2129 ss. Solo per fare un esempio, Trib. Napoli Nord 5 dicembre 2017, in *www.ilcaso.it*, ha statuito che hanno positiva e decisiva rilevanza, nella valutazione sulla sussistenza della meritevolezza, la perdita del posto di lavoro e la salute cagionevole del ricorrente.

matore aveva quale presupposto l'assenza di colpevolezza, nell'assumersi le obbligazioni, del debitore istante[30], il quale, al contrario, doveva aver sempre agito in modo ragionevole, nel rispetto del canone del buon padre di famiglia, ponderando in modo accurato le obbligazioni da assumersi alla luce dei propri redditi, sia attuali che attesi[31], nonché delle spese necessarie per soddisfare le esigenze di vita personali e familiari[32].

In quest'ottica, solo per fare un esempio, l'accumulo ingiustificato di prestiti[33], anche in assenza di qualsivoglia intento fraudolento o doloso, avrebbero impedito l'accesso alla procedura di piano del consumatore[34]. Allo stesso modo, costituirsi garante di un soggetto nella duplice consapevolezza che il garantito non possa soddisfare le rate del finanziamento e di non essere nelle condizioni, in ragione della propria situazione reddituale, di adempiere la garanzia personale prestata, era da reputarsi indice dell'assenza di meritevolezza[35].

Nel solco di questo filone si possono collocare anche quelle pronunce giurisprudenziali che hanno offerto dei parametri numerici che potessero attribuire concretezza al criterio della diligenza impiegata dal debitore nell'assumersi le obbligazioni.

Precisamente, si è ritenuto che la quota massima di reddito che, prudenzialmente, possa essere utilizzata per soddisfare le rate dei finanziamenti contratti non possa superare la misura di un terzo[36]. Oltre questo limite, il consumatore che si è obbligato non potrebbe essere considerato meritevole.

Con ogni evidenza, l'interpretazione fornita in ordine al concetto di meritevolezza aveva limitato in modo significativo l'accessibilità alla procedura

---

[30] R. DONZELLI, *Prime riflessioni sui profili processuali*, cit., p. 622.

[31] Su questo profilo richiama l'attenzione R. MONTINARO, *Il sovraindebitamento del consumatore: diligenza nell'accesso al credito ed obblighi del finanziatore*, in *Banca, borsa, tit. cred.*, 2015, p. 781 ss.

[32] Si veda sempre R. MONTINARO, *Il sovraindebitamento del consumatore*, cit., p. 781 ss.

[33] Cfr. Trib. Ravenna 17 dicembre 2014, in *www.ilcaso.it*, secondo il quale nell'ipotesi in cui i debitori abbiano fatto ricorso continuo e temporalmente concentrato a più fonti di finanziamento, con conseguente assorbimento dei propri interi redditi a fronte degli impegni di restituzione rateale, ricorre la fattispecie ostativa all'omologazione del piano del consumatore. Per una disamina delle varie casistiche affrontate dalla giurisprudenza di merito, si veda R. BATTAGLIA, *La crisi da sovraindebitamento nella giurisprudenza: lo stato dell'arte*, in *Fall.*, 2018, p. 233 ss.

[34] Cfr. R. BOCCHINI, *Profili civilistici della disciplina del sovraindebitamento del consumatore*, in *Giur. it.*, 2016, p. 2130 ss.

[35] Cfr. Trib. Torre Annunziata 12 dicembre 2016, in *Ilfallimentarista.it*.

[36] Cfr. Trib. Udine 4 gennaio 2017, in *www.unijuris.it*.

di piano del consumatore, ritenendo ammissibili solamente le domande fondate su un indebitamento esente da colpevolezza, come quello riconducibile, sotto il profilo eziologico, a circostanze esterne al debitore: si pensi alla perdita del lavoro, alla diagnosi di malattie, alla crisi familiare, ecc. [37].

A questo filone giurisprudenziale, sempre prima dell'entrata in vigore del d.l. n. 137/2020, se ne è contrapposto un altro, più sensibile alla situazione del sovraindebitato, nonché alla *ratio* sottesa alla legge n. 3/2012 – il c.d. *fresh start* del debitore –, propenso ad introdurre nel giudizio sulla meritevolezza una serie di circostanze che, unitamente alla condotta del debitore, consentono una rappresentazione più fedele della fattispecie concreta.

Non mancavano, infatti, le pronunce che contemperavano il comportamento del sovraindebitato con quello degli istituti di credito che gli hanno concesso i finanziamenti senza utilizzare la diligenza e la perizia che sarebbe loro richiesta dalla legge [38].

Del pari, alcuni interpreti avevano anche cercato di fornire una nuova lettura della meritevolezza che tenesse conto dell'evoluzione normativa e delle nuove prescrizioni del Codice della Crisi d'Impresa e dell'Insolvenza [39], che sanzionano il consumatore, precludendogli l'accesso al procedimento di ristrutturazione dei debiti del consumatore – che corrisponde al piano descritto dall'art. 12-*bis*, legge n. 3/2012 –, solamente nel caso in cui la crisi da sovraindebitamento fosse stata provocata da colpa grave, così ritenendo ammissibile un piano del consumatore nel caso di colpa lieve del sovraindebitato [40].

Dunque, già prima dell'entrata in vigore della novella, si era fatto strada un orientamento interpretativo più propenso a dare effettiva attuazione alla *ratio* sottesa alla legge sul sovraindebitamento, "*individuata nel fine di evitare l'esposizione a fenomeni di usura ed estorsione e di garantire il recupero di una serenità economica e di una vita dignitosa*" [41].

Come detto, però, il legislatore ha ritenuto opportuno, anche alla luce dell'orientamento più rigoroso che si è fatto strada in giurisprudenza, edulcora-

[37] Tutte queste situazioni vengono definite in gergo *shock esogeno*. Sul punto, si rinvia all'ampia disamina di G. LIMITONE, *Postilla sulla colpa nella legge n. 3/2012 sul sovraindebitamento del consumatore e la proposta della commissione Rordorf*, in *www.ilcaso.it*, 2016.

[38] Per una più approfondita disamina di tale orientamento, si rinvia al paragrafo successivo, che avrà specificamente ad oggetto la valutazione sul merito creditizio ai sensi dell'art. 124-*bis* TUB.

[39] Si veda l'art. 69, comma 1, CCII.

[40] Trib. Ancona 16 luglio 2019, in *www.ilcaso.it*. Nel medesimo senso, recentemente, Trib. Vicenza 24 settembre 2020, *ivi*.

[41] In questo senso, si veda sempre Trib. Ancona 16 luglio 2019, in *www.ilcaso.it*.

re il requisito della meritevolezza, modificando l'art. 12-*bis*, comma 3, ed integrando il dispositivo dell'art. 7, comma 2, legge n. 3/2012.

Nel dettaglio, dall'art. 12-*bis* sono stati espunti tutti i riferimenti alla diligenza del debitore mentre, contestualmente, è stata aggiunta una nuova lettera all'art. 7, comma 2, il quale, prima dell'entrata in vigore del Codice della crisi d'impresa e dell'insolvenza, prevedeva che "*la proposta non è ammissibile quando il debitore, anche consumatore: (...) d-ter) limitatamente al piano del consumatore, ha determinato la situazione di sovraindebitamento con colpa grave, malafede o frode*".

Tale novella, (come già detto) coerente con le previsioni del Codice della crisi d'impresa e dell'insolvenza, ha circoscritto alla sola colpa grave, malafede e frode gli elementi soggettivi idonei, nella generazione dello stato di sovraindebitamento, a determinare l'inammissibilità del piano del consumatore, escludendo, al contrario, qualsiasi rilevanza della colpa lieve, in conformità all'orientamento interpretativo più favorevole al debitore.

Tuttavia, nonostante gli apprezzabili intenti che hanno mosso il legislatore nel riformare la legge n. 3/2012, non sono mancate le pronunce che hanno adottato una linea molto rigorosa, riconoscendo che il giudice dovesse ugualmente valutare se il debitore abbia assunto le obbligazioni nella "ragionevole prospettiva" di poterle adempiere [42].

Peraltro, ad avviso di tale filone giurisprudenziale, in tale valutazione non dovrebbero aver alcun rilievo le concrete conoscenze specifiche del debitore sul settore negoziale di riferimento.

Di fatto, dunque, un certo orientamento giurisprudenziale, pur riconoscendo che le ipotesi di inammissibilità del piano del consumatore dovessero essere limitati "*ai soli casi in cui la "divaricazione" tra la condotta tenuta e quella imposta dalla regola di prudenza nel contrarre obbligazioni sia particolarmente qualificata*", ha assunto posizioni che non si conciliano perfettamente con l'intenzione del legislatore e con la *ratio* dell'intervento normativo. In ultimo, sotto il profilo più propriamente procedurale della valutazione del requisito della meritevolezza, la modifica agli artt. 7, comma 2, e 12-*bis*, comma 3, legge n. 3/2012, non hanno in alcun modo inficiato la conclusione, cui era possibile giungere prima dell'entrata in vigore della novella, secondo cui il vaglio della meritevolezza spettasse solo ed esclusivamente all'autorità giudiziaria, senza che il ceto creditorio avesse la possibilità di esprimersi sul punto [43].

---

[42] Cfr. Trib. Rimini 27 maggio 2021, in *www.unijuris.it*. Si veda, nello stesso senso, Trib. Nola 26 novembre 2021, in *expartecreditoris.it*.

[43] Cfr. P. FARINA, *Le procedure concorsuali*, cit., p. 56.

Peraltro, era da confermare in modo ancor più evidente, alla luce del tenore letterale della novella, che il requisito in parola non potesse essere considerato un mero presupposto dell'omologa, ma, dovesse essere verificato già in sede di aperura della procedura[44].

4. Il ricorso al credito sproporzionato e l'art. 124-*bis* TUB

Il concetto di meritevolezza, come si è visto, ha diviso gli interpreti.

Taluni, prima della novella, propendevano per una lettura rigida del requisito, talaltri ritenevano preferibile adottare una interpretazione più ragionevole ed equilibrata, che tenesse conto delle circostanze in cui la crisi da sovraindebitamento si è generata, in conformità con la *ratio* della legge n. 3/2012.

La tesi ermeneutica che si accoglieva risultava determinante ai fini della valutazione della condotta dei consumatori che hanno fatto un ricorso al credito sproporzionato alle loro capacità reddituali, che costituisce la causa più frequente di sovraindebitamento.

Peraltro, anche successivamente all'entrata in vigore della novella, l'orientamento giurisprudenziale più rigoroso, ha continuato ad escludere in radice che potessero accedere alla procedura di piano del consumatore i soggetti che si fossero esposti con gli istituti di credito in misura non compatibile con il proprio reddito attuale e prospettico, qualificando l'elemento soggettivo come colpa grave.

Ebbene, per evitare che si sanzionino esclusivamente i soggetti più deboli – i consumatori –, senza che le loro controparti contrattuali – gli istituti di credito finanziatori – subiscano alcuna conseguenza pregiudizievole[45]. Quan-

---

[44] Cfr. P. FARINA, *Le procedure concorsuali*, cit., p. 55. *Contra*, seppur prima dell'entrata in vigore della novella del 2020, R. BOCCHINI, *Sovraindebitamento del consumatore*, cit., p. 1569 ss. e A. CRIVELLI, *Profili applicativi delle procedure di accordo*, cit., p. 526 ss.

[45] Condivisibile, sul punto, il ragionamento (formulato ben prima dell'entrata in vigore del d.l. n. 137/2020) di E. PELLECCHIA, *Chi è il consumatore sovraindebitato? Aperture e chiusure giurisprudenziali*, in *Nuova giur. civ.*, 2016, p. 1228 ss., a parere della quale "*rischia di verificarsi una situazione paradossale: e cioè che molti debitori, in situazione di grave sofferenza economica, non possano accedere alla procedura 'premiale' del piano del consumatore e debbano tentare la più difficile via dell'accordo di ristrutturazione perché dalla sproporzione tra redditi disponibili e ammontare del debito si deduce pressoché automaticamente la natura colposa dell'indebitamento, con il conseguente rifiuto dell'omologazione in caso di piani proposti da consumatori che, già in condizione di difficoltà economica – e talvolta proprio nel tentativo estremo di gestire queste difficoltà – avevano chiesto e ot-*

tomeno nell'ambito delle procedure da sovraindebitamento, il legislatore, sempre con la novella del 2020, ha deciso introdurre un correttivo, per riequilibrare la situazione a vantaggio del debitore, il quale considerasse che sulle banche, all'atto del concedere finanziamenti, incombono precisi obblighi di indagine e di verifica sulla situazione patrimoniale ed economica del richiedente [46].

È innegabile, infatti, che l'art. 124-*bis* TUB disponga espressamente a carico dell'ente finanziatore uno specifico obbligo di valutare il merito creditizio del consumatore, alla stregua delle informazioni fornite dallo stesso soggetto richiedente e reperite tramite la consultazione delle banche dati pertinenti [47].

In ragione di ciò, il legislatore ha introdotto nel corpo dell'art. 12-*bis*, legge n. 3/2012 un nuovo comma 3-*bis*, il quale prevedeva che il creditore che avesse colpevolmente determinato la situazione di indebitamento o il suo aggravamento o che avesse violato i principi di cui all'art. 124-*bis* TUB non potesse presentare opposizione o reclamo in sede di omologa, né far valere cause di inammissibilità che non derivassero da comportamenti dolosi del debitore.

Tale *revirement*, conforme all'attuale dettato normativo contenuto nel Codice della crisi d'impresa e dell'insolvenza, era da leggersi con favore, poiché introduceva a carico degli istituti di credito, che hanno a disposizione competenze, risorse e strumenti per operare una disamina approfondita delle circostanze, una sanzione nel caso di concessione di finanziamenti in ipotesi in cui, utilizzando l'ordinaria diligenza (o, meglio, perizia), al contrario, non avrebbero dovuto essere erogati.

Non si può sottacere, peraltro, come la modifica della disciplina di legge, oltre che costituire una sorta di entrata in vigore anticipata di una parte del

---

tenuto finanziamenti, aggravando la propria situazione: ma mentre nessuna responsabilità è stata ravvisata in capo ai soggetti finanziatori (per avere concesso credito a soggetti che probabilmente non presentavano un livello adeguato di merito creditizio), maggiore severità è stata usata nei confronti dei consumatori, ai quali è stata preclusa la via del piano e lasciata solo la meno agevole opzione dell'accordo con i creditori. Con il rischio quindi di un cortocircuito tra la disciplina del sovraindebitamento e la disciplina del credito al consumo: l'una, severa nella valutazione della 'meritevolezza' del debitore con riguardo alla natura non colposa del sovraindebitamento; l'altra, generica e indeterminata sul piano dei rimedi con riguardo alla negligente valutazione, da parte del creditore, del c.d. merito di credito del richiedente il finanziamento".

[46] Cfr. E. SABATELLI, *Prime osservazioni su una disciplina in itinere*, cit.

[47] E. PELLECCHIA, *Primi provvedimenti sulle procedure di composizione delle crisi da sovraindebitamento: in particolare, il piano del consumatore*, in *Banca, borsa, tit. cred.*, 2014, p. 543 ss.

Codice della crisi d'impresa e dell'insolvenza, recepisse un orientamento interpretativo che si era consolidato in giurisprudenza anteriormente al d.l. n. 137/2020.

La giurisprudenza di merito, infatti, nella valutazione della diligenza impiegata dal consumatore nell'atto di assumersi delle obbligazioni, aveva introdotto un giudizio sulla condotta tenuta dall'ente finanziatore, la quale fungeva, in special modo nei casi di c.d. credito irresponsabile, da elemento di bilanciamento, conferendo così maggiore flessibilità al requisito della meritevolezza [48].

In questo senso, si è sostenuto che potesse ritenersi meritevole il consumatore che, per far fronte alle esigenze di sostentamento del proprio nucleo familiare, avesse stipulato una pluralità di contratti di finanziamento con gli istituti di credito, anche nel caso in cui le rate mensili complessivamente previste dai piani di ammortamento non fossero compatibili con il reddito che percepiva il soggetto sovraindebitato [49].

Sotto altro profilo, si era ritenuta non accoglibile l'opposizione all'omologa per l'assenza di meritevolezza del debitore proposta dall'ente finanziatore ove fosse emerso che, al momento della sottoscrizione del contratto di finanziamento, il consumatore si trovasse già in uno stato di conclamata crisi finanziaria.

Dunque, secondo questo orientamento diffuso nella giurisprudenza di merito (già prima dell'entrava in vigore della novella del 2020), nel giudizio sulla diligenza impiegata dal sovraindebitato non poteva non assumere un peso specifico quanto stabilito dall'art. 124-*bis* TUB, che impone all'ente finanziatore la valutazione del merito creditizio del consumatore, sulla base di informazioni fornite dal medesimo e ottenute consultando le banche dati pertinenti [50].

Come correttamente è stato rilevato, l'art. 12-*bis*, comma 3-*bis*, legge n. 3/2012 doveva essere letto, oltre che come disposizione di *favor* verso il singolo debitore sovraindebitato, come una previsione funzionale a proteggere, in un'ottica macroeconomica, l'intero del mercato da fenomeni patologici e irreversibili, che avrebbero rischiato di danneggiare il funzionamento del medesimo mercato del credito [51].

---

[48] Si veda, recentemente, Trib. Vicenza 24 settembre 2020.

[49] Cfr., in tal senso, Trib. Napoli Nord 18 maggio 2018, in *www.ilcaso.it*. Sul tema, cfr. F. PASQUARIELLO, *Le procedure di sovraindebitamento alla vigilia di una riforma*, cit., p. 732 ss.

[50] Cfr. Trib. Rimini 1° marzo 2019, in *www.ilcaso.it*.

[51] Cfr. Trib. Napoli Nord 21 aprile 2021, in *www.ilcaso.it*.

5. Il provvedimento di ammissione

Come accadeva nella procedura di accordo con i creditori [52], il giudice designato, valutata la sussistenza dei presupposti di cui agli artt. 7, 8 e 9, legge n. 3/2012 [53], con decreto fissava l'udienza, sede dell'eventuale contraddittorio tra lo stesso debitore ed i creditori in ordine alla sussistenza dei requisiti di ammissibilità della procedura ovvero alla convenienza del piano rispetto all'ipotesi liquidatoria [54].

Sotto l'aspetto procedimentale, sempre in analogia con quanto previsto in materia di accordo di composizione della crisi, la comunicazione del piano del consumatore e del decreto di fissazione di udienza veniva realizzata, a cura dell'organismo di composizione della crisi. In questo caso, però, la suddetta attività doveva essere realizzata almeno trenta – e non quaranta [55] – giorni prima dell'udienza.

La fase dell'ammissione alle procedure di piano del consumatore e di accordo di composizione della crisi, tuttavia, non presentava solo analogie ma anche alcune differenze, specie con riguardo agli effetti della pubblicazione del decreto di fissazione dell'udienza [56].

---

[52] Si ricorda che, ai sensi dell'art. 9, comma 3-*quater*, legge n. 3/2012, sia nella procedura di accordo di composizione della crisi che in quella di piano del consumatore il deposito della domanda di ammissione della procedura sospende, ai soli fini del concorso, il corso degli interessi legali e convenzionali, salvo che i crediti non siano assistiti da ipoteca, pegno e privilegio.

[53] A tal fine, si precisa che l'organismo di composizione della crisi ha l'obbligo di redigere, oltre all'attestazione sulla fattibilità del piano, una relazione particolareggiata sulle cause del sovraindebitamento. La relazione particolareggiata, analogamente a quella che deve essere predisposta, ai sensi dell'art. 14-*ter*, comma 5, legge n. 3/2012, deve contenere: a) l'indicazione delle cause dell'indebitamento e della diligenza impiegata dal consumatore nell'assumere volontariamente le obbligazioni; b) l'esposizione delle ragioni dell'incapacità del debitore di adempiere le obbligazioni assunte; c) il resoconto sulla solvibilità del consumatore negli ultimi cinque anni; d) l'indicazione della eventuale esistenza di atti del debitore impugnati dai creditori; e) il giudizio sulla completezza e attendibilità della documentazione depositata dal consumatore a corredo della proposta, nonché sulla probabile convenienza del piano rispetto all'alternativa liquidatoria. In ordine a tale aspetto, si rinvia a M. RISPOLI FARINA, *La nuova disciplina del sovraindebitamento del consumatore*, cit., p. 655.

[54] Su tale aspetto, la relazione particolareggiata dell'organismo di composizione della crisi deve prendere posizione.

[55] Non deve essere dimenticato, infatti, che nell'accordo di composizione della crisi il termine dei trenta giorni va a ritroso rispetto al termine per i creditori di esprimersi sulla proposta del debitore, ovverosia dieci giorni dall'udienza fissata dal giudice con decreto.

[56] Sul punto, si veda M. SERRA, *Gli effetti e l'esecuzione*, cit., p. 71.

In particolare, nel piano del consumatore la pubblicazione del provvedimento di fissazione dell'udienza non determinava la c.d. *automatic stay*, ovverosia l'automatico divieto per i creditori di iniziare o proseguire procedure esecutive individuali o cautelari, nonché di ottenere titoli di prelazione. Tutti questi effetti, al contrario, si verificavano solamente quando avveniva, in una fase successiva, la pubblicazione del decreto di omologazione del piano.

Restava salva, tuttavia, la facoltà del giudice – che aveva piena discrezionalità in tal senso [57] –, ai sensi dell'art. 12-*bis*, comma 2, legge n. 3/2012, di concedere, su espressa richiesta del debitore e sino all'omologazione del piano, la sospensione di specifici procedimenti di esecuzione forzata [58] qualora vi fosse il rischio che essi pregiudicassero la fattibilità del piano [59]. L'eventuale diniego del giudice si riteneva potesse essere impugnato con reclamo ai sensi dell'art. 737 ss. c.p.c. e, successivamente, con ricorso per Cassazione *ex* art. 111 Cost. [60].

In ogni caso, riassumendo, diversamente dall'accordo di composizione della crisi, in sede di apertura della procedura non vi era alcuna sospensione automatica e generalizzata delle procedure esecutive e cautelari in essere.

Questa divergenza poteva essere spiegata anche con la mancata equiparazione [61] tra decreto di fissazione dell'udienza (nel piano) e atto di pignoramento.

Un ulteriore aspetto che, sempre nella fase di ammissione [62], differenzia-

---

[57] Cfr. P. FARINA, *Le procedure concorsuali*, cit., p. 64. La valutazione del giudice nella concessione della sospensione della procedura sarà guidata da sussistenza di *periculum in mora* – effettivo rischio che le procedure esecutive in essere compromettano la corretta esecuzione del piano – e del *fumus boni iuris* – la sussistenza dei requisiti per l'ammissibilità del piano del consumatore –. Queste caratteristiche attribuiscono al provvedimento del giudice una natura cautelare.

[58] Si segnala, peraltro, che l'operatività della norma è limitata alle procedure esecutive in essere. Quindi, non si estende né alle procedure esecutive ancora da iniziare né ai procedimenti cautelari. A. CRIVELLI, *Profili applicativi delle procedure di accordo*, cit., p. 526 ss., in modo condivisibile sottolinea che la sospensione ha natura provvisoria posto che il pericolo che tende a scongiurare è riferito a uno spazio temporale che si estende dal decreto di fissazione di udienza e l'omologazione della procedura.

[59] Si veda S. PACCHI, *I procedimenti concorsuali per la crisi da sovraindebitamento*, in A. CAIAFA-S. ROMEO (a cura di), *Il fallimento e le altre procedure concorsuali*, 2014, p. 701 ss.

[60] P. FARINA, *Le procedure concorsuali*, cit., p. 65.

[61] Non si comprende quali siano le ragioni che abbiano indotto il legislatore a differenziare le procedure quanto all'equiparazione del decreto di fissazione di udienza all'atto di pignoramento.

[62] Fino all'eventuale omologazione della proposta.

va la procedura di piano del consumatore da quella di accordo di composizione della crisi riguarda l'amministrazione del patrimonio del sovraindebitato [63].

Precisamente, fermo restando che in entrambe le procedure spetti al sovraindebitato la gestione del proprio patrimonio, nel piano del consumatore non era prescritto che gli atti di straordinaria amministrazione del debitore debbano essere autorizzati dal giudice designato.

6. L'udienza di omologa e le opposizioni

Dopo l'emissione del decreto di fissazione dell'udienza, da notificarsi a cura dell'organismo di composizione della crisi unitamente al piano del consumatore, si teneva – ai sensi dell'art. 12-*bis*, comma 1, legge n. 3/2012, entro e non oltre sessanta giorni dal momento del deposito del ricorso [64] – l'udienza dinanzi al giudice designato per la procedura.

In tale occasione, come si è accennato in precedenza, i creditori avevano la facoltà di presentare contestazioni sul piano che era stato depositato in Tribunale.

È bene sottolineare che, fatti salvi i rimedi impugnatori previsti dalla legge che potevano essere eventualmente promossi successivamente all'omologazione, l'udienza era l'unica occasione di contraddittorio tra i creditori e il debitore in costanza di procedura.

Questa facoltà concessa ai creditori, unitamente al penetrante controllo del giudice (specie sulla meritevolezza) [65], era il naturale contrappeso all'assenza di voto nel piano del consumatore.

Nella sede in parola, poteva essere oggetto di contestazioni [66] sia la fattibilità del piano, sia il rispetto degli ulteriori requisiti di ammissibilità della procedura – ad esempio, il pagamento integrale dei crediti indicati all'art. 7,

---

[63] Cfr. M. RISPOLI FARINA, *La nuova disciplina del sovraindebitamento del consumatore*, cit., p. 657.

[64] Il termine, tuttavia, è di natura ordinatoria. Tenendo conto delle non infrequenti richieste di chiarimenti da parte del giudice della procedura, nella prassi sono rare le casistiche in cui il suddetto termine sia stato effettivamente rispettato.

[65] Cfr. R. DONZELLI, *Prime riflessioni sui profili processuali*, cit., p. 622.

[66] In sede di omologazione, qualora siano presentate contestazioni, si instaura, per Trib. Mantova 12 luglio 2018, in *www.ilcaso.it*, un procedimento di natura contenziosa, che richiede necessariamente la difesa tecnica.

comma 1, legge n. 3/2012, o il pagamento secondo le previsioni normative dei crediti assistiti da privilegio – sia la convenienza del piano proposto rispetto all'alternativa liquidatoria [67].

L'art. 12-*bis*, comma 4, legge n. 3/2012 stabiliva, tuttavia, che il giudice, anche laddove fossero state presentate contestazioni sulla convenienza, potesse omologare con decreto il piano del consumatore laddove ritenesse le stesse infondate e reputasse che gli impegni previsti permettessero di soddisfare i creditori in misura superiore rispetto all'alternativa liquidatoria [68].

Al contrario, qualora il giudice avesse ritenuto fondate le contestazioni sulla non convenienza del piano (ovvero sull'assenza dei presupposti di cui all'art. 7 ss., legge n. 3/2012), non lo omologava e, con ordinanza, dichiarava l'inefficacia del provvedimento di sospensione delle procedure esecutive, precedentemente emesso nella fase introduttiva ai sensi dell'art. 12-*bis*, comma 2, legge n. 3/2012 [69].

Entrambi i provvedimenti (di omologazione e di diniego dell'omologazione), erano impugnabili dinanzi al Tribunale in composizione collegiale [70], con le forme del procedimento camerale ai sensi dell'art. 737 ss. c.p.c., solamente dai soggetti che avessero visto disattese le proprie conclusioni [71].

7. L'omologazione

Superato positivamente il vaglio sulla fattibilità del piano e sull'idoneità dello stesso ad assicurare il pagamento dei crediti impignorabili, nonché dei

---

[67] Su questo aspetto non va dimenticato che lo stesso organismo di composizione della crisi è tenuto ad esprimersi, nella relazione particolareggiata di cui all'art. 9, comma 3-*quater*, legge n. 3/2012, sulla probabile convenienza del piano rispetto all'alternativa liquidatoria.

[68] Cfr. E. SABATELLI, *La Cassazione precisa la nozione di «consumatore» ai fini dell'accesso al procedimento riservato di composizione delle crisi da sovraindebitamento*, in *Dir. fall.*, n. 5, 2016, p. 1257 ss. A parere di A. CAPOCCETTI, *Procedure di composizione della crisi da sovraindebitamento – La nozione di "consumatore" nella disciplina della crisi da sovraindebitamento*, in *Giur. it.*, 2016, p. 817 ss., il giudice ha piena discrezionalità sulla valutazione in parola.

[69] Si veda R. DONZELLI, *Prime riflessioni sui profili processuali*, cit., p. 622.

[70] Non potevano far parte del collegio il giudice della procedura da sovraindebitamento.

[71] Dunque, potevano proporre reclamo solamente i soggetti che avevano partecipato alla fase anteriore alla proposizione del reclamo. Un creditore che non ha partecipato all'udienza di omologazione e che non ha esposto i propri rilievi in tale sede non può impugnare con reclamo il decreto di omologazione. In tal senso, si veda Trib. Udine 2 maggio 2019, in *www.ilcaso.it*, che ha ritenuto applicabile per analogia il principio espresso nell'art. 180, comma 3, l.fall. con riferimento all'omologazione del concordato preventivo.

crediti di cui all'art. 7, comma 1, legge n. 3/2012, risolte tutte le eventuali contestazioni sollevate dai creditori, il giudice, se ritiene meritevole il consumatore [72], omologava il piano, disponendo per il relativo provvedimento una forma idonea di pubblicità.

Il decreto di omologazione [73], che avrebbe dovuto essere pronunciato [74] nel termine di sei mesi dal momento in cui veniva depositato il piano, doveva essere trascritto, a cura dell'organismo di composizione della crisi, qualora il piano avesse previsto la cessione o l'affidamento a terzi di beni immobili o di beni mobili registrati.

Come già visto, nella procedura di piano del consumatore era solo il decreto di omologazione (e non quello di fissazione di udienza) ad essere equiparato all'atto di pignoramento; con la sua pronuncia, infatti, si verificava, ai sensi dell'art. 12-*ter*, comma 1, legge n. 3/2012, la sospensione di tutte le procedure esecutive pendenti.

Peraltro, la legge prescriveva che il decreto di omologazione del piano, così come il decreto di fissazione di udienza nell'accordo, dovesse essere pubblicato utilizzando le forme più opportune (di solito, l'area dedicata del sito web del Tribunale).

Così come l'accordo, il piano omologato era obbligatorio per tutti i creditori anteriori al momento in cui veniva eseguita la pubblicità di cui all'art. 10, comma 2, legge n. 3/2012. Del pari, i creditori con causa o titolo posteriore non potevano avviare azioni esecutive sui beni oggetto del piano.

---

[72] Cfr. Trib. Napoli Nord 5 dicembre 2017, cit.

[73] Si vedano M. SERRA, *Gli effetti e l'esecuzione*, cit., p. 72; R. DONZELLI, *Prime riflessioni sui profili processuali*, cit., p. 621.

[74] Si riteneva che il termine abbia natura meramente ordinatoria.

Capitolo Quinto

ESECUZIONE DELL'ACCORDO E DEL PIANO DEL CONSUMATORE

di *Laura Bonati* e *Nicole Cacciapuoti*

SOMMARIO: 1. L'esecuzione dell'accordo e la nomina eventuale del liquidatore. – 2. L'attività del giudice dopo l'omologazione. – 3. Annullamento, risoluzione e cessazione.

1. L'esecuzione dell'accordo e la nomina eventuale del liquidatore

La disciplina dell'esecuzione dell'accordo di composizione della crisi e del piano del consumatore era contenuta nell'art. 13, legge n. 3/2012.

Deve essere evidenziato che l'esecuzione del piano era affidata al debitore – sia pur sotto la supervisione dell'Organismo di Composizione della Crisi – il quale era tenuto ad adempiere con diligenza agli impegni assunti e ad adeguare la propria condotta a regole di buona fede [1].

La presentazione della domanda e l'omologazione del piano, infatti, non determinano automaticamente l'intero spossessamento del debitore dai suoi beni [2].

Solo se previsto espressamente dall'accordo o se prevista la vendita di beni già sottoposti a pignoramento nella proposta, la legge (art. 13, comma

---

[1] Gli artt. 71 e 81 del CCII (rispettivamente sul piano del consumatore e sul concordato minore), così come modificati dal decreto correttivo, sanciscono ora che "*il debitore è tenuto a compiere ogni atto necessario a dare esecuzione al piano omologato*". L'OCC è espressamente chiamato a vigilare sull'esatto adempimento del piano o del concordato minore, risolve le eventuali difficoltà e le sottopone al giudice, se necessario.

[2] C. TRENTINI, *Le procedure da sovraindebitamento, Legge 3/2012 e Codice della Crisi d'Impresa*, Giuffrè, 2021, p. 446; J. GIULIANI-F. CESARE, *Il piano del consumatore*, in AA.VV., *Fallimento e Crisi d'Impresa*, 2019, p. 921.

1) prevedeva la nomina di un liquidatore, il quale era chiamato a dare esecuzione al piano in sostituzione del debitore, disponendo in via esclusiva dei beni destinati alla soddisfazione dei creditori tramite il ricavato della vendita degli stessi.

In tali ipotesi, la nomina del liquidatore avveniva da parte del giudice delegato, a seguito dell'omologazione del piano, su eventuale proposta dell'Organismo di Composizione della Crisi.

In merito, l'art. 15, comma 8, legge n. 3/2012 prevedeva che il giudice designato potesse attribuire la funzione anche allo stesso Organismo di Composizione della Crisi (o, al professionista nominato in luogo di quest'ultimo nell'ipotesi di cui all'art. 15, comma 9, legge n. 3/2012)[3].

In alternativa alla nomina del liquidatore e sempre che la stessa non sia imposta dalla legge, il piano poteva prevedere l'affidamento del patrimonio del debitore ad un gestore per la liquidazione, la custodia e la distribuzione del ricavato ai creditori, ai sensi dell'art. 7, comma 1, legge n. 3/2012, alla cui nomina provvedeva, del pari, il giudice delegato.

Il gestore, quindi, era investito di poteri più ampi rispetto a quelli del liquidatore, che si estendono all'intero patrimonio del debitore e includevano compiti di custodia e distribuzione del ricavato.

In tutte le ipotesi in cui la liquidazione fosse affidata ad un soggetto diverso dal debitore, questi doveva essere in possesso dei requisiti richiesti dall'art. 28 della legge fallimentare per la nomina a curatore, al cui ruolo l'organo in parola è assimilabile[4].

La fase della esecuzione dell'accordo e del piano, a chiunque affidata, prevedeva il compimento di tutti gli atti necessari alla realizzazione dei pagamenti previsti nel piano stesso e, in particolare, la vendita dei beni a ciò destinati e l'incasso dei crediti vantati, sotto la vigilanza dell'OCC.

Con particolare riferimento alle vendite, la legge non imponeva il ricorso alle procedure competitive, a meno che le stesse non fossero previste nel piano (nel qual caso tale modalità diveniva, invece, obbligatoria). Benché intuibili ragioni di economicità e speditezza suggerissero, a fronte di questo silenzio, di ritenere che le vendite potessero avvenire anche a trattativa privata, sia pur sotto il controllo dell'Organismo di Composizione della Crisi, molti Tribunali si erano orientati nel senso di ritenere applicabili anche alle procedure *ex lege* 3/2012 i principi normativi che disciplinano le vendite in

[3] Il CCII prevede invece in via fisiologica che il gestore della crisi assuma le funzioni di liquidatore giudiziale ove previsto [cfr. Capitolo II].

[4] N. VEZZANI, *L'accordo di composizione della crisi e il piano del consumatore nella disciplina del sovraindebitamento*, in *www.ilsovraindebitamento.it*, p. 63.

ambito fallimentare (quindi mediante il ricorso a procedure competitive, previa stima)[5]. Il Codice della Crisi (artt. 71 e 81 CCII) ha ora chiarito in via definitiva che le disposizioni normative che regolano le vendite nell'ambito delle procedure concorsuali "maggiori" sono da applicarsi anche alle procedure da sovraindebitamento.

Le somme pervenute al debitore durante tutto il periodo di esecuzione del piano, ad eccezione di quelle destinate al soddisfacimento delle esigenze di mantenimento del debitore stesso e della sua famiglia, nella misura prevista, sono soggette a vincolo di indisponibilità: come tali, esse devono essere accreditate su un deposito sottratto alla disponibilità del debitore, sotto la vigilanza dell'Organismo di Composizione della Crisi.

Tali somme sono destinate ad essere distribuite ai creditori, sulla base di progetti di riparto che il soggetto di volta in volta incaricato della esecuzione del piano (debitore, liquidatore o gestore), deve predisporre, tenuto conto della graduazione dei singoli crediti.

L'art. 13, comma 4-*bis*, legge n. 3/2012 (introdotto dalla legge di conversione) prevedeva, inoltre, che i crediti sorti in occasione o in funzione della procedura (compresi quelli relativi all'assistenza dei professionisti[6]), dovevano essere soddisfatti con preferenza rispetto agli altri, dedotto quanto ricavato dalla liquidazione dei beni oggetto di pegno e ipoteca per la parte destinata ai creditori garantiti.

Lo svincolo delle somme destinate ai riparti veniva autorizzato dal giudice delegato, sentito il liquidatore (ove nominato) e verificata la conformità dell'atto dispositivo all'accordo o al piano del consumatore; il giudice delegato ordinava, altresì, la cancellazione della trascrizione dei pignoramenti, delle iscrizioni relative ai diritti di prelazione, nonché di ogni altro vincolo, ivi compresa la trascrizione del decreto di fissazione dell'udienza *ex* art. 10, comma 1, legge n. 3/2012 e la cessazione di ogni altra forma di pubblicità.

Esaurita l'esecuzione ed adempiuto l'ultimo dei pagamenti previsti nell'accordo, la procedura si considerava chiusa e cessavano tutti gli effetti collegati al decreto di omologazione. Non è, tuttavia, allo stato, previsto alcun provvedimento formale di chiusura della procedura medesima.

Il d.lgs. 12 gennaio 2019, n. 14 aveva inizialmente introdotto un'impor-

---

[5] Trib. Verona 14 settembre 2018, inedita, citata fra gli altri da C. TRENTINI, *Le procedure da sovraindebitamento, Legge 3/2012 e Codice della Crisi d'Impresa*, Giuffrè, 2021, p. 445, ha ritenuto applicabile in via analogica all'accordo la previsione di cui all'art. 14-*novies*, comma 2, legge attuale n. 3/2012, che impone il ricorso alle procedure competitive nella diversa procedura di liquidazione controllata.

[6] Previsione, questa, introdotta dalla riforma del 2020.

tante novità relativamente alla conclusione della fase esecutiva dell'accordo e del piano, che consentiva di superare la sopra evidenziata attuale assenza di formalità: era, infatti, previsto l'obbligo, in capo all'Organismo di Composizione della Crisi, di presentare il rendiconto finale, sentito il debitore, alla cui approvazione da parte del Giudice Delegato era subordinata anche la liquidazione del compenso dell'Organismo. Il Codice Della Crisi d'Impresa e dell'Insolvenza nella sua formulazione attualmente in vigore, prevede invece, con formula mitigata – sia pur forse solo nella forma – (artt. 71 CCII per la ristrutturazione dei debiti del consumatore e 81 CCII per il concordato minore), che terminata l'esecuzione, l'OCC, sentito il debitore, debba presentare al Giudice una relazione finale. Il giudice, se il piano è stato integralmente e correttamente eseguito, procede alla liquidazione del compenso dell'OCC, tenuto conto di quanto convenuto con il debitore e ne autorizza il pagamento. Quando invece il piano non è stato correttamente ed integralmente eseguito, il giudice indica gli atti necessari per l'esecuzione del piano e un termine per il loro compimento. Il mancato adempimento di tali prescrizioni potrà provocare l'esclusione del diritto al compenso dell'Organismo di Composizione della Crisi[7], la cui diligenza è comunque valutata ai fini della liquidazione [cfr. Capitolo VIII].

Pare, infine, opportuno ricordare, quanto alla possibile durata della fase esecutiva del piano, che la legge n. 3/2012 non ha prevedeva al riguardo alcun limite massimo (né indicazioni sul punto si rinvengono nel nuovo Codice della Crisi d'Impresa).

Parte della giurisprudenza di merito aveva ritenuto opportuno colmare in via interpretativa questa ritenuta lacuna normativa, con particolare riferimento al piano del consumatore, motivando tale distinzione di trattamento con il fatto che l'istituto in parola determinerebbe una sostanziale imposizione giudiziale ai creditori, i quali possono solo contestare la convenienza del piano, senza, peraltro, che tale contestazione sia idonea ad impedirne l'omologazione ogni qual volta il giudice lo ritenga economicamente conveniente rispetto alla soluzione liquidatoria[8].

Per tale ragione, la sopracitata giurisprudenza, per evitare un eccessivo sacrificio dei creditori, aveva introdotto, a fianco ai limiti di ammissibilità del piano espressamente previsti dalla normativa, anche il limite implicito della durata massima del piano medesimo; durata che veniva individuata in

---

[7] D. PORTINARO, *Le procedure da sovraindebitamento nel Codice della crisi e dell'insolvenza*, in *Ilfallimentarista.it*, 16 maggio 2019.

[8] *Ex multis*, Trib. Mantova 2 maggio 2019; Trib. Padova 13 aprile 2018; Trib. Bari 18 settembre 2017; Trib. Rovigo 13 dicembre 2016; Trib. Milano 17 novembre 2016.

quella di 5-7 anni stabilita dalla Suprema Corte per il fallimento, in conformità con quanto prescritto dall'art. 2, comma 2-*bis*, legge n. 89/2001 (c.d. legge Pinto) e dalla Corte Europea dei Diritti dell'Uomo.

Tale interpretazione è stata superata, a seguito della ormai nota pronuncia della Corte di Cassazione [9], che ha statuito come non possa "*aprioristicamente escludersi che gli interessi del creditore risultino meglio tutelati con un piano del consumatore, che pur preveda una dilazione di significativa durata (anche superiore ai 5-7 anni), piuttosto che per mezzo della vendita forzata dei beni del patrimonio del debitore*".

Il piano del consumatore è, quindi, omologabile indipendentemente dalla sua esecuzione ultra quinquennale, tutte le volte in cui lo stesso si manifesti comunque più conveniente rispetto all'alternativa liquidatoria [10].

2. L'attività del giudice dopo l'omologazione

Durante la fase dell'esecuzione del piano, accanto ad un generale potere di vigilanza sull'esecuzione dello stesso, la legge attribuisce al giudice delegato alcune funzioni specifiche.

Come già evidenziato nel precedente paragrafo è, innanzitutto, compito precipuo del giudice delegato procedere, ove previsto, alla nomina del liquidatore o del gestore della liquidazione.

Del pari, è attribuito al giudice delegato il potere di procedere alla revoca e sostituzione del liquidatore, previa necessaria audizione dello stesso.

La legge non specificava se il provvedimento di revoca potesse colpire anche il debitore investito in via diretta dell'esecuzione del piano. Pareva, comunque, preferibile l'interpretazione secondo la quale la negligenza del debitore nell'adempimento delle prescrizioni non potesse condurre alla revoca dello stesso ed alla sua sostituzione con un liquidatore esterno, se non espressamente previsto dal piano. Ciò alla luce del fatto che la condotta inadempiente del debitore era, sotto questo profilo, già sanzionata dalla dichiarazione di cessazione degli effetti dell'omologazione di cui all'art. 14-*bis*, comma 2, lett. b), legge n. 3/2012 [11].

È, invece, senz'altro possibile che il provvedimento di revoca possa col-

---

[9] Cass. Civ., Sez. I, 28 ottobre 2019, n. 27544.

[10] G. BENVENUTO, *Il ricorso in Cassazione nel sovraindebitamento: l'aporia fra presente e futuro*, in *Diritto24, Il Sole 24 Ore*, 20 gennaio 2020.

[11] J. GIULIANI-F. CESARE, *Il piano del consumatore*, cit., p. 922.

pire il liquidatore anche quando di tale funzione sia investito l'Organismo di Composizione della Crisi, che, in tale ipotesi, verosimilmente non molto frequente, continuerà a svolgere le proprie funzioni di vigilanza e controllo, non senza intuibili criticità nel ruolo depotenziato.

L'art. 13, comma 2 ultimo capoverso della legge n. 3/2012, affidava, inoltre, al giudice delegato il compito di decidere sulle contestazioni aventi ad oggetto la violazione di diritti soggettivi, che insorgano durante la fase di esecuzione del piano. Nel totale silenzio della legge, che sul punto, era estremamente generica, deve ritenersi che la norma mirasse a regolamentare le eventuali controversie collegate all'esecuzione del piano, quali quelle inerenti i diritti di prelazione, l'ammissione alla procedura o la distribuzione sul ricavato, che comunque potevano essere oggetto di un autonomo giudizio di cognizione ordinario volte ad assumere un'efficacia generalizzata.

La laconicità della previsione induce, comunque, a ritenere che si trattasse di contestazioni destinate a trovare una soluzione con valenza meramente endoprocedurale, all'esito di un procedimento semplificato e privo di particolari formalità, nelle forme della Camera di consiglio [12].

Il giudice delegato, poi, verificata la conformità degli atti dispositivi all'accordo, autorizzava lo svincolo delle somme destinate al pagamento dei creditori ed ordinava, così come avviene, in generale, in tutte le forme di vendita forzata, sia in ambito fallimentare che esecutivo, la cancellazione della trascrizione del pignoramento, delle iscrizioni relative ai diritti di prelazione, nonché di ogni altro vincolo, ivi compresa la trascrizione del decreto di fissazione dell'udienza *ex* art. 10, comma 1, legge n. 3/2012.

Rientra, poi, nei poteri del giudice delegato quello di sospendere le eventuali procedure di vendita, fino al momento in cui sia avvenuto il trasferimento di proprietà, qualora ricorrano gravi e giustificati motivi (art. 13, comma 3, ultimo capoverso). Tale previsione richiamava quella contenuta nell'art. 108 l.fall., che contemplava la possibilità, per il giudice delegato, di sospendere, su istanza del fallito, del comitato dei creditori o di altri interessati le operazioni di vendita, quando ricorrevano gravi e giustificati motivi, o quando il prezzo offerto risultava notevolmente inferiore a quello da ritenersi congruo sulla base delle condizioni di mercato.

Per analogia, il giudice delegato poteva, quindi, durante la fase esecutiva dell'accordo o del piano, sospendere le vendite quando il prezzo offerto era

---

[12] J. GIULIANI-F. CESARE, *Il piano del consumatore*, cit., pp. 922-923; G. BRESCIA-F. CALDIERO-S. DAMIANI-G. GOIA, *La composizione della crisi da sovraindebitamento*, in *Guida Operativa alla Procedura*, 2013, p. 159.

insufficiente, si fossero verificate irregolarità nelle vendite, conflitti di interesse o le condizioni di vendita non offrivano sufficienti garanzie.

3. Annullamento, risoluzione e cessazione

Le ipotesi di annullamento e risoluzione dell'accordo di composizione della crisi erano disciplinate, rispettivamente, dai commi 1 e 2 dell'art. 14 della legge n. 3/2012.

L'annullamento poteva essere disposto dal Tribunale, su istanza di ogni creditore, in contraddittorio con il debitore, solo in un numero limitato e tassativo di ipotesi: quando il debitore avesse dolosamente o con colpa grave aumentato o diminuito il passivo, ovvero sottratto o dissimulato una parte rilevante dell'attivo, o, ancora, quando avesse dolosamente simulato attività inesistenti. Non erano ammesse azioni di annullamento fondate su motivi diversi.

La norma riconosceva la legittimazione attiva in capo ad "ogni creditore", con ciò dovendosi intendere ogni creditore anteriore, anche se non aveva partecipato all'accordo, mentre dovevano ritenersi esclusi i creditori posteriori [13]. Legittimato passivamente era il debitore, mentre non sussisteva litisconsorzio necessario in senso tecnico con il liquidatore o il gestore, anche se la loro partecipazione al procedimento era sicuramente opportuna.

Il ricorso per l'annullamento si proponeva entro sei mesi dalla scoperta della causa su cui si fonda e, in ogni caso, entro due anni dalla scadenza del termine fissato per l'ultimo adempimento previsto nel piano omologato.

La risoluzione dell'accordo, invece, poteva essere richiesta al Tribunale da ciascun creditore solo nelle ipotesi in cui (i) il debitore non adempiesse agli obblighi derivanti dall'accordo (ii) le garanzie promesse non venissero costituite, o, infine, (iii) l'esecuzione dell'accordo diventasse impossibile per cause non imputabili al debitore.

La risoluzione si chiedeva mediante ricorso da presentarsi, a pena di decadenza, entro sei mesi dalla scoperta del fatto posto a fondamento della domanda e, comunque, entro un anno dalla scadenza del termine per l'ultimo adempimento previsto nel piano.

Anche nel caso della risoluzione la legittimazione attiva era riconosciuta ad ogni creditore, mentre quella passiva competeva al debitore.

---

[13] C. TRENTINI, *Le procedure da sovraindebitamento, Legge 3/2012 e Codice della Crisi d'Impresa*, cit., pp. 504-505.

Tanto il ricorso per l'annullamento, tanto quello per la risoluzione, si proponevano dinnanzi al Tribunale competente *ex* art. 9, comma 1, legge n. 3/2012, da individuarsi alla data di presentazione dell'istanza e che poteva, quindi, anche essere differente da quello che aveva omologato l'accordo [14].

Il Tribunale decideva in composizione monocratica.

Vi era, inoltre, un'ipotesi di risoluzione di diritto dell'accordo, disciplinata dall'art. 12, comma 5, legge n. 3/2012, rappresentata dalla dichiarazione di fallimento del debitore. In tale ipotesi era prevista un'esenzione da revocatoria per tutti gli atti, pagamenti e garanzie posti in essere in esecuzione dell'accordo omologato. Inoltre, i crediti derivanti da finanziamenti concessi in funzione o in esecuzione del piano, acquistavano natura prededucibile nel successivo fallimento. Dalla disposizione in esame si poteva dedurre un generale principio di prevalenza del fallimento sul sovraindebitamento [cfr. Capitolo III].

Qualora l'esecuzione dell'accordo fosse divenuta impossibile per ragioni estranee al debitore, quest'ultimo aveva la possibilità di proporre una modifica con l'ausilio dell'Organismo di Composizione della Crisi.

Si riteneva che tale previsione normativa non attribuiva una facoltà di modifica unilaterale del piano, quanto, piuttosto, la possibilità di riproporre ai creditori un nuovo accordo senza che si verificasse la causa di inammissibilità del ricorso prevista dall'art. 7, comma 2, lett. b), legge n. 3/2012 [15].

In seguito all'annullamento o alla risoluzione cessavano gli effetti dell'omologazione e venivano meno gli effetti protettivi sul patrimonio del debitore. Non venivano, tuttavia, pregiudicati i diritti acquistati da terzi in buona fede.

Si applicavano, in quanto compatibili, gli artt. 737 ss. c.p.c.

Il reclamo si proponeva al Tribunale; del collegio non poteva far parte il giudice che aveva adottato il provvedimento.

Una ulteriore ipotesi patologica della fase esecutiva era rappresentata dalla cessazione degli effetti dello stesso, disciplinata dall'art. 11, comma 5, legge n. 3/2012, ai sensi del quale l'accordo cessava di diritto di produrre effetti qualora il debitore non provvedeva entro novanta giorni dalle scadenze, come previste nel piano, al pagamento integrale dei crediti delle amministrazioni pubbliche e degli enti gestori di forme di assistenza e previdenza ob-

---

[14] R. GIORDANO, *L'impugnazione e la risoluzione dell'accordo*, in F. DI MARZIO-F. MACARIO-G. TERRANOVA, *La "nuova" composizione della crisi da sovraindebitamento*, in *Il civilista*, Milano, 2003, p. 59.

[15] Trib. Mantova 9 novembre 2021; S. CORDOPATRI, *L'esecuzione dell'accordo o del piano del consumatore*, in AA.VV., *La "nuova" composizione della crisi da sovraindebitamento*, a cura di F. DI MARZIO-F. MACARIO-G. TERRANOVA, 2013, p. 58.

bligatorie. L'inciso "*come previsti nel piano*" era stato opportunamente introdotto dal decreto sviluppo-*bis*: in sua assenza, infatti, si riteneva che il mancato pagamento di tali crediti in misura integrale comportasse la cessazione degli effetti dell'accordo; tuttavia, la totale impossibilità di falcidia dei crediti erariali e previdenziali era un forte disincentivo all'accesso alla procedura [16], ora superato dalla prevista possibilità di falcidiarli, sia pur nei limiti – rispettivamente, quantitativi e qualitativi – di quanto stabilito dall'art. 7, comma 1, secondo e terzo periodo.

Il comma 4 dell'art. 12, legge n. 3/2012 prevedeva, inoltre, che gli effetti dell'accordo venissero meno in caso di mancato pagamento dei crediti impignorabili. Prima della riforma del 2020 anche il mancato pagamento dei crediti di cui all'art. 7, comma 1, terzo periodo comportava il venir meno degli effetti dell'accordo, ma avendo la riforma abrogato il terzo periodo dell'art. 7, comma 1, legge n. 3/2012, anche tale previsione deve ritenersi implicitamente abrogata. L'accertamento del mancato pagamento di tali crediti poteva essere chiesto da qualunque interessato al Tribunale con ricorso da decidere in Camera di consiglio, ai sensi degli artt. 737 ss. c.p.c. Il reclamo, anche avverso il provvedimento di diniego, si proponeva al Tribunale e del Collegio non poteva far parte il giudice che aveva pronunciato il provvedimento.

Le ipotesi di cessazione degli effetti del piano del consumatore (per il quale, nella legge n. 3/2012, non si parla mai di risoluzione, probabilmente per l'assenza di un consenso di massa con i creditori) [17], erano disciplinate dall'art. 14-*bis*, legge n. 3/2012 ed erano, in buona parte, sovrapponibili alle ipotesi in cui la medesima legge prevedeva la cessazione degli effetti dell'accordo:

- cessazione di diritto nei casi e secondo le modalità previste dall'art. 11, comma 5, legge n. 3/2012 e, quindi, in caso di mancato pagamento, entro novanta giorni dal termine indicato nel piano e nella misura in esso prevista, dei crediti erariali e di quelli previdenziali, nonché in caso accertato compimento di atti diretti a frodare le ragioni dei creditori (art. 14-*bis*, comma 1);
- cessazione a seguito dell'accertamento, da parte del Tribunale, su istanza di ogni creditore da presentarsi entro sei mesi dalla scoperta e, in ogni caso, non oltre due anni dalla scadenza del termine fissato per l'ultimo adempimento previsto, dell'aumento o diminuzione del passivo con dolo

---

[16] G. IVONE, *L'accordo tra debitore e creditori*, in AA.VV., *La "nuova" composizione della crisi da sovraindebitamento*, cit., p. 43.

[17] J. GIULIANI-F. CESARE, *Il piano del consumatore*, cit., p. 925.

o colpa grave, della sottrazione di parte rilevante dell'attivo o della dolosa simulazione dell'attivo stesso (art. 14-*bis*, comma 2, lett. a);

- cessazione a seguito dell'accertamento, da parte del Tribunale, su istanza di ogni creditore da presentarsi entro sei mesi dalla scoperta e, in ogni caso, non oltre un anno dalla scadenza del termine fissato per l'ultimo adempimento previsto, dell'inadempimento agli obblighi del piano, della mancata costituzione delle garanzie promesse ovvero della sopravvenuta impossibilità di eseguire il piano per fatto estraneo al debitore (art. 14-*bis*, comma 2, lett. b).

A tali ipotesi doveva aggiungersi quella prevista dall'art. 12-*ter*, ultimo comma, della legge n. 3/2012, che prevede vs il venir meno degli effetti dell'omologa a seguito dell'accertamento, da parte del Tribunale, del mancato pagamento dei crediti impignorabili (anche in questo caso la previsione relativa al mancato pagamento dei crediti di cui all'art. 7, comma 1, terzo periodo, era stata espunta dalla riforma del 2020) in analogia con quanto previsto per l'accordo dall'art. 12, comma 4, espressamente richiamato anche con riferimento alle modalità di presentazione e decisione del ricorso.

Anche la dichiarazione di fallimento poteva rappresentare una causa di cessazione di diritto dell'efficacia del piano: il fallimento del consumatore poteva sicuramente considerarsi un'evenienza rara, ma non impossibile, anche alla luce dell'interpretazione della Corte di Cassazione, secondo la quale il consumatore, che acceda va alla procedura allo stesso dedicata dalla legge n. 3/2012, non doveva necessariamente essere un privato: poteva anche svolgere attività di professionista o di imprenditore, purché le posizioni debitorie residue, oggetto del piano, fossero estranee all'attività imprenditoriale o professionale eventualmente svolta e le obbligazioni d'impresa fossero estinte [18]. Ciò che rilevava, in altri termini, era la qualità del debito, anzi dell'insolvenza finale, ove non dovevano "comparire obbligazioni assunte per gli scopi di cui alle predette attività ovvero comunque esse non dovendo più risultare attuali" potendo al limite residuare eventuali debiti di cui all'art. 7, comma 1, terzo periodo (tributi costituenti risorse proprie dell'Unione Europea, imposta sul valore aggiunto e ritenute operate e non versate) [19] [cfr. Capitolo I].

Tanto l'accordo, quanto il piano potevano essere, infine, revocati dal Giudice, anche d'ufficio, in presenza di atti diretti a frodare le ragioni dei creditori, sulla base di quanto stabilito in tema di accordo dall'art. 11, comma 5, legge n. 3/2012, richiamato per il piano del consumatore dall'art. 14-*bis*, comma 1.

---

[18] Cass. Civ., Sez. I, 1° febbraio 2016, n. 1869.

[19] F. VALERINI, *Sovraindebitamento*, in *Ilfallimentarista.it*, 14 febbraio 2019.

L'art. 14-*quater* della legge n. 3/2012, introdotto dal d.l. 18 ottobre 2012, n. 179, prevedeva, tanto per l'accordo di composizione della crisi che per il piano del consumatore, la possibilità che, in tutti i sopra esaminati casi di cessazione degli effetti dell'omologazione, la procedura fosse convertita in quella della liquidazione del patrimonio.

La domanda di conversione poteva essere proposta dal debitore o da uno o più creditori nell'ipotesi di annullamento dell'accordo o di cessazione degli effetti dell'omologazione del piano del consumatore ai sensi dell'art. 14-*bis*, comma 2, lett. a).

La conversione poteva, inoltre, essere disposta anche d'ufficio nei casi di cui agli artt. 11, comma 5, e 14-*bis*, comma 1, nonché di risoluzione dell'accordo o di cessazione degli effetti dell'omologazione del piano del consumatore ai sensi dell'art. 14-*bis*, comma 2, lett. b), ove determinati da cause imputabili al debitore [20].

---

[20] Si segnala la pronuncia del Trib. Chieti 22 febbraio 2022, che ha disposto la conversione della procedura di un accordo omologato nel 2018 in liquidazione del patrimonio, su istanza del debitore, sulla base della dedotta sopravvenuta impossibilità di adempiere i termini dell'accordo per cause allo stesso a non imputabili sul presupposto dell'applicazione analogica del disposto dell'art. 14-*quater*, legge attuale n. 3/2012, citata da G. BENVENUTO-R. CAPASSO, *Accordo di composizione della crisi: rassegna di giurisprudenza di merito*, in *Ilfallimentarista.it*, 5 settembre 2022.

Capitolo Sesto

LA LIQUIDAZIONE DEL PATRIMONIO

di *Fabio Cesare*

1. Introduzione e inquadramento

La liquidazione del patrimonio non era prevista nell'impianto originario della legge n. 3/2012: l'istituto è comparso con la riforma introdotta con il d.l. n. 179/2012, di poco successiva. Il correttivo, che aveva introdotto anche le *start up* innovative, ha inserito nel corpo della legge n. 3/2012 gli artt. dal 14-*ter* al 14-*terdecies* rubricati "*Liquidazione del patrimonio*". La fisionomia del sovraindebitamento è così mutata divenendo ancor più dichiaratamente concorsuale, pure per effetto di modifiche al piano del consumatore e all'accordo di composizione della crisi che rischiavano un completo insuccesso della prima versione della legge, per via delle maggioranze troppo elevate per l'approvazione della proposta, per di più accompagnate da un consenso originariamente espresso e non presunto come poi previsto.

La relazione illustrativa del d.l. n. 179/2012 individuava già le ragioni della revisione alla luce del dato comparato: tutti i Paesi con una disciplina per la risoluzione di crisi per i soggetti non fallibili hanno optato per uno strumento concorsuale con effetti esdebitatori e non si sono limitati ad introdurre soluzioni transattive fondate sul diritto civile, come previsto originariamente dalla prima versione della legge n. 3/2012 [1]. La struttura della legge

[1] Per i primi commenti sulla materia si veda F. DI MARZIO, *Sovraindebitamento: il pro-*

sul sovraindebitamento innestava così due stratificazioni normative, una originaria di matrice solo transattiva e l'altra successiva e riconducibile al d.l. n. 179/2012 più dichiaratamente concorsuale.

La riforma del sovraindebitamento, che trova definitivo recepimento nel Codice della Crisi e dell'Insolvenza, fuga ogni dubbio (se mai ve ne fossero stati) sulla natura concorsuale dell'istituto, imponendo di ricorrere all'analogia con la liquidazione giudiziale, ove ricorra una lacuna [2].

Secondo le rilevazioni statistiche del Ministero della Giustizia, nel 2018 la liquidazione del patrimonio è l'istituto più suggerito dagli OCC del Nord Italia e su base nazionale è il procedimento che raggiunge l'apertura nel maggior numero di procedimenti [3]; tale primato è rimasto invariato anche in seguito all'entrata in vigore del Codice della Crisi per la liquidazione controllata [4].

Di qui la necessità per l'interprete di occuparsi dell'istituto in esame anche dopo l'introduzione della riforma, poiché la maggior parte delle procedure

---

cedimento di liquidazione del patrimonio, al quale può seguire la concessione dell'esdebitazione, altra importante novità del Decreto Sviluppo-bis, in *Ilfallimentarista.it*, 2013.

[2] In tema di assimilazione della liquidazione del patrimonio alla liquidazione giudiziale cfr. Trib. Roma 19 aprile 2021, in *www.ilcaso.it*. La pronuncia evidenzia gli aspetti comuni alle due procedure: lo spossessamento, una massa separata attiva destinata al soddisfacimento dei creditori e la nomina di un liquidatore giudiziale. Così come la procedura maggiore anche la minore è una procedura concorsuale; ciò lo si ricava oltre che dagli artt. 7, comma 2, lett. a) e 6, comma 1, anche da altre circostanze: (i) essa coinvolge l'intero complesso dei beni del debitore (ii) la procedura manifesta i suoi effetti nei confronti di tutti i creditori anteriori alla sua apertura (iii) i creditori anteriori all'apertura della procedura non possono iniziare o proseguire azioni esecutive e cautelari né costituire cause legittime di prelazione; cfr. Trib. Milano 1° marzo 2021, Trib. Milano 16 marzo 2022, Trib. Milano 6 giugno 2022, in *www.ilcaso.it*, nelle quali vengono evidenziate altre caratteristiche che accomunano le due procedure, quali: domanda di insinuazione al passivo, programma di liquidazione, azioni del liquidatore ed esclusione dei creditori posteriori al concorso per la parte destinata a soddisfare i creditori divenuti concorrenti.

[3] *Fonte*: *Webstat Giustizia*, monitoraggio statistico sugli organismi di composizione della crisi da sovraindebitamento per l'anno 2018, disponibile all'indirizzo *https://webstat.giustizia.it*. In particolare le liquidazione del patrimonio nel 2018 hanno raggiunto un decreto di apertura nel 62% dei casi, mentre i piani del consumatore, proposti più spesso nel Sud Italia, vengono omologati solo nel 20% dei casi, tra quelli proposti agli organismi di composizione della crisi.

[4] *Fonte*: *Webstat Giustizia*, monitoraggio statistico sugli organismi di composizione della crisi da sovraindebitamento per l'anno 2022, disponibile all'indirizzo *https://webstat.giustizia.it*: nel corso del 2022 la liquidazione controllata è stata scelta per il 47% delle istanze presentate (con il 61% dei procedimenti conclusi con sentenza di ammissione), mentre la ristrutturazione dei debiti del consumatore e il concordato minore rispettivamente per il 37% e 17% (definiti con sentenza di omologa il 34% e 33%).

aperte sotto l'egida della legge n. 3/2012 rimarranno pendenti per diverso tempo anche dopo l'entrata in vigore del CCII del 15 luglio 2022.

Qui di seguito verranno indicati i tratti della liquidazione del patrimonio, definita anche "liquidazione dei beni" nella *vulgata*.

2. L'avvio del procedimento: il ricorso diretto e in via indiretta per conversione

L'atto di impulso della liquidazione del patrimonio avviene su ricorso del solo sovraindebitato in via diretta e non dei creditori che a determinate condizioni possono richiedere la liquidazione controllata, erede dell'istituto in disamina nel Codice della Crisi e dell'Insolvenza (cfr. art. 268 CCI) [cfr. Capitolo XI].

L'avvio del procedimento può essere anche la conseguenza di un evento patologico dell'accordo di composizione della crisi o del piano del consumatore. Sono le ipotesi di annullamento e risoluzione *ex* art. 14, revoca e cessazione degli effetti *ex* art. 14-*bis*, la mancata esecuzione dei pagamenti previsti nel piano alle amministrazioni pubbliche e agli enti gestori di previdenza e assistenza obbligatori *ex* art. 11, comma 5, legge n. 3/2012.

2.1. L'apertura a seguito della conversione

In questo gruppo di fattispecie (artt. 11, comma 5, e 14-14-*bis*), la conversione viene disposta su istanza del debitore o di uno dei creditori se non vengono eseguiti, entro novanta giorni dalle scadenze previste, i pagamenti dovuti secondo il piano alle amministrazioni pubbliche e agli enti gestori di forme di previdenza e assistenza obbligatorie. Nel solo caso in cui risultino compiuti atti diretti a frodare i creditori durante la prima procedura, l'impulso per la conversione dell'accordo o del piano in liquidazione del patrimonio può avvenire d'ufficio a norma dell'art. 11, comma 5, anche sulla semplice informativa dell'OCC, che ha il compito di vigilare sulla procedura (art. 13).

Allo stesso modo, accordo e piano possono essere annullati se è stato dolosamente aumentato il passivo o occultata una parte rilevante dell'attivo oppure se sono state dolosamente simulate attività inesistenti.

Per ragioni di certezza dei rapporti conseguenti all'omologazione, è previsto un termine acceleratorio: l'istanza non può essere proposta oltre sei mesi dalla scoperta del vizio che legittima l'annullamento e in ogni caso non oltre due anni dall'ultimo termine fissato per l'adempimento del piano.

La risoluzione del piano e dell'accordo può essere richiesta da ogni creditore se il debitore non adempie alla proposta, se non vengono costituite le garanzie promesse, oppure se l'adempimento del piano diventa impossibile per ragioni non imputabili al debitore.

Il termine per proporre la risoluzione è di sei mesi dal verificarsi dell'evento legittimante l'iniziativa e comunque entro un anno dalla scadenza dell'ultimo adempimento previsto dall'accordo.

In caso di conversione, non è necessario allegare all'istanza la relazione particolareggiata dell'OCC (su cui v. *infra*), né un ulteriore corredo documentale, poiché già acquisiti nella precedente fase.

Al procedimento per la conversione sono applicabili le norme sui procedimenti in Camera di consiglio (art. 737 ss. c.p.c.).

Nell'istanza non è necessaria una ulteriore verifica circa l'assenza di atti di frode [5], non richiesta dagli artt. 14 e 14-*bis*, verifica, invece, imposta nella relazione particolareggiata dell'OCC con riguardo al ricorso del debitore ed oggetto di specifica valutazione da parte del giudice quale condizione di ammissibilità per l'apertura del concorso (art. 14-*quinquies*).

2.2. Il ricorso in via diretta del debitore

Il ricorso del debitore in via diretta per la liquidazione del patrimonio prevede una produzione documentale assai articolata e descritta dall'art. 14-*ter*, comma 3.

L'atto introduttivo si basa, pertanto, su un atto di impulso meramente volontario e non può essere depositato dai creditori, possibilità invece prevista nel Codice per la liquidazione controllata [cfr. Capitolo XI].

Il procedimento è disciplinato dall'art. 14-*ter*, comma 2 e 3. Il gestore nominato dall'OCC in seguito all'istanza del debitore deve allegare l'inventario di tutti i beni del ricorrente, con le indicazioni del possesso di essi e deve essere accompagnato da una relazione dell'organismo di composizione della crisi che fotografi le cause del sovraindebitamento, il resoconto sulla solvibilità del debitore negli ultimi cinque anni, l'esistenza di atti impugnati negli ultimi cinque anni (con particolare riguardo alle revocatorie) e il giudizio sulla completezza e sulla attendibilità della documentazione. Va, infatti, ricordato che l'istituto in commento è accessibile anche ai consumatori, che

---

[5] Sulla natura degli atti di frode e su come la verifica si declini nei tre istituti si veda: G. BENVENUTO, *Gli atti in frode e l'inutilità della meritevolezza*, in *Ilfallimentarista.it*, 2019; M. VITIELLO, *Atti in frode ai creditori e procedura di liquidazione del patrimonio del sovraindebitato*, in *Ilfallimentarista.it*, 2017.

non dispongono di una contabilità in grado di fotografare i movimenti del sovraindebitato.

È, dunque, possibile che la documentazione a disposizione dell'OCC non sia sufficiente quando non sia addirittura priva di riscontri di coerenza esterna e, pertanto, risulti inattendibile, con conseguente impossibilità di accedere agli istituti del sovraindebitamento. Il ricorso apre un procedimento non contezioso di volontaria giurisdizione, disciplinato dagli art. 737 c.p.c. ss. L'istanza è rinunciabile fino a quando non intervenga il decreto di apertura, cui conseguono interessi pubblicistici che non possono consentire la chiusura del procedimento su richiesta del debitore [6]. È necessaria l'assistenza di un difensore, per il principio generale sancito dall'art. 82, comma 3, c.p.c. [7], anche se non mancano pronunce di segno opposto intese a valorizzare la necessità di contenere i costi professionali di simili procedure e la natura non contenziosa del giudizio, circostanza che ammetterebbe la possibilità per il sovraindebitato di stare in giudizio personalmente. Va segnalata sul tema una posizione intermedia [8] che conclude per la necessità del patrocinio, per l'unicità della procedura pur con fasi e gradi di natura potenzialmente contenziosa. La pronuncia ammette, comunque, che la difesa tecnica possa essere assunta anche dall'OCC, qualora all'interno dell'organismo sia nominato un gestore attestatore e un gestore abilitato all'esercizio della professione forense. Le valutazioni e le interferenze con la legge fallimentare e con le esecuzioni individuali impongono, in ogni caso, in via sostanziale l'ausilio di un legale, senza il quale ben difficilmente sarà possibile giungere ad un provvedimento efficace, non fosse altro che per l'impossibilità di accedere alle comunicazioni del processo civile telematico, che non è consentita ai gestori non abilitati a svolgere la professione di avvocato.

L'istanza di liquidazione del patrimonio può essere anche proposta in via subordinata rispetto al piano e all'accordo [9].

---

[6] Si veda Trib. Treviso 22 giugno 2017, in *www.fallimentiesocietà.it*.

[7] Si veda Trib. Massa 28 gennaio 2016, Est. Pellegri, in *www.ilcaso.it*. Si è espresso per la possibilità di un ricorso senza difesa tecnica, sia pure in un *obiter dictum* Trib. Pistoia, decreto 19 novembre 2014 (ud. 17 novembre 2014), Est. Garufi, in *www.ilcaso.it*, che ha professato la mera eventualità del patrocinio del difensore.

[8] Trib. Vicenza 29 aprile 2014, Est. Limitone, in *www.ilcaso.it*.

[9] Sulla differenza di funzione tra l'accordo e la liquidazione del patrimonio cfr. Trib. Ferrara 22 dicembre 2012, in *www.ilcaso.it*. L'accordo ha la funzione di tutelare la continuità aziendale attraverso il mantenimento della gestione dell'attività in capo al debitore (sotto il controllo del gestore). La liquidazione del patrimonio, invece, non ha alcun effetto protettivo poiché (i) il debitore non ha alcun controllo sull'attività economica e (ii) tutto il suo patrimonio è a disposizione dei creditori.

Non è invece possibile la presentazione contestuale e cumulata di più domande relative alle procedure previste dalla legge n. 3/2012, poiché l'art. 14-*ter* fa espressamente riferimento al requisito dell'alternatività.

3. La competenza

La domanda va presentata al Tribunale del luogo di residenza o della sede del sovraindebitato, ma non sussiste nella legge n. 3/2012 alcuna regola analoga all'art. 28 CCII in grado di far prevalere la sede effettiva rispetto a quella fittizia ed evitare scelte di *forum shopping* (più diffusamente Capitoli II e VII), che qui potevano essere legittimamente adottate [10]. Qualche cenno meritano i cittadini residenti all'estero iscritti all'AIRE. In una sporadica pronuncia è stato accolto un ricorso di un cittadino residente all'estero radicando la competenza del luogo dove erano collocati i suoi interessi preminenti, luogo che coincideva con l'ultima residenza italiana e con quella del coniuge che aveva presentato analogo ricorso congiunto [11].

4. La nomina dell'OCC e del gestore

Prima di rivolgersi al Tribunale, il debitore doveva formulare istanza presso l'organismo di composizione della crisi (OCC) territorialmente competente [12], perché venisse individuato un gestore al suo interno per la redazione della relazione particolareggiata da produrre come allegato del ricorso.

---

[10] Qualche modesta apertura si rinviene in una pronuncia di merito che in un *obiter dictum* non esclude di rinvenire l'abuso del cambio di residenza o di sede esclusivamente inteso a radicare la competenza del Tribunale di maggior favore così da rendere fittizio il trasferimento: cfr. Trib. Prato 28 settembre 2016, in *www.ilcaso.it*. Il CCI ha uniformatole procedure concorsuali maggiori al sovraindebitamento con l'introduzione dell'art. 28 che detta disposizioni analoghe a quelle del vecchio art. 9 l.fall. rendendo ininfluente il trasferimento infrannuale ai fini della competenza.

[11] Trib. Vicenza 26 novembre 2016, inedita.

[12] In tema di OCC cfr. Trib. Milano 11 aprile 2022, in *www.dirittodellacrisi.it*, che ha assimilato l'OCC ad un ausiliario del giudice quanto ad imparzialità e terzietà; caratteristiche che derivano sia dalla sua nomina (a carattere pubblico) sia dalle funzioni che è chiamato a svolgere. Quanto alla nomina esso può essere costituito presso enti pubblici e iscritto nel registro tenuto presso il Ministero della Giustizia o essere rappresentato da un avvocato, commercialista o un notaio nominato dal Presidente del Tribunale territorialmente competente.

La relazione particolareggiata e il presupposto giudizio di attendibilità della documentazione, al pari dell'attestazione di fattibilità nel piano e nell'accordo, doveva essere predisposta dall'OCC, nominato alternativamente *ex* art. 15, comma 9, legge n. 3/2012, con richiesta al Tribunale, ovvero mediante richiesta di nomina del gestore all'organismo di composizione della crisi del luogo di residenza o della sede del ricorrente.

Nel primo caso, la maggior parte dei Tribunali, compreso quello di Milano, nominavano il professionista con le funzioni dell'OCC e dichiaravano immediatamente estinto il procedimento.

Con il successivo deposito del distinto ricorso per la liquidazione dei beni, veniva poi richiesta ed eventualmente aperta la fase liquidatoria.

La distinzione fra procedimento per la nomina del gestore e ricorso per la liquidazione del patrimonio consentiva di fugare dubbi circa la pendenza di una procedura sin dalla richiesta di nomina di un gestore, con le conseguenti limitazioni per la riproponibilità della domanda per il ricorrente; permetteva poi di non lasciare indefinitamente pendente la procedura sino al deposito del ricorso per sovraindebitamento, che poteva non essere mai intrapreso.

In quest'ottica, con l'istanza rivolta al Tribunale per la nomina di un professionista con funzioni di OCC, tra sovraindebitato e professionista si instaurava un rapporto privatistico, analogamente alla nomina del revisore *ex* art. 2343 c.c. per la stima dei conferimenti in natura nelle S.p.A.

La Cassazione ha chiarito che nei circondari dove è stato costituito un OCC la nomina del gestore non può essere effettuata tramite il ricorso al Tribunale *ex* art. 15, comma 9, legge n. 3/2012 [13] ma esclusivamente con istanza indirizzata all'OCC competente.

5. Il decreto di apertura: verifiche del Tribunale, contenuto ed effetti del decreto

Depositato il ricorso con la relazione particolareggiata, il Tribunale doveva verificare la completezza della documentazione e la corrispondenza

---

Quanto alle funzioni, invece, l'OCC coadiuva il debitore nella redazione del piano e nella sua esecuzione, è garante del corretto funzionamento della procedura in quanto effettua le pubblicità e le comunicazioni disposte dal giudice.

[13] Cfr. Cass. 8 agosto 2017, n. 19740, Est. Di Marzio. Secondo la Suprema Corte la nomina tramite il Tribunale può trovare applicazione solo ove non sia costituito un OCC. Non mancano indirizzi di segno opposto nelle prassi dei Tribunali, che continuano a nominare professionisti in funzione di OCC nonostante sia costituito un organismo nel circondario di riferimento.

della situazione patrimoniale nonché la coerenza delle valutazioni dell'OCC. Doveva, altresì, verificare l'inesistenza di atti di frode, che riecheggiano il disposto dell'art. 106 CCII (allora art. 173 l.fall.). Il concetto di atti di frode poteva essere assai problematico, poiché non si comprendeva perché il sovraindebitato che li avesse compiuti dovesse essere escluso dalla procedura, posto che la liquidazione del patrimonio non determina l'immediata esdebitazione [14]. L'esclusione poteva avere senso se il procedimento avesse determinato benefici per il solo ricorrente e non per l'intero ceto creditorio, avvantaggiato da una più efficiente esecuzione concorsuale. Diversamente, sarebbe come escludere dalla liquidazione giudiziale gli imprenditori che hanno compiuto reati della crisi d'impresa prima della dichiarazione di insolvenza, il che evidentemente non può essere ragionevole. Una lettura possibile del requisito in esame può essere il frutto di un bilanciamento tra i richiamati principi della garanzia patrimoniale generica e del principio del consenso, da una parte e dall'altra le finalità del sovraindebitamento, prima fra tutte la ripartenza del debitore e l'adempimento delle obbligazioni anche quando il patrimonio dell'obbligato non lo consente. Ove siano riscontrati atti volontariamente depauperativi, in grado cioè di rendere inaffidabile la ricostruzione del patrimonio operata dall'OCC, è evidente che il patrimonio posto a disposizione dei creditori possa essere diverso da quello rappresentato, con evidente impossibilità di aprire una seria liquidazione. Se il giudice, evidentemente reso edotto dall'OCC o da un creditore, dovesse riscontrare simili atti, avrebbe, dunque, il potere-dovere di rigettare la domanda.

Le modifiche alla legge n. 3/2012 introdotte con il d.l. 28 ottobre 2020, n. 137 convertito con la legge n. 176/2020, hanno portato a ritenere implicitamente abrogata la verifica degli atti in frode di cui all'art. 14-*quinquies*, comma 1 quale *condicio sine qua non* per l'apertura della procedura di liquidazione del patrimonio. Infatti, l'art. 14-*decies*, comma 2, così come novellato dall'emendamento Pesco, ha aperto le porte alla legittimazione al liquidatore a promuovere l'*actio* Pauliana: è dunque il Liquidatore ad avere l'onere di intraprendere qualsivoglia azione giudiziale, tra cui anche quella revocatoria, previa autorizzazione del giudice [15].

---

[14] Cfr. Trib. Rimini 11 gennaio 2021, in *www.ilcaso.it*. Nella fattispecie il giudice ha aperto la procedura di liquidazione del patrimonio nonostante il debitore avesse patteggiato una pena per bancarotta fraudolenta. Il ricorso al credito colposo e sproporzionato rispetto al patrimonio è ostativo per l'accesso all'esdebitazione ma non per l'accesso alla liquidazione del patrimonio.

[15] In tema di abrogazione implicita dell'art. 14-*quinquies*, comma 1, legge n. 3/2012 si veda Trib. Lecco 16 gennaio 2021, in *www.ilcaso.it*. L'irrilevanza degli atti in frode è sancita dall'art. 14-*decies*, comma 2, legge n. 3/2012 che prevede che il liquidatore, se autorizzato dal

In tal modo è stato escluso che l'apertura della liquidazione possa essere impedita dal riscontro di atti di frode.

Una diversa ricostruzione non permetterebbe poi di spiegare per quale ragione essa si possa aprire a seguito della conversione dell'accordo o del piano del consumatore senza alcuna verifica degli atti di frode e non spiegherebbe nemmeno perché tutto sommato gli atti di frode possano consentire al debitore di aumentare le possibilità di successo del suo contegno fraudolento a danno dei creditori, impedendo l'apertura di un'esecuzione collettiva, evidentemente più efficace nella ricostruzione dell'attivo rispetto a plurime iniziative individuali [16].

In coerenza con questa impostazione, la liquidazione controllata nel nuovo Codice della Crisi e dell'Insolvenza, erede della liquidazione del patrimonio, non prevede più la verifica degli atti di frode per l'apertura del concorso, il che dovrebbe imporre una lettura restrittiva del requisito in esame per evitare sperequazioni tra posizioni omogenee trattate diversamente solo per la data del deposito del ricorso [cfr. Capitolo XI].

Va rimarcato che la domanda non deve contenere alcuna proposta, né alcun piano: il debitore mette a disposizione tutti i propri beni, presenti passati e futuri, con le esclusioni che vedremo a breve, a prescindere dalla loro consistenza e valorizzazione [17]. Pertanto, il Tribunale non effettua alcuna valutazione circa la possibile realizzazione di un qualche attivo per i creditori, che può essere inesistente, diversamente non si spiegherebbe per quale ragione l'art. 14-*terdecies*, comma 1, lett. f), richiede che per l'esdebitazione debbano essere soddisfatti, in qualche misura, i creditori concorrenti (presupponendo che essi possano non essere soddisfatti per l'assenza di attivo nella liquidazione).

---

giudice, esercita o prosegue azioni dirette a far dichiarare inefficaci gli atti compiuti dal debitore in pregiudizio ai creditori. La facoltà del liquidatore di esercitare *ex novo* o proseguire azioni revocatorie *ex* art. 2901 c.c. presuppone l'irrilevanza, per l'accesso alla procedura, degli atti pregiudizievoli per i creditori. Si veda anche Trib. Monza 11 agosto 2021, in *www.ilcaso.it*.

[16] Sul tema si veda M. VITIELLO, *Atti in frode ai creditori e procedura di liquidazione del patrimonio del sovraindebitato*, in *Ilfallimentarista.it*, 2017.

[17] Cfr. Trib. Milano 2 marzo 2021 in tema di inammissibilità della procedura per omessa rappresentazione da parte del debitore di tutte le fonti di reddito; cfr. anche Trib. Reggio Emilia 5 febbraio 2021 in tema di esclusione dalla liquidazione delle quote sociali dell'istante. Nel caso di specie il giudice ha aperto la procedura di liquidazione escludendo le quote sociali della s.r.l. di titolarità dell'istante sulla base di due motivi: (i) da una perizia depositata emerge che il valore, in caso di collocazione sul mercato, era pari a zero e (ii) l'unico reddito dell'istante derivava proprio dai dividenti derivanti dalla partecipazione.

E, infatti, la giurisprudenza maggioritaria ha ammesso l'apertura della procedura anche in assenza di un attivo certo [18].

Ciò sia perché l'art. 14-*quinquies* perimetra il sindacato del Tribunale senza indicare l'esistenza di beni da liquidare quale requisito di ammissibilità, sia perché è ben possibile che un attivo provenga da una porzione del reddito futuro del sovraindebitato, ovvero da sopravvenienze attive nei quattro anni successivi all'apertura della liquidazione che, a norma dell'art. 14-*undecies*, sono di pertinenza della massa [19].

L'opposta interpretazione muove il proprio convincimento dalla necessità di corredare la domanda con l'elenco dei beni che dovranno essere oggetto di liquidazione: tuttavia, il novellato art. 268 CCII dovrebbe ormai fugare ogni dubbio sull'ammissibilità della liquidazione del patrimonio senza beni, poiché l'assenza di attivo permetterebbe al sovraindebitato di accedere alla liquidazione controllata (rimanendo impedito il ricorso del solo terzo creditore nel caso in cui il debitore decida di sollevare l'eccezione di incapienza *ex* art. 268, comma 3, CCII) ovvero, ricorrendone le condizioni, alla esdebitazione del debitore incapiente [cfr. Capitolo XII].

Riscontrata la completezza della documentazione e l'assenza degli atti di frode, la procedura si apre con decreto. Gli effetti sono riferiti a due momenti della procedura: la sospensione degli interessi sul chirografo si determina con il semplice deposito del ricorso, mentre solo con il decreto di apertura si determina il blocco delle azioni esecutive fino alla chiusura (erroneamente indicata come omologa nel testo della legge). A norma dell'art. 14-*quinquies*, il provvedimento dispone inoltre: la nomina del liquidatore con i requisiti di cui all'art. 28 l.fall. (ora artt. 356 e 358 CCII), il blocco delle azioni esecutive fino alla chiusura della liquidazione (erroneamente indicata come omologa), le modalità di pubblicità del decreto (la prassi è la pubblicazione nel registro delle imprese o la pubblicazione sul sito del Tribunale), l'ordine di trascrizione del provvedimento per i beni registrati, sempre che ve ne siano, l'ordine di consegna dei beni al liquidatore, la definizione della misura dei redditi necessari per il sostentamento del ricorrente e della sua famiglia, di norma pari a quella indicata dal sovraindebitato nell'atto introduttivo.

La soglia del mantenimento del ricorrente fissata nel decreto di apertura merita una riflessione ulteriore.

---

[18] In tema di apertura della procedura nel caso di insussistenza del patrimonio si veda Trib. Bari 17 maggio 2021, in *www.ilcaso.it*.

[19] È stato ammesso da alcune pronunce di merito. Cfr. Trib. Milano 19 novembre 2017, Est. Macripò, in *www.ilcaso.it*; Trib. Verona 21 dicembre 2018, Est. Rizzuto, in *www.ilcaso.it*; Trib. Pordenone 14 marzo 2019, Est. Bolzoni, in *www.ilcaso.it*; Trib. Matera 24 luglio 2019, Est. Caradonio, in *www.unijuris.it*.

A riguardo, nella legge n. 3/2012 potrebbe leggersi una apparente antinomia: se da un lato non sono ricompresi nella liquidazione del patrimonio i beni impignorabili, quali le frazioni di reddito fissate dall'art. 545 c.p.c., dall'altra l'art. 14-*quinquies*, comma 2, lett. f) (che richiama l'art. 14-*ter*, comma 6, lett. b) dispone che il giudice può fissare flussi da destinare ai creditori concorrenti senza alcuna limitazione.

Secondo un perspicuo orientamento, nella fissazione del sostentamento del sovraindebitato i limiti di impignorabilità del reddito fissati all'art. 545 c.p.c. non possono essere ampliati in misura più favorevole per i creditori e più sfavorevole per il debitore, poiché dalla liquidazione del patrimonio sono esclusi tutti i beni impignorabili.

Diversamente, ammettendo cioè che il giudice non conosca limiti al ribasso nella fissazione del limite di mantenimento, si permetterebbe al debitore di accedere a forme di *welfare* (ad esempio al reddito c.d. di cittadinanza). In tale ipotesi, infatti, in considerazione del fatto che il decreto lascerebbe al debitore un reddito inferiore a quello della povertà relativa o assoluta, i creditori verrebbero indirettamente pagati dallo Stato, il che appare incongruo sotto il profilo sistematico [20].

Il decreto di apertura nomina anche il liquidatore giudiziale, che non deve essere per forza l'OCC – Gestore come nella nuova disciplina e deve avere i medesimi requisiti di indipendenza del curatore della liquidazione giudiziale in virtù del richiamo all'art. 28 l.fall. norma trasfusa con qualche modifica negli artt. 356 e 358 CCII.

Anticipando gli effetti del Codice della Crisi, che all'art. 270 impone la conferma dell'ufficio l'OCC già nominato, già sotto il vigore della legge n. 3/2012 alcuni Tribunali confermavano il gestore all'ufficio liquidatorio.

In tal modo infatti prevalgono le esigenze di economicità rispetto a quelle di controllo, poiché eventuali illeciti compiuti nella fase di predisposizione della relazione particolareggiata non verrebbero rilevati ove le due figure coincidono.

Il provvedimento di apertura del concorso è anche titolo esecutivo per il rilascio degli immobili occupati (anche dal debitore) e per la consegna dei beni inventariati nella relazione particolareggiata: tuttavia, in presenza di gravi e specifiche ragioni, il Tribunale può autorizzare il debitore a utilizzarli per un periodo di tempo (si pensi ai beni facenti parte di cespiti aziendali per i quali il liquidatore ritenga di voler proseguire l'attività di impresa, op-

---

[20] Cfr. Trib. Milano 14 marzo-10 aprile 2019, Est. Rossetti. Sul tema si veda M. DE CESARE, *Fissazione del sostentamento nella liquidazione del patrimonio e limiti di pignorabilità ex art. 545, c.p.c.*, in *Ilfallimentarista.it*, 2019.

pure alla prima abitazione laddove il debitore non abbia concrete possibilità di reperire un alloggio nel breve tempo).

Ancora, il provvedimento di apertura della liquidazione del patrimonio produce effetti anche nei confronti dei soci illimitatamente responsabili: previsione inserita al comma 7-*bis* dell'art. 14-*ter* in seguito alla riforma del 2020.

Altri effetti del decreto di apertura possono essere ricavati dal sistema, primo tra essi la scadenza immediata di tutte le obbligazioni concorsuali, senza la quale non sarebbe possibile richiedere la partecipazione al riparto. L'apertura del procedimento è equiparata al pignoramento (art. 14-*quinquies*, comma 3): si verifica una separazione patrimoniale tra i beni che rimangono nella titolarità del ricorrente, quali il reddito necessario per il sostentamento e i crediti non pignorabili che non rientrano nel patrimonio da liquidare, e i beni entrati nel patrimonio del debitore anteriormente e successivamente sopravvenuti fino alla chiusura della liquidazione. Si determina così uno spossessamento "diversamente" attenuato del sovraindebitato, che può gestire liberamente il patrimonio non soggetto al vincolo in piena autonomia.

Una ulteriore riflessione di ordine generale va effettuata con riferimento all'assenza, nella liquidazione del patrimonio, di qualsiasi fenomeno successorio che invece caratterizza il fallimento.

L'apertura della liquidazione del patrimonio non interrompe i giudizi in corso né determina un trasferimento di una intera massa patrimoniale, ma opera solo mediante una segregazione del patrimonio non assoggettato al mantenimento del debitore (o escluso *ex lege*) e destinato al soddisfacimento dei creditori anteriori.

Ne consegue che il debitore rimane legittimato attivo per tutte le controversie pendenti che non riguardino il patrimonio destinato alla liquidazione, rimane dotato di una capacità di agire senza limitazioni, diversamente che nel fallimento dell'imprenditore individuale: pertanto, le obbligazioni contratte dal debitore dopo l'apertura del concorso non subiscono alcuna deviazione dalla liquidazione del patrimonio, salva la valutazione di esse ai fini dell'esdebitazione.

6. L'accertamento del passivo e la fase della liquidazione dell'attivo

Il passivo concorsuale viene accertato con un subprocedimento modellato sulla verifica dei crediti nel fallimento. A differenza di esso, come per la liquidazione coatta amministrativa, è previsto un ruolo solo eventuale del Tribunale, a conferma dell'intento deflattivo della procedura: il liquidatore forma lo stato passivo definitivo e rimette al giudice soltanto la decisione sulle eventuali contestazioni dei creditori, secondo il meccanismo previsto dall'art. 14-*octies*. La legge non prevede un termine per il deposito delle istanze di insinuazione al passivo, che possono essere inoltrate senza limiti di tempo, salvi gli effetti di eventuali riparti già effettuati in precedenza.

Il liquidatore ha l'amministrazione dei beni e può recuperare i crediti stando in giudizio personalmente previa autorizzazione del giudice.

Prima dell'emendamento Pesco, vi era qualche dubbio in merito all'azione revocatoria. Da un lato, l'esistenza di atti revocabili avrebbe potuto costituire atto di frode e quindi avrebbe dovuto ostare alla apertura della liquidazione. Ma la questione più ostica si sarebbe posta nel caso in cui l'atto (o l'azione revocatoria pendente, ma ignota al Tribunale) fosse stato scoperto successivamente all'apertura del concorso. Da un lato la legge n. 3/2012 non contemplava una norma analoga all'allora art. 66 l.fall. (oggi art. 165 CCII): ciò faceva pensare che l'azione di cui all'art. 2901 c.c. sia esclusa. Dall'altro, nel caso in cui la revocatoria fosse stata pendente, non sarebbe stato compatibile con i principi del concorso, posto che di essa avrebbe tratto vantaggio, in caso di accoglimento della domanda, un solo creditore a scapito della massa. E ciò tanto più se l'espropriazione forzata del bene oggetto di revoca fosse stato pendente al momento dell'apertura del concorso. Prima della riforma, si riteneva potesse validamente fondarsi la legittimazione attiva del liquidatore, anche per l'azione pauliana, nell'art. 14-*decies* che gli attribuiva "*ogni azione prevista dalla legge finalizzata a conseguire la disponibilità dei beni compresi nel patrimonio del liquidatore e comunque correlata con lo svolgimento dell'attività di amministrazione*".

A fugare ogni dubbio è intervenuto il legislatore che, con la legge n. 176/2020 di conversione del d.l. 28 ottobre 2020, n. 137 ha novellato il citato art. 14-*decies*, inserendovi comma 2 l'espressa previsione per cui "*il liquidatore, autorizzato dal giudice, esercita o, se pendenti, prosegue le azioni dirette a far dichiarare inefficaci gli atti compiuti dal debitore in pregiudizio dei creditori, secondo le norme del codice civile*".

Qualche ulteriore incertezza sorge dalla mancata disciplina dei rapporti giuridici pendenti, che al contrario di quanto avviene per la liquidazione controllata nel CCII, sono completamente omessi dalla disciplina della liquidazione dei beni contenuta nella legge n. 3/2012 [21].

Prima dell'entrata in vigore del Codice, la natura concorsuale dell'istituto

---

[21] Al contrario, per la liquidazione controllata, il legislatore ha disciplinato i rapporti pendenti all'art. 270, comma 6, CCII.

e il conseguente fenomeno successorio del patrimonio in capo al liquidatore rendevano la procedura in esame così affine alla procedura maggiore da ritenere che si potesse procedere con l'applicazione analogica degli art. 72 ss. l.fall. (ora artt. 172 e 173 CCII che disciplinano i "*Rapporti pendenti*" e i "*Contratti preliminari*"), tanto più se si focalizzavano le conseguenze della mancata disciplina dei rapporti pendenti: se i rapporti non si fossero sciolti, sarebbero sorti oneri in prededuzione per la massa che a norma dell'art. 14-*terdecies* sarebbero dovuti essere pagati senza nemmeno essere accertati in sede di verifica dei crediti e sarebbero dovuti sfuggire al divieto di azioni esecutive sancito dal decreto di apertura.

Da ciò si sarebbe dovuto dedurre la possibilità che il liquidatore subisse l'esecuzione per i crediti posteriori derivanti da contratti pendenti (si pensi, a titolo esemplificativo, alle obbligazioni nascenti da un contratto di *leasing*). Simili pretese avrebbero comportato l'erosione, quasi immediatamente, del residuo attivo disponibile, frustrando gli obiettivi di efficiente allocazione delle risorse patrimoniali residue in favore dei creditori che il legislatore del sovraindebitamento si è prefissato. Ne sarebbe dovuta dunque conseguire l'applicazione in via analogica della disciplina sui rapporti pendenti del fallimento alla liquidazione del patrimonio, a pena di svuotare di significato la disciplina. A conferma di una simile impostazione, sono da richiamare le sentenze della Suprema Corte che hanno equiparato l'accordo di composizione della crisi e il piano del consumatore al concordato preventivo, anticipando la collocazione sistematica del sovraindebitamento all'interno del *corpus* della crisi e dell'insolvenza operata dalla riforma, secondo una chiara volontà del legislatore già presente nella legge delega[22].

Dopo l'entrata in vigore del Codice, avendo il legislatore espressamente disciplinato i rapporti pendenti all'art. 270, comma 6, CCII, ben si può ritenere che simile previsione possa applicarsi in via analogica alla procedura di liquidazione del patrimonio, di cui la liquidazione controllata è erede.

Le modalità di liquidazione sono rimesse al liquidatore nominato con il decreto di apertura della liquidazione: questi deposita il programma di liquidazione in cancelleria, lo comunica al debitore e ai creditori, ma senza che esso sia approvato o possa essere impugnato. Esso deve indicare le azioni da intraprendere, ivi comprese le esecuzioni in corso nelle quali può subentrare,

[22] Si veda Cass. Civ. 28 ottobre 2019, n. 27544, Rel. Campese e Cass. Civ. 3 luglio 2019, n. 17834, Rel. Terrusi. Ai medesimi risultati giunge la recente sentenza della Corte cost. 29 novembre 2019, n. 245, che dichiara la falcidiabilità dell'IVA nel sovraidebitamento facendo leva sull'omogeneità dell'accordo di composizione della crisi e il concordato preventivo per fondare il giudizio di uguaglianza *ex* art. 3 Cost. e dichiarare irragionevole la disparità di trattamento tra i due istituti in punto IVA.

nonché le vendite dei beni che devono avvenire mediante procedure competitive. Il liquidatore ha un limitato controllo: né i creditori, né il giudice autorizzano gli atti di esecuzione del programma.

L'assenza di controlli del liquidatore appare ancor più critica laddove si consideri che manca nella liquidazione (almeno letteralmente) un meccanismo di reazione analogo a quello dell'art. 36 l.fall. (ora artt. 133 e 141 CCII) per impugnare gli atti compiuti o omessi dal liquidatore. Solo ove ricorrano gravi e giustificati motivi il giudice può sospendere la liquidazione. Al termine della procedura, non prima di quattro anni dal decreto di apertura, dopo aver verificato la conformità degli atti dispositivi al programma, il giudice può autorizzare lo svincolo delle somme, ordinare la cancellazione della trascrizione del pignoramento e delle iscrizioni relative ai diritti di prelazione, nonché di ogni altro vincolo, compresa la trascrizione del decreto di apertura della procedura (art. 14-*novies*, comma 3). Il termine quadriennale ha una duplice funzione. La prima è un miglior controllo dell'operato del ricorrente: nella fase dell'istruttoria precedente all'adozione del decreto di apertura, con connotazioni *lato sensu* cautelari, tutti i beni e tutti gli atti compiuti dal sovraindebitato potrebbero non emergere, per la sommarietà della cognizione dovuta all'urgenza di adottare il provvedimento di apertura per bloccare le procedure esecutive. Ove dovessero emergere atti di frode (posti in essere nei cinque anni precedenti l'apertura o nel corso del quadriennio di durata della procedura), al debitore sarà preclusa la successiva esdebitazione; l'art. 14-*terdecies*, comma 2, lett. b) infatti prevede una nuova verifica dei requisiti, mediante l'instaurazione di un autonomo procedimento. La seconda ragione va ricercata nella necessità di acquisire eventuali beni sopravvenuti nel patrimonio del sovraindebitato, che, fino a quando è aperta la liquidazione, vengono destinati al concorso, mediante integrazione dell'inventario stilato dal liquidatore all'apertura (art. 14-*undecies*).

Capitolo Settimo

L'ESDEBITAZIONE

di *Joel Giuliani*

SOMMARIO: 1. L'istituto dell'esdebitazione. – 2. L'ambito soggettivo. – 3. I presupposti oggettivi. – 4. Il procedimento. – 5. Gli effetti.

1. L'istituto dell'esdebitazione

L'esdebitazione consente al debitore di liberarsi delle obbligazioni non soddisfatte dai riparti endoconcorsuali, determinandone l'inesigibilità.

Il percorso dell'istituto nel nostro ordinamento era iniziato con l'introduzione a opera del d.lgs. n. 5/2006 dell'art. 142 della legge fallimentare.

Prima di allora, l'esdebitazione veniva conosciuta soltanto quale conseguenza della piena esecuzione degli obblighi assunti dal debitore, in ambito di concordato preventivo o di concordato fallimentare.

La scelta del legislatore è stata di rendere più accessibile il beneficio dell'esdebitazione, con la finalità principale di creare le condizioni alla base dello sviluppo del sistema economico: *i*) da una parte incoraggiando un numero superiore di soggetti a intraprendere iniziative imprenditoriali, *ii*) dall'altra concedendo una seconda possibilità agli imprenditori dichiarati falliti di avviare nuove attività in proprio, ripartendo da zero (c.d. *fresh start policy*), dissuadendo il ricorso ad espedienti, quali prestanomi, potenzialmente attrattivi dall'alveo dell'illegalità [1].

L'istituto, vero e proprio elemento di novità, era però destinato alle sole imprese individuali fallibili: se, da un lato, permetteva di riconsiderare il fal-

[1] Si veda F. CESARE, *L'esdebitazione nel Codice della crisi e dell'insolvenza*, Focus del 27 maggio 2019, in *Ilfallimentarista.it*; CONFINDUSTRIA, *Riforma del diritto fallimentare – Le modifiche introdotte dal decreto correttivo*, marzo 2008; R. GUIDOTTI, *Esdebitazione*, in *Ilfallimentarista.it*, 26 luglio 2019.

limento in termini di vera e propria opportunità, dall'altro evidenziava la differenza con il debitore non assoggettabile a fallimento, all'epoca privo della possibilità di godere di uno strumento che potesse favorirlo nell'immediata ricollocazione all'interno del circuito economico e sociale, senza il peso delle esposizioni pregresse[2].

La legge n. 3/2012 aveva istituito, all'art. 14-*terdecies*, un parallelo procedimento di esdebitazione, analogo al citato art. 142 l.fall., rivolto a tutte le persone fisiche che avessero già intrapreso una liquidazione del patrimonio giunta al decreto di chiusura. Mentre per i debitori privi di ogni sorta di attivo, è stato necessario attendere il d.l. n. 137/2020 che ha introdotto nella legge n. 3/2012 l'art. 14-*quaterdecies* rubricato "debitore incapiente". L'articolo in questione recava le disposizioni in tema di esdebitazione del debitore incapiente, anticipando le previsioni contenute nel CCII, dove l'istituto viene attualmente disciplinato all'art. 283 CCII, analizzato nei dettagli al Capitolo XII a cui si rimanda.

2. L'ambito soggettivo

Le tre procedure disciplinate dalla legge n. 3/2012 erano riservate a tutti quei soggetti che non potevano ricorrere alle procedure concorsuali previste dalla legge fallimentare e, pertanto: agli imprenditori commerciali, le cui dimensioni escludevano la loro assoggettabilità al fallimento; ai fideiussori che avessero garantito debiti di un imprenditore fallito; agli imprenditori agricoli; ai soggetti che svolgevano un'attività di libera professione; al consumatore.

Si trattava, dunque, di soggetti eterogenei tra loro, ai quali la normativa concedeva l'effetto esdebitatorio, in via automatica, nell'ambito dell'accordo o del piano del consumatore, eccezione fatta per quelle procedure in cui la proposta omologata prevedeva soltanto una moratoria o una dilazione.

Viceversa, nella liquidazione del patrimonio, come era disciplinato dall'art. 14-*terdecies*, il beneficio della liberazione dei debiti non costituiva conseguenza automatica della azione liquidatoria, ma era soltanto eventuale ad esito di un giudizio (positivo) espresso dal Tribunale. Simile impostazione non è stata fatta propria dal CCII che all'art. 282 prevede l'esdebitazione di diritto per le procedure di liquidazione controllata decorsi tre anni dall'apertura.

Dal punto di vista soggettivo, la legge n. 3/2012 riservava l'accesso

---

[2] Si veda Corte cost. 22 ottobre 2019, n. 245.

all'istituto alle sole persone fisiche, a condizione imprescindibile che il debitore avesse assunto un comportamento meritevole e che il ricorso venisse depositato entro un anno dalla chiusura della procedura. Particolare interesse hanno assunto le interpretazioni enunciate dalla giurisprudenza, in ordine alla possibilità di accesso alle procedure di composizione della crisi, e conseguentemente anche all'istituto dell'esdebitazione, del socio illimitatamente responsabile, che si trovi in condizione di sovraindebitamento per debiti personali estranei alla partecipazione in società, nonché del debitore privo di beni [cfr. Capitolo I].

Nel primo caso si era registrata la contrapposizione di due filoni interpretativi, rappresentati: *i*) dal Tribunale di Milano (Sez. II, 18 agosto 2016) il quale aveva stabilito che le procedure di sovraindebitamento fossero accessibili soltanto ai debitori che non risultassero assoggettabili a procedure concorsuali diverse. In altri termini chi era sottoponibile al fallimento non avrebbe potuto predisporre un piano da proporre ai propri creditori, poiché avrebbe potuto essere dichiarato fallito per estensione del fallimento della società; *ii*) dal Tribunale di Rimini (Sez. II, 12 marzo 2018) e dal Tribunale di Prato (Sez. fall., 16 novembre 2019) per i quali la fallibilità per estensione *ex* art. 147 l.fall. non avrebbe integrato l'ipotesi preclusiva di accesso alla procedura di sovraindebitamento *ex* art. 7, legge n. 3/2012, pertanto, "*il socio illimitatamente responsabile non deve necessariamente attendere la dichiarazione di fallimento della società di cui fa parte*".

Dopo la miniriforma della legge n. 3/2012. (d.l. n. 137/2020, convertito nella legge 18 dicembre 2020, n. 176), sono stati superati i contrasti giurisprudenziali sul tema in favore del secondo orientamento sopra esposto: è stato reso possibile per la persona fisica socia illimitatamente responsabile di società di persone anche fallibile, proporre un piano del consumatore o un accordo di composizione della crisi con cui definire la propria debitoria di natura strettamente personale, non derivante dall'attività commerciale, artigiana o professionale eventualmente svolta, né riconducibile ai debiti contratti dalla società.

Anche nel secondo caso (quello del debitore privo di beni) il tema è risultato controverso, con soluzione a favore dell'esdebitazione del debitore incapiente [3], purché, come verrà meglio affrontato nel paragrafo seguente, a conclusione della procedura vi fosse una previsione di soddisfo, almeno parziale, a favore dei creditori concorsuali (ad esempio attingendo risorse dai redditi del sovraindebitato); non sono comunque mancate pronunce di parere contrario [4].

---

[3] Tribunali di Rovigo (31 gennaio 2018) e di Verona (21 dicembre 2018).

[4] Trib. Mantova 18 giugno 2018: "*La proposta è inammissibile atteso che, a parte la gene-*

3. I presupposti oggettivi

Sul piano oggettivo, l'esdebitazione prevista dalla legge n. 3/2012 poteva essere concessa soltanto dal momento in cui la procedura di liquidazione del patrimonio fosse giunta a chiusura, a seguito della completa esecuzione del programma di liquidazione, con ripartizione finale dell'attivo e soddisfacimento, ancorché parziale, dei creditori concorrenti.

Il giudice concedeva il beneficio dell'esdebitazione al sovraindebitato, in presenza di precisi requisiti (previsti all'art. 14-*terdecies*), fondamentalmente legati alla condotta assunta prima e durante la liquidazione, la cui verifica poteva basarsi, peraltro, sulla relazione particolareggiata dell'OCC rilasciata per l'accesso alla procedura, nonché sulla relazione dimessa dal liquidatore, ove eventualmente disposta dal giudice, per quanto attiene il corso della liquidazione.

Le condizioni all'ammissione del beneficio dell'esdebitazione (art. 14-*terdecies*, comma 1)

L'art. 14-*terdecies*, comma 1, ammetteva la liberazione dei debiti residui a patto che il sovrandebitato:

"*a) abbia cooperato al regolare ed efficace svolgimento della procedura, fornendo tutte le informazioni e la documentazione utili, nonché adoperandosi per il proficuo svolgimento delle operazioni;*
b) non abbia in alcun modo ritardato o contribuito a ritardare lo svolgimento della procedura;
c) non abbia beneficiato di altra esdebitazione negli otto anni precedenti la domanda;
d) non sia stato condannato, con sentenza passata in giudicato, per uno dei reati previsti dall'articolo 16;
*e) abbia svolto, nei quattro anni di cui all'articolo 14-*undecies*, un'attività produttiva di reddito adeguata rispetto alle proprie competenze e alla situazione di mercato o, in ogni caso, abbia cercato un'occupazione e non abbia rifiutato, senza giustificato motivo, proposte di impiego;*
f) siano stati soddisfatti, almeno in parte, i creditori per titolo e causa anteriore al decreto di apertura della liquidazione".

---

ricità della somma offerta, non indicata nel suo preciso ammontare, e parte il fatto che, in modo altrettanto generico, si afferma che l'istante da quest'anno dovrebbe poter contare anche sulla pensione, non vi sono, come sopra detto, beni mobili o immobili da liquidare, di tal che non si giustifica il ricorso alla procedura di liquida-zione del patrimonio de qua che trova evidentemente il suo presupposto nell'esistenza di un patrimonio, per quanto esiguo, liquidabile".

Coerentemente con le finalità economico-sociali perseguite della vecchia norma, il sovraindebitato veniva valutato, in sede di esdebitazione, avuto riguardo al comportamento propositivo assunto nel ricercare un'occupazione o comunque nell'aver svolto (o cercato di svolgere) un'attività incrementativa di reddito. La *ratio* sottesa pareva rispondere all'esigenza di precludere "*il reiterato e quindi abusivo ricorso all'opzione liquidatoria e quindi esdebitativa, quale comoda alternativa all'aggressione patrimoniale da parte dei creditori ed insieme periodico sistema di cancellazione dei debiti accumulati*" [5].

Le condizioni all'ammissione del beneficio nel CCII, si differenziano leggermente da quelle sopra elencate, per le quali si rinvia al Capitolo XII. In ambito applicativo ci si domandava, inoltre, quale fosse il grado satisfattorio dei creditori concorsuali, affinché potesse essere riconosciuto il beneficio liberatorio, in particolare quali fossero i creditori che eventualmente dovevano essere necessariamente soddisfatti (privilegiati e chirografari) ed eventualmente in quale misura.

In primo luogo, occorre preliminarmente rilevare come l'istituto dell'esdebitazione era – e continua ad essere limitato – ai soli debiti diversi da quelli:

"*a) derivanti da obblighi di mantenimento e alimentari;*
b) da risarcimento dei danni da fatto illecito extracontrattuale, nonché per le sanzioni penali ed amministrative di carattere pecuniario che non siano accessorie a debiti estinti".

Tali posizioni debitorie dovevano (e devono) trovare integrale soddisfazione per espressa previsione normativa e, pertanto, sfuggono dall'applicazione dell'istituto in commento.

Al contrario di quanto previsto nella legge n. 3/2012 invece, nel CCII non viene più riportata la lett. c) del vecchio art. 14-*terdecies* che escludeva l'esdebitazione anche per i debiti:

"*c) fiscali che, pur avendo causa anteriore al decreto di apertura delle procedure di cui alle sezioni prima e seconda del presente capo, sono stati successivamente accertati in ragione della sopravvenuta conoscenza di nuovi elementi*".

Tornando, invece, al quesito di partenza – prendendo a riferimento la giurisprudenza pronunciata in ambito fallimentare [6] – è stato possibile delineare per analogia il principio in forza del quale:

---

[5] A. PALUCHOWSKI-P. PAJARDI-M. BOCCHIOLA, *Codice del Fallimento*, cit., p. 2682.

[6] Si veda a proposito il decreto di esdebitazione emesso dal Trib. Monza 3 gennaio 2020: "*In considerazione della* ratio *dell'istituto dell'esdebitazione da ritenersi identica in entram-*

i) non pareva necessario che tutti i creditori concorsuali venissero pagati almeno in parte. Sarebbe stato quindi sufficiente che la dote attratta dalla liquidazione consentisse la soddisfazione anche di una sola parte dei creditori (cfr. Cass. Civ., Sez. Un., 18 novembre 2011, n. 24214 e n. 24215)[7]. In tale senso si ricordano le seguenti pronunce di legittimità: Cass. Civ., Sez. I, 8 agosto 2016, n. 16620; Cass. Civ., Sez. I, 27 marzo 2018, n. 7550[8]; Cass. n. 9917/2017[9]; Cass. Civ., Sez. I, 14 giugno 2018, n. 15586;

---

be le procedure (fallimentare e di liquidazione), il principio richiamato possa trovare applicazione anche nel caso di beneficio richiesto all'esito del procedimento di liquidazione". Cfr. F. CESARE, *Sovraindebitamento: sì all'esdebitazione anche con soddisfazione parziale dei creditori privilegiati*, in *Ilfallimentarista.it*, 2020.

[7] Così la massima: "*In tema di esdebitazione (istituto introdotto dal d.lgs. 9 gennaio 2006, n. 5), il beneficio della inesigibilità verso il fallito persona fisica dei debiti residui nei confronti dei creditori concorsuali non soddisfatti richiede, ai sensi dell'art. 142, comma secondo, legge fall., che vi sia stato il soddisfacimento, almeno parziale dei creditori concorsuali, dovendosi intendere realizzata tale condizione, in un'interpretazione costituzionalmente orientata e coerente con il 'favor' per l'istituto già formulata dalla legge delegante (art. 1, comma 6, lett. 1) n. 13 della legge 14 maggio 2005, n. 80), anche quando taluni di essi non siano stati pagati affatto, essendo invero sufficiente che, con i riparti almeno per una parte dei debiti esistenti, oggettivamente intesi, sia consentita al giudice del merito, secondo il suo prudente apprezzamento, una valutazione comparativa di tale consistenza rispetto a quanto complessivamente dovuto; una diversa conclusione, volta ad assicurare il pagamento parziale ma verso tutti i creditori, introdurrebbe invero una distinzione effettuale irragionevole tra fallimenti con creditori privilegiati di modesta entità ed altri e non terrebbe conto del fatto che il meccanismo esdebitatorio, pur derogando all'art. 2740 cod. civ., è già previsto nell'ordinamento concorsuale, all'esito del concordato preventivo (art. 84 legge fall.) e fallimentare (art. 135 legge fall.) e nel, fallimento, opera verso le società con la cancellazione dal registro delle imprese chiesta dal curatore (art. 118, secondo comma, legge fall.)*".

[8] "*Al fine di addivenire al una interpretazione fattuale uniforme della statuizione delle SS.UU. nella parte in cui ha rimesso al 'prudente apprezzamento del giudice', la valutazione della sussistenza dei presupposti per la concessione all'imprenditore fallito del beneficio dell'esdebitazione, si deve ritenere che, laddove ricorrano i presupposti di cui all'art. 142, primo comma, L.F., debba riconoscersi allo stesso quel beneficio a meno che i creditori concordatari siano rimasti totalmente insoddisfatti o siano risultati soddisfatti complessivamente in misura irrisoria [nello specifico la Suprema Corte ha cassato la decisione della Corte d'Appello che aveva negato al fallito il beneficio dell'esdebitazione per non aver soddisfatto i creditori almeno nella percentuale del 30%, senza minimamente prendere in considerazione la condotta tenuta dal debitore anteriormente alla dichiarazione del suo fallimento e, posteriormente, in corso di procedura]*".

[9] "*Ai fini del riconoscimento del beneficio dell'esdebitazione, ai sensi dell'art. 142 L.F., deve ritenersi sufficiente che siano pagati, anche parzialmente, solo parte dei creditori concorsuali, pur se talune categorie di creditori (nella specie, i creditori chirografari) non abbiano ricevuto alcunché in sede di riparto*".

ii) pareva rimesso al prudente apprezzamento del giudice accertare quale fosse la consistenza (valutata rispetto all'esposizione complessiva) che rappresentava quella parziarietà dei pagamenti che era richiesta per il riconoscimento del beneficio esdebitatorio [10].

In passato, sempre in tema di fallimento e in particolare nel corso dei lavori della Commissione Trevisanato, era stata prevista una soglia minima di soddisfacimento dei creditori chirografari, ed, ancora, nello schema di disegno di legge redatto dalla successiva Commissione nominata con d.m. 27 febbraio 2004 si prevedeva, come condizione per l'esdebitazione, il soddisfacimento di almeno del 25% dei creditori chirografari. Con la riforma attuata con il d.lgs. n. 5/2006 la previsione di una soglia minima di soddisfo è stata completamente eliminata [11]. Conformemente alla norma, la giurisprudenza di merito che si era nel frattempo sviluppata (Trib. Como 12 ottobre 2016 [12], Trib. Como 27 febbraio 2018 [13], Trib. Treviso 10 maggio 2016 [14], Trib. Udine 28 aprile 2016 [15]) non aveva fissato alcun percentuale minima,

[10] Si veda a proposito il citato decreto di esdebitazione emesso dal Trib. Monza 3 gennaio 2020.

[11] L. GUGLIEMUCCI, *Diritto fallimentare*, IV ed., 2017, p. 279.

[12] "*Ai fini del riconoscimento del beneficio dell'esdebitazione, ai sensi dell'art. 142 L.F., deve ritenersi sufficiente che siano pagati, anche parzialmente, solo parte dei creditori concorsuali: è rimessa al prudente apprezzamento del giudice la valutazione discrezionale dell'effettiva portata satisfattiva delle ripartizioni, valutazione che non può prescindere dalla verifica del numero dei creditori soddisfatti rispetto al totale di quelli ammessi, ma anche della percentuale di pagamento dei crediti in concreto realizzata. [Nel caso di specie, nel quale i pagamenti concretamente realizzati costituivano l'1,50% del passivo complessivo, il tribunale ha ritenuto che non sussistesse il requisito oggettivo per l'esdebitazione]*".

[13] "*Non potendosi ritenere integrato il presupposto di cui all'art. 142, secondo comma, L.F., non può trovare accoglimento l'istanza di esdebitazione proposta dal fallito, laddove nessuna somma sia stata erogata, prima della chiusura, per mancanza di attivo, del fallimento, come disposta ai sensi del primo comma, n. 4, dell'art. 118 L.F., in favore di un qualsivoglia creditore, né di natura prededucibile, né privilegiata, né chirografaria [nello specifico la procedura fallimentare aveva persino generato costi a carico dell'Erario, che aveva dovuto farsi carico anche della liquidazione in favore del curatore, nella misura minima possibile, del compenso a questi spettante]*".

[14] "*La disposizione di cui all'art. 142, secondo comma, L.F., che prevede che l'esdebitazione non può essere concessa qualora non siano stati soddisfatti neppure in parte i creditori concorsuali, deve intendersi nel senso che tale condizione può ritenersi integrata anche qualora taluni di essi, senza distinzione fra creditori privilegiati e chirografari, non siano stati affatto pagati, dal momento che è rimessa alla prudente valutazione del giudice di merito la comparazione di tale consistenza, rispetto a quanto complessivamente dovuto*".

[15] La soglia minima per la realizzazione del requisito della soddisfazione parziale dei

ma aveva previsto unicamente la preclusione di poter beneficiare dell'istituto al debitore c.d. "incapiente" (totalmente privo di attivo da distribuire) nonché nel caso il valore dell'attivo fosse di ammontare irrisorio, tanto da precludere ai creditori qualsiasi effettiva satisfazione.

Attualmente, sotto il vigore del CCII, sono diverse le norme che fanno propendere per la possibilità del debitore incapiente di beneficiare dell'esdebitazione, non solo in virtù dell'istituto di cui all'art. 283 CCII, ma anche in virtù delle previsioni come l'art. 233 richiamato dall'art. 276, comma 1, e l'art. 268, comma 3, CCII [16].

Le cause di esclusione all'ammissione del beneficio dell'esdebitazione (art. 14-*terdecies*, comma 2)

Il comma 2, dell'art. 14-*terdecies* escludeva la concessione del beneficio dell'esdebitazione, in due circostanze, ovvero:

a) quando il sovraindebitamento era imputabile ad un ricorso al credito col-

---

creditori di cui al comma 2 dell'art. 142 l.fall. non deve essere inferiore al 5%, pena l'equivalenza alla sostanziale irrilevanza per il ceto creditorio dei pagamenti effettuati.

[16] Infatti, l'art. 276, comma 1, CCII in tema di chiusura della liquidazione controllata rimanda all'articolo 233 CCII che alla lett. d) impone la chiusura "*quando nel corso della procedura si accerta che la sua prosecuzione non consente di soddisfare, neppure in parte, i crediti prededucibili e le spese di procedura*". Pertanto, una procedura di liquidazione controllata priva di beni si chiude per assenza di attivo solo dopo essere stata aperta (anche in assenza di beni), diversamente la disposizione parrebbe priva di significato.

Pertanto, a monte, parrebbe ammissibile una istanza in assenza di patrimonio che può essere immediatamente chiusa.

Inoltre, il Codice all'art. 268, comma 3, prevede la c.d. "eccezione di incapienza" con la quale il debitore può contrastare la domanda di apertura della procedura di liquidazione controllata quando la proposta sia fatta da un creditore. Infatti, l'art. 268, comma 3, CCII prevede che su richiesta del debitore l'OCC attesta che non è possibile acquisire attivo da distribuire ai creditori neppure mediante l'esercizio di azioni giudiziarie: tale eccezione, dunque, deve considerarsi un'eccezione in senso proprio e stretto dal momento che solo il debitore può incaricare l'OCC per attestare l'incapienza, non potendo il tribunale nominare il gestore d'ufficio per sollevare l'eccezione senza la collaborazione del debitore. Laddove il debitore decida di non sollevare l'eccezione di incapienza, la domanda del terzo sarebbe comunque ammissibile anche in caso di assenza di attivo da liquidare.

A ciò si aggiunga poi che il diniego del tribunale all'apertura di una liquidazione controllata comporterebbe l'impossibilità per un debitore incapiente "immeritevole", ovvero privo dei requisiti per l'incapiente, di accedere al beneficio dell'esdebitazione *ex* art. 283 CCII.

Una simile soluzione lascerebbe un'area soggettiva priva di una procedura concorsuale. Ciò sarebbe in contrasto con l'art. 2, lett c) del codice che fa ricadere sotto l'egida del sovraindebitamento tutte le posizioni soggettive per le quali non è previsto un istituto concorsuale specifico, dunque anche l'incapiente immeritevole.

poso e sproporzionato rispetto alle capacità patrimoniali del soggetto indebitato. Si riteneva, quindi, che il debitore non dovesse aver assunto, nel tempo, obbligazioni senza la ragionevole prospettiva di poterle rimborsare (anche ratealmente) con le risorse a disposizione. Si trattava, in altri termini, di una disamina dinamica del comportamento tenuto dal sovraindebitato, che metteva in relazione l'evoluzione del patrimonio liquidabile e del reddito disponibile con le obbligazioni a scadere, con la finalità di accertare l'esistenza di un equilibrio tra le fonti disponibili e gli impegni di breve termine, nonché le cause che ne avevano causato la rottura.
Sul tema la giurisprudenza ha espresso un giudizio positivo sulla "meritevolezza" del debitore ogni qualvolta il disequilibrio finanziario fosse connesso ad un intervenuto imprevisto (a titolo esemplificativo: la malattia sopraggiunta, anche di un componente del nucleo familiare, la perdita del proprio posto lavoro o la perdita di lavoro da parte di un componente della famiglia, la nascita di un figlio, obiettiva difficoltà a incassare i crediti) [17].

---

[17] Trib. Larino 24 maggio 2016: "*Più recentemente, è stato evidenziato che difetta il requisito di meritevolezza (nonostante il mancato accertamento dell'OCC) qualora il debitore abbia assunto le proprie obbligazioni senza la necessaria diligenza, o abbia compiuto atti in frode ai creditori*".

Trib. Torre Annunziata 12 dicembre 2016: "*La normativa sul sovraindebitamento, proprio per gli effetti che derivano dalla sua applicazione, presuppone, dunque, un attento vaglio da parte del giudice sul grado di accortezza con cui il debitore ha fatto ricorso al credito e ne ha fatto impiego. Ne discende che anche la mera accumulazione ingiustificata di prestiti – pur in assenza di accertati intenti fraudolenti o abusivi o di volontà preordinata a non rispettare i propri impegni contrattuali – è idonea a essere considerata elemento ostativo all'accesso alla procedura*".

Trib. Udine 1° gennaio 2017: "*Il consumatore meritevole è il soggetto che: (...) ha ritenuto, in modo ragionevole ed al momento in cui ha assunto l'obbligazione, di poter sempre pagare ogni debito alla scadenze*".

Trib. Rimini 19 aprile 2018: "*Il piano non può essere omologato non avendo il consumatore assunto le obbligazioni senza la ragionevole prospettiva di poterle adempiere, ovvero avendo lo stesso colposamente determinato il sovraindebitamento anche facendo un ricorso al credito non proporzionato alle proprie capacità patrimoniali*".

Trib. Santa Maria Capua Vetere 14 febbraio 2017: "*Al fine di escludere la colposità nell'indebitamento, il giudice deve verificare che il debitore abbia contratto obbligazioni astrattamente compatibili con le capacità reddituali della famiglia e quindi nella prospettiva di poterle adempiere*" (nel caso di specie, il debito assunto assorbiva oltre l'85% delle entrate mensili).

Trib. Verona 8 maggio 2015: "*Può essere omologato in quanto meritevole della tutela il piano del consumatore che si deve escludere abbia assunto obbligazioni senza la ragionevole prospettiva di poterle adempiere dal momento che il suo indebitamento è stato fondamentalmente provocato dalla necessità di aiutare un figlio affetto da gravi deficit psichici, dal mancato incasso dei crediti derivanti da morosità degli inquilini, nonché da una azione esecutiva intentata su un bene immobile comune dai creditori nei confronti della moglie del ricorrente*".

A riguardo è apparsa, altresì, interessante la pronuncia del Trib. Napoli Nord 21 dicembre 2018 [18], la quale pareva scagionare da ogni colpa il sovraindebitato che avesse contratto un debito sproporzionato nei confronti di un intermediario finanziario, se si dimostrava che quest'ultimo non avesse regolarmente adempiuto agli obblighi stabiliti dall'art. 124-*bis* TUB, in tema di valutazione preliminare del merito creditizio del richiedente il finanziamento.
Su questa linea si è mosso anche il legislatore, che con il Codice della crisi ha attribuito rilevanza al comportamento assunto dal finanziatore nell'erogazione del credito, ai fini dell'ammissibilità o meno del consumatore alle procedure di composizione della crisi. Infatti, in tema di ristrutturazione dei debiti del consumatore, l'art. 68, comma 3, CCII stabilisce che "*l'OCC, nella sua relazione, deve indicare anche se il soggetto finanziatore, ai fini della concessione del finanziamento, abbia tenuto conto del merito creditizio del debitore, valutato in relazione al suo reddito disponibile, dedotto l'importo necessario a mantenere un dignitoso tenore di vita*" (analogamente l'art. 76, comma 3, CCII nel Concordato Minore);

b) quando il debitore, nei cinque anni precedenti l'apertura della liquidazione o nel corso della stessa, aveva posto in essere atti in frode ai creditori, pagamenti o altri atti dispositivi del proprio patrimonio, ovvero simulazioni di titoli di prelazione, allo scopo di favorire alcuni creditori a danno di altri. Il controllo giudiziale dell'esistenza di atti in frode poteva, in effetti, apparire come una duplicazione prevista dal legislatore, dal momen-

---

Trib. Napoli 11 gennaio 2018: "*In particolare quanto alla diligenza nell'assumere le obbligazioni, precisa il professionista incaricato che la parte istante, confidando sull'entità disponibile di reddito, ha ritenuto di poter onorare ogni debito alla scadenza per cui la sproporzione tra patrimonio ed esposizione debitoria non è stata causata da una sua condotta colposa bensì da una serie di eventi imprevedibile quali le difficoltà di salute della ex moglie, la perdita del posto di lavoro dei due figli, ed il canone mensile di fitto di Euro 600,00 da sopportare*".

[18] Laddove il sovraindebitamento fosse stato determinato dal ricorso del consumatore al mercato finanziario, al fine di escludere che lo stesso fosse stato colpevolmente causato da un ricorso da parte dello stesso al credito non proporzionato alle proprie capacità patrimoniali, si doveva fare riferimento a quanto disposto dall'art. 124-*bis* TUB, in quanto era possibile, in una tale ipotesi, far risalire la causa del sovraindebitamento al comportamento non corretto dell'intermediario finanziario, per non avere questi adeguatamente valutato, come poteva e doveva fare, la situazione del richiedente il finanziamento, e si poteva escludere per tale motivo la sussistenza di una causa ostativa all'omologazione del piano, dovendosi ritenere non colpevole il consumatore per essersi fidato dell'esperienza di quel professionista. Ciò a meno che il richiedente il mutuo non avesse fornito all'intermediario false informazione, impedendogli così una adeguata valutazione della situazione.

to in cui veniva disciplinato sia al momento di apertura della liquidazione (art. 14-*quinquies*), sia in sede di esdebitazione (art. 14-*terdecies*)[19], oppure si trattava di atti di frode scoperti successivamente all'avvio della liquidazione del patrimonio.

4. Il procedimento

Il procedimento, nella legge n. 3/2012 era disciplinato al comma 4 dell'art. 14-*terdecies*, e veniva azionato dal debitore interessato mediante ricorso che doveva essere presentato tassativamente entro l'anno dalla chiusura della liquidazione.

La norma prevedeva espressamente che il giudice, ai fini dell'emissione del proprio provvedimento, sentisse preliminarmente i creditori non integralmente soddisfatti.

È quindi possibile ritenere che ogni decisione dovesse essere assunta "*previa sollecitazione del contraddittorio con i creditori concorsuali non soddisfatti integralmente, da ritenersi litisconsorti necessari, in ossequio a quanto statuito dalla Corte Costituzionale n. 181/2008*[20-21]" in analogia al procedimento attivato a seguito della chiusura della procedura fallimentare.

---

[19] Si veda M. VITIELLO, *Atti in frode ai creditori e procedura di liquidazione del patrimonio del sovraindebitato*, in *Ilfallimentarista.it*, 2017; "*L'art. 14-quinquies della legge n. 3/2012, al primo comma, condiziona l'emissione del decreto di apertura della liquidazione del patrimonio del sovraindebitato alla verifica giudiziale inerente all'assenza di atti in frode ai creditori nei cinque anni antecedenti alla presentazione della domanda. L'assenza di atti in frode nel quinquennio va accertata altresì, ai sensi dell'art. 14-terdecies, comma due, lett. b), per riconoscere al debitore sovraindebitato, al termine della liquidazione del suo patrimonio, il beneficio dell'esdebitazione. Sfugge la ragione della reiterazione della previsione normativa, dal momento che non vi sarebbe alcun motivo di condizionare il riconoscimento dell'esdebitazione all'accertamento di un requisito che sia già stato valutato dal giudice al momento dell'emissione del decreto di apertura della procedura di liquidazione del patrimonio. Quest'ultimo, peraltro, con la domanda di apertura della procedura prevista dagli artt. 14-ter e segg. l. n. 3/2012 e succ. modifiche, non chiede il riconoscimento di alcun beneficio esdebitativo, che resta del tutto eventuale, perché condizionato, esso sì giustamente, alla verifica inerente all'esistenza dei presupposti procedimentali e sostanziali previsti dall'art. 14-terdecies, e tra questi, appunto, la carenza di atti in frode*".

[20] Si veda il decreto di esdebitazione del 3 gennaio 2020, Trib. Monza, Est. C. Giovanetti, e il riferimento alla citata Corte costituzionale: "*L'illegittimità costituzionale dell'art. 143 del regio decreto 16 marzo 1942, n. 267 (Disciplina del fallimento, del concordato preventivo e della liquidazione coatta amministrativa), nel testo introdotto a seguito della entrata in vigore del decreto legislativo 9 gennaio 2006 n. 5 (Riforma organica della disciplina delle*

Un elemento di differenziazione, rispetto alla disciplina della legge fallimentare, riguardava la revocabilità del provvedimento di esdebitazione, posto che, a tenore del successivo comma 5, dove era previsto che il provvedimento era "*revocabile in ogni momento, su istanza dei creditori, se risulta: a) che è stato concesso ricorrendo l'ipotesi del comma 2, lett. b); b) che è stato dolosamente o con colpa grave aumentato o diminuito il passivo, ovvero sottratta o dissimulata una parte rilevante dell'attivo ovvero simulate attività inesistenti*".

Gravava, pertanto, sui creditori istanti l'onere di motivare le proprie ragioni e, se del caso, provare i comportamenti fraudolenti o colposi, tenuti dal debitore prima dell'emanazione del provvedimento esdebitatorio, eventualmente sfuggiti sia al giudice, sia all'OCC e sia, in prima battuta, agli stessi creditori concorsuali.

La norma richiamava, infine, gli artt. 737 ss. c.p.c., quanto al rito camerale da seguire e stabiliva che il reclamo dovesse essere proposto al Tribunale e che del collegio investito della decisone non potesse far parte il giudice che aveva pronunciato il provvedimento.

Per il procedimento per l'esdebitazione come dettato nel CCII si rinvia al § 4, Capitolo XII; si ricorda qui che, a differenza del passato, la Cass. Civ., Prima Presidente, 26 luglio 2023, n. 22699 ha chiarito come con il CCII l'esdebitazione sia divenuto "*un vero e proprio diritto, ex art. 282 CCI, con il decorso di un triennio dall'apertura della liquidazione controllata, senza neppure dover attendere la chiusura della procedura liquidatoria*".

---

procedure concorsuali a norma dell'art. 1, comma 5, della legge 14 maggio 2005, n. 80), limitatamente alla parte in cui esso, in caso di procedimento di esdebitazione attivato ad istanza del debitore già dichiarato fallito, nell'anno successivo al decreto di chiusura del fallimento, non prevede la notificazione, a cura del ricorrente e nelle forme previste dagli artt. 137 e seguenti del codice di procedura civile, ai creditori concorrenti non integralmente soddisfatti, del ricorso col quale il debitore chiede di essere ammesso al beneficio della liberazione dai debiti residui nei confronti dei medesimi creditori, nonché del decreto col quale il giudice fissa l'udienza in camera di consiglio"; disposizione ritenuta applicabile anche per l'eventuale fase di reclamo: "nel procedimento di esdebitazione del fallito, la domanda ed il decreto di fissazione dell'udienza innanzi al tribunale vanno notificati a tutti i creditori non integralmente soddisfatti i quali, in quanto litisconsorti necessari, non possono essere pretermessi neppure nella fase di reclamo, dovendosi escludere, a pena di nullità rilevabile d'ufficio della decisione assunta, che il contraddittorio possa essere circoscritto a coloro che si siano costituiti innanzi al primo giudice, sicché, in tal caso, la decisione va cassata con rinvio al giudice del reclamo per l'integrazione del contraddittorio" (cfr. Cass. Civ., Sez. I, 13 novembre 2015, n. 23303).

[21] Si veda anche S. LEUZZI, *La liquidazione del patrimonio dei soggetti sovraindebitati fra presente e futuro*, in *www.ilcaso.it*.

5. Gli effetti

Si ricorda preliminarmente come l'istituto dell'esdebitazione di cui alla legge n. 3/2012 non operasse – per esplicita previsione normativa – sull'estinzione delle obbligazioni derivanti da: *i*) debiti di mantenimento e alimentari, *ii*) risarcimento dei danni da fatto illecito extra-contrattuale, nonché per le sanzioni penali ed amministrative di carattere pecuniario che non siano accessorie a debiti estinti, *iii*) debiti fiscali che, pur avendo causa anteriore al decreto di apertura delle procedure sono stati successivamente accertati in ragione della sopravvenuta conoscenza di nuovi elementi [22].

Viceversa, l'effetto esdebitatorio veniva, invece, azionato nei confronti dei creditori concorsuali, i quali non potevano avanzare pretese di pagamento al debitore, per la porzione di credito rimasta insoddisfatta all'esito della liquidazione.

Appariva controverso se il decreto di esdebitazione implicasse l'estinzione dei crediti o, al contrario, un semplice impedimento dell'azione, restando salvi i rapporti obbligatori.

Ad avviso di quest'ultima tesi, che appare maggioritaria, la liberazione dai debiti residui lascerebbe sopravvivere l'obbligazione originaria, consentendo al contempo al debitore di preservare il diritto ad eccepire l'inesigibilità del credito. Peraltro, la sopravvivenza dei crediti nei confronti dei coobbligati, fideiussori e obbligati in via di regresso con il debitore (che possono essere escussi indipendentemente dalla chiusura), parrebbe ulteriormente sostenere tale impostazione interpretativa [23].

---

[22] A. PALUCHOWSKI-P. PAJARDI-M. BOCCHIOLA, *Codice del Fallimento*, cit., p. 2683. "*A riguardo, in dottrina (Panzani, 28) si è considerato che la concessione di un 'trattamento di favore del tutto ingiustificato per i crediti tributari successivamente accertati dopo l'apertura della procedura di liquidazione' indipendentemente 'dalla verifica di un effettivo pregiudizio per il Fisco (...) oltre che dell'esistenza di un apporto causale del debitore al tardivo accertamento' farebbe supporre l'illegittimità costituzionale della norma. Il rilievo è condivisibile: l'espressione utilizzata dal legislatore (sopravvenuta conoscenza di nuovi elementi) è generica e nulla dice sulla tipologia della situazione (in senso lato) straordinaria richiamata, né sulla effettività del pregiudizio che avrebbe subito il titolare del credito (la cui pretesa pecuniaria è stata comunque riconosciuta fondata ovvero accertata) e tanto meno sulla riconducibilità della situazione medesima ad un eventuale comportamento censurabile tenuto dal debitore, cosicché, in definitiva, non è spiegabile il* favor creditoris *contemplato dalla norma*".

[23] S. LEUZZI, *La liquidazione del patrimonio dei soggetti sovraindebitati fra presente e futuro*, cit. "*L'effetto collegato al provvedimento che la dispone è la mera inesigibilità del residuo insoluto, il che vuol dire, per un verso, che non vi è novazione dell'obbligazione originaria; per altro verso, che restano salvi i diritti dei creditori concorsuali nei riguardi di*

In considerazione della tesi opposta è stato sostenuto che l'esdebitazione non estinguerebbe i debiti residui del fallito, ma li trasformerebbe, da obbligazioni perfette a obbligazioni c.d. naturali, ossia a quelle obbligazioni che sorgono da doveri morali e sociali ai sensi dell'art. 2034 c.c. che non possono essere pretese coattivamente dai creditori [24].

Un'ulteriore problematica interpretativa concerne l'applicabilità dell'istituto ai creditori concorsuali c.d. "non concorrenti", ossia nei confronti di coloro che, pur avendone il diritto, non avessero presentato domanda di partecipazione allo stato passivo della procedura. Diversamente dalla legge fallimentare, la legge n. 3/2012 non conteneva alcuna disciplina a riguardo, che potesse, anche lontanamente, essere accostata all'art. 144 l.fall.

Secondo la dottrina diffusa, la normativa fallimentare pareva essere estendibile per analogia a quella del sovraindebitamento, cosicché le eventuali pretese dei creditori non concorrenti sarebbero state travolte dal decreto di esdebitazione, quantomeno nei casi in cui la mancata partecipazione alla procedura fosse imputabile ai creditori stessi, per la quota rimasta insoddisfatta [25]. Nel processo esecutivo quindi, il creditore poteva agire sui nuovi beni del debitore nei limiti della percentuale che la liquidazione aveva corrisposto ai creditori aventi la stessa posizione giuridica [26].

Il CCII disciplina espressamente l'ipotesi all'art. 278, comma 2 ove è previsto che "*nei confronti dei creditori per fatto o causa anteriori che non hanno partecipato al concorso l'esdebitazione opera per la sola parte eccedente la percentuale attribuita ai creditori di pari grado*".

---

quei soggetti – coobbligati, fideiussori e obbligati in via di regresso – che siano legati al debitore 'esdebitato' dal vincolo della solidarietà passiva ... Nell'attuale regime l'esdebitazione del debitore non pregiudica i diritti dei creditori nei confronti di coobbligati, fideiussori e obbligati in via di regresso ... Quindi i creditori possono esigere il pagamento nei confronti dei garanti per l'intero, in deroga al principio civilistico per cui la remissione nei confronti del debitore libera anche il fideiussore (art. 1239 c.c.) e il coobbligato in solido (art. 1301 c.c.). Scopo della norma è tutelare i diritti dei terzi che hanno fatto affidamento anche sul patrimonio altrui, e che verosimilmente non avrebbero concesso credito in assenza di garanzie collaterali".

[24] Si veda anche AA.VV., *Fallimento e Crisi di Impresa*, 2020, p. 632.

[25] S. Leuzzi, *La liquidazione del patrimonio dei soggetti sovraindebitati fra presente e futuro*, cit. "*Ancorché faccia difetto una norma modellata sull'art. 144 l.fall., appare fedele ai principi della concorsualità della procedura che tali creditori non guadagnino corsie preferenziali togliendosi via volontariamente dal concorso sostanziale. Ed allora, l'esdebitazione varrà pure nei loro confronti, sulla base della* fictio *della loro ammissione, per la porzione di credito esorbitante la percentuale attribuita nel concorso ai creditori di pari grado*".

[26] Si veda anche P. Pajardi-A. Paluchowski, *Manuale di diritto fallimentare – Esdebitazione nel fallimento*, 2008, p. 737.

Per quanto, invece, riguarda i creditori c.d. "non concorsuali" per titolo o causa posteriore all'apertura della procedura, l'art. 14-*duodecies* prevedeva che costoro non "*possono procedere esecutivamente sui beni oggetto della liquidazione*", pertanto, sarebbero titolari di pretese non opponibili alla massa dei creditori concorrenti. Il diritto all'azione coattiva sarebbe venuto ad ogni modo mantenuto, da esercitare dal momento della chiusura del concorso [27].

---

[27] S. LEUZZI, *La liquidazione del patrimonio dei soggetti sovraindebitati fra presente e futuro*, cit. "*In una prospettiva parzialmente diversa si inseriscono i creditori per titolo o causa posteriore all'ammissione del debitore alla procedura concorsuale, ossia i creditori non concorsuali. Costoro, ai sensi dell'art. 14-*duodecies*, comma 1, 'non possono procedere esecutivamente sui beni oggetto di liquidazione'. Detti soggetti sono titolari di pretese verso il debitore comune non opponibili alla massa dei creditori concorrenti e insuscettibili di essere fatte valere all'interno della procedura collettiva. Pertanto, essi, chiusa la quest'ultima, manterranno il diritto di agire coattivamente sui beni che nel frattempo dovessero essere affluiti nel patrimonio del predetto soggetto passivo L'esdebitazione non può valere, d'altronde, nei loro confronti, posto che alla procedura in cui si compie, essi sono rimasti addirittura estranei*".

Parte Terza

IL CODICE DELLA CRISI E DELL'INSOLVENZA

Capitolo Ottavo
LE DISPOSIZIONI COMUNI

di *Anna Porcari*

1. Le disposizioni comuni

Come noto, con il d.lgs. n. 83/2022 è stata confermata la data del 15 luglio 2022 quale momento di definitiva entrata in vigore del CCII e, con esso, il Governo italiano, altresì, ha dato attuazione alla direttiva UE 2019/1023 (detta anche direttiva *Insolvency*) ed ha attratto all'interno del CCII le disposizioni del d.l. n. 118/2021 in materia di composizione negoziata della crisi.

Lo slittamento di quasi due anni dalla data originariamente prevista (rammentiamo, 15 agosto 2020) per la sua entrata in vigore, principalmente causato dalla crisi provocata dall'emergenza pandemica, ha consentito di allineare il CCII alle modifiche introdotte in sede di attuazione della sopraccitata direttiva comunitaria del 2019 riguardante, in particolare, le misure finalizzate ad aumentare l'efficacia delle procedure di ristrutturazione, insolvenza ed esdebitazione.

Nel nuovo testo, come si avrà modo di esporre nel prosieguo, viene, tra l'altro, rivisitata la definizione di "*crisi*", gli "*adeguati assetti organizzativi, amministrativi e contabili*" rivestono un ruolo più significativo rispetto al passato, la composizione negoziata sostituisce definitivamente l'OCRI e sono stati annoverati obblighi per i creditori qualificati.

Queste sono solo alcune delle novità introdotte dal nuovo Codice.

Guardando in particolare alla disciplina della composizione della crisi da sovraindebitamento, rileva certamente osservare come la revisione della previgente legge n. 3/2012 si è comunque resa necessaria sin da principio per un duplice ordine di motivi.

Anzitutto, l'esigenza d'intervenire sul corpo normativo allora vigente derivava dalla quasi totale disapplicazione dell'istituto, che in Italia – a differenza che in altri paesi europei ed extraeuropei – non sembrava ancora avere incontrato il favore degli operatori e dei soggetti destinatari, così fallendo il suo obiettivo di concorrere, attraverso l'esdebitazione, agli obiettivi riposti dal legislatore nell'istituto. Il legislatore si era così posto come scopo quello di **semplificare il testo normativo**, per molti aspetti troppo complicato e farraginoso, facendo sì che la procedura di composizione delle crisi da sovraindebitamento risultasse più agile e rapida, nonché meglio comprensibile per gli operatori nelle sue linee essenziali.

In secondo luogo, perché occorreva **armonizzare** il sovraindebitamento con le modifiche alle procedure di regolamentazione dell'insolvenza e della crisi di impresa, nell'ottica di una rivisitazione sistematica della complessiva disciplina dell'insolvenza, frammentaria e disorganica. Anche la disciplina del sovraindebitamento avrebbe dovuto, infatti, rispondere a criteri generali il più possibile comuni alle altre procedure liquidatorie e conservative.

Era, quindi, necessario che la nuova disciplina facesse riferimento, come tutte le altre, ad un nucleo essenziale e comune di regole generali, da cui differenziarsi solo per gli aspetti che richiedessero un indispensabile adattamento alle peculiarità della fattispecie.

In virtù, dunque, dei principi ispiratori sopra enunciati, il Codice della Crisi d'Impresa e dell'Insolvenza, nell'ambito del Titolo IV sugli strumenti di regolazione della crisi, prevede due procedure di composizione delle crisi da sovraindebitamento, ovverosia il **piano di ristrutturazione dei debiti del consumatore** (prima noto come "piano del consumatore") [cfr. Capitolo IX] (artt. 67-73) ed il **concordato minore** – (prima noto come "accordo di composizione della crisi") [cfr. Capitolo X] (artt. 74-83), cui si aggiunge, nell'ambito del Titolo V, la **liquidazione controllata del sovraindebitato** (prima nota come "liquidazione del patrimonio") [cfr. Capitolo XI] (artt. 268-277).

Alle prime due procedure, per quanto non specificatamente previsto dalle disposizioni ad esse dedicate, si applicano le disposizioni generali del Titolo III "*Procedure di regolazione della crisi e dell'insolvenza*" (artt. 26-55).

L'**intervento sistematico** operato dal legislatore non è di poco conto: le prime due procedure indicate sono inserite nell'alveo delle procedure di «*composizione della crisi*» (tale è, infatti, la rubrica del Capo II del Titolo

IV), dal momento che esse sono finalizzate alla soluzione della crisi del debitore ed all'esito delle quali consegue automaticamente la liberazione dai debiti (meglio nota come «*esdebitazione*»).

La liquidazione controllata, invece, è inserita nel Titolo V, subito dopo la sua procedura madre, ovverosia la liquidazione giudiziale.

Ciò appare del tutto coerente con il fatto che la liquidazione controllata non è un vero e proprio strumento di risoluzione della crisi del soggetto sovraindebitato bensì, piuttosto, come avrà modo di precisarsi nell'apposito capitolo ad essa dedicato, una regolamentazione coattiva del soddisfacimento dei creditori del debitore.

Altro elemento, oltre a quello di collocazione delle norme, che denota la volontà del legislatore della Riforma di accentuare la diversa natura intrinseca delle prime due procedure (*i.e.* ristrutturazione dei debiti del consumatore e concordato minore) rispetto alla terza (*i.e.* liquidazione controllata) risiede nel fatto che l'effetto esdebitatorio sconta le preclusioni di cui all'art. 282, comma 2, mentre per le prime due è automatico.

Ed ancora, devono ritenersi applicabili a tutte le procedure di composizione delle crisi da sovraindebitamento anche gli artt. 3-11 che dettano i principi generali della materia.

Questo è dunque il **nucleo essenziale e comune di regole generali** che interessano il fenomeno del sovraindebitamento. Tutte disposizioni che verranno di seguito meglio analizzate, con la precisazione che, come chiarito anche nella parte quarta del CCII rubricata "*Disposizioni finali e transitorie*", dette disposizioni non trovano applicazioni per le domande di accesso alle procedure di composizione della crisi da sovraindebitamento depositate prima dell'entrata in vigore del Codice che saranno definite ancora attraverso gli strumenti messi a disposizione dalla legge n. 3/2012.

2. Il sovraindebitamento nel Codice della Crisi d'Impresa e dell'Insolvenza: presupposti soggettivi

Il sovraindebitamento è stato introdotto nell'ordinamento dalla legge n. 3/2012 e per esso si intendeva "*una situazione di perdurante squilibrio tra le obbligazioni assunte e il patrimonio prontamente liquidabile per farvi fronte, nonché la definitiva incapacità del debitore di adempiere regolarmente le proprie obbligazioni*".

Il legislatore aveva, infatti, voluto mettere a disposizione dei soggetti debitori "deboli", esclusi dall'applicazione del fallimento, uno strumento per rimediare al dissesto ed evitare le azioni esecutive individuali [1] (all'art. 6 della legge n. 3/2012 si legge per "*porre rimedio alle situazioni di sovraindebitamento non soggette né assoggettabili alle vigenti procedure concorsuali*").

Il nuovo art. 2, comma 1, lett. c), CCII, a differenza dell'art. 6, legge n. 3/2012 **ridefinisce più puntualmente il concetto di sovraindebitamento** [2].

Esso viene ora inteso come "*lo stato di crisi e di insolvenza del consumatore, del professionista, dell'imprenditore minore, dell'imprenditore agricolo, delle start up innovative di cui al decreto legge 18 ottobre 2012, n. 179, convertito, con modificazioni, dalla legge 17 dicembre 2012, n. 221, e di ogni altro debitore non assoggettabile alla liquidazione giudiziale ovvero a liquidazione cotta amministrativa o ad altre procedure liquidatorie previste dal codice civile o da leggi speciali per il caso di crisi o insolvenza*".

La condizione di "sovraindebitamento" non è dunque da intendersi come una situazione irreversibile e di definitiva incapacità di adempiere, bensì essa comprende anche tutte le situazioni transitorie di probabile insolvenza prospettica.

Il risultato è un concetto chiaro, salvo solo il dubbio relativo alla "crisi" che alla lett. a) [3] del Codice della Crisi d'Impresa e dell'Insolvenza è definita

---

[1] A seguito dell'entrata in vigore delle procedure di sovraindebitamento il legislatore, con l'art. 13, d.l. n. 83/2015, ha ritenuto opportuno modificare l'art. 480, comma 2, c.p.c., il quale, oggi, prevede che l'atto di precetto debba obbligatoriamente contenere l'avvertimento che il debitore può, con l'ausilio di un organismo di composizione della crisi o di un professionista nominato dal giudice, porre rimedio alla propria situazione di sovraindebitamento concludendo con i creditori un accordo di composizione della crisi o proponendo agli stessi un piano del consumatore. Tale avvertimento rappresenta, pertanto, per il debitore, la possibilità di ricorrere alla legge n. 3/2012 al fine di bloccare l'esecuzione minacciata con l'atto di precetto.

[2] Nella relazione di accompagnamento al Codice si legge altresì che: "*si è mantenuta alla lettera c) la nozione di sovraindebitamento, ormai invalsa nell'uso comune (anche a livello di diritto eurounitario), sia perché essa include tanto lo stato di crisi quanto quello di insolvenza, sia per evitare confusioni terminologiche sul piano penale, volendosi distinguere chiaramente la posizione dell'imprenditore insolvente, assoggettabile alla liquidazione giudiziale (già fallimento), e quindi alle fattispecie delittuose di bancarotta, da quella dell'imprenditore sovraindebitato, assoggettabile alla liquidazione controllata, il quale invece non risponde di quei reati, in quanto titolare di un'impresa agricola o di un'impresa minore*".

[3] "*a) «crisi»: lo stato del debitore che rende probabile l'insolvenza e che si manifesta con l'inadeguatezza dei flussi di cassa prospettici a far fronte alle obbligazioni nei successivi dodici mesi*".

In merito, si noti che:

nel testo originario il Codice (mai entrato in vigore) sanciva che la crisi fosse da individuarsi nello "*stato di difficoltà economico-finanziaria che rende probabile l'insolvenza del debitore, e che per le imprese si manifesta come inadeguatezza dei flussi di cassa prospettici a far fronte regolarmente alle obbligazioni pianificate*";

esclusivamente con riferimento all'impresa, laddove il sovraindebitamento contempla anche soggetti diversi.

Riscritta la definizione di sovraindebitamento, il Codice della Crisi d'Impresa e dell'Insolvenza prosegue enumerando espressamente i **legittimati attivi**: l'imprenditore minore (cfr. paragrafo 3 a seguire), il consumatore (cfr. paragrafo 4 a seguire), il professionista, l'imprenditore agricolo e le *start up* innovative di cui al d.l. n. 179/2012, convertito, con modificazioni, dalla legge n. 221/2012.

Se, dunque, approfondiremo in seguito il concetto di consumatore e di imprenditore minore, poiché anche il legislatore della riforma si è curato di darne specifica e separata definizione, daremo qui un breve cenno sugli altri legittimati attivi.

Per **professionista** deve intendersi la persona fisica o giuridica che agisce nell'esercizio della propria attività professionale, come si desume dall'art. 3, comma 1, lett. c), Codice del consumo [4].

---

all'esito del decreto correttivo, d.lgs. n. 147/2020 (anch'esso mai entrato in vigore) si è registrata la sostituzione della nozione di "*difficoltà*" con quella di "*squilibrio economico-finanziario*", fermo tutto il resto ed a voler rimarcare la oggettività quasi matematica del concetto e dopo il recepimento della direttiva *Insolvency* e l'introduzione della composizione negoziata (che, come *infra* si dirà attribuisce anche rilevanza alla semplice probabilità della crisi) per crisi debba ora intendersi "*lo stato del debitore che rende probabile l'insolvenza e che si manifesta con l'inadeguatezza dei flussi di cassa prospettici a far fronte alle obbligazioni nei successivi dodici mesi*".

Si veda, L. PANZANI, *La composizione della crisi dopo lo schema di Decreto legislativo del C.d.M. Del 17 marzo 2021* (*recte* 2022), in *dirittodellacrisi.it*, 19 aprile 2022, pp. 2-3, ove si legge: "*Complessivamente, tuttavia, il mutamento della definizione non sembra incidere sulla sostanza, essendo evidente che la mancata indicazione di uno stato di squilibrio economico-finanziario non può cancellare il fatto che l'inadeguatezza dei flussi di cassa tale stato di squilibrio determina e che la valutazione dei flussi è pur sempre prospettica sicché le obbligazioni cui occorre far fronte non sono soltanto quelle pianificate, ma quelle comunque prevedibili. Rimane la soppressione dell'avverbio regolarmente, sicché non vi sarebbe stato di crisi quando l'inadempimento delle obbligazioni nei successivi dodici mesi possa essere il frutto di adempimento non con mezzi ordinari, per esempio con il ricavato da dismissioni di asset. Ne deriva una nozione leggermente meno rigorosa di crisi*".

"*Il percorso rende abbastanza chiara l'evoluzione del pensiero del legislatore, con il passaggio da una rigidità quasi matematica, come si è già scritto, ad un concetto più articolato ed elastico, che, peraltro, ciò certo non sfugge, risulta costruito in forma analoga alla tradizionale disposizione legislativa sull'insolvenza: con una distinzione, dunque, tra un aspetto strutturale ed un aspetto fenoménico*" (cfr. S. SANZO (a cura di), *Il codice della crisi dopo il d.lgs. 17 giugno 2022, n. 83*, Zanichelli, 2022).

[4] Art. 3 del Codice del consumo: "*c) professionista: la persona fisica o giuridica che agisce nell'esercizio della propria attività imprenditoriale, commerciale, artigianale o professionale, ovvero un suo intermediario*".

Come noto, l'esercizio delle attività regolamentate può avvenire, oltre che in forma individuale, in forma associata, mediante la costituzione di una società fra professionisti.

La legge n. 183/2011, che consente la costituzione di società per l'esercizio di attività professionali facendo ricorso a tutti i tipi societari previsti dal codice civile, tuttavia, nulla dispone sull'assoggettabilità a procedure concorsuali.

Le Linee Guida elaborate dal Consiglio Nazionale dei Dottori Commercialisti e degli Esperti Contabili in tema di sovraindebitamento non lo escludono, poiché le società tra professionisti non possono esercitare attività di impresa. Da qui l'accessibilità ai rimedi previsti dal Codice della Crisi d'impresa e dell'Insolvenza in tema di sovraindebitamento.

Il tema rimane tuttavia aperto e possono ipotizzarsi soluzioni opposte: l'esclusione delle società tra professionisti, potrebbe essere sostenuta per la *ratio* delle procedure in esame, rivolte ai debitori "deboli", e per la mancata reiterazione dell'esclusione della natura dell'attività di impresa che era contenuta nell'art. 5, legge n. 247/2012 da parte dell'art. 1, comma 141, legge n. 124/2017 nell'introdurre l'art. 4-*bis* nella legge n. 247/2012.

La legge n. 247/2012 sulla disciplina dell'ordinamento forense all'art. 5, comma 2, annoverava, infatti, tra i criteri di delega al Governo per la futura disciplina dell'esercizio della professione forense in forma societaria, quello di "*stabilire che l'esercizio della professione forense in forma societaria non costituisce attività di impresa e che, conseguentemente, la società tra avvocati non è soggetta al fallimento e alle procedure concorsuali diverse da quelle di composizione della crisi da sovraindebitamento*".

Sempre in questo senso, si segnala un unico precedete giurisprudenziale emesso dal Tribunale di Forlì in data 25 maggio 2017[5], ove si legge: "*Malgrado il superamento delle soglie relative ai limiti dimensionali, non è assoggettabile a fallimento la società tra professionisti (S.T.P.) costituita ai sensi della l. 12 novembre 2011 n. 183 per l'esercizio in via esclusiva di attività professionale – nel caso specifico di commercialista con iscrizione nell'apposita sezione dell'albo – e che abbia effettivamente svolto in via esclusiva detta attività professionale, non potendo essere assimilata alle altre società commerciali, non esercitando un'attività di carattere commerciale e non rivestendo dunque la qualità di imprenditore*".

Resta ovviamente indubbia l'assoggettabilità a fallimento della società tra professionisti là dove questa svolga, in concreto, attività commerciale.

Per quanto concerne, invece, le **associazioni tra professionisti**, l'orienta-

---

[5] Trib. Forlì 25 maggio 2017, Est. Vacca, in *www.ilcaso.it*.

mento maggioritario riconosce soggettività giuridica a tali organizzazioni, con la conseguenza che esse, in ipotesi di sottoscrizione congiunta di tutti gli associati, potrebbero accedere alle procedure di sovraindebitamento con effetto sui singoli aderenti, poiché l'associazione professionale non possiede autonomia patrimoniale perfetta.

Può, altresì, accedere alle procedure di composizione della crisi da sovraindebitamento anche l'**imprenditore agricolo** così come definito dall'art. 2135 c.c. [6].

Inutile dire che il legislatore della riforma ha preferito confermare sul punto l'impianto normativo vigente, senza forse tenere conto che la relazione dell'imprenditore agricolo con il fondo si è progressivamente ridotta in favore di aspetti prettamente commerciali e produttivi.

Tant'è che anche il Consiglio di Stato nel proprio parere 12 dicembre 2018, n. 2854 aveva prospettato la possibilità di distinguere la disciplina in relazione al limite dimensionale dell'impresa agricola, come già previsto per l'impresa commerciale.

Il Codice della Crisi d'Impresa e dell'Insolvenza, ai sensi dell'art. 12 ss. [7], pur escludendo l'imprenditore agricolo dalla procedura di liquidazione giudiziale, include lo stesso tra i possibili beneficiari della disciplina della procedura di composizione negoziata di cui si dirà *infra*, in ragione degli obblighi organizzativi previsti per tutti gli imprenditori, come "*finalizzati alla tempestiva rilevazione degli indizi di crisi dell'impresa ed alla sollecita adozione delle misure più idonee alla sua composizione*".

Il riferimento all'"*imprenditore*" o al "*debitore*" consente di richiamare dette procedure non solo per l'imprenditore agricolo, ma pure per l'"*imprenditore minore*" tanto che l'art. 37 CCII, nel dettare disposizioni in ordine all'iniziativa per l'accesso alle procedure di regolazione della crisi e dell'insolvenza, fa riferimento al solo ricorso presentato dal "*debitore*" (senza alcuna altra specificazione).

---

[6] Sull'assoggettabilità dell'imprenditore agricolo alle procedure di sovraindebitamento, v. M. DE CESARE, I *presupposti per l'accesso alla composizione della crisi da sovraindebitamento dell'impresa agricola*, in *Giurisprudenza commentata*, 31 gennaio 2019, in commento a Trib. Imperia 23 marzo 2018; T. SANNINI-T. STANGHELLINI, *L'imprenditore agricolo insolvente tra fallimento e sovraindebitamento: un caso nel florovivaismo pistoiese*, in *www.ilcaso.it*, 20 luglio 2015, in commento a Trib. Pistoia 14 novembre 2014.

[7] Art. 12, comma 1, CCII: "*l'imprenditore commerciale e agricolo può chiedere la nomina di un esperto al segretario generale della camera di commercio, industria, artigianato e agricoltura nel cui ambito territoriale si trova la sede legale dell'impresa, quando si trova in condizioni di squilibrio patrimoniale o economico-finanziario che ne rendono probabile la crisi o l'insolvenza e risulta ragionevolmente perseguibile il risanamento dell'impresa. La nomina avviene con le modalità di cui all'articolo 13, commi 6, 7 e 8*".

In definitiva, i soggetti esonerati dalla liquidazione giudiziale potranno pur sempre ricorrere agli strumenti di regolazione della crisi e dell'insolvenza, con il superamento di quella simmetria che poteva rinvenirsi nell'art. 1, comma 1, l.fall., a mente del quale i soggetti sottoponibili al fallimento coincidevano con quelli che avrebbero potuto far ricorso al concordato preventivo, quale istituto idoneo a regolare la crisi in una composizione negoziale [8].

Ed ancora, sono soggette alle procedure di sovraindebitamento anche le ***start up* innovative** disciplinate dagli artt. 25 ss. della legge n. 221/2012, assoggettate in virtù del disposto di cui all'art. 31 della citata legge.

Sul punto ci si limiterà a riferire che, secondo parte della giurisprudenza di merito [9], compete alla società *start up* innovativa che sia resistente in sede prefallimentare l'onere di provare la sussistenza dei requisiti di legge del suo *status* di *start up* innovativa ai sensi dell'art. 25, d.l. 18 ottobre 2012, n. 179 poi convertito, essendo l'iscrizione nell'apposita sezione del registro delle imprese condizione necessaria, ma non sufficiente.

Fermo tutto quanto sopra, occorre segnalare che il legislatore ha introdotto nel Codice della Crisi d'Impresa e dell'Insolvenza all'art. 2, comma 1, lett. c), in chiusura, una **definizione residuale** che può ricomprendere diverse fattispecie (*i.e.* "*e di ogni altro debitore non assoggettabile alla liquidazione giudiziale ovvero a liquidazione cotta amministrativa o ad altre procedure liquidatorie previste dal codice civile o da leggi speciali per il caso di crisi o insolvenza*").

In tale ultima definizione, rientra, ad esempio, l'imprenditore che ha cessato l'attività da oltre un anno, nei confronti del quale, ai sensi dell'art. 33

---

[8] In relazione agli strumenti di regolazione della crisi, si precisa che *i*) l'art. 56 del Codice prevede la possibilità per ogni imprenditore, senza distinzione qualitativa o quantitativa, in stato di crisi o di insolvenza di predisporre un piano rivolto ai creditori, che appaia idoneo a consentire il risanamento dell'esposizione debitoria dell'impresa e ad assicurare il riequilibrio della situazione finanziaria; *ii*) l'art. 57 del Codice prevede la possibilità di accedere alla procedura di ristrutturazione dei debiti per l'imprenditore anche non commerciale (in ciò confermando il precedente dettato normativo che già consentiva all'imprenditore agricolo di accedere alla procedura di cui all'art. 182-*bis* l.fall.), escludendo da tale strumento solo l'"*impresa minore*"; *iii*) l'art. 62 prevede la possibilità di accedere alla convenzione di moratoria tra un imprenditore, anche non commerciale, e i suoi creditori, diretta a disciplinare in via provvisoria gli effetti della crisi e avente ad oggetto pattuizioni sulla scadenza dei crediti o rinunzia agli atti e alle azioni esecutive e conservative, estendendo – questa volta – lo strumento, in assenza di specificazioni, anche all'impresa minore; *iv*) l'art. 74 prevede la possibilità per l'imprenditore minore, per l'imprenditore agricolo, per le *start up* innovative di formulare ai creditori una proposta di concordato minore.

[9] In questo senso, Trib. Udine 22 maggio 2018, Est. Calienno, in *www.ilcaso.it*, o Trib. Milano 9 dicembre 2019; *contra* App. Trieste, Sez. II Civ., n. 537/2018. Sul tema F. CESARE, *Il fallimento della* start up *apparente*, in *Ilfallimentarista.it*.

del Codice della Crisi d'Impresa e dell'Insolvenza [10], non può essere aperta la liquidazione giudiziale, purché l'insolvenza si sia manifestata anteriormente alla cessazione dell'attività o entro l'anno successivo. Con la conseguenza che l'imprenditore individuale, cancellatosi da più di un anno dal registro delle imprese, può ricorrere alle procedure di sovraindebitamento, anche se supera le soglie di cui all'art. 2, comma 1, lett. d) del Codice. Non così, invece, per le imprese cancellate da oltre un anno dal registro delle imprese, poiché la cancellazione comporta l'estinzione delle stesse: l'assenza di soggettività impedisce l'accesso a una procedura concorsuale.

Si pensi ancora all'erede dell'imprenditore defunto che, ai sensi dell'art. 35 CCII [11], può essere sottoposto a liquidazione giudiziale entro un anno dalla morte al ricorrere delle citate condizioni di cui all'art. 33 del Codice. Infatti, in caso di accettazione con beneficio d'inventario e di continuazione dell'attività imprenditoriale da parte dell'erede, non essendosi verificata la confusione dei patrimoni dell'accettante e del defunto, l'erede potrà ricorrere ad una procedura di composizione della crisi da sovraindebitamento una volta trascorso un anno dalla morte del suo dante causa.

Possono altresì rientrare nella definizione residuale contenuta nell'art. 2, lett. c) anche gli **enti privati, con o senza personalità giuridica**, che esercitino attività senza scopo di lucro e aventi una rilevanza sociale (ad esempio, associazioni, fondazioni, comitati, ecc.), a condizione che non svolgano una attività commerciale, essendo altrimenti assoggettabili alla liquidazione giudiziale.

Si ritengono, infine, **esclusi**, ai sensi dell'art. 1, comma 1, CCII, dall'ambito applicativo delle procedure da sovraindebitamento gli **enti pubblici** [12].

---

[10] Art. 33 CCII: "*1. La liquidazione giudiziale può essere aperta entro un anno dalla cessazione dell'attività del debitore, se l'insolvenza si è manifestata anteriormente alla medesima o entro l'anno successivo*".

[11] Art. 35, comma 1, CCII: "*se il debitore muore dopo l'apertura della procedura di liquidazione controllata o giudiziale, questa prosegue nei confronti degli eredi, anche se hanno accettato con beneficio d'inventario. 2. Se ci sono più eredi, la procedura prosegue nei confronti di quello che è designato come rappresentante. In mancanza di accordo sulla designazione, entro quindici giorni dalla morte del debitore vi provvede il giudice delegato*".

[12] La questione, pur dibattuta, è stata comunque definitivamente risolta dal Codice della Crisi, il quale ha espressamente escluso dal proprio ambito di applicazione lo Stato e gli enti pubblici (cfr. art. 1, comma 1, CCII "*Il presente codice disciplina le situazioni di crisi o insolvenza del debitore, sia esso consumatore o professionista, ovvero imprenditore che eserciti, anche non a fini di lucro, un'attività commerciale, artigiana o agricola, operando quale persona fisica, persona giuridica o altro ente collettivo, gruppo di imprese o società pubblica, con esclusione dello Stato e degli enti pubblici*"). Sul punto si veda anche il decreto emesso dal Trib. di Treviso in data 12 maggio 2016, che, in fase di reclamo, ha ritenuto che

3. L'imprenditore minore

L'art. 2, comma 1, lett. d), CCII riporta l'espressa definizione di **impresa minore**, ovverosia dell'impresa che presenti congiuntamente i seguenti requisiti:

1) un attivo patrimoniale di ammontare complessivo annuo non superiore ad euro trecentomila nei tre esercizi antecedenti la data di deposito della istanza di apertura della liquidazione giudiziale o dall'inizio dell'attività se di durata inferiore;
2) ricavi, in qualunque modo essi risultino, per un ammontare complessivo annuo non superiore ad euro duecentomila nei tre esercizi antecedenti la data di deposito dell'istanza di apertura della liquidazione giudiziale o dall'inizio dell'attività se di durata inferiore;
3) un ammontare di debiti anche non scaduti non superiore ad euro cinquecentomila [13].

Quanto al contenuto sostanziale della norma richiamata, essa richiama pressoché il contenuto del previgente art. 1 l.fall., ovverosia le c.d. soglie di fallibilità [14].

Ed invero, posto che la definizione di impresa minore rileva ai fini degli strumenti e delle procedure applicabili, si può affermare agevolmente che nel nuovo sistema l'assoggettamento alla liquidazione giudiziale (e, dunque, anche ai piani attestati di risanamento, agli accordi di ristrutturazione ed al concordato preventivo) resti immutato: solo l'impresa, che non sia minore,

---

le IPAB non potessero far ricorso a una procedura di composizione delle crisi, sulla scorta di una serie di argomentazioni. In procedura è stato omologato un accordo di composizione della crisi di un ente pubblico: il Teatro Stabile di Catania (Trib. Catania 21 marzo 2018, Est. Acagnino).

[13] I predetti valori possono essere aggiornati ogni tre anni con decreto del Ministro della Giustizia.

[14] Art. 1 l.fall. escludeva dalla disciplina del fallimento gli imprenditori c.d. "*sotto soglia*" (fattispecie che aveva sostituito nelle riforme del 2006 e del 2007, quella di "*piccolo imprenditore*", delineata sulla scorta del solo art. 2083 c.c.), ed aveva esonerato dalla disciplina quegli imprenditori (individuali e collettivi) che dimostrassero il possesso congiunto dei seguenti requisiti: *i*) non aver avuto nei tre esercizi antecedenti la data del deposito dell'istanza di apertura della liquidazione giudiziale o dall'inizio dell'attività, se di durata inferiore, un attivo patrimoniale di ammontare complessivo annuo non superiore ad euro trecentomila; *ii*) non aver realizzato, in qualunque modo risultasse, nei tre esercizi antecedenti alla data di deposito dell'istanza di apertura della liquidazione giudiziale o dall'inizio delle attività, se di durata inferiore, ricavi lordi per un ammontare complessivo annuo non superiore ad euro duecentomila; *iii*) non avere un ammontare di debiti, anche non scaduti, non superiore ad euro cinquecentomila.

può essere assoggettata alla liquidazione giudiziale, esattamente come prima l'impresa, che superava le soglie di cui all'art. 1 l.fall., poteva essere assoggettata al fallimento. Si noti, al di là di mere revisioni lessicali, un'unica una modifica sostanziale, quale l'eliminazione di "*lordi*" con riguardo ai ricavi. Ciò onde evitare equivoci interpretativi: come specifica la relazione di accompagnamento al Codice, in tal modo, risulta "*chiaro il rinvio alla disciplina civilistica e, in particolare, agli artt. 2425 e 2525bis del codice civile, che disciplinano le modalità di iscrizione di tale voce nel bilancio delle società di capitali*".

All'interno di un codice unitario così come il Codice della Crisi d'Impresa e dell'Insolvenza ci si sarebbe, tuttavia, auspicabilmente aspettati che il legislatore cogliesse l'occasione nel riportare una definizione compiuta di impresa minore, ivi indicando anche le specifiche procedure ad essa applicabili.

In realtà, il legislatore ha fornito una definizione che non viene più richiamata nelle diverse norme di riferimento. Ad esempio, l'art. 57 del Codice dispone che gli accordi di ristrutturazione dei debiti si applicano all'imprenditore diverso dall'imprenditore minore, l'art. 84 sancisce l'applicabilità del concordato preventivo all'imprenditore di cui all'art. 121 e l'art. 121 dispone che la liquidazione giudiziale si applica agli imprenditori che non dimostrino di avere congiuntamente i requisiti per essere definiti imprenditori minori. In sostanza tre formule diverse per affermare sempre il medesimo principio.

4. Il consumatore

L'art. 2, comma 1, lett. e), CCII definisce il "***consumatore***" come "*la persona fisica che agisce per scopi estranei all'attività imprenditoriale, commerciale, artigiana o professionale eventualmente svolta, anche se socia di una delle società appartenenti ad uno dei tipi regolati nei capi III, IV e VI del titolo V del libro quinto del codice civile, per i debiti estranei a quelli sociali*".

Nella sostanza, la definizione data ricalca testualmente quella contenuta nell'art. 3, comma 1, lett. a), del Codice del consumo [15], eliminando l'avver-

---

[15] Art. 3, comma 1, lett. a), Codice del consumo: "*1. Ai fini del presente codice ove non diversamente previsto, si intende per: a) consumatore o utente: la persona fisica che agisce per scopi estranei all'attività imprenditoriale, commerciale, artigianale o professionale eventualmente svolta*".

bio "*esclusivamente*" che invece risultava nella definizione di consumatore contenuta nella legge n. 3/2012 all'art. 6, comma 2, lett. b) [16].

La differenza sostanziale fra le definizioni di cui sopra consisteva nell'avverbio "*esclusivamente*". Da qui il dubbio sull'applicabilità del piano del consumatore anche relativamente a quelle situazioni debitorie di natura composita [17].

Il contrasto può dirsi ormai superato, posto che sembra essere stata recepita nel nuovo Codice una nozione quanto più ampia di consumatore, ricomprendente anche l'imprenditore ed il professionista, a condizione che la loro situazione di sovraindebitamento non derivi da obbligazioni connesse allo svolgimento delle loro attività [18].

A rigor di logica si ritiene che si dovrebbe comunque trattare di imprenditori soggetti al sistema concorsuale minore, finendosi altrimenti per snaturare la natura dell'istituto stesso.

Altre questioni dibattute erano quelle riguardanti la posizione del **fideiussore** [19] e dell'**avvallante** [20], nonché dei **soci illimitatamente responsabili di**

---

[16] Art. 6, comma 2, lett. b), legge n. 3/2012: "*b) per 'consumatore': il debitore persona fisica che ha assunto obbligazioni esclusivamente per scopi estranei all'attività imprenditoriale o professionale eventualmente svolta*".

[17] In senso favorevole, D. BOGGIALI, *La Composizione delle crisi da sovraindebitamento alla luce delle più recenti novità normative*, in *Consiglio Nazionale del Notariato*, Studio n. 99-2013/I, reperibile online e Cass. Civ., Sez. I, 1° febbraio 2016, n. 1869, reperibile su *Sentenze Web*; in senso restrittivo Trib. Milano 16 maggio 2015, reperibile su *www.ilcaso.it*.

[18] Cfr. nel senso di un'interpretazione "elastica" della nozione di consumatore G. BENVENUTO, *La nozione di consumatore al test delle procedure di composizione delle crisi*, in *Ilfallimentarista.it*, 20 dicembre 2022.

[19] Era dibattuto se potesse considerarsi consumatore il soggetto che avesse prestato garanzia personale per i debiti di altro soggetto, eventualmente connessi allo svolgimento di una attività imprenditoriale o professionale. Secondo una parte della giurisprudenza, la qualità di debitore principale attrae quella del fideiussore (*ex plurimis*, Trib. Bergamo 12 dicembre 2014, reperibile su *www.ilcaso.it* e Trib. Milano 16 maggio 2015, reperibile su *www.ilcaso.it*). Secondo un diverso orientamento, invece, bisognava considerare non la natura giuridica dell'obbligazione, bensì la qualità del contraente (cfr. R. BATTAGLIA, *La crisi da sovraindebitamento nella giurisprudenza: lo stato dell'arte*, in *www.altalex.it* e Trib. Rovigo 13 dicembre 2016, reperibile su *www.ilcaso.it*). Più recentemente, secondo Trib. Roma 18 novembre 2022, reperibile su *www.ilcaso.it*, è consumatore il fideiussore di obbligazioni contratte da un terzo per l'avvio di attività commerciale, a condizione che la garanzia risulti rilasciata per effetto di un rapporto con l'effettivo ed unico esercente dell'attività e che il garante risulti estraneo alla gestione aziendale; v. anche Trib. Taranto 23 gennaio 2023, reperibile su *www.ilcaso.it*.

[20] In tal senso, si veda Trib. Taranto 23 gennaio 2023: va considerato consumatore ai fini dell'accesso alla ristrutturazione *ex* art. 67 CCII, la persona fisica che in qualità di avallante ha sottoscritto finanziamenti chirografari contratti da un altro soggetto funzionali ad assicurare l'avvio e lo svolgimento di un'attività commerciale. Ciò in quanto, anche alla stregua della giu-

una società di persone[21], ovvero se tali soggetti potessero essere qualificati quali consumatori.

Oggi il Codice della Crisi d'Impresa e dell'Insolvenza ha focalizzato l'attenzione sull'attività fideiussoria ed ha annoverato espressamente fra i "*consumatori*" coloro che siano anche soci di una società in nome collettivo o accomandatari di una società in accomandita semplice o per azione purché agiscano per attività non professionale.

Entrambi, dunque, possono accedere alle procedure di composizione della crisi da sovraindebitamento.

5. I doveri del debitore

L'**art. 3 CCII** mira a responsabilizzare esplicitamente il debitore, prescrivendo, per l'**imprenditore individuale**, l'adozione di ogni misura diretta alla precoce rilevazione del proprio stato di crisi, per porvi tempestivamente rimedio[22]; per l'**imprenditore collettivo**, l'adozione, ai medesimi fini, di specifici assetti organizzativi adeguati ai sensi dell'art. 2086 c.c., anch'esso riformato[23].

---

risprudenza comunitaria e di legittimità (CGUE C-74/15 Tarcau; Cass. Civ. n. 1666/2020 e Cass. Civ. n. 742/2020) per la qualifica di consumatore assume rilevanza il rapporto esistente tra beneficiario e fideiussore, pertanto, la mancata partecipazione dell'avallante all'attività come amministratore o come socio di capitali, consente di ritenerlo tale.

[21] Secondo una parte della giurisprudenza, posto che l'art. 147 l.fall. prevedeva l'estensione del fallimento della società di persone ai soci illimitatamente responsabili, gli stessi dovevano essere esclusi dalla disciplina del piano del consumatore in quanto debiti assoggettabili, ai sensi dell'art. 7, comma 2, lett. a), legge n. 3/2012 ad una procedura concorsuale diversa da quella di cui alla legge dedicata al sovraindebitamento (cfr. Trib. Milano 18 agosto 2016, reperibile su *www.ilcaso.it*). Secondo un altro orientamento, invece, data la natura eccezionale dell'art. 147 l.fall. e alla luce dell'art. 12, comma 5, legge n. 3/2012, a mente del quale la sentenza di fallimento eventualmente pronunciata a carico del debitore risolveva l'accordo, non bisognava estromettere i soci illimitatamente responsabili di società di persone dalle procedure di sovraindebitamento (cfr. Trib. Rimini 13 marzo 2018, reperibile su *www.ilcaso.it*).

[22] Art. 3, comma 1, CCII: "*l'imprenditore individuale deve adottare misure idonee a rilevare tempestivamente lo stato di crisi e assumere senza indugio le iniziative necessarie a farvi fronte*".

[23] Art. 3, comma 2, CCII: "*l'imprenditore collettivo deve istituire un assetto organizzativo, amministrativo e contabile adeguato ai sensi dell'articolo 2086 del codice civile, ai fini della tempestiva rilevazione dello stato di crisi e dell'assunzione di idonee iniziative*".

Il testo dell'art. 3 CCII ha conosciuto una importante modificazione in sede di "varo" definitivo, evidentemente determinata dalla eliminazione degli indici e degli indicatori numerici ai fini dell'accertamento (in forma deterministica ed automatica) di una situazione di crisi.

E così, oggi si registra l'aggiunta dell'art. 3, commi 3 e 4, CCII che "*da un lato, specificano la funzione teleologica cui debbono ispirarsi, rispettivamente, misure ed assetti adeguati, dall'altro lato, invece, individuano specificamente i segnali d'allarme tipici della crisi o della probabilità della crisi*" [24].

Più specificamente, il comma 3 dell'articolo in commento, dispone **che misure ed assetti** debbono essere attuati in forma tale da porre, rispettivamente, l'imprenditore e gli amministratori in condizione di:

(i) rilevare eventuali squilibri patrimoniali o finanziari dell'impresa;
(ii) verificare, simultaneamente, la non sostenibilità dei debiti o la perdita della continuità aziendale nell'arco dei dodici mesi successivi, nonché i segnali di allarme di cui all'art. 3, comma 4, CCII;
(iii) avere la disponibilità di tutte le informazioni necessarie per seguire la lista di controllo particolareggiata ed eseguire il test pratico per la perseguibilità del risanamento, a disposizione di tutte le imprese sulla piattaforma telematica nazionale accessibile a tutti gli imprenditori iscritti presso il registro delle imprese.

A sua volta, l'art. 3, comma 4, CCII contiene l'indicazione specifica dei **segnali di allarme** che, nel pieno funzionamento delle misure o degli assetti adeguati, "*suggeriscono*" all'imprenditore od agli amministratori la necessità di attivarsi per "*assumere le iniziative necessarie a fare fronte*" alla situazione di crisi o di probabilità di crisi.

Tali segnali sono:

(i) debiti per retribuzioni scaduti da almeno trenta giorni e che ammontino ad oltre la metà delle retribuzioni mensili complessive;
(ii) debiti verso fornitori scaduti da oltre novanta giorni, di ammontare superiore ai debiti non scaduti;
(iii) scoperture finanziarie, in senso ampio, verso banche od altri intermediari finanziari, scadute da oltre sessanta giorni che rappresentino almeno il 5% del totale delle esposizioni;
(iv) l'esistenza di una o più delle esposizioni debitorie verso enti pubblici indicate dall'art. 25-*novies*, comma 1, CCII che impongono all'INPS,

---

[24] S. SANZO (a cura di), *Il codice della crisi dopo il d.lgs. 17 giugno 2022, n. 83*, Zanichelli, 2022.

all'AdE ed all'AdE-Riscossione di effettuare la relativa segnalazione all'imprenditore ed all'organo di controllo, affinché si attivi per avviare un percorso di risanamento.

Come osservato da alcuni, già soltanto sulla scorta di questi schematici cenni, "*appare palese la differenza con il sistema originario del Codice in relazione all'avvio dell'allerta, nel quale i meccanismi di rilevazione della crisi apparivano più rigidi e fondati su automatismi idonei ad avviare l'allerta e poi la composizione assistita. Oggi viene costruito un percorso che – seppure fonda segnali di allarme con soglie più basse – affida alla responsabilità dell'imprenditore la* «creazione» *della struttura per rilevare i segnali di allarme e l'adozione delle scelte conseguenti alla rilevazione dei medesimi. Un sistema, dunque, a contenuto maggiormente responsabilizzante, cui dovrebbe corrispondere un più severo criterio di sanzione per il caso in cui il ritardo nell'intervento determini danni a terzi*" [25].

Degno di nota poi che, nel sistema attuale, viene di fatto a perdersi una effettiva connotazione differenziale tra misure idonee delle imprese individuali ed assetti adeguati delle imprese collettive, salva soltanto la maggiore specificazione della operatività della seconda, essendo entrambi finalizzati alla rilevazione della crisi in generale o dei segnali di allarme in particolare.

In termini generali non resta forse che constatare una eccessiva tendenza del legislatore alla illustrazione molto particolareggiata e dettagliata delle linee di condotta: "*norme così analitiche, in genere, finiscono per complicare, anziché semplificare i processi interpretativi, soprattutto in ambiti di maggiore ambiguità delle espressioni*" [26].

Ai sensi dell'**art. 4 CCII**, nella composizione negoziata, nel corso delle trattative e dei procedimenti per l'accesso agli strumenti di regolazione della crisi e dell'insolvenza, il debitore, così come il creditore, deve comportarsi secondo **buona fede** e **correttezza**, principi che richiamano la disciplina generale del contratto.

In particolare, ai sensi del comma 2 del citato articolo, il debitore ha il dovere di:

"*a) illustrare la propria situazione in modo completo, veritiero e trasparente, fornendo ai creditori tutte le informazioni necessarie e appropriate rispetto alle trattative avviate, anche nella composizione negoziata, e allo strumento di regolazione della crisi e dell'insolvenza prescelto*";

---

[25] S. SANZO (a cura di), *Il codice della crisi dopo il d.lgs. 17 giugno 2022, n. 83*, Zanichelli, 2022.

[26] *Ibidem*.

b) *assumere tempestivamente le iniziative idonee alla individuazione delle soluzioni per il superamento delle condizioni di cui all'articolo 12, comma 1, durante la composizione negoziata, e alla rapida definizione dello strumento di regolazione della crisi e dell'insolvenza prescelto, anche al fine di non pregiudicare i diritti dei creditori.*

Interessante l'ulteriore obbligo sancito dalla seguente lett. c) "*gestire il patrimonio o l'impresa durante i procedimenti nell'interesse prioritario dei creditori. Resta fermo quanto previsto dagli articoli 16, comma 4, e 21*".

Nel Codice l'obbligo gestorio assume, invero, caratteri diversi a seconda che l'impresa sia semplicemente in crisi o versi in stato di insolvenza, dovendo, in questa seconda eventualità, essere gestita nell'interesse dei creditori (e, dunque non semplicemente senza loro ingiusto pregiudizio). In proposito, peraltro, in quella che rappresenta la norma generale sugli obblighi delle parti (e dell'imprenditore in particolare) si rinviene una disposizione che sancisce un obbligo di gestione *sempre* improntato all'interesse prioritario dei creditori (art. 4, comma 2, lett. c), salvo poi puntualizzare, con una modifica forse dell'ultima ora, come notato da alcuni [27], che restano ferme le previsioni, in parte diverse, degli artt. 16, comma 4, CCII [28] e 21, comma 1, CCII [29] dettate in materia di composizione negoziata.

Per concludere, sono resi espliciti i doveri cui deve essere improntata la condotta del debitore che ricorra a strumenti di regolazione della crisi in vista dell'obiettivo di individuare la migliore soluzione della crisi o la migliore regolazione dell'insolvenza.

Tali obblighi, a differenza di quelli prescritti in capo ai creditori, sono individuati con un più definito grado di precettività in ragione del loro contenuto e delle conseguenze connesse alla loro violazione.

---

[27] *Ibidem.*

[28] Cfr. art. 16, comma 4, CCII: "*l'imprenditore ha il dovere di rappresentare la propria situazione all'esperto, ai creditori e agli altri soggetti interessati in modo completo e trasparente e di gestire il patrimonio e l'impresa senza pregiudicare ingiustamente gli interessi dei creditori*".

[29] Cfr. art. 21, comma 1, CCII: "*nel corso delle trattative l'imprenditore conserva la gestione ordinaria e straordinaria dell'impresa. L'imprenditore in stato di crisi gestisce l'impresa in modo da evitare pregiudizio alla sostenibilità economico-finanziaria dell'attività. Quando, nel corso della composizione negoziata, risulta che l'imprenditore è insolvente ma esistono concrete prospettive di risanamento, lo stesso gestisce l'impresa nel prevalente interesse dei creditori. Restano ferme le responsabilità dell'imprenditore*".

6. I doveri dei creditori e prospettive risarcitorie

L'**art. 4, comma 4, CCII** prosegue sancendo i **doveri dei creditori**, ossia di "*collaborare lealmente con il debitore, con l'esperto nella composizione negoziata e con gli organi nominati dall'autorità giudiziaria e amministrativa e di rispettare l'obbligo di riservatezza sulla situazione del debitore, sulle iniziative da questi assunte e sulle informazioni acquisite. Resta fermo quanto previsto dall'articolo 16, commi 5 e 6*".

Si tratta nella sostanza di obblighi di **cooperazione**, **informazione** e **riservatezza** idonei ad assicurare la funzione ed il risultato dello strumento utilizzato.

Tuttavia, a differenza degli obblighi imposti al debitore, si segnala che, con la sola eccezione dell'obbligo di riservatezza, i doveri imposti ai creditori presentano un contenuto precettivo assai indeterminato.

Resta, infatti, labile il concetto di "lealtà" soprattutto in contrapposizione con il diritto del creditore a tutelare il proprio credito secondo lo strumento che ritiene più idoneo. L'obbligo di "lealtà" potrebbe ridursi al solo divieto di abuso nell'esercizio del proprio diritto.

Per concludere, la disposizione in commento ricalca in certa misura l'art. 88 c.p.c., ma non è posta espressamente una sanzione per la sua violazione, potendo forse richiamarsi la nozione di abuso del diritto nella sua veste di abuso del processo, al fine di ammettere l'obbligazione risarcitoria in capo al trasgressore o finanche paralizzare gli effetti dell'atto contrario a buona fede.

In difetto di una sanzione specifica sul punto non resterà che attendere la posizione che giurisprudenza e dottrina assumeranno.

7. I doveri delle autorità preposte

L'**art. 5 CCII** rimarca al comma 1 che tutte le **nomine dei professionisti** effettuate dall'autorità giudiziaria o amministrativa, così come quelle effettuate dagli organi da esse nominati, devono essere improntate a criteri di **trasparenza** e di **rotazione** ed **efficienza**, ponendosi, con il comma 3, a carico del presidente della sezione in materia concorsuale l'obbligo di vigilare sull'osservanza del suddetto obbligo e di assicurarne il rispetto in sede giudiziale. Medesimo obbligo è posto, al comma 2, in capo al segretario generale della Camera di commercio del capoluogo di regione, onerato di comunicare alle autorità che hanno nominato i membri delle commissioni gli incarichi conferiti.

Al comma 5 sempre dell'articolo in commento, il legislatore pone, infine, l'obbligo di **trattare "*con priorità*"** le controversie in cui è parte un organo nominato dall'autorità giudiziaria o amministrativa nell'ambito degli strumenti di regolazione della crisi e dell'insolvenza o delle procedure di insolvenza o comunque un soggetto nei cui confronti è aperta una procedura prevista dal CCII.

Ciò si giustifica per la rilevanza degli interessi coinvolti, ivi compresi l'interesse al buon funzionamento del mercato e i diritti dei lavoratori, cui la normativa eurounitaria presta specifica attenzione, da ultimo anche la proposta di direttiva del Parlamento europeo e del Consiglio del 22 novembre 2016 in tema di quadri di ristrutturazione preventiva, seconda opportunità e misure volte ad aumentare l'efficacia delle procedure di ristrutturazione, insolvenza e liberazione dai debiti, che prosegue sulla strada dell'intervento anticipato prima che l'impresa versi in gravi difficoltà e della ristrutturazione precoce per preservare le parti di attività economicamente sostenibili.

8. La composizione negoziata minore e la convenzione di moratoria *digitale*

Come sopra accennato, con il conclusivo intervento normativo il legislatore, tra le altre novità, ha disposto il definitivo accantonamento del sistema di allerta, così come originariamente previsto, e ha reso ancor più centrali le nuove misure idonee e gli assetti che consentano di rilevare tempestivamente la presenza di uno stato di crisi e intervenire (anche) ricorrendo al nuovo istituto della **composizione negoziata** della crisi introdotta con il d.l. n. 118/2021, convertito nella legge n. 147/2021.

L'art. 1 del d.l. n. 118/2021 ha, ad esempio, modificato alcune delle definizioni dettate dall'art. 2 del Codice nella sua versione del 2019 al fine di essere maggiormente coerenti con quanto stabilito dalla direttiva UE 2019/1023.

In particolare, è stata abrogata la lett. u): tale abrogazione trova il suo fondamento nell'integrale sostituzione del Titolo II del Capo I del Codice. La lett. u) recava la definizione degli OCRI, ovvero degli organismi di composizione della crisi d'impresa, venuti meno a seguito dell'eliminazione della procedura di allerta e della riscrittura della composizione assistita della crisi operata dall'art. 6 del medesimo decreto.

Ed ancora, è stata inserita la lett. m-*bis*), che introduce la nozione di quadri di ristrutturazione preventiva, in tal modo unificando sotto un'unica definizione tutti gli strumenti volti alla regolazione precoce della crisi. Si tratta in parte del recepimento della definizione di "ristrutturazione" contenuta all'art. 2, § 1,

n. 1, della direttiva *Insolvency*, che comprende tutte quelle misure volte a ristrutturare le attività del debitore al fine di conseguire il risanamento dell'impresa, nelle quali sono incluse la modifica della composizione, delle condizioni o della struttura delle attività e delle passività del debitore o di qualsiasi altra parte della struttura del capitale del debitore (come la vendita di attività o parti dell'impresa, e, se previsto dal diritto nazionale, la vendita dell'impresa in regime di continuità aziendale, o altri tipi di cambiamenti operativi che si rendono necessari, o anche una combinazione di questi elementi).

Interessante notare che la lettera specifica altresì che tra i quadri di ristrutturazione non è compresa la composizione negoziata, in quanto si tratta di un percorso di negoziazione stragiudiziale all'esito del quale il debitore può, per il risanamento della sua attività, accedere ad un quadro di ristrutturazione preventiva.

Operata tale doverosa premessa, si passa ora ad analizzare brevemente il nuovo strumento della **composizione negoziata c.d. minore** di cui agli articoli 12 e seguenti del CCII; strumento (applicabile già dal 15 novembre 2021) che è attivabile su richiesta dell'imprenditore, sia commerciale che agricolo, senza limitazioni di tipo dimensionale in relazione alla sua utilizzabilità. Il tutto senza pretesa di esaustività e rimandando al Capitolo XIII ad essa espressamente dedicato.

Orbene, il legislatore, nell'intento di soccorrere le micro, piccole e medie imprese, aveva già inserito, nel novero dei soggetti legittimati ad accedere alla composizione negoziata anche le imprese commerciali e agricole *sotto soglia* fallimentare (art. 17, d.l. n. 118/2021). Il contenuto di tale previsione è stato ora trasfuso, con qualche modifica, nel Codice della Crisi all'**art. 25-*quater***: naturalmente, per poter accedere a questo «*percorso*», per utilizzare la terminologia della Relazione illustrativa, sono richiesti determinati requisiti soggetti ed oggettivi, dei quali, come poc'anzi anticipato, si tratterà più nel dettaglio all'interno del Capitolo XIII.

Se sussistono tutti i requisiti, l'imprenditore può chiedere la nomina dell'esperto indipendente attraverso la presentazione dell'**istanza di nomina**, ai sensi dell'art. 17 CCII, al segretario generale della Camera di commercio nel cui ambito territoriale si trova la sede legale dell'impresa [30] e alla quale istanza dovrà essere allegata **la documentazione** di cui all'art. 17, comma 3, CCII.

È sicuramente bene notare che il percorso di accesso alla composizione

---

[30] Si rammenta che l'art. 17 del d.l. n. 118/2021 aveva previsto, prima dell'entrata in vigore del nuovo Codice, che l'istanza di nomina dell'esperto potesse avvenire anche ad opera dell'OCC territorialmente competente. Tale possibilità è stata definitivamente espunta nel Codice della Crisi.

negoziata è più semplice per l'imprenditore minore, posto che questi in virtù della dimensione contenuta della sua struttura organizzativa ha obblighi documentali più snelli e semplificati. Stante questa facilitazione, ne consegue che, per ovvie ragioni, l'esperto nominato avrà, un compito di ausilio dell'imprenditore più pregnante e incisivo rispetto al ruolo svolto per le imprese maggiori, avendo la legge assegnato espressamente a tale figura il compito di coadiuvare il debitore nella predisposizione dell'ulteriore documentazione utile a individuare l'eventuale soluzione della crisi [31].

Sempre senza presunzione di esaustività, si rammenta poi che, nell'ambito della composizione negoziata della crisi, sono previste altresì le **misure protettive o cautelari sul patrimonio** dell'imprenditore commerciale e agricolo, delle quali si può beneficiare immediatamente, anche già in sede di nomina dell'esperto (con apposita istanza pubblicata presso il registro delle imprese).

È poi compito del Tribunale competente (che l'imprenditore deve adire con ricorso presentato lo stesso giorno della pubblicazione della predetta istanza e dell'accettazione dell'esperto) provvedere alla **conferma, modifica o revoca delle misure protettive ovvero all'adozione dei provvedimenti cautelari necessari per condurre a termine le trattative**. Superata, dunque, la fase preliminare di accertamento circa le concrete possibilità di risanamento e di eventuale concessione di misure protettive o cautelari, hanno inizio le **trattative** con i creditori.

Questa fase è regolata dalle medesime norme previste per le imprese *sopra soglia.*

Se le trattative hanno esito positivo, le parti possono ricorrere, in via alternativa, a una delle seguenti **soluzioni di natura privatistica negoziale**:

a) concludere un contratto privo di effetti nei confronti dei terzi e idoneo ad assicurare la continuità aziendale;
b) concludere un accordo avente il contenuto di cui alla convenzione di moratoria prevista ai sensi dell'art. 62 [32];

---

[31] A. Mancini, *Le "imprese sotto soglia" nel d.l. 118/2021: interazioni con il sovraindebitamento*, in *www.ilcaso.it*.

[32] Si tratta di un istituto fruibile da ogni tipo di imprenditore, anche non commerciale, che è svincolato dalla soglia dimensionale dell'impresa. Sostanzialmente consiste in un accordo volto alla dilazione delle scadenze dei crediti o alla rinuncia agli atti o alla sospensione delle azioni esecutive o conservative e di ogni altra misura che non comporti rinuncia al credito. Diversamente dalla legge fallimentare che ammetteva le convenzioni di moratoria solo fra l'imprenditore e le banche o gli intermediari finanziari, il Codice della Crisi consente di estenderne gli effetti ad ogni creditore, purché la tipologia del credito possa essere collocata,

c) concludere un accordo sottoscritto dall'imprenditore, dai creditori e dall'esperto, idoneo a produrre gli effetti di cui all'art. 25-*bis*, comma 5 [33]. Con la sottoscrizione di tale accordo l'esperto darà atto che il piano di risanamento appare coerente con la regolazione della crisi o dell'insolvenza.

---

per omogeneità di interessi, in una categoria i cui componenti abbiano aderito in percentuale non inferiore al settantacinque per cento. Più in particolare, l'art. 62 CCII prevede che: "*la convenzione di moratoria conclusa tra un imprenditore, anche non commerciale, e i suoi creditori, diretta a disciplinare in via provvisoria gli effetti della crisi (...) è efficace anche nei confronti dei creditori non aderenti che appartengano alla medesima categoria*". È necessario, tuttavia, che tutti i creditori appartenenti alla categoria siano stati informati dell'avvio delle trattative o siano stati messi in condizione di parteciparvi in buona fede e abbiano ricevuto complete e aggiornate informazioni sulla situazione patrimoniale, economica e finanziaria del debitore, nonché sulla convenzione e i suoi effetti. Altra condizione per estendere gli effetti della convenzione anche ai creditori non aderenti, è quella della sussistenza di concrete prospettive che i creditori non aderenti, possano risultare soddisfatti all'esito della convenzione, in misura non inferiore rispetto alla liquidazione giudiziale. È altresì necessario che un professionista indipendente attesti la veridicità dei dati aziendali, l'idoneità della convenzione a disciplinare provvisoriamente gli effetti della crisi e la ricorrenza delle condizioni di cui alla lett. c) (cioè la possibilità per i creditori di essere soddisfatti in misura migliorativa rispetto all'alternativa liquidatoria). Degno di nota poi il limite imposto dal comma 3 dell'art. 62 CCII, a mente del quale: "*in nessun caso, per effetto della convenzione, ai creditori della medesima categoria non aderenti possano essere imposti l'esecuzione di nuove prestazioni, la concessione di affidamenti, il mantenimento della possibilità di utilizzare affidamenti esistenti o l'erogazione di nuovi finanziamenti. Non è considerata nuova prestazione la prosecuzione della concessione del godimento di beni oggetto di contratti di locazione finanziaria già stipulati*". Una volta raggiunto l'accordo con il 75% dei creditori appartenenti alla medesima categoria, il procedimento è semplice, in quanto consiste nel comunicare la convenzione, insieme alla relazione del professionista attestatore, ai creditori non aderenti, mediante lettera raccomandata con avviso di ricevimento o presso il domicilio digitale. Entro trenta giorni dalla comunicazione i creditori non aderenti possono proporre opposizione avanti al Tribunale, il quale decide in Camera di consiglio con sentenza reclamabile in Corte d'Appello, per un ulteriore approfondimento v. STEFANO DELLE MONACHE, *"La convenzione di moratoria" nel Codice della crisi d'impresa*, in *Giur. comm.*, fasc. 6, 1° dicembre 2020, p. 1207.

[33] Deve segnalarsi che, a differenza di quanto previsto nel d.l. n. 118/21 non è stato previsto come effetto l'esenzione dalla revocatoria ordinaria *ex* art. 166, comma 3, lett. d), ma unicamente gli effetti di cui all'art. 25-*bis*, comma 5, ossia i benefici fiscali; poiché una tale modifica sarebbe incomprensibile in quanto verrebbe a mancare qualunque interesse dei creditori ad aderire è plausibile che si tratti di mero *lapsus calami* (cfr. sul punto V. ZANICHELLI, *Commento a prima lettura del decreto legislativo 17 giugno 2022 n. 83 pubblicato in G.U. il 1° luglio 2022*, in *dirittodellacrisi.it*); per un quadro dettagliato dei possibili esiti della composizione negoziata cfr. V. ZANICHELLI, *Gli esiti possibili della composizione negoziata*, 26 ottobre 2021, in *www.dirittodellacrisi.it*.

Se, invece, le **trattative hanno esito negativo**, l'imprenditore può:

a) proporre la domanda di concordato minore di cui all'art. 74;
b) chiedere la liquidazione controllata dei beni ai sensi dell'art. 268;
c) proporre la domanda di concordato semplificato per la liquidazione del patrimonio di cui all'art. 25-*sexies*, per la cui normativa di dettaglio si rimanda al Capitolo VIII;
d) per la sola impresa agricola *sotto soglia*, domandare l'omologazione di un accordo di ristrutturazione dei debiti ai sensi degli articoli 57, 60 e 61, quindi anche ad efficacia agevolata ed estesa, già oggetto di apposita disamina nel Capitolo VI.

Per concludere, dalla veloce disamina appena svolta che verrà poi approfondita, si ritiene che, a differenza degli altri istituti previsti in materia di sovraindebitamento per le imprese *sotto soglia*, la composizione negoziata *minore* contenga elementi di **maggior *favor* per il debitore**, così sintetizzabili:

– la possibilità di beneficiare di un periodo protetto da azioni esecutive e cautelari per l'elaborazione di un piano di ristrutturazione del debito (combinato disposto artt. 25-*quater*, 18 e 19 CCII);
– la possibilità di sottrarsi agli obblighi di ricapitalizzazione sanciti dal codice civile per tutta la durata delle trattative, elemento inedito per gli imprenditori non assoggettabili alla liquidazione giudiziale (combinato disposto artt. 25-*quater* e art. 20 CCII);
– la conservazione della gestione ordinaria dell'impresa in pendenza delle trattative (combinato disposto art. 25-*quater* e art. 21 CCII);
– la possibilità di ottenere finanziamenti prededucibili, a seguito di apposita autorizzazione del Tribunale, sottraendosi alla regola della postergazione del credito *ex* art. 2467 c.c. [34] (combinato disposto art. 25-*quater* e art. 22 CCII);
– la messa a disposizione di strumenti nuovi per la soluzione della crisi all'esito della procedura.

Alla luce di ciò, benché attualmente abbiano fatto ricorso alla composizione negoziata solo cinquantanove imprese *sotto soglia* (rappresentanti il 7,04%) [35] si auspica che tale «*percorso*» abbia in futuro più larga portata applicativa [36].

---

[34] L. DE BERNARDIN, *Le imprese sottosoglia nel DL. 118/2021: nuove opportunità*, in *dirittodellacrisi.it*.

[35] Dati di UNIONCAMERE aggiornati al 23 giugno 2023.

[36] S. SANZO (a cura di), *Il codice della crisi dopo il d.lgs. 17 giugno 2022, n. 83*, Zanichelli, 2022.

Tra i nuovi strumenti negoziali di regolazione della crisi, introdotti dal Codice della Crisi, merita una segnalazione particolare anche la convenzione di moratoria, in particolare quella *digitale*.

L'imprenditore, attraverso la piattaforma telematica, istituita presso le Camere di Commercio, ai sensi dell'art. 13 del Codice, dopo aver completato il *test* pratico per la verifica della ragionevole perseguibilità del risanamento, oltre ad accedere alla composizione negoziata, di cui si è poc'anzi trattato, può usufruire (gratuitamente) di una particolare forma di convenzione di moratoria, nota nella prassi come «***convenzione di moratoria digitale***», sulla scorta del fatto che essa è elaborata direttamente dal programma informatico ivi presente.

La disciplina dell'istituto in commento è contenuta nell'art. 25-*undecies* del Codice.

Sotto il **profilo soggettivo**, la previsione è rivolta all'imprenditore in generale, sia esso agricolo o commerciale, *sotto soglia* o *sopra soglia*, purché iscritto alla Camera di Commercio. Restano esclusi, pertanto, i professionisti, gli enti no profit e il consumatore.

Sotto il **profilo oggettivo**, l'indebitamento dell'imprenditore deve:

- attestarsi ad una somma pari o inferiore a euro trentamila[37];
- essere sostenibile, ovverosia il risanamento deve risultare ragionevolmente perseguibile; di tale evidenza si avrà necessariamente contezza a seguito dell'effettuazione del *test* pratico svolto dall'imprenditore, in cui sarà tenuta in considerazione, oltre alla situazione debitoria, la sufficienza dei flussi di cassa per farvi fronte.

Proprio in virtù dei requisiti soggettivi ed oggetti, come sopra delineati, si è, dunque, ritenuto opportuno collocare nel presente paragrafo la disanima anche di tale istituto. Appare, invero, plausibile che la convenzione di moratoria digitale sarà destinata ad avere maggiore applicazione per gli imprenditori di modeste dimensioni.

Quanto al procedimento, l'imprenditore, una volta generato il piano di rateizzazione (che in quanto tale non comporta stralci, ma unicamente una dilazione di pagamento) lo comunica in via autonoma ai creditori interessati, avvertendoli che, se non manifestano il loro dissenso entro il termine di tren-

---

[37] Da una prima lettura della norma, sembrerebbe che dal computo di tale ammontare siano esclusi i debiti di lavoro, fiscali e previdenziali, per la cui moratoria devono applicarsi, invece, le leggi speciali. Nel silenzio della legge, non è, invece, chiaro se l'ammontare del debito debba essere valutato al netto di eventuali interessi pattizi o di legge, e quindi, solo per la sorte capitale. Per un maggiore approfondimento si veda F. PLATANIA, *Prime osservazioni sulla convenzione di moratoria* "digitale", in *Ilfallimentarista.it*.

ta giorni dalla ricezione dello stesso, il piano si intenderà approvato e, pertanto, verrà eseguito secondo le modalità e i tempi ivi indicati.

Come già notato da alcuni [38], mentre la disciplina è chiara nello statuire il criterio del *silenzio-assenzo* dei creditori, dubbi potrebbero sorgere nell'ipotesi in cui anche solo uno dei creditori non accetti la proposta di rateizzazione.

In via preliminare, atteso che l'istituto in esame non è riconducibile all'alveo delle procedure concorsuali, appare ragionevole, in ogni caso, escludere l'applicabilità del criterio della maggioranza e, per l'effetto, l'obbligatorietà del piano per chi non lo approva [39].

Resta, quindi, da valutare se il dissenso da parte di uno dei creditori possa determinare o meno l'inefficacia complessiva della convenzione.

Senza dubbio, dal punto di vista meramente finanziario, l'adempimento immediato di alcune prestazioni a causa del rifiuto di taluni dei creditori potrebbe comportare la carenza di liquidità per procedere al pagamento delle altre dilazioni già accettate. Il tutto con conseguente infattibilità della convenzione medesima.

Secondo alcuni autori [40], al di là della fattispecie limite, e completamente ostativa, appena delineata, il piano di rateizzazione dovrebbe avere comunque efficacia per i creditori che hanno accettato, anche in presenza del rifiuto di altri. Diversamente opinando, non si comprenderebbe l'innovazione apportata dalla norma.

Dovremo, dunque, attendere le prime applicazioni dell'istituto per cogliere la vera portata del medesimo.

Ciò che è, oggi, certo è che:

- agli importi rateizzati secondo il piano occorre aggiungere il tasso di interesse la cui modalità di calcolo verrà definita con decreto non regolamentare del Ministro dello sviluppo economico, di concerto con il Ministro della giustizia e con il Ministro delegato per l'innovazione tecnologica e la transizione digitale, da adottare entro sessanta giorni dall'entrata in vigore del Codice;
- restano ferme le responsabilità in capo all'imprenditore, non sussistendo un controllo esterno sulla completezza e veridicità dei dati inseriti nella piattaforma.

---

[38] S. Sanzo (a cura di), *Il codice della crisi dopo il d.lgs. 17 giugno 2022, n. 83*, Zanichelli, 2022.

[39] F. Platania, *Prime osservazioni sulla convenzione di moratoria "digitale"*, in *Ilfallimentarista.it.*

[40] F. Platania, *Prime osservazioni sulla convenzione di moratoria "digitale"*, in *Ilfallimentarista.it.*

In conclusione, benché la norma presenti una disciplina, per certi versi, incompleta, lo strumento messo a disposizione è il più snello in assoluto previsto dal Codice. Esso consente al debitore di risolvere la propria situazione di difficoltà economica, con la ristrutturazione del debito accumulato, in tempi rapidi oltre che senza dover sopportare alcun costo di procedura [41].

9. Misure premiali

Il legislatore ha previsto una offerta premiale all'imprenditore che provi a risolvere la propria crisi con l'accesso alla composizione negoziata.

Nel sistema delineato dal nuovo art. 25-*bis* (rubricato, per l'appunto, "misure premiali") i vantaggi che scaturiscono dall'accesso alla composizione negoziata sono tutti e solo di **natura tributaria** e restano condizionati, quanto alla permanenza di essi in forma definitiva, al fatto che alla composizione negoziata non faccia seguito una procedura concorsuale di tipo dissolutivo, cioè integralmente liquidatoria (art. 25-*bis*, ultimo comma, CCII).

Dette misure premiali possono essere ricondotte ad una quadruplice categoria:

(i) quelle che conseguono alla semplice accettazione dell'esperto;
(ii) quelle che conseguono – in caso di mancato accordo in sede di composizione – all'avvio, comunque, di un percorso di ristrutturazione o di risanamento tra quelli previsti dall'art. 23, comma 2, CCII;
(iii) quelle che, per essere operative, presuppongo l'iscrizione in registro imprese del contratto o dell'accordo con cui, all'esito della composizione negoziata, l'imprenditore ed i suoi creditori abbiano trovato un accordo compositivo (art. 23, comma 1, lett. a) o c), CCII) e
(iv) quelle che, oltre che nei casi previsti dalla terza categoria, operano anche in caso di pubblicazione in registro imprese degli accordi di cui all'art. 23, comma 2, lett. b), CCII.

Per quel che concerne le prime, esse sono:

- la riduzione alla misura legale degli interessi sui debiti tributari;
- la riduzione alla misura minima per le sanzioni tributarie, che scadano dopo la presentazione dell'istanza di accesso alla composizione, per le quali sia previsto il pagamento in misura ridotta entro un certo termine dalla comunicazione dell'ufficio che le irroga.

---

[41] S. SANZO (a cura di), *Il codice della crisi dopo il d.lgs. 17 giugno 2022, n. 83*, Zanichelli, 2022.

Tali misure sono, per natura, ad efficacia temporanea e cessano dunque con la conclusione delle trattative; la permanenza di esse (comunque per la sola parte maturata in corso di composizione) è condizionata all'esito della composizione in una delle soluzioni previste dall'art. 23, commi 1 e 2.

Per quel che concerne la seconda categoria, invece, si tratta:

- della riduzione alla metà delle sanzioni e degli interessi sui debiti tributari maturati sino alla data di presentazione dell'istanza *ex* art. 17 CCII, a condizione che si avvii uno degli strumenti di cui all'art. 23, comma 2, CCII.

In caso di stipulazione e pubblicazione del contratto o dell'accordo di cui, rispettivamente all'art. 23, comma 1, lett. a), e lett. c) stessa norma:

- si acquisisce il diritto alla concessione di un piano di rateazione fino ad un massimo di settantadue rate mensili delle imposte sul reddito, delle ritenute alla fonte operate in qualità di sostituto di imposta, dell'imposta sul valore aggiunto e delle imposte regionali sulle attività produttive non ancora iscritte a ruolo, oltre che sui relativi accessori;
- il beneficio decade in caso di successivo deposito di un ricorso per l'accesso ad uno strumento di regolazione della crisi o dell'insolvenza o per l'apertura della liquidazione giudiziale.

Infine, in caso di stipula e pubblicazione del contratto o dell'accordo di cui rispettivamente all'art. 23, comma 1, lett. a), e lett. c) o degli accordi di cui all'art. 23, comma 2, lett. b):

- si fruisce dell'esonero dalla imposizione delle sopravvenienze attive dallo stralcio, ai sensi dell'art. 88, comma 4-*ter* [42], e la deducibilità delle perdite, ai sensi dell'art. 101, comma 5 [43], TUIR.

---

[42] Secondo la cui previsione testuale "*Non si considerano, altresì, sopravvenienze attive le riduzioni dei debiti dell'impresa in sede di concordato fallimentare o preventivo liquidatorio o di procedure estere equivalenti, previste in Stati o territori con i quali esiste un adeguato scambio di informazioni, o per effetto della partecipazione delle perdite da parte dell'associato in partecipazione. In caso di concordato di risanamento, di accordo di ristrutturazione dei debiti omologato ai sensi dell'articolo 182-bis del regio decreto 16 marzo 1942, n. 267, ovvero di un piano attestato ai sensi dell'articolo 67, terzo comma, lettera d), del regio decreto 16 marzo 1942, n. 267, pubblicato nel registro delle imprese o di procedure estere equivalenti a queste, la riduzione dei debiti dell'impresa non costituisce sopravvenienza attiva per la parte che eccede le perdite, pregresse e di periodo, di cui all'articolo 84, senza considerare il limite dell'ottanta per cento, e gli interessi passivi e gli oneri finanziari assimilati di cui al comma 4 dell'articolo 96. Ai fini del presente comma rilevano anche le perdite trasferite al consolidato nazionale di cui all'articolo 117 e non ancora utilizzate. Le disposizioni del presente comma si applicano anche per le operazioni di cui al comma 4-bis*".

[43] "*Le perdite di beni di cui al comma 1, commisurate al costo non ammortizzato di essi,*

Come è stato da più parti osservato, si tratta di benefici troppo ridotti, sia nella consistenza quantitativa sia nella loro durata temporale, perché essi possano rappresentare uno stimolo effettivo all'accesso alla composizione negoziata.

Il che non è un problema di poco conto, se si considera che la maggiore massa di debito gravante sul sistema imprenditoriale nazionale è debito tributario, in senso lato. Forse è proprio questa la via su cui sarebbe legittimo attendersi ulteriori modificazioni in futuro della normativa qui in esame [44].

10. Gli organi del nuovo sovraindebitamento (rinvio e precisazioni, art. 65 CCII)

Per le procedure di sovraindebitamento è stata pensata una disciplina più semplice e specifica rispetto al procedimento unitario, sicché la disposizione in esame vi rinvia nei soli limiti di compatibilità e per quanto non previsto espressamente nelle disposizioni del Capo III del Titolo IV e del Capo IX del Titolo V (art. 65 CCII).

---

e le perdite su crediti, diverse da quelle deducibili ai sensi del comma 3 dell'articolo 106, sono deducibili se risultano da elementi certi e precisi e in ogni caso, per le perdite su crediti, se il debitore è assoggettato a procedure concorsuali o ha concluso un accordo di ristrutturazione dei debiti omologato ai sensi dell'articolo 182-bis del regio decreto 16 marzo 1942, n. 267 o un piano attestato ai sensi dell'articolo 67, terzo comma, lettera d), del Regio decreto 16 marzo 1942, n. 267 o è assoggettato a procedure estere equivalenti, previste in Stati o territori con i quali esiste un adeguato scambio di informazioni. Ai fini del presente comma, il debitore si considera assoggettato a procedura concorsuale dalla data della sentenza dichiarativa del fallimento o del provvedimento che ordina la liquidazione coatta amministrativa o del decreto di ammissione alla procedura di concordato preventivo o del decreto di omologazione dell'accordo di ristrutturazione o del decreto che dispone la procedura di amministrazione straordinaria delle grandi imprese in crisi o, per le procedure estere equivalenti, dalla data di ammissione ovvero, per i predetti piani attestati, dalla data di iscrizione nel registro delle imprese. Gli elementi certi e precisi sussistono in ogni caso quando il credito sia di modesta entità e sia decorso un periodo di sei mesi dalla scadenza di pagamento del credito stesso. Il credito si considera di modesta entità quando ammonta ad un importo non superiore a 5.000 euro per le imprese di più rilevante dimensione di cui all'articolo 27, comma 10, del decreto-legge 29 novembre 2008, n. 185, convertito, con modificazioni, dalla legge 28 gennaio 2009, n. 2, e non superiore a 2.500 euro per le altre imprese. Gli elementi certi e precisi sussistono inoltre quando il diritto alla riscossione del credito è prescritto. Gli elementi certi e precisi sussistono inoltre in caso di cancellazione dei crediti dal bilancio operata in applicazione dei principi contabili".

[44] Sul punto si veda S. SANZO (a cura di), *Il codice della crisi dopo il d.lgs. 17 giugno 2022, n. 83*, Zanichelli, 2022.

Il riferimento procedurale di carattere unitario per tutte le procedure concorsuali disciplinate nel Codice della Crisi determinerà, pertanto, l'assenza di lacune normative, a differenza di quanto accadeva nella previgente disciplina contenuta nella legge n. 3/2012.

In questa prospettiva, si chiarisce che la nomina dell'**attestatore** (da riferire al piano di ristrutturazione dei debiti del consumatore e al concordato minore) è sempre **facoltativa** e che i compiti propri del commissario e del liquidatore sono sempre svolti dall'OCC, l'organismo di composizione della crisi.

La facoltà di nomina dell'attestatore deve essere coordinata con l'eliminazione, sia per la procedura di piano del consumatore che per il concordato minore, del dovere del gestore della crisi di attestare la veridicità dei dati e la fattibilità del piano.

La norma in commento desta non poche perplessità per un duplice ordine di motivi.

Da una parte, infatti, l'assenza dell'obbligo in capo all'OCC di attestare che i debiti indicati nella domanda rispecchiano effettivamente la situazione patrimoniale passiva del debitore e che il piano è economicamente fattibile espone i creditori al pericolo che il loro credito non venga correttamente appostato e che il piano presentato in Tribunale dal debitore presenti obiettive difficoltà di realizzazione. Tale rischio viene forse attenuato dal fatto che, nell'ambito della procedura riservata al consumatore, i creditori, ai sensi dell'art. 70, comma 3, entro venti giorni dalla comunicazione della proposta, possano presentare osservazioni (anche in ordine all'ammontare del proprio credito) e che, nel concordato minore, ai sensi dell'art. 78, comma 2, lett. c), gli stessi possano trasmettere le loro contestazioni. Tuttavia, il meccanismo *de quo* potrebbe risultare inadeguato, anche solo per il fatto che comporterebbe, in caso di contestazioni sull'ammontare del credito, una dilatazione delle tempistiche della procedura.

Dall'altro lato, come emerge dagli artt. 70, comma 7, e 80, comma 1, il giudice non è più chiamato ad effettuare una verifica sulla fattibilità economica del piano.

In considerazione del fatto che, astrattamente, il magistrato non ha una specifica formazione economico-aziendalistica, sarebbe stato forse preferibile mantenere tra i compiti dell'OCC quello di attestare la fattibilità del piano, in modo tale da fornire al giudice, e comunque a tutti i soggetti a vario titolo coinvolti nella procedura, un adeguato supporto per svolgere la valutazione richiestagli dalla legge.

Non diversamente dalla previgente disciplina, nella composizione della crisi (o nella liquidazione dei beni) del sovraindebitato entrano in gioco altri due **organi**: l'**OCC**, organo di preminente importanza, ed il **Tribunale**, nella persona del giudice monocratico che, in particolare, nell'ambito della liquidazione controllata viene qualificato come *delegato*.

Il preminente ruolo dell'**OCC** nelle procedure di composizione della crisi da sovraindebitamento non è una novità del Codice: l'introduzione di detto Organismo è stata prevista, infatti, dalla legge n. 3/2012, mentre la sua disciplina è contenuta nel decreto del Ministro della giustizia n. 202/2014, decreto cui l'art. 2 del Codice fa espresso rinvio.

Secondo quanto previsto dal decreto ministeriale citato, gli OCC devono essere iscritti in un apposito registro tenuto dal Ministero della Giustizia presso il Dipartimento per gli Affari di Giustizia.

Si distinguono tra OCC iscritti di diritto nel registro (sezione A) e quelli iscritti su richiesta (sezione B), ma in ogni caso essi possono essere costituiti da enti pubblici (Camere di commercio, Enti locali, Università) o privati (Ordini professionali degli avvocati, dei commercialisti o dei notai) dotati dei requisiti di indipendenza e professionalità.

Ogni OCC ha una struttura organizzativa incentrata su un referente che assegna gli incarichi ai gestori della crisi, cioè a dei professionisti in possesso dei requisiti professionali di cui all'art. 4, comma 5 del d.m. n. 202/2014.

Sia l'OCC sia il gestore della crisi designato devono garantire imparzialità, assenza di conflitti di interesse con gli affari trattati e riservatezza sulle informazioni di cui sono venuti a conoscenza a causa della loro attività (art. 11, d.m. n. 202/2014).

I compensi dell'OCC, calcolati secondo le modalità indicate nel decreto ministeriale, sono prededucibili e sono posti a carico del debitore.

L'avvio delle procedure di composizione della crisi necessita dell'intervento dell'OCC costituito presso il circondario del Tribunale competente ai sensi dell'art. 27, comma 2, del Codice.

Nel caso in cui nel circondario del Tribunale competente non vi sia un OCC, il legislatore ha previsto che i compiti e le funzioni proprie dell'OCC siano svolte da un professionista o da una società tra professionisti in possesso dei requisiti di cui all'art. 358 del Codice nominati dal presidente del Tribunale competente o da un giudice da lui delegato, individuati possibilmente tra gli iscritti all'albo dei gestori della crisi di cui al decreto del Ministro della Giustizia n. 202/2014.

Nel Codice, l'OCC conserva le funzioni che già la legge n. 3/2012 gli attribuiva[45], funzioni tra loro diverse e che, talvolta, possono essere fonte di possibili conflitti di interesse. Dette funzioni sono quelle di:

---

[45] F. CESARE-C. VALCEPINA, *Sovraindebitamento dalla tutela del debitore al recupero*

i. consulente del debitore;
ii. garante nei confronti del Tribunale e dei creditori della serietà e della attendibilità della proposta;
iii. ausiliario del Tribunale nella gestione del procedimento e nella sua esecuzione.

Quanto alla prima funzione, è chiara la volontà del legislatore di attribuire all'OCC il ruolo di **consulente del debitore**, seppur non in esclusiva.

Il Codice, invero, prevede testualmente l'inammissibilità di una proposta formulata senza l'ausilio dell'OCC: nella ristrutturazione del debito del consumatore e nel concordato minore è previsto che la domanda sia presentata «*tramite l'OCC*» (artt. 68 e 76), mentre nella liquidazione controllata che essa possa essere presentata personalmente dal debitore ma pur sempre con l'assistenza dell'OCC (art. 269). Anche per l'esdebitazione dell'incapiente la domanda deve essere presentata «*tramite OCC*» (art. 283, comma 3).

Più in generale, quando il debitore si rivolge all'OCC, il referente dell'Organismo nomina il professionista che assume il ruolo di gestore della crisi e assiste il debitore nella scelta della procedura più idonea a comporre la crisi da sovraindebitamento, verificando se sussistano o meno i relativi presupposti di ammissibilità.

L'OCC svolge poi il ruolo di **garante** nei confronti del Tribunale e dei creditori della serietà ed attendibilità della proposta nonché dell'attendibilità della documentazione fornita dal debitore. A tal fine, oltre alle informazioni fornite dal debitore, l'OCC effettua degli accertamenti di propria iniziativa (visure camerali, catastali e al PRA, richieste dei carichi pendenti all'Agenzia delle Entrate – Riscossione, al Comune di residenza).

L'OCC, inoltre, accerta l'esposizione debitoria chiedendo a ciascun creditore la precisazione del proprio credito con indicazione dell'eventuale causa di prelazione che assiste il credito o delle eventuali garanzie che terzi possono aver dato al creditore. Detta attività di preventiva *verifica del passivo* assume importanza specie nella ristrutturazione dei debiti del consumatore e nel concordato minore in cui non è prevista, in seguito all'apertura della procedura, una fase *ad hoc* di accertamento del passivo.

Come già detto, tra le novità più significative introdotte dal Codice vi è che nelle procedure di composizione della crisi da sovraindebitamento la nomina dell'attestatore è sempre facoltativa; ciò al precipuo scopo di semplificare la procedura e di contenerne i costi. Ne consegue che, in mancanza dell'attestazione di fattibilità (come ribadito, non più economica) del piano,

---

del credito, Giappichelli, 2021, p. 43; S. SANZO (a cura di), *Il codice della crisi dopo il d.lgs. 17 giugno 2022, n. 83*, Zanichelli, 2022.

tale giudizio non potrà che essere svolto dal Tribunale in composizione monocratica, il che desta non poche perplessità. È presumibile che il giudice (se lo riterrà necessario) richiederà all'OCC una relazione in tal senso, ma ciò dovrà necessariamente scontrarsi con il limite per il quale in questo modo l'OCC verrebbe chiamato ad attestare il piano da lui stesso elaborato.

All'OCC compete, invece, attestare l'incapienza dei beni (o del patrimonio mobiliare) posti a garanzia dei creditori prelatizi in caso di liquidazione al fine della loro degradazione a chirografo (art. 67, comma 4 e art. 75, comma 2).

Di tutti gli accertamenti compiuti l'OCC dà atto nella relazione che sarà allegata all'atto introduttivo di accesso alla procedura prescelta.

Infine, l'OCC svolge anche il ruolo di **ausiliario del Tribunale**, allorquando ha il compito di gestire il procedimento stesso, soprattutto nella fase dell'esecuzione.

L'OCC cura tutti gli adempimenti connessi alla dichiarazione di apertura di ogni procedura, ossia le comunicazioni ai creditori, la pubblicità del decreto di apertura, l'eventuale trascrizione dello stesso. Nella ristrutturazione dei debiti del consumatore, l'OCC riceve le osservazioni alla proposta del consumatore (art. 70, comma 3) mentre nel concordato minore, egli riceve le dichiarazioni di voto dei creditori alla proposta del debitore (art. 79, comma 3).

Con riferimento alla fase esecutiva, l'OCC svolge funzioni di vigilanza e di controllo sempre in qualità di ausiliario del Tribunale.

In particolare, con riferimento alla liquidazione controllata, il Codice prevede che di regola l'OCC venga successivamente nominato **liquidatore** (art. 270).

In tale veste egli:

(i) predispone l'inventario ed il programma di liquidazione (art. 272);
(ii) predispone il progetto di stato passivo e lo comunica ai creditori; in assenza di osservazioni, approva lo stato passivo (art. 273) e
(iii) ha il potere di agire in giudizio per preservare il patrimonio del debitore a tutela degli interessi dei creditori (art. 274).

Con riferimento, invece, alla ristrutturazione dei debiti del consumatore e al concordato minore, nella fase esecutiva, l'OCC:

(i) "*vigila sull'esatto adempimento*";
(ii) "*risolve eventuali difficoltà*" e
(iii) "*ogni sei mesi...omissis... riferisce al giudice per iscritto sullo stato dell'esecuzione*" e "*presenta al giudice una relazione finale*" (artt. 71 e 81).

La delicatezza e la complessità delle funzioni svolte dai professionisti f.f. di OCC li espongono sia a **responsabilità civile** sia a **responsabilità penale**.

Sotto il profilo civilistico, la responsabilità dell'OCC può avere: *(i)* natura contrattuale nei confronti del debitore, *(ii)* natura extracontrattuale nei confronti dei terzi, quali ad esempio i creditori che siano stati chiamati ad esprimere il voto sulla proposta senza aver ricevuto informazioni adeguate in merito alle prospettive di soddisfacimento del proprio credito47.

Sotto il profilo penalistico, assumono rilevanza le false attestazioni rese dall'OCC nella relazione di cui agli articoli 68, 76, 269 e 283 del Codice in ordine alla veridicità dei dati contenuti nella proposta del consumatore e di concordato minore, nella domanda di apertura della liquidazione controllata o nella domanda di esdebitazione di cui all'articolo 283 del Codice. In tale ipotesi il professionista è punito con la reclusione da uno a tre anni e con la multa da mille a cinquanta mila euro (art. 344, comma 3).

Ha rilevanza penale, altresì, la condotta dell'OCC che cagiona danno ai creditori omettendo o rifiutando senza giustificato motivo un atto del suo ufficio, condotta sanzionata con la reclusione da sei mesi a due anni e con la multa da mille a cinquanta mila euro [46] (art. 344, comma 4).

Altro organo chiave nelle procedure in esame è il **Tribunale** che viene individuato ai sensi dell'art. 27, comma 2, CCII, ossia quello nel cui circondario il debitore ha il centro degli interessi principali (c.d. *COMI*). Per completezza si rimanda ai paragrafi 13 e 14 del presente capitolo, ove il COMI è espressamente trattato.

Nelle procedure in parola, il Tribunale opera in composizione monocratica e mantiene principalmente funzioni di vigilanza e di controllo sulla regolarità della procedura, funzioni che si estrinsecano nella facoltà di sentire le parti nel caso in cui insorgano contestazioni da parte dei creditori o difficoltà nella fase esecutiva della procedura. Il Tribunale, inoltre, decide sulle istanze di revoca dell'omologazione del piano o del concordato minore.

11. Le procedure familiari

L'art. 66 trasfonde nel Codice della Crisi la disciplina delle procedure familiari, come già normata nell'ambito della legge n. 3/2012 a seguito della riforma della legge n. 176/2020.

Si tratta una disciplina innovativa con riferimento alle procedure collegate, sia nei casi in cui i soggetti sovraindebitati siano familiari conviventi, nel qual caso è quasi inevitabile che la difficoltà di uno dei componenti della

---

[46] M. FERRARI, *Sovraindebitamento*, AltalexPedia 25 giugno 2019, in *altalex.com*.

famiglia si rifletta negativamente sull'intero nucleo familiare, sia quando la situazione di crisi del "gruppo familiare" abbia un'origine comune, ad esempio perché derivi da una successione ereditaria.

In tali casi, in cui è auspicabile – se non necessaria – una gestione ed una soluzione unitaria del problema – è possibile presentare un unico progetto di risoluzione della crisi e si è previsto che il giudice, qualora le richieste non siano contestuali, adotti i provvedimenti più idonei per assicurare il coordinamento delle procedure collegate.

Tale novità legislativa, oltre a recepire un'esigenza che si è manifestata nella prassi [47], trae spunto dalla circostanza che l'esdebitazione di un solo componente del nucleo familiare non risolve il problema del sovraindebitamento dell'intera famiglia.

Non è stato in ogni caso scalfito il principio di responsabilità patrimoniale personale, sicché le masse attive e passive rimangano distinte, pur se coinvolte nel medesimo piano.

Il fatto poi che tale norma sia contenuta nella sezione relativa alle disposizioni generali ne determina l'applicazione a tutte le procedure di sovraindebitamento [48].

L'art. 66, in sintonia con l'evoluzione normativa in materia di diritto di famiglia, richiama, come detto, anche le unioni civili e le convivenze di fatto disciplinate nella legge 20 maggio 2016, n. 76, con un evidente progresso rispetto alla legge fallimentare, tuttora silente sul punto.

All'art. 66 prevede altresì che, nell'ipotesi in cui uno dei debitori non sia consumatore, si applichino le norme relative al concordato minore. Tale precisazione è opportuna, risolvendo incertezze applicative nei casi di eterogeneità dell'esposizione debitoria dei soggetti appartenenti ad un unico nucleo familiare.

---

[47] Nella giurisprudenza la questione è stata affrontata con taglio pragmatico più che nel segno del rigore giuridico; si segnalano alcune pronunce: il Tribunale di Napoli Nord (18 maggio 2018, reperibile su *www.ilcaso.it*) ammette esplicitamente la ritualità del piano del consumatore presentato dai due coniugi; il Tribunale di Mantova affronta con due diverse e recenti pronunce la questione: con decreto del 22 gennaio 2018 (reperibile su *www.ilcaso.it*) omologa il piano del consumatore proposto dai coniugi senza dare rilievo al tema della domanda congiunta che tuttavia implicitamente ammette; con il secondo provvedimento il Tribunale di Mantova (8 aprile 2018, reperibile su *www.ilcaso.it*) nell'affrontare un caso di liquidazione del patrimonio *ex* art. 14-*ter*, legge n. 3/2012 afferma che "*il concetto di 'debitore' di cui all'art. 6 legge n. 3/2012 può essere interpretato estensivamente financo a comprendere i componenti della famiglia che versi nella situazione rappresentata dalla norma e questo per rispondere a ragioni di economica processuale per agevolare i debitori e per una miglior tutela dei creditori*".

[48] In questo senso cfr. Trib. Verona 6 ottobre 2022, reperibile in *www.ilcaso.it*.

Consentono di evitare incertezze applicative, sia la previsione che radica la competenza in capo al giudice adito per primo, sia quella relativa alla ripartizione del compenso dell'OCC in misura proporzionale all'ammontare dell'esposizione debitoria di ciascuno (art. 66, commi 4 e 5).

12. Il procedimento unitario

Con l'introduzione di un procedimento unitario, il legislatore ambiva proprio ad attuare il principio di unitarietà della procedura diretta all'accertamento dello stato di crisi o insolvenza ed alla sollecita individuazione della sua migliore regolazione concorsuale (art. 2, comma 1, lett. e) e lett. l), della legge delega n. 155/2017).

Lo scopo era quello di consentire interscambiabilità e flessibilità nella fase iniziale delle varie procedure esistenti, dando luogo ad una specie di contenitore processuale uniforme per tutte le iniziative giudiziali miranti alla regolazione della crisi e dell'insolvenza [49].

Ricordiamo, infatti, che la disciplina vigente prima dell'entrata in vigore del Codice della Crisi, relativa alla fase introduttiva delle varie procedure concorsuali, dedicava per ciascuna procedura una disposizione specifica [50].

L'obiettivo del legislatore della riforma non può, tuttavia, dirsi, perlomeno a parere di chi scrive, pienamente raggiunto.

Se è vero che, da una parte, all'interno del CCII possono riscontrarsi norme improntate ad una sostanziale uniformità in punto giurisdizione e competenza, struttura di base del procedimento giudiziario per l'accesso agli strumenti di regolazione della crisi e dell'insolvenza, mezzi di impugnazione avverso il provvedimento reso per l'apertura delle varie procedure e misure cautelari e protettive nell'ambito di queste, è altrettanto vero che, dall'altra, permangono profili processuali insuscettibili di essere ridotti "*ad unum*". Si pensi, ad esempio, alle disposizioni relative ai soggetti legittimati ad agire o relative ad alcune fasi del procedimento a seconda che la domanda sia pro-

---

[49] Per un quadro generale v. G. RANA, *Le regole del procedimento unitario della crisi dopo il D.lgs. n. 83/2022*, in *Fallimento*, 2023, 2, p. 153.

[50] V. l'art. 15 l.fall. (fallimento), gli artt. 124-125 l.fall. (concordato fallimentare), l'art. 161 l.fall. (concordato preventivo), l'art. 182-*bis* l.fall. (accordi di ristrutturazione dei debiti), l'art. 195 l.fall. (l.c.a.), il d.lgs. n. 270/1999 (amministrazione straordinaria), il d.l. n. 347/2003 (amministrazione straordinaria "*speciale*"), e la legge n. 3/2012 (sovraindebitamento).

posta autonomamente dal debitore oppure all'interno di una fase avviata da terzi per l'apertura della liquidazione giudiziale [51].

Ciò che è certo è che quantomeno la riforma ha perseguito e attuato il principio di un unico modello processuale per l'accertamento dello stato di crisi o di insolvenza del debitore che sia valido per ogni categoria di debitore e che sia caratterizzato da particolare celerità e dalla priorità di trattazione riservata alle proposte che prevedano il superamento della crisi assicurando la continuità aziendale, anche tramite un diverso imprenditore.

Anche lo stato di crisi e di insolvenza dei debitori indicati nell'art. 2, comma 1, lett. c) (*i.e.* consumatori, professionisti, imprenditori minori ed agricoli, *start up* innovative, ogni altro debitore non assoggettabile alle procedure liquidatorie tipiche), quindi, viene regolato dal procedimento unitario nei limiti di compatibilità previsti dalle norme di richiamo specificamente dettate a tale scopo (art. 65, comma 2, CCII e art. 270, comma 5, CCII).

Il procedimento unitario è disciplinato dagli artt. 40-53, oltre che regolato dai principi generali contenuti nella Parte Prima, Titolo I, Capo II, Sezioni da I a IV del Codice (cfr. art. 390 rubricato "*disciplina transitoria*").

Gli elementi più rilevanti, sotto il profilo sistematico, possono essere così sintetizzati:

i) il procedimento unitario continua ad essere imperniato sul **principio della domanda** (ovverosia del *petitum* formulato nel proprio atto introduttivo dai vari soggetti dotati di legittimazione ad agire). La precisazione circa la centralità di siffatto principio non è di poco conto, poiché chiarisce e risolve quei dubbi sollevati dai primi commentatori che si erano spinti ad affermare la reintroduzione di fatto della fallibilità d'ufficio [52];

ii) viene codificata (art. 7 CCII) la regola generale di **trattazione unitaria** delle varie domande, affiancata da quella che attribuisce priorità alla delibazione delle istanze di accesso alle procedure di regolazione diverse dalla liquidazione giudiziale. E dunque, le domande dirette alla regolazione della crisi o dell'insolvenza vengono trattate in via d'urgenza ed in un unico procedimento (ogni domanda sopravvenuta va riunita a quella eventualmente già pendente). Parimenti, se sono proposte più domande dirette all'apertura di procedure tra loro diverse, va trattata prioritariamente quella diretta a regolare la crisi o l'insolvenza con strumenti diversi dalla liquidazione giudiziale o dalla liquidazione controllata, a con-

---

[51] In questo senso anche F. DE SANTIS, *Le fasi introduttive del c.d. procedimento unitario*, in *Fallimento*, 2022, 10, p. 1027.

[52] F. LAMANNA, *Osservazioni sul DDL delega della Commissione Rordorf*, in *Ilfallimentarista.it*, 22 settembre 2016.

dizione che nel piano sia espressamente indicata la convenienza per i creditori e che la domanda medesima non sia manifestamente inammissibile o infondata;

iii) il modello adottato è "unitario" non solo nell'accezione di "uniforme" o "comune" alle varie possibili declinazioni procedurali (liquidazione giudiziale, concordato preventivo, accordo di ristrutturazione dei debiti, ecc.), soggettive (debitore persona fisica o giuridica, imprenditore o consumatore, e così via) ed oggettive (situazione di crisi o stato di insolvenza), ma anche in quella di "**monofasico**". Si tratta di un procedimento unico, caratterizzato da un ingresso nella concorsualità tendenzialmente anticipato, a tutela crescente e a protezione progressiva della proposta procedura, anche alla luce della possibilità di adottare le misure cautelari e protettive previste dagli artt. 54-55 CCII.

Nel prosieguo della trattazione ci si soffermerà, senza pretese di esaustività, sulle norme di applicazione comune ai diversi strumenti di regolazione della crisi e dell'insolvenza [53] e, dunque, applicabili, per quanto qui di interesse, anche alle procedure di sovraindebitamento.

Ai sensi dell'art. 40 CCII, l'atto introduttivo del procedimento unitario (che si svolge dinnanzi al Tribunale in composizione collegiale) assume la forma del **ricorso**, per la presentazione del quale viene prevista, in via generale, la necessità del patrocinio ad opera del difensore munito di procura. L'unica deroga all'obbligo di difesa tecnica è prevista per l'accesso alla liquidazione giudiziale (art. 9, comma 2, CCII) e alla liquidazione controllata del sovraindebitato (art. 269, comma 1, CCII, che prevede l'assistenza dell'OCC), dove il debitore può stare in giudizio personalmente, e ciò per evitare di incidere ulteriormente sulla sua situazione di insolvenza con i costi derivanti dal patrocinio, anche alla luce della celerità e del carattere sommario che caratterizzano il procedimento d'ingresso alla liquidazione giudiziale.

Il ricorso deve indicare l'ufficio giudiziario, l'oggetto, le ragioni della domanda e le conclusioni.

Il debitore è sempre legittimato a proporre domanda di accesso ad uno strumento di regolazione della crisi o dell'insolvenza [54]. La domanda di

---

[53] Per una compiuta analisi dei "*sub*-procedimenti" che possono scaturire in seguito al deposito del ricorso introduttivo si veda S. SANZO (a cura di), *Il codice della crisi dopo il d.lgs. 17 giugno 2022, n. 83*, cit., p. 101 ss.

[54] Il Codice della Crisi dopo il d.lgs. n. 83/2022 non contempla più il riferimento ai "*quadri di ristrutturazione preventiva*" (traduzione letterale della nozione usata nella direttiva UE 2019/1023), espressione sostituita, anche nell'art. 40, dalla nozione di "*strumenti di regolazione della crisi e dell'insolvenza*" che l'art. 2, lett. m-*bis*) definisce "*le misure, gli accordi e*

apertura della liquidazione giudiziale, invece, può essere presentata da una pluralità di soggetti, nel rispetto del principio della più ampia legittimazione ad agire di cui all'art. 2, comma 1, lett. d), legge delega n. 155/2017, compresi, in modo innovativo, anche i soggetti con funzioni di controllo e vigilanza sull'impresa, declinati come organi (dunque interni alla organizzazione del debitore) e le autorità amministrative di controllo e vigilanza. Il riferimento alla sola liquidazione giudiziale fa salve le norme più specifiche che consentono anche a terzi, come creditori e pubblico ministero, di provocare una diversa procedura concorsuale, come ad esempio la liquidazione controllata.

Nel caso di **domanda proposta da un soggetto diverso dal debitore**, la notificazione a quest'ultimo del decreto di convocazione dev'essere effettuata a cura dell'ufficio in via telematica (art. 40, comma 5, CCII) all'indirizzo del servizio elettronico di recapito certificato qualificato o di posta elettronica certificata, risultante dal registro delle imprese ovvero dal registro INI-PEC delle imprese e dei professionisti. Nel caso in cui la notifica a mezzo PEC non risulti possibile o non abbia esito positivo per causa imputabile al destinatario, la cancelleria procede senza indugio alla notificazione mediante l'inserimento del ricorso e del decreto nella c.d. "*area web riservata*" di cui all'art. 359 del Codice (art. 40, comma 7, CCII). In questo caso, la notificazione si ha per eseguita nel terzo giorno successivo a quello in cui è compiuto l'inserimento.

Quando la notificazione non risulta possibile o non ha esito positivo, per cause non imputabili al destinatario, la notifica, a cura del ricorrente, si esegue esclusivamente di persona presso la sede risultante dal registro delle imprese o, per i soggetti non iscritti nel registro delle imprese, presso la residenza.

Laddove non ne sia possibile l'esecuzione con tali modalità, la notificazione si intende perfezionata con il deposito dell'atto nella casa comunale della sede iscritta presso il registro delle imprese, ovvero presso la residenza (art. 40, comma 8, CCII). Per le persone fisiche non obbligate a munirsi del domicilio digitale, del deposito è data notizia anche mediante affissione dell'avviso in busta chiusa e sigillata alla porta dell'abitazione o dell'ufficio e per raccomandata con avviso di ricevimento.

Quando, invece, la **domanda di accesso** è **proposta dal debitore**, entro il giorno successivo al deposito, il cancelliere la comunica al registro delle imprese. L'iscrizione è eseguita entro il giorno seguente e, quando la do-

---

le procedure volti al risanamento dell'impresa attraverso la modifica della composizione, dello stato o della struttura delle sue attività e passività o del capitale, oppure volti alla liquidazione del patrimonio o delle attività che, a richiesta del debitore, possono essere preceduti dalla composizione negoziata della crisi".

manda contiene la richiesta di misure protettive, il conservatore, nell'eseguire l'iscrizione, ne fa espressa menzione. La domanda, unitamente ai documenti allegati, è trasmessa al pubblico ministero (art. 40, comma 3, CCII).

Nel caso di domanda di accesso al giudizio di omologazione di accordi di ristrutturazione, gli accordi, contestualmente al deposito, sono pubblicati nel registro delle imprese e acquistano efficacia dal giorno della pubblicazione. Il Tribunale, quando è necessario tutelare gli interessi delle parti istanti, può nominare un commissario giudiziale o confermare quello già nominato ai sensi dell'articolo 44, comma 1, lett. b) (art. 40, comma 4, CCII)[55].

Una novità introdotta con il d.lgs. 17 giugno 2022, n. 83 è la peculiare disciplina dettata dagli ultimi due commi dell'art. 40 per il caso di contemporanea pendenza di un procedimento per l'accesso ad uno strumento di regolazione della crisi e dell'insolvenza e di una domanda di apertura della liquidazione giudiziale.

In particolare:

- il comma 9 disciplina il caso in cui il **debitore abbia fatto accesso ad uno strumento di regolazione della crisi e dell'insolvenza e un soggetto legittimato diverso dal debitore proponga domanda di apertura della liquidazione giudiziale**. In detta ipotesi, in virtù del principio di trattazione unitaria cui si è accennato prima, la domanda di apertura della liquidazione è proposta nel medesimo procedimento già pendente e fino alla rimessione della causa al collegio per la decisione, con ricorso *ex* art. 37, comma 1, CCII, completo dei documenti di cui all'art. 39 CCII. Nel caso in cui la domanda di apertura della liquidazione giudiziale sia proposta separatamente, il Tribunale procede alla riunione con il procedimento pendente, anche d'ufficio;
- il comma 10 disciplina il caso opposto, ossia quello in cui un **soggetto diverso dal debitore abbia incardinato il procedimento per l'apertura della liquidazione giudiziale ed il debitore intenda accedere ad uno strumento di regolazione della crisi**. In tal caso, la domanda del debitore deve essere proposta con ricorso nel medesimo procedimento entro la prima udienza, a pena di decadenza, e se entro il medesimo termine è proposta separatamente è riunita, anche d'ufficio, al procedimento pendente. Dopo la prima udienza, la domanda non può essere proposta autonomamente sino alla conclusione del procedimento per l'apertura della liquidazione giudiziale. La norma chiarisce che il termine di decadenza di

[55] La disposizione è attuativa dell'art. 5, § 2 della direttiva UE 2019/1023, che prevede che, "*ove occorra, la nomina da parte dell'autorità giudiziaria o amministrativa di un professionista nel campo della ristrutturazione è decisa caso per caso*".

cui al primo periodo non si applica se la domanda di accesso ad uno strumento di regolazione della crisi e dell'insolvenza è proposta all'esito della composizione negoziata, entro il termine di sessanta giorni dalla comunicazione di cui all'art. 17, comma 8, CCII.

Una volta proposta la domanda si assiste ad una distinzione di *sub*-procedimenti oggetto di discipline diverse a seconda che si tratti di liquidazione giudiziale, di omologazione del concordato preventivo (art. 44 CCII), del piano di ristrutturazione di cui all'art. 64-*bis* CCII o di accordi di ristrutturazione dei debiti [56].

Altro aspetto ove è possibile riscontrare il carattere unitario del procedimento è il regime delle impugnazioni di cui agli artt. 51-53 CCII che regolano rispettivamente:

- l'impugnazione delle sentenze (art. 51 CCII);
- la sospensione degli effetti delle sentenze impugnate (art. 52 CCII);
- gli effetti prodotti dalle sentenze di accoglimento delle impugnazioni che revocano le sentenze impugnate (art. 53 CCII).

Circa il **regime delle impugnazioni**, l'art. 51 CCII stabilisce che il mezzo che può essere esperito avverso tutte e quattro le sentenze (*i.e.* omologazione del concordato, del piano di ristrutturazione soggetto ad omologazione, degli accordi di ristrutturazione e di apertura della liquidazione giudiziale) è il reclamo.

Legittimate a proporre reclamo sono solo le parti del procedimento che ha definito la sentenza: a tale regola fa eccezione la sentenza che dichiara l'apertura della liquidazione giudiziale, che può essere impugnata da qualunque interessato.

Il reclamo si propone con ricorso, avente il contenuto di cui all'art. 51, comma 2, CCII nel termine di trenta giorni decorrente, per le parti, dalla data di notificazione telematica a cura dell'ufficio e, per gli altri interessati, dalla data di pubblicazione della sentenza nel registro imprese. L'ultimo periodo dell'art. 51, comma 3, CCII precisa che alle parti si applica l'art. 327, comma 1, c.p.c., pertanto, quand'anche esse non ricevessero la notificazione, decorsi sei mesi dalla pubblicazione della sentenza, l'impugnazione diverrebbe irrimediabilmente inammissibile.

Il reclamo non sospende l'efficacia della sentenza, salvo quanto previsto dall'art. 52 CCII, e il suo accoglimento produce gli effetti di cui all'art. 53 CCII.

Nei cinque giorni successivi al deposito del ricorso, il presidente designa

---

[56] Cfr. F. DE SANTIS, cit. nota 52.

il consigliere relatore e fissa con decreto l'udienza di comparizione, che deve celebrarsi entro sessanta giorni dal deposito del ricorso.

Il ricorso ed il decreto di fissazione dell'udienza devono essere notificati, a cura della cancelleria o in via telematica, al reclamante, al curatore o al commissario giudiziale e alle altre parti, entro dieci giorni. Tra la data della notificazione e quella dell'udienza deve intercorrere un termine non minore di trenta giorni.

Le parti resistenti devono costituirsi nel termine e nei modi indicati all'art. 51, comma 8, CCII.

All'udienza, il collegio, sentite le parti, assume, anche d'ufficio, tutti i mezzi di prova ritenuti necessari e, una volta esaurita la trattazione, provvede con sentenza entro il termine di trenta giorni.

La sentenza è notificata alle parti a cura della cancelleria in via telematica e viene pubblicata al registro delle imprese. Entro trenta giorni dalla notificazione può essere proposto ricorso per Cassazione, che non sospende l'efficacia della sentenza; tuttavia, il legislatore è intervenuto precisando che si applica l'art. 52 CCII, in quanto compatibile, se il ricorso è promosso contro la sentenza con la quale la Corte d'Appello ha rigettato il reclamo.

Una rilevante novità è costituita dalla previsione di cui all'art. 51, comma 15, CCII, in forza del quale, con la sentenza che decide sull'impugnazione, il giudice, ritenuta sussistente la mala fede o colpa grave della parte soccombente, revoca con efficacia retroattiva l'eventuale provvedimento di ammissione della stessa al patrocinio a spese dello stato o, in caso di società o enti, dichiarata sussistente la mala fede del legale rappresentante dell'ente che abbia conferito la procura, lo condanna in solido con la società o l'ente al pagamento delle spese dell'intero processo e al pagamento di una somma pari al doppio del contributo unificato.

Come anticipato, la proposizione del reclamo non sospende automaticamente l'efficacia della sentenza, ma il legislatore, all'art. 52 CCII, ha disciplinato la **sospensione degli effetti delle sentenze impugnate**.

Presupposti per poter richiedere la sospensione sono: (i) la pendenza del procedimento di reclamo e (ii) la sussistenza di gravi e fondati motivi. In tali ipotesi, la Corte d'Appello, su istanza della parte o del curatore, può adottare provvedimenti inibitori volti, per la liquidazione giudiziale, alla sospensione dell'attività di liquidazione, alla formazione del passivo, al compimento di altri atti di gestione, e, per il concordato preventivo, per gli accordi di ristrutturazione dei debiti e per il piano di ristrutturazione soggetto ad omologazione, alla sospensione dell'attività esecutiva dei relativi piani.

La richiesta di sospensione deve essere formulata dalla parte del procedimento di reclamo nel proprio atto introduttivo, sia esso il reclamo o la memoria di costituzione. La Corte d'Appello decide con decreto, con il quale può adottare opportune tutele per i creditori e per la continuità aziendale; avverso tale decreto non è ammesso ricorso per Cassazione.

L'art. 53 CCII, infine, disciplina gli **effetti delle sentenze di accoglimento delle impugnazioni** ossia che revocano le singole procedure.

L'articolo in commento dedica i primi quattro commi alla liquidazione giudiziale e stabilisce che, in caso di revoca della liquidazione giudiziale:

- restano salvi gli effetti degli atti legalmente compiuti dagli organi della procedura;
- fino al passaggio in giudicato della sentenza di revoca,
  - gli organi restano in carica;
  - l'amministrazione dei beni e la gestione dell'impresa spettano al debitore, sotto la vigilanza del curatore;
  - gli atti di straordinaria amministrazione devono essere autorizzati dal Tribunale a pena di inefficacia nei confronti dei terzi;
  - il debitore è gravato da una serie di obblighi informativi riguardanti la gestione economica, patrimoniale e finanziaria dell'impresa con la periodicità stabilita dalla Corte d'Appello nella sentenza di revoca;
  - con la medesima periodicità, il debitore deve depositare una relazione sulla situazione patrimoniale, economica e finanziaria dell'impresa che, salvo esigenze di riservatezza, è comunicata al curatore, ai creditori oltre ad essere pubblicata nel registro delle imprese a cura della cancelleria.

Agli effetti della revoca dell'omologazione del concordato e degli accordi di ristrutturazione dei debiti sono dedicati, invece, i commi 5 e 6 i quali prevedono che:

- su istanza di uno dei soggetti legittimati, la Corte d'Appello, accertati i presupposti di legge, dichiara aperta la liquidazione giudiziale e rimette gli atti al Tribunale per l'adozione dei provvedimenti di cui all'art. 49, comma 3, CCII;
- restano salvi gli effetti degli atti legalmente compiuti dagli organi della procedura e dal debitore prima della revoca;
- ove ricorrano gravi e giustificati motivi, il Tribunale può sospendere il termine per la proposizione delle impugnazioni dello stato passivo nonché l'attività di liquidazione, fino al momento del passaggio in giudicato della sentenza di revoca.

In conclusione, è degna di nota l'introduzione, a cura del d.lgs. n.

83/2022, della previsione di cui al comma 5-*bis*[57] dell'art. 53, a mente della quale, in caso di accoglimento del reclamo proposto avverso la sentenza di omologazione del concordato preventivo in continuità aziendale, la Corte d'Appello, su richiesta delle parti, può confermare la sentenza di omologazione se l'interesse generale dei creditori e dei lavoratori prevale rispetto al pregiudizio subito dal reclamante, riconoscendo a quest'ultimo il risarcimento del danno.

13. Il centro degli interessi principali

Come accennato, l'art. 2 CCII, con finalità meramente esplicative o di sintesi, reca le principali definizioni richiamate nel Codice.

In particolare, alla lett. m) viene fornita la nozione, di matrice eurounitaria, del centro degli interessi principali del debitore (noto come COMI, *centre of main interests*)[58], che ai fini della competenza territoriale valorizza il criterio dell'apparenza e della riconoscibilità dai terzi.

Questo concetto fa ingresso per la prima volta nella normativa nazionale.

Per *centro degli interessi principale*, espressione che sostituisce quella di "*sede di impresa*" e si conforma all'orientamento della giurisprudenza che ha fatto riferimento al principio dell'effettività ovvero al centro amministrativo e direttivo degli affari dell'impresa, si rinvia alla definizione datane nel regolamento UE 2015/848 all'art. 3 ovverosia "*il centro di interessi principale deve intendersi il luogo in cui il debitore esercita la gestione dei suoi interessi in modo abituale e riconoscibile ai terzi da almeno tre mesi*".

Per maggior completezza si rinvia al paragrafo che segue.

---

[57] La previsione in parola è stata introdotta in attuazione dell'art. 16, § 4, della direttiva UE 2019/1023 secondo cui: "*Gli Stati membri provvedono affinché, qualora sia accolta l'impugnazione di cui al paragrafo 3, l'autorità giudiziaria possa: a) annullare il piano di ristrutturazione; oppure b) omologare il piano di ristrutturazione con, se previsto dal diritto nazionale, o senza modifiche. Gli Stati membri possono prevedere che, se un piano è omologato a norma del primo comma, lettera b), sia concesso un risarcimento a qualsiasi parte che abbia subito perdite monetarie e la cui impugnazione sia stata accolta*".

[58] Per un approfondimento, S. BARIATTI-G. CORNO, *Centro degli interessi principali*, in *Ilfallimentarista.it*, 7 settembre 2016.

14. Giurisdizione e competenza

Le regole generali di giurisdizione e di competenza sono analoghe a quelle cui ci ha abituato il sistema fallimentare tradizionale, sia pure con alcune formulazioni innovative, che tengono conto del peso sempre maggiore delle relazioni internazionali in genere e della normativa comunitaria in particolare.

Il Giudice italiano è chiamato a farsi carico di amministrare una procedura di regolazione della crisi e dell'insolvenza di un imprenditore ogni qualvolta sia situato sul territorio italiano il centro degli interessi principali del debitore, che sostituisce il tradizionale riferimento alla sede legale dell'impresa.

La **giurisdizione** italiana in materia concorsuale, dunque, è fondata sul COMI, con i doverosi meccanismi correttivi imposti dalla necessità di tutelare sul territorio nazionale coloro che siano stati interessati dall'insolvenza di un'impresa che, comunque, qui svolga, almeno in parte, la propria attività.

Le regole dettate dall'art. 26 Codice possono così sintetizzarsi:

- l'imprenditore che abbia all'estero il proprio COMI può comunque essere assoggettato ad una procedura in Italia (pur pendendo una procedura nel Paese in cui si trova il COMI) laddove egli abbia una dipendenza in Italia [59];
- il trasferimento del COMI all'estero non è idoneo a determinare la perdita della giurisdizione italiana, laddove lo stesso si sia verificato meno di un anno prima del deposito della domanda di accesso a uno strumento di regolazione della crisi e dell'insolvenza dopo l'inizio del procedimento di composizione assistita della crisi;
- restano salve le diverse disposizioni contenute nelle convenzioni internazionali e nella normativa comunitaria;
- il Tribunale, quando apre una procedura di insolvenza transfrontaliera ai sensi del regolamento (UE) 2015/848 del Parlamento europeo e del Consiglio del 20 maggio 2015, dichiara se la procedura è principale, secondaria o territoriale.

---

[59] Importante, sul punto, la precisazione contenuta nella Relazione di accompagnamento al Codice, secondo cui "*la precisazione secondo la quale la giurisdizione sussiste in presenza di una dipendenza in Italia, mira a risolvere un contrasto interpretativo tra quanti in dottrina e giurisprudenza, ritengono che per radicare la giurisdizione sia sufficiente l'esistenza di beni in Italia e quanti ritengono che l'imprenditore debba avere in Italia una sede secondaria o una dipendenza, come previsto dal regolamento n. 848/2015, applicabile esclusivamente agli Stati membri dell'Unione europea*".

Anche sulle regole di **competenza** il legislatore ha ritenuto di dovere tenere fermi i principi già noti e più che consolidati [60].

Con disposizione innovativa, l'art. 27, comma 1, CCII (entrata in vigore il 16 marzo 2019 secondo quanto disposto dall'art. 389, comma 2) attribuisce la competenza per materia e per territorio, con riguardo ai procedimenti di accesso a uno strumento di regolazione della crisi o e dell'insolvenza o a una procedura di insolvenza e le controversie che ne derivano relativi alle imprese in amministrazione straordinaria e ai gruppi di imprese di rilevante dimensione (art. 2, comma 1, lett. i), al Tribunale sede della sezione specializzata in materia di imprese, avuto riguardo al luogo in cui l'impresa od il gruppo hanno il COMI.

Siamo così di fronte ad una vera e propria competenza per materia, e non tanto per territorio, se non per profili di individuazione del Tribunale.

La norma in commento, tuttavia, ha posto sin da subito problemi interpretativi e ha dato luogo a contrasti giurisprudenziali risolti dalla Suprema Corte con sentenza 9 luglio 2021, n. 19618 [61].

Più nello specifico, alcuni tribunali di merito ritenevano che, ogniqualvolta il debitore avesse i requisiti per essere ammesso alla procedura di amministrazione straordinaria, le sezioni specializzate in materia di impresa fossero competenti a conoscere di tutti i procedimenti di regolazione della crisi e dell'insolvenza ad essa afferenti [62], mentre per altra parte della giurisprudenza la competenza dell'ufficio sede della sezione specializzata in materia di imprese sarebbe stata riservata ai soli procedimenti di regolazione della crisi o dell'insolvenza delle imprese già ammesse all'amministrazione straordinaria [63].

---

[60] F. MARELLI, *Novità in tema di competenza nel nuovo codice della crisi d'impresa e dell'insolvenza*, 18 maggio 2020, in *www.ilcaso.it*.

[61] V. S. SANZO (a cura di), *Il codice della crisi dopo il d.lgs. 17 giugno 2022, n. 83*, Zanichelli, 2022.

[62] Cfr. Trib. Bergamo 8 luglio 2020, in *www.dejure.it*: "*l'art. 27, comma 1, CCII, a mente del quale* "per i procedimenti di regolazione della crisi e dell'insolvenza e le controversie che ne derivano relativi alle imprese in amministrazione straordinaria e ai gruppi d'impresa di rilevante dimensione è competente il Tribunale sede delle sezioni specializzate in materia d'impresa […]" *riguarda anche le domande di concordato preventivo (o di accordo di ristrutturazione)*".

[63] Trib. Forlì 4 dicembre 2020, inedita ha, invece, affermato che "*in merito alla competenza, si ritiene sussistente quella dell'adito Tribunale, quale luogo della sede e centro principale degli interessi della Società, non potendo allo stato applicarsi la diversa competenza funzionale del Tribunale delle Imprese di Bologna, prevista dall'art. 27, comma 1, d.lgs. 14/2019 recante il codice della crisi, atteso che, pur essendo tale norma già entrata in vigore come disposto dall'art. 389, comma 2, CCII, la stessa è riferita ai procedimenti di regolazione della crisi o dell'insolvenza come disciplinati dal medesimo d.lgs. 14/2019 e non anche per quelli regolati dall'attuale legge fallimentare*".

La Suprema Corte ha accolto tale ultimo orientamento rilevando che "*in tema di concordato preventivo del debitore che abbia i requisiti per l'ammissione all'amministrazione straordinaria delle grandi imprese in crisi, resta ferma la competenza del tribunale nel cui circondario si trova il suo centro degli interessi principali, poiché ai sensi dell'art. 27, comma 1, d.lgs. n. 14 del 2019 (Codice della crisi d'impresa), la competenza dell'ufficio sede della sezione specializzata in materia di imprese è riservata ai soli procedimenti di regolazione della crisi o dell'insolvenza delle imprese che siano già state ammesse all'amministrazione straordinaria*" [64].

Per ciò che invece attiene alle procedure "ordinarie", comprese tutte le controversie che derivano dall'apertura della procedura, la competenza è attribuita al Tribunale del circondario ove è collocato il COMI del debitore interessato da una procedura di regolazione della crisi e dell'insolvenza (art. 27, comma 2, CCII).

In particolate, l'art. 27, comma 3, CCII elenca le presunzioni sulla base delle quali si può ritenere sussistente il COMI del debitore:

- per gli imprenditori persone fisiche esso coincide con la sede risultante dal registro delle imprese o, in assenza, con la sede effettiva nella quale viene svolta abitualmente l'attività d'impresa;
- per le persone fisiche che non esercitano attività d'impresa si fa riferimento alla residenza/domicilio o, in assenza, all'ultima dimora abituale, o, ancora, in ulteriore subordine, al luogo di nascita (con la specificazione che, nel caso si tratti di soggetto nato all'estero, la competenza sarà del Tribunale di Roma);
- per le persone giuridiche e gli enti, anche non imprenditori, si fa riferimento alla sede legale o, in difetto, alla sede effettiva dell'attività abituale e, in caso di impossibilità, si farà riferimento alla persona fisica del legale rappresentante [65].

---

[64] Cass. Civ., Sez. VI, ord. 9 luglio 2021, n. 19618, in *Leggi d'Italia*. L'orientamento espresso dalla Suprema Corte in tale pronuncia viene condiviso da L. Jeantet-P. Vallino, *Competenza della sezione specializzata in caso di impresa assoggettabile ad amministrazione straordinaria: la risposta negativa della Cassazione*, in *Ilfallimentarista.it*, 22 febbraio 2022. Critico, invece, M. Farina, *Una non condivisibile limitazione all'applicazione dell'art. 27, comma 1, del codice della crisi di impresa e dell'insolvenza*, in *Fall.*, 2022, p. 39 ss.

[65] L. De Simone, *Il Procedimento unitario*, cit., p. 105 ha segnalato che le presunzioni indicate dalla norma non parrebbero vincibili da prova contraria atteso che, ove esista una sede legale, il COMI sembrerebbe dover coincidere con essa, potendo indagarsi sulla sede effettiva solo "in mancanza" di una sede legale risultante dal registro imprese, come ad esempio si verifica per le società di fatto. Analogamente per il debitore non imprenditore, il COMI coinciderebbe con la residenza o il domicilio, prevedendosi criteri sussidiari solo in mancanza dei primi. Nel contesto della legge fallimentare, il giudice poteva, invece, sempre

Il trasferimento del COMI è poi irrilevante se intervenuto nell'anno antecedente al deposito della domanda di accesso a uno strumento di regolazione della crisi e dell'insolvenza o di apertura della liquidazione giudiziale (art. 28 CCII).

I temi concernenti l'incompetenza, i conflitti di competenza, gli effetti delle pronunce di incompetenza, la salvezza degli atti compiuti dal giudice incompetente e la competenza funzionale del Tribunale su tutte le azioni che scaturiscono dalle procedure di liquidazione, sono regolate dagli artt. 29-32 del Codice, in forma sostanzialmente reiterativa delle previsioni dell'attuale legge fallimentare di cui agli artt. 9-9-*ter* e 24.

Laddove il Tribunale adito ritenga di essere privo di competenza, lo dichiara con ordinanza che trasmette, unitamente agli atti del procedimento al Tribunale dichiarato competente.

Il Tribunale così investito della questione ha due opzioni:

– se ritiene sussistente la propria competenza, ovviamente dà corso ulteriore al procedimento;
– se, invece, si ritiene incompetente dovrà richiedere d'ufficio il regolamento di competenza ai sensi dell'art. 45 c.p.c.

La normativa (art. 29 CCII) si completa con la previsione dell'eventualità che l'incompetenza venga pronunciata, anziché nella fase iniziale del procedimento, all'esito di un procedimento di impugnazione di provvedimenti che abbiano ad oggetto omologazione di concordato preventivo ovvero accordi di ristrutturazione dei debiti, ovvero ancora dichiarazione di apertura della liquidazione giudiziale: in tale eventualità, l'art. 29, comma 3, dispone che il reclamo debba essere riassunto dinanzi alla Corte d'Appello competente.

Restano sempre salvi gli effetti degli atti compiuti dal giudice incompetente e si riafferma il principio che sancisce la competenza funzionale del Tribunale che ha dichiarato aperta la procedura di liquidazione su tutte le azioni che dalla stessa scaturiscano. La salvezza degli atti già compiuti deve intendersi nel senso più ampio, comprensivo della ratifica di tutta l'attività già svolta, a cominciare dalla formazione dello stato passivo accertato dal Tribunale incompetente sino al programma di liquidazione già approvato.

---

superare la presunzione di coincidenza del COMI con la sede legale, accertando, a titolo esemplificativo, un differente luogo di svolgimento dell'attività amministrativa e direttiva dell'impresa. La possibilità di vincere le presunzioni previste dalla norma parrebbe, invece, discendere dalla definizione di COMI di cui alla lett. m) dell'art. 2 del Codice, laddove si individua come centro di interessi principale del debitore il luogo in cui questi gestisce i suoi interessi in modo abituale e riconoscibile dai terzi. V. S. SANZO (a cura di), *Il codice della crisi dopo il d.lgs. 17 giugno 2022, n. 83*, Zanichelli, 2022.

Capitolo Nono

LA RISTRUTTURAZIONE DEI DEBITI DEL CONSUMATORE

di *Gianfranco Benvenuto*

1. Introduzione

Il Codice della Crisi d'Impresa e dell'Insolvenza (di seguito: CCII [1]) di cui al d.lgs. 12 gennaio 2019, n. 14 (aggiornato con le modifiche apportate dal d.lgs. 17 giugno 2022, n. 83) ha fatto il suo ingresso nell'ordinamento il 15 luglio 2022 disciplinando *ex novo* la materia dei "*Procedimenti di composizione della crisi da sovraindebitamento e di liquidazione del patrimonio*" di cui alla legge n. 3/2012.

La precedente normativa è stata ora sostituita, per quanto riguarda il "Piano del Consumatore", dalla "*Ristrutturazione dei Debiti del Consumatore*" e, per quanto riguarda "l'Accordo di composizione della crisi", dal "*Concordato Minore*", ora disciplinati dagli artt. da 65 a 83; la procedura della "Liquidazione del Patrimonio" è stata invece sostituita dalla "*Liquidazione Controllata*" regolata dagli artt. 268 a 277.

Le novità ora presenti nel CCII sono state per lo più anticipate dal d.l. n. 137/2020, art. 4-*ter* (convertito con legge n. 176/2020) che ha novellato il

---

[1] Tutti gli articoli citati e privi di indicazione normativa sono riferiti al Codice della Crisi d'Impresa e dell'Insolvenza (CCII).

testo della legge 27 gennaio 2012, n. 3 (di seguito: legge n. 3/2012), accogliendo aspettative dell'utenza, emerse dopo le prime applicazioni, riguardanti le crisi familiari, il trattamento della cessione del credito e la conservazione – a certe condizioni – della prima casa gravata da mutuo ipotecario.

Di seguito vedremo quali sono le peculiarità della "Ristrutturazione dei Debiti del Consumatore" e come esse si delineano rispetto alla disciplina del "Piano del Consumatore" presente nella legge n. 3/2012.

2. Ambito applicativo e requisiti soggettivi e oggettivi

Nella Parte IV del d.lgs. n. 14/2019, rubricata "Disposizioni finali e transitorie", è previsto che le disposizioni del CCII non trovino applicazioni per le domande di accesso alle procedure di composizione della crisi da sovraindebitamento depositate prima del 15 luglio 2022; esse saranno pertanto definite attraverso gli strumenti messi a disposizione dalla legge n. 3/2012.

Fatta questa premessa tratterò brevemente dei requisiti soggettivi e oggettivi delle Procedure di Composizione della Crisi da Sovraindebitamento.

Quanto all'**elemento soggettivo**, il legislatore ha fatto una scelta diversa rispetto a quella operata con la legge n. 3/2012, art. 7, comma 2, lett. a) in cui individuava per "sottrazione" i soggetti destinatari delle Procedure di Composizione della Crisi da Sovraindebitamento tra i debitori "*non soggetti alle procedure concorsuali diverse da quella regolata dal presente capo*"; nel CCII invece le figure che vi possono fare accesso sono elencate positivamente nel consumatore, nel professionista, nell'imprenditore minore, nell'imprenditore agricolo, e nelle *start up* innovative, aggiungendo solo come disposizione di chiusura anche "*ogni altro debitore non assoggettabile alla liquidazione giudiziale ovvero a liquidazione coatta amministrativa o ad altre procedure liquidatorie previste dal codice civile o da leggi speciali per il caso di crisi o insolvenza, che versano in stato di sovraindebitamento inteso quale stato di crisi o di insolvenza*" (art. 2, comma 1, lett. c).

Una seconda scelta del legislatore della riforma è quella di escludere il consumatore dal Concordato Minore regolato dagli artt. 74 a 83.

La definizione di "consumatore" recepita dal CCII all'art. 2, comma 1, lett. e) è la medesima adottata dalla legge n. 3/2012 all'art. 6 dopo l'intervento del d.l. n. 137/2020, 4-*ter* ovverosia: "*la persona che agisce per scopi estranei all'attività imprenditoriale commerciale artigiana o professionale eventualmente svolta anche se socio di una delle società appartenenti ad uno dei tipi regolati nei capi III, IV, e VI del titolo V del libro quinto del codice civile, per i debiti estranei a quelli sociali*"[2].

La giurisprudenza si è a lungo attestata sulla interpretazione di consumatore offerta dalla Cassazione con la nota sentenza n. 1869/2016 secondo cui è "*consumatore solo il debitore che, persona fisica, risulti aver contratto obbligazioni per far fronte ad esigenze personali o familiari ...., ma senza riflessi diretti in un'attività d'impresa o professionale propria, salvo gli eventuali debiti di cui all'art. 7, comma 1, terzo periodo (tributi costituenti risorse proprie dell'Unione Europea, imposta sul valore aggiunto e ritenute operate e non versate) che sono da pagare in quanto tali, sulla base della verifica di effettività solutoria commessa al Giudice nella sede di cui alla L. n. 3 del 2012, art. 12 bis, comma 3*".

Nel vigore della legge n. 3/2012, dunque, il perimetro della figura del consumatore e i limiti di applicabilità dell'istituto del Piano del Consumatore sembravano chiari e definiti.

Tuttavia in ragione dell'esclusione del consumatore da una delle due procedure di Sovraindebitamento operata dal legislatore, quella interpretazione potrebbe non risultare più calzante.

Infatti la circostanza che l'ex imprenditore o l'ex professionista non potessero accedere al Piano del Consumatore se tra i loro debiti fossero presenti anche quelli ereditati dall'esercizio dell'attività professionale od imprenditoriale svolta, risultava coerente con l'impianto normativo che permetteva al debitore di proporre un Accordo di Composizione della Crisi, sottoponendo alla votazione dei creditori l'alternativa se accettare la sua proposta o preferire la liquidazione del patrimonio con i tempi e le condizioni che ne fossero derivate.

Nel quadro del CCII, invece, il debitore che non svolge più attività imprenditoriale o professionale ma che ha debiti che derivano da quelle attività potrebbe solo formulare, in alternativa alla liquidazione controllata, una domanda di concordato minore salvo che, non avendo più alcuna attività da conservare e continuare, avrà l'onere *ex* art. 74, comma 2 di rinforzare la proposta attraverso l'apporto di *risorse esterne che aumentino in misura apprezzabile* la soddisfazione dei creditori (soluzione "liquidatoria" del Concordato minore).

Al di là che solo l'esperienza giurisprudenziale sarà in grado di fornire una risposta alla misura "apprezzabile" dell'apporto ulteriore frutto di finan-

---

[2] La definizione di "consumatore" offerta dall'art. 6, legge n. 3/2012 prima delle modifiche apportate con il d.l. n. 137/2020, art. 4-*ter* era: "*il debitore persona fisica che ha assunto obbligazioni esclusivamente per scopi estranei all'attività imprenditoriale e professionale eventualmente svolta*".

za esterna (probabilmente attingendo all'art. 84, comma 4 che la indica nel 10% dell'attivo), pare evidente che la procedura di concordato minore sia fortemente condizionata dalla scelta ideologica della "continuità d'impresa" e che anche la versione liquidatoria sia disegnata su una previsione societaria della crisi nella quale è ipotizzabile che i soci attingano a risorse personali per migliorare l'offerta della società debitrice permettendo il superamento della condizione di ammissibilità della domanda.

Invece il debitore persona fisica che abbia dismesso le vesti di professionista od imprenditore e che dovrà rivolgere ai creditori un'offerta più conveniente rispetto alla semplice liquidazione del patrimonio, non avrà alcuna possibilità di accedere all'istituto perché, spinto dal giudizio di convenienza, già tutto il suo patrimonio sarà destinato ai creditori, e se anche ricevesse l'aiuto da parte di un terzo, dovrebbe comunque superare quella soglia che aumenti il soddisfacimento in misura "apprezzabile".

Il problema non è certamente nuovo, anzi, alcuni Tribunali, prima ancora dell'ingresso del CCII, lo hanno affrontato attraverso la dilatazione della figura del consumatore.

Il Tribunale di Grosseto, in regime di legge n. 3/2012, con il decreto 22 giugno 2021 [3] ha ammesso un piano del consumatore proposto da un ex imprenditore in quanto i debiti oggetto di ristrutturazione avevano tutti natura "consumeristica", attenendo alla sua vita personale o familiare, mentre i debiti fiscali di origine imprenditoriale venivano regolati direttamente con l'agenzia dell'entrate.

Il Tribunale di Napoli Nord, con decreto del 26 marzo 2021 (pubblicata sul sito del Tribunale di Napoli Nord) è risalito alla *ratio* delle norme ritenendo che la qualità di consumatore sia coerente con il disinteresse economico dei creditori ad operare il salvataggio del debitore, in considerazione del fatto che il concordato minore vive delle medesime logiche che alimentano il concordato maggiore alle quali effettivamente il debitore che ha dismesso le vesti dell'imprenditore è estraneo.

La ragione per cui il piano del consumatore si sottrae all'approvazione dei creditori, secondo questa impostazione, dipende dalla circostanza che, in difetto di qualsiasi oggettivo interesse dei creditori alle sorti del debitore (esiliato dall'attività imprenditoriale o professionale), lo si vuole affrancare dal rischio che il voto sia asservito a logiche di rappresaglia senza alcuna attinenza con la convenienza economica della proposta.

Occorre ancora aggiungere che l'art. 33, comma 4 che vieta all'imprenditore cessato l'accesso al concordato minore, spinge ancora di più verso l'al-

[3] Trib. Grosseto 22 giugno 2021, in *www.ilcaso.it/giurisprudenza/archivio/26474.pdf*.

largamento della nozione di consumatore, permettendo anche a coloro che sono portatori di debiti d'impresa cessata, una proposta basata sulla Ristrutturazione dei debiti.

Inoltre l'art. 271, comma 1 offre al debitore destinatario della domanda di liquidazione controllata la possibilità di chiedere l'accesso ad una procedura di cui al Capo II del Titolo IV, il che dovrebbe orientare l'interprete a collocare sulla Ristrutturazione dei Debiti del Consumatore i piani dell'ex imprenditore o ex professionista, facendo affidamento sull'allargamento della nozione di consumatore.

Questo sviluppo interpretativo parrebbe convergere con l'evoluzione della definizione del consumatore che ha abbandonato lo sguardo rivolto alle obbligazioni del passato ("*il debitore persona fisica che ha assunto obbligazioni esclusivamente per scopi estranei all'attività imprenditoriale e professionale eventualmente svolta*") per abbracciare la condizione della persona fisica che nel presente "*agisce per scopi estranei all'attività imprenditoriale commerciale artigiana o professionale eventualmente svolta*".

La questione, posta con lo strumento dell'art. 363-bis, c.p.c., dalla Corte d'Appello di Firenze alla Corte di Cassazione è stata invece sepolta in termini sbrigativi con un ritorno al passato e l'affermazione che essa non presentasse alcun elemento di novità rispetto a quanto già deciso dalla stessa Suprema Corte con sentenza n. 1869/2016 che ha chiarito come "*la nozione di consumatore comprende solo il debitore persona fisica che abbia contratto obbligazioni non soddisfatte al momento della proposta di piano per far fronte ad esigenze personali familiari ovvero attinenti agli impegni derivanti dall'estrinsecazione della propria personalità sociale e, dunque, anche a favore di terzi, ma senza riflessi diretti in un'attività d'impresa o professionale propria*" (cfr. Cass. Civ. 26 luglio 2023, n. 22699) [4].

Con lo stesso provvedimento la Cassazione ha aggiunto che "*del resto, negare l'accesso allo strumento concordatario non significa escludere il debitore dalla possibilità di ottenere l'esdebitazione, che anzi con il nuovo Codice diviene un vero e proprio diritto, ex art. 282 CCI, con il decorso di un triennio dall'apertura della liquidazione controllata, senza neppure dover attendere la chiusura della procedura liquidatoria*".

Passando ora al **requisito oggettivo** la novità è costituita dall'abbandono della definizione del sovraindebitamento come "*situazione di perdurante squilibrio tra le obbligazioni assunte e il patrimonio prontamente liquidabi-*

---

[4] Considerano invece i debiti promiscui compatibili con la Ristrutturazione dei Debiti del Consumatore: Trib. R. Emilia 9 maggio 2023, *www.ilcaso.it/sentenze/ultime/29216*; Trib. Pesaro 20 settembre 2023, *www.ilcaso.it/sentenze/ultime/29978*; Trib. Trani 2 maggio 2023, *www.ilcaso.it/sentenze/ultime/29201*.

le" per confluire su principi di crisi ed insolvenza comuni a tutto il panorama concorsuale.

Infatti, l'art. 2, comma 1, lett. c) definisce il sovraindebitamento come "*lo stato di crisi o di insolvenza del consumatore, del professionista, dell'imprenditore minore, dell'imprenditore agricolo, delle start up innovative, e di ogni altro debitore non assoggettabile alla liquidazione giudiziale... omissis...*".

A propria volta, le nozioni di Crisi e di Insolvenza sono definite dall'art. 2, comma 1, lett. a) e b) come segue:

a) La **Crisi**, è "*lo stato del debitore che rende probabile l'insolvenza e che si manifesta con l'inadeguatezza dei flussi di cassa prospettici a far fronte alle obbligazioni nei successivi dodici mesi*";
b) L'**Insolvenza** è "*lo stato del debitore che si manifesta con inadempimenti od altri fatti esteriori, i quali dimostrino che il debitore non è più in grado di soddisfare regolarmente le proprie obbligazioni*".

La lettura della norma rende evidente come la definizione di Crisi sia disegnata sulla nozione di imprenditore al quale la legge richiede di svolgere la propria attività di produzione e servizi in termini "organizzati", ovverosia attraverso la capacità di programmare i flussi di cassa prospettici in modo da garantirne la loro adeguatezza in ottica di soddisfacimento delle obbligazioni future proiettate su un arco temporale di dodici mesi.

Questa definizione rapportata al Consumatore, rispetto al quale non è certamente esigibile un'organizzazione, risulta penalizzante per la persona fisica che assume obblighi per esigenze personali o familiari e che riconduce la crisi per lo più ad eventi imponderabili ed imprevedibili, quali la perdita del lavoro o la malattia, responsabili della sovversione dell'intero impianto organizzativo della propria vita.

L'applicazione letterale della norma con riferimento al Consumatore potrebbe, tuttavia, giustificare valutazioni severe nella **misurazione del grado di colpa** applicata alla determinazione della situazione di sovraindebitamento con riflessi gravi in ordine alla ammissibilità della procedura (art. 69).

Peraltro, proprio questa severità fa riflettere sulla circostanza che anche il Consumatore, al verificarsi di eventi traumatici che incrociano la propria vita, di fronte al bivio se indebitarsi ulteriormente facendo ricorso a finanziamenti o accedere alla procedura di sovraindebitamento, dovrà necessariamente e tempestivamente orientarsi verso la Ristrutturazione dei Debiti atteso che anche l'errore o il ritardo nella scelta potrebbero pesare in termini di valutazione della colpa *ex* art. 69.

Senza voler dare indicazioni inutilmente allarmanti ma certamente cogliendo una tempestività non casuale rispetto all'introduzione del nuovo codice si segnala l'ordinanza di Cassazione del 22 settembre 2022, n. 27843 che, sebbene con riferimento ad una casistica radicata nella legge n. 3/2012, testo anteriore alla novella del d.l. n. 137/2020, ha giudicato negativamente la "**meritevolezza**" di un consumatore che confidando sul rinnovo *sine die* di incarichi eccezionali che si susseguivano da quindici anni "*non ha pensato di accantonare parte delle retribuzioni anche ingenti... omisssis...*" ricevute negli anni passati "*così obliterando la circostanza che di rinnovi a tempo si trattava senza alcuna certezza di stabilità*".

Il provvedimento favorisce riflessioni circa l'esigenza introdotta dalla norma di nuovo conio di pretendere comportamenti responsabili tanto dai creditori quanto dai debitori per i quali il procedimento di sovraindebitamento non può rappresentare sempre una panacea capace di cancellare il debito accumulato anche in condizioni di superficialità programmatica.

Infine, il secondo rilievo che pare cogliersi dalla definizione di Crisi applicata al sovraindebitamento è l'**abbandono di ogni riferimento patrimoniale**, cui consegue la riflessione che il parametro della capacità patrimoniale non rappresenta più un criterio utile per misurare la salute economica del debitore che va, invece, rapportata alla sua capacità finanziaria/reddituale di assolvere alle obbligazioni programmate (il mutuo, il canone dell'auto, le bollette, le rette scolastiche, le vacanze estive dei figli).

Questa circostanza è, peraltro, coerente con la facoltà lasciata al Consumatore (già presente nella legge n. 3/2012 all'art. 8) di conservare la **rateazione del mutuo ipotecario** acceso sull'abitazione principale ed escludere il bene primario della casa dal perimetro dei beni da destinare al soddisfacimento dei creditori; il bilanciamento di tale privilegio è, però, il rispetto della tempestiva rilevazione della crisi che obbliga anche il consumatore a ricorrere allo strumento di Ristrutturazione ai primi sintomi di squilibrio, senza attendere che la forchetta tra le obbligazioni assunte e la capacità di farvi fronte si misuri con la capacità patrimoniale.

Fatte queste brevi considerazioni introduttive vediamo ora come si struttura la procedura di Ristrutturazione dei Debiti del Consumatore in rapporto al Piano del Consumatore.

3. La procedura di Ristrutturazione dei Debiti del Consumatore

3.a. L'applicazione in quanto compatibile del Titolo III e le procedure familiari

Preliminarmente appare opportuno trattare delle disposizioni di carattere generale.

In particolare, l'art. 65 rimanda alle disposizioni del Titolo III in quanto compatibili: il rinvio è ridondante in quanto buona parte di esse è riferita specificamente agli strumenti di regolazione della crisi in dote agli imprenditori "maggiori", purtuttavia alcuni riferimenti sono importanti e da tenere in considerazione nella predisposizione della domanda o nella sua trattazione.

Sono senza dubbio direttamente applicabili le norme del Capo I e II del Titolo III che regolano la giurisdizione e la competenza; in particolare colmano una lacuna le disposizioni che indicano il Tribunale di Roma quale foro competete delle persone fisiche non residenti o domiciliate in Italia per le quali opera la giurisdizione italiana (art. 27, comma 3, lett. b), e soprattutto quella che vieta la pratica del c.d. "*forum shopping*" volta a spostare la residenza a seconda della convenienza del deposito della domanda (art. 28).

Altre disposizioni che, almeno in termini orientativi, possono essere di riferimento sono quelle relative al procedimento unitario di cui al Capo IV, Sezione II del Titolo III per il caso di contestuale deposito di più domande volte ad ottenere la liquidazione del patrimonio e la richiesta del debitore di accedere ad una procedura di sovraindebitamento, anche se, al riguardo, l'art. 271 CCII detta già una disciplina chiara a regolazione del caso suindicato.

Non sarei orientato a ritenere applicabili invece (almeno alla procedura di Ristrutturazione del Debito del Consumatore) le disposizioni degli artt. 54 e 55 relative alle **misure protettive e cautelari** poiché riguardo ad esse l'art. 70 detta una disciplina specifica ostativa (ad esempio) dell'effetto dell'*Automatic Stay* che invece si determina a vantaggio di chi richieda le misure *ut supra* con la domanda *ex* art. 40.

Infatti nel segno della tradizione tracciata dall'art. 12-*bis*, comma 2, legge n. 3/2012 anche nella nuova procedura di Ristrutturazione l'istanza del debitore non vincola il Giudice che (rispetto al passato) conserva il potere non solo di revocare le misure protettive e cautelari concesse ma anche di apprezzarne discrezionalmente la necessità di disporle ove non rispondano ai principi di ragionevolezza e proporzionalità [5].

Rispetto alla procedura del piano del consumatore di cui alla legge n. 3/2012 che conosceva solo le ipotesi di **sospensione delle procedure esecutive** in atto, ora l'art. 70, comma 4 estende i poteri del Giudice (sempre su istanza dell'interessato) al divieto delle azioni esecutive e cautelari sul patrimonio del consumatore o dell'acquisizione di diritti di prelazione se non concordati con il debitore nonché alla possibilità di applicare misure cautelari finalizzate alla conservazione dell'integrità del patrimonio.

---

[5] Cfr. Trib. Brindisi 5 agosto 2022, in *www.unijuris.it/node/6462*.

Queste ultime (in linea con la definizione che ne dà l'art. 2, comma 1, lett. q) non sono necessariamente legate all'istanza del debitore ma possono essere disposte autonomamente dal Giudice, come quella (espressamente indicate dalla legge) di vietare di compiere atti di **straordinaria amministrazione** non preventivamente autorizzati che costituisce una misura inedita rispetto al passato.

Nell'ottica delle **misure cautelari** il debitore potrebbe chiedere al Giudice ad es. la sospensione dell'obbligo di pagare le bollette dei servizi relativi all'abitazione obbligando l'ente erogatore a mantenere in atto il contratto di erogazione sino all'omologazione nonostante la morosità delle rate pregresse.

Un aspetto del tutto originale, assente sotto la vigenza della legge n. 3/2012 e che ora invece, grazie al richiamo del Titolo III – in quanto compatibile- potrebbe stuzzicare l'appetito anche del consumatore, attiene alla possibilità di depositare in Tribunale **una domanda prenotativa** della successiva domanda di Ristrutturazione al fine di avviare le trattative e proteggere il patrimonio minacciato dalle azioni dei creditori; al riguardo si segnala che la giurisprudenza non si è occupata della questione per la cui applicazione trovo vi siano comunque difficoltà tanto per l'assenza di uno strumento di pubblicità alternativo alla pubblicazione sul registro imprese che svolge un ruolo centrale nel sistema disciplinato dagli artt. 54 e 55 CCII, quanto per la scarsa utilità verso la finalità di non pregiudicare il buon esito delle trattative dalle quali la Ristrutturazione dei Debiti del Consumatore prescinde.

Infine, l'art. 66 si occupa delle **procedure familiari** che, come già disciplinate dall'art. 7-*bis*, legge n. 3/2012, consentono ai membri della stessa famiglia di presentare un unico progetto di risoluzione della crisi da sovraindebitamento quando questi siano conviventi o allorché il sovraindebitamento abbia un'origine comune. Si considerano membri della stessa famiglia, oltre al coniuge, i parenti entro il quarto grado e gli affini entro il secondo, nonché le parti dell'unione civile e i conviventi di fatto.

3.b. Presupposti di ammissibilità e contenuto del piano di Ristrutturazione

I requisiti soggettivi di ammissibilità alla procedura di Ristrutturazione sono rimasti invariati rispetto al Piano del consumatore e consistono: *i*) nella condizione di "**Consumatore**" (come definita dall'art. 2, comma 1, lett. e), *ii*) nell'assenza di altra precedente esdebitazione nei 5 anni, o di altre due in assoluto, *iii*) nell'assenza di **colpa grave, dolo o frode** nella determinazione del sovraindebitamento.

Sul tema della **colpa grave** nella determinazione del sovraindebitamento, atteso che detto requisito di inammissibilità era già presente nell'art. 7, comma 2, lett. d-*ter*) della legge n. 3/2012, la giurisprudenza ha avuto modo di esprimersi cogliendone la sussistenza in quelle situazioni di forte squilibrio e sproporzione tra le obbligazioni assunte rispetto alle entrate disponibili [6] che rivelano una completa assenza di scrupoli nell'assunzione di fonti di debito.

Il nuovo requisito soggettivo della colpa, già introdotto nella legge n. 3/2012 con il d.l. n. 137/2020, costituisce una formula nuova che sostituisce quello della **meritevolezza**: la Cassazione con ordinanza 27 luglio 2023, n. 22890 ha chiarito che i requisiti per il riconoscimento dell'ammissibilità della proposta e la sua omologazione siano mutati e che dunque la giurisprudenza deve sforzarsi di fare luogo all'applicazione della nuova disciplina senza richiamarsi ai requisiti che giustificavano l'esistenza della meritevolezza.

Trovare misure che permettano di definire con nettezza dove inizi la colpa grave e dove finisca la colpa semplice in una situazione di sovraindebitamento in cui certamente il consumatore è **autore** e talora **vittima** della propria insolvenza è cosa difficile ma certamente il nuovo requisito di ammissibilità ha spostato il baricentro dell'onere della prova muovendolo dal debitore (che un tempo doveva dimostrare di essere meritevole) ai creditori o all'OCC a cui spetta gettare luce sulla condotta del sovraindebitato [7].

Altresì invariata è la possibilità (solo per questa procedura) di falcidiare i debiti derivanti da finanziamento con **cessione del quinto** dello stipendio [8] nonché di conservare inalterato il rapporto di **mutuo** garantito da ipoteca iscritta sull'abitazione principale alla condizione di essere in regola con i pagamenti o di essere rimesso in termini dal Giudice.

Su quest'ultimo fronte sia consentita una digressione operativa: la legge (tanto l'attuale quanto la precedente) non prevede (a differenza del Concordato Minore) alcuna valutazione di **convenienza della proposta** né di lesione dei diritti degli altri creditori; tuttavia una riflessione si impone in quanto l'agevolazione indicata dall'art. 67, comma 5 non necessariamente è priva di ostacoli.

---

[6] Si segnalano:
Trib. Rimini 27 maggio 2021, in *www.crisieinsolvenza.ilcaso.it/sentenze/ultime/25991*.
Trib. Catania 5 marzo 2021, in *www.ilcaso.it/sentenze/ultime/25058*.
Trib. Avellino 4 marzo 2021, in *www.unijuris.it/node/5628*.

[7] Si veda al riguardo Cass. Civ. 22 settembre 2022, n. 27483 con riferimento ad un caso anteriore al d.l. n. 137/2020.

[8] Si ricorda al riguardo che la Corte cost. 10 marzo 2022, n. 65 ha respinto la domanda di incostituzionalità dell'art. 8, 1-*bis*, legge n. 3/2012 considerando l'ipotesi della cessione del quinto dello stipendio disciplinata dalla norma assolutamente equipollente a quella dell'assegnazione del 1/5 del credito del debitore a seguito di suo pignoramento presso terzi.

Innanzitutto anche se il requisito della convenienza non costituisce un elemento ostativo all'ammissibilità della procedura di Ristrutturazione, in caso di sua contestazione da parte di un creditore, rappresenta pur sempre un ostacolo superabile solo con la dimostrazione che il piano propone una soddisfazione del creditore opponente non inferiore rispetto all'alternativa liquidatoria.

In quest'ottica si possono ipotizzare tre casi; il primo in cui l'ammontare del debito ipotecario sia sostanzialmente equivalente rispetto al valore dell'immobile la cui vendita dunque lascerebbe indifferenti i creditori perché il controvalore sarebbe assorbito interamente dal credito ipotecario.

Il secondo in cui l'ammontare del debito ipotecario sia superiore al valore dell'immobile, circostanza in cui la prosecuzione del rapporto di mutuo favorisce il ceto chirografario dei creditori che in tal modo eliminano un concorrente (rappresentato dal creditore ipotecario) sulla parte del credito degradato al chirografo.

Ed infine un terzo in cui l'ammontare del debito ipotecario sia clamorosamente inferiore al valore dell'immobile (si pensi all'ipotesi di poche rate residue) la cui vendita potrebbe liberare risorse per la soddisfazione dei creditori chirografari: in questo caso occorre segnalare come dubitativamente la salvezza dell'abitazione principale costituisca un diritto derogatorio dell'art. 2740 c.c. con la conseguenza che un eventuale eccezione di convenienza sollevata dal ceto chirografario potrebbe travolgere l'aspettativa del debitore di conservare l'immobile.

I creditori **privilegiati** possono subire il **Cram down** purché sia assicurato loro il pagamento in misura non inferiore a quella realizzabile dalla liquidazione dei beni "*avuto riguardo al valore di mercato*" [9] sui quali insistono i privilegi, in ragione di un'**attestazione** operata dall'OCC; gli stessi privilegiati per la parte degradata al chirografo possono però ancora concorrere con gli altri creditori nella ripartizione di quello che il CCII definisce il "*valore eccedente quello di liquidazione*" (cfr. art. 84, comma 6), in quanto la legge autorizza il Cram down ma non la falcidia [10]; al riguardo il giudice di legittimità ha chiarito come le procedure da sovraindebitamento sono modellate sul concordato preventivo di guisa che si devono estender alla materia i

---

[9] Si è inteso evidenziare la locuzione usata dal legislatore non già perché originale rispetto al passato alla cui formulazione infatti si riporta interamente, ma in quanto differente rispetto all'ipotesi concordataria che all'art. 84 *ex* CCII rapporta il termine di confronto non al valore di mercato dei beni gravati da privilegio bensì al loro valore di liquidazione "*al netto del presumibile ammontare delle spese di procedura inerenti al bene o diritto e della quota parte delle spesse generali*".

[10] Cass. Civ. 22 settembre 2022, n. 27843.

principi enucleati in tema di concordato preventivo con l'ovvio limite della compatibilità (Cass. Civ. 3 luglio 2019, n. 17834).

È venuto meno l'obbligo che il piano assicuri il regolare pagamento dei titolari dei crediti impignorabili ai sensi dell'art. 545 c.p.c. e non è più riproposta la **moratoria** sino ad un anno per il pagamento dei crediti privilegiati dettato dall'art. 8, legge n. 3/2012 e già ritenuta dalla Cassazione derogabile con il consenso del creditore (Cass. n. 17391/2020; Cass. n. 27544/2019; Cass. n. 17834/2019).

La **domanda** deve consistere in un Piano di Ristrutturazione di contenuto libero "*che indichi in modo specifico i tempi e le modalità per superare la crisi*" e che preveda il *soddisfacimento* in qualsia forma anche parziale e differenziato dei crediti.

È necessario porre in evidenza che la legge n. 3/2012 all'art. 7 stabiliva che il piano dovesse prevedere "*scadenze e modalità di pagamento dei creditori*" laddove invece l'attuale procedura si accontenta della più limitata esigenza del "***soddisfacimento***" che peraltro può avvenire in "*qualsiasi forma*".

La nuova formula apre a possibilità di soddisfacimento alternative a quello del pagamento che può prevedere anche la "*datio in solutum*" o l'adempimento parziale anche ad opera di un terzo, od ogni altra "*utilità specificamente individuata ed economicamente valutabile*" (cfr. art. 84, comma 3) che permetta in ogni caso di garantire il "soddisfacimento" richiesto dalla legge.

La domanda deve essere **corredata dagli stessi documenti** già previsti nel passato e consistenti nell'elenco:

1) di tutti i creditori con l'indicazione delle somme dovute e delle cause di prelazione;
2) della consistenza e della composizione del patrimonio;
3) degli atti di straordinaria amministrazione compiuti nei 5 anni precedenti;
4) delle dichiarazioni dei redditi degli ultimi 3 anni;
5) dei redditi di tutto il nucleo familiare a cui appartiene, con l'indicazione di quanto occorre al mantenimento della propria famiglia.

L'attuale corredo documentale diverge rispetto a quello del passato in relazione all'obbligo di elencare gli **atti di straordinaria amministrazione** e non solo gli atti dispositivi.

La legge non definisce "gli atti di ordinaria o straordinaria amministrazione". In generale sono atti di ordinaria amministrazione quelli diretti alla gestione del patrimonio e che non determinano un **rischio di alterazione** dello stesso (es. riscossione della pensione, dei canoni di locazione, delle rendite da capitale, nonché l'utilizzo delle relative somme per il compimento di atti di natura conservativa), mentre sono atti di straordinaria amministrazione quelli che possono alterare e modificare la struttura e la consistenza del patrimonio o che possono generare un rischio di alterazione dello stesso (es. il mutuo, l'alienazione, l'accettazione di eredità, la riscossione di somma capitale ed il suo reimpiego).

La circostanza che ora la norma chieda l'elenco degli atti di straordinaria amministrazione e non più il semplice elenco degli atti di disposizione del patrimonio rivela un cambio di **obiettivi**: si vuole sapere se ed in quale modo il debitore abbia avuto nel passato gli strumenti per percepire la propria situazione di crisi e se ha tenuto un comportamento che ha determinato con colpa grave la situazione di sovraindebitamento.

Infine non è più necessaria l'**attestazione della fattibilità** del piano in quanto ora l'OCC "presenta" la domanda del debitore con regressione della sua condizione di terzietà che gli impedisce di attestare il piano come era richiesto dall'art. 15, comma 6, legge n. 3/2012; inoltre l'art. 65, comma 3 dispone che "*la nomina dell'attestatore è sempre facoltativa*" alludendo a funzioni che dunque sono esternalizzate rispetto a quelle una volta esercitate dall'OCC.

Ai documenti di corredo della domanda deve essere allegata una **relazione dell'OCC** sulle cause dell'indebitamento, la diligenza impiegata dal debitore nell'assumere le obbligazioni, le ragioni dell'incapacità di adempierle, nonché sulla valutazione della completezza ed attendibilità della documentazione depositata dal debitore.

L'OCC deve infine indicare i costi presunti della procedura.

Rimane invariato l'obbligo dell'OCC di riferire sulla **diligenza del finanziatore** di considerare il **merito creditizio del debitore** al momento della concessione del finanziamento, attingendo all'inalterato criterio dell'assegno sociale moltiplicato per un parametro corrispondente al numero dei componenti del nucleo familiare così da ricavare l'importo necessario per il debitore a mantenere un dignitoso tenore di vita e misurare il reddito a disposizione per il ripianamento del finanziamento concesso.

Come già nel passato (recente) l'OCC non si esprime sulla **convenienza** della proposta; tuttavia poiché le osservazioni dei creditori hanno prevalentemente ad oggetto il vantaggio derivante dalla proposta del debitore al ceto creditorio rispetto all'alternativa liquidatoria, è facile intuire come un piano sconveniente possa avere vita breve.

3.c. Competenza e modalità di presentazione della domanda

La prima vera novità procedurale riguarda l'individuazione dell'Organismo territorialmente competente per la presentazione della domanda (art. 68, comma 1).

La domanda deve essere presentata al Tribunale **tramite un OCC** costituito nel circondario del Tribunale competente, ovvero in quello in cui il debitore ha il centro dei propri interessi principali (c.d. C.O.M.I.) che si presume coincidere con il luogo di residenza o il domicilio.

Qualora nel circondario del Tribunale competente non vi sia un OCC, i compiti e le funzioni dello stesso potranno essere svolti da un professionista o da una società di professionisti nominati dal Presidente del Tribunale competente o da un Giudice da lui delegato.

Viene, quindi, declassata a criterio supplettivo la scelta indicata all'art. 15 comma 9 legge n. 3/2012, della nomina del Gestore della crisi da parte del Tribunale verso cui, talora, i debitori si orientavano per evitare il pagamento dei diritti di segreteria, di circa € 200, richiesti da ciascun OCC al momento della presentazione della domanda.

Cambiamenti vistosi si rilevano, invece, nei termini di **presentazione della domanda che** deve avvenire "*tramite un OCC*" mentre l'**assistenza di un difensore** "*non è necessaria*" (art. 68, comma 1): questa norma è tesa ad operare una scelta di facoltatività dell'assistenza tecnica *ex* art. 82 c.p.c. al momento del deposito della domanda che dunque rimane ammissibile anche se riporta la sola firma del debitore.

L'art. 68, comma 1 non è, invece, volto a sostituire l'OCC al consulente del debitore sia in quanto il primo ha solo il compito di depositare la domanda ma non già quello di predisporla, sia in quanto dubitativamente il debitore sarà in grado di elaborarla in autonomia senza l'ausilio di un consulente che lo orienti nella ricerca dei dati e nella loro esposizione attraverso una narrativa coerente ed ordinata che metta in luce le cause del sovraindebitamento, la diligenza prestata nell'assumere le obbligazioni e le ragioni che ne hanno impedito l'adempimento.

Né, peraltro, parrebbe opportuno affidare all'OCC il duplice e conflittuale compito di predisporre la domanda del debitore ed elaborare la relazione sulla sua diligenza, circostanza che esporrebbe l'organo a possibili pressioni volte ad addolcire, ove presenti, comportamenti collocabili nell'area della colpa nella determinazione del sovraindebitamento o, comunque, a sottrarre all'OCC la sua già fragile posizione di neutralità nell'incombenza informativa al Giudice.

Il riflesso dell'insussistenza dell'obbligo del difensore (scelta discutibile sia per la complessità della materia che per la condizione di fragilità del debitore) è l'esclusione, secondo il disposto dell'art. 6, dei crediti maturati dall'eventuale advisor **dal perimetro della prededuzione**.

La circostanza è degna di sottolineatura in quanto sebbene l'impianto dell'istituto della Ristrutturazione dei Debiti del Consumatore, pubblicato a seguito del d.lgs. 17 giugno 2022, n. 83 non si allontani da quello tracciato dal d.lgs. 12 gennaio 2019, n. 14 (che già escludeva la prededuzione *de qua*), il d.l. n. 137/2020 (successivo al d.lgs. n. 14/2019) aveva espressamente dato un'apertura alla prededuzione del credito del professionista, novellando in tal senso l'art. 13, comma 4-*bis*, legge n. 3/2012: dunque, il ritorno al passato è parsa una mortificazione di un diritto funzionale che pareva acquisito a vantaggio dell'efficienza del sistema, della difesa del debitore e dello stesso interesse del ceto creditorio.

Secondo il combinato disposto dell'art. 68, comma 1 e dell'art. 6 la **prededuzione** non può essere riconosciuta neppure nel caso in cui si renda necessario l'intervento del legale in relazione alle istanze per le misure protettive/cautelari o per contrastare le osservazioni di creditori ostili al piano del consumatore [11].

Gli effetti derivanti dalla presentazione della domanda sono rimasti inalterati rispetto al passato: il deposito della domanda sospende, ai soli effetti del concorso, il corso degli interessi convenzionali o legali fino alla chiusura della procedura a meno che i crediti non siano garantiti da ipoteca, pegno o privilegio, salvo quanto previsto dagli artt. 2749, 2788 e 2855, commi 2 e 3, c.c.

Una novità relativa alla fase del deposito della domanda è la necessità di indicare, con adeguata istanza, **le misure protettive o cautelari** a protezione dell'integrità del patrimonio di cui si è già trattato al precedente punto 3.a) della presente trattazione.

Ricordiamo che all'art. 12-*bis*, legge n. 3/2012, il Giudice, alla unica condizione della pendenza di procedure esecutive la cui prosecuzione fosse idonea a pregiudicare la fattibilità del piano, poteva solo disporre la loro "**sospensione**" sino alla definitività dell'omologazione.

Ora, invece, l'art. 70, comma 4 pone al debitore l'onere di formalizzare un'**istanza** con cui avanzare un ventaglio di richieste protettive o cautelari comprendenti in primo luogo la sospensione delle procedure esecutive già avviate dai creditori ma, altresì, la domanda di divieto di azioni esecutive e

---

[11] Si evidenza una pronuncia del Tribunale di Torino del 26 luglio 2023, *www.ilcaso.it/sentenze/ultime/29669* che, applicando l'analogia, riconosce la prededuzione nella misura del 75% *ex* art. 6 al compenso del legale che assiste il debitore nella domanda di omologazione del piano *ex* art. 67 mentre la parte restante deve ritenersi assistita da privilegio; la pronuncia tuttavia si scontra con la perentorietà dell'art. 68, comma 1 che non lascia molte speranze al recepimento dello stesso principio da parte della giurisprudenza nazionale.

cautelari sul suo patrimonio, od anche "*le altre misure idonee a conservarne l'integrità*".

L'accoglimento dell'istanza è discrezionale da parte del Giudice che vi provvede orientandosi sul possibile pregiudizio alla fattibilità del piano e sulla necessità di conservare l'integrità del patrimonio.

Si coglie a questo riguardo che anche nella Ristrutturazione dei debiti così come già nel Piano del Consumatore, pur con un ventaglio allargato di richieste protettive, permanga la prudente discrezionalità del Giudice che "può disporle" coerentemente con una procedura che non prevede una votazione e (come vedremo) contrae anche il perimetro di contraddittorio con i creditori.

Rimane, dunque, sotto questo profilo la differente impostazione rispetto al "Concordato Minore" in cui, analogamente all'istituto dell'Accordo di Composizione della Crisi di cui alla legge n. 3/2012, le misure protettive dipendono solo dall'istanza del debitore in quanto il Giudice "*le dispone*", salvo loro successiva revoca in caso di opposizione dei creditori (cfr. art. 78, comma 2, lett. d).

Appare perfino ovvio che un'istanza di questo genere non possa essere predisposta direttamente dal consumatore ma solo da un suo consulente legale che sappia motivare i requisiti del *fumus boni iuris* e del *periculum in mora* che assistono qualunque richiesta cautelare.

3.d. Fase istruttoria e decisoria

Secondo l'art. 67, comma 6 il procedimento si svolge dinanzi al Tribunale in composizione **monocratica**.

La fase istruttoria subisce alcune variazioni rispetto al passato che meritano di essere evidenziate.

Nel Piano del Consumatore *ex* legge n. 3/2012, il Giudice, verificata l'**ammissibilità** della domanda, fissava direttamente l'udienza per l'omologa a cui partecipavano necessariamente il consumatore ed in via eventuale i creditori, e nella quale potevano essere affrontati temi relativi alle contestazioni sollevate; a valle di tale incombente il Giudice **omologava** il piano disponendone la **pubblicità**.

Nella Ristrutturazione dei Debiti del Consumatore del CCII non è più prevista alcuna **udienza**; anzi il Giudice, sin dal momento della ricezione della domanda, valutata l'ammissibilità alla luce dei soli documenti depositati, dispone la **pubblicità** (che con la legge n. 3/2012 era rinviata all'omologa) in apposita area del sito web del Tribunale o del Ministero di giustizia, oltre alla **comunicazione** ai creditori ai quali l'OCC deve indicare la **PEC** della procedura.

Tale anticipazione è utile in quanto la pubblicità crea il solco tra i creditori successivi e quelli anteriori rispetto ai quali sono privi di effetto i pagamenti e gli atti dispositivi (art. 71, comma 3).

La procedura permette la proposizione da parte dei creditori di osservazioni con cui contestare l'ammissibilità o la convenienza senza però un vero **contraddittorio**: infatti, come anticipato, non è prevista la **fissazione di un'udienza** di discussione con i creditori ai quali è solo assegnato un termine di 20 giorni dalle comunicazioni entro cui svolgere le **osservazioni** da indirizzare all'OCC a mezzo pec.

Quest'ultimo, fedele al nuovo ruolo di alfiere del consumatore, nei 10 giorni successivi, sentito il debitore, può proporre al Giudice le **modifiche al piano** che ritiene necessarie.

Questa disposizione fa concludere che quella sulla convenienza è un'eccezione in senso stretto e che pertanto non possa essere sollevata d'ufficio dal giudice né tanto meno dall'OCC che non ha più tale obbligo nella sua relazione.

In difetto di osservazioni creditorie sulla convenienza il piano è suscettibile di omologa anche se offre condizioni peggiori rispetto all'alternativa liquidatoria.

Il Giudice **risolve ogni contestazione** emergente dalle osservazioni e, verificata l'ammissibilità giuridica della domanda e la fattibilità del piano, lo omologa con sentenza superando le obiezioni di **convenienza** laddove ritenga che il credito dell'opponente possa essere soddisfatto, in esecuzione del piano, in misura **non inferiore** all'alternativa liquidatoria.

Dalle espressioni usate dal legislatore pare possa dedursi che le **opposizioni** possono riguardare non solo le ragioni di convenienza, ma anche quelle di ammissibilità e di fattibilità sulle quali il Giudice si deve pronunciare.

A tal proposito, ai sensi dell'art. 69, comma 2, il **creditore** che ha colpevolmente determinato la situazione di indebitamento o il suo aggravamento attraverso l'offerta di credito senza verificare il merito creditizio del consumatore, perde il diritto di **contestare la convenienza** del piano ma non quello di eccepire la fattibilità o ammissibilità; in questo il CCII è meno severo della legge n. 3/2012 nella quale l'art. 12-*bis*, comma 3-*bis* estendeva al creditore colpevole l'inibitoria ad ogni opposizione o reclamo relativo anche al fronte dell'ammissibilità con il solo limite dei comportamenti dolosi del debitore.

Un commento merita la verifica richiesta dall'art. 70, comma 7 al Giudice sull'**ammissibilità giuridica e la fattibilità del piano** prima dell'omologa.

Il controllo della **ammissibilità giuridica** consiste in primo luogo nell'accertamento che il debitore sia in condizione di crisi o di insolvenza, e poi nella verifica che il piano di sovraindebitamento proposto integri la **causa concreta** della procedura di Ristrutturazione dei Debiti ovverosia che attraverso essa il debitore da un lato **superi lo stato di crisi** recuperando una situazione di equilibrio economico finanziario e dall'altro offra ai creditori un **soddisfacimento effettivo** e non soltanto un simbolico ristoro [12]; infine a seguito di osservazioni ostili all'omologa da parte di un creditore, il Giudice verifica se il credito dell'opponente sia soddisfatto dall'esecuzione del piano in misura non inferiore all'alternativa liquidatoria [13].

La verifica sulla **fattibilità del piano** richiede non solo un'indagine sulla sua astratta idoneità economica a raggiungere i risultati che prospetta, ma anche sul rispetto di tutti i requisiti giuridici indispensabili alla sua realizzazione; ad esempio se il debitore propone di disporre l'intero suo TFR destinandolo "a pronti" ai suoi creditori, il Giudice per il tramite dell'OCC dovrà non solo verificarne l'ammontare ma anche l'assenza di vincoli legali alla sua disposizione totale in epoca antecedente al periodo di maturazione naturale coincidente con la cessazione del rapporto di lavoro.

In caso di **omologa del piano**, al creditore opponente rimane l'impugnazione in appello e successivamente il ricorso in Cassazione secondo quanto previsto dall'art. 51.

La procedura assume, dunque, una dimensione molto più snella di quella attuale e per il debitore la partita si gioca tutta sulla possibilità di "rilanciare" eventuali modifiche al piano capaci di tacitare le contestazioni dei creditori; la struttura della procedura consente di "aggiustare" la proposta a valle delle osservazioni dei creditori al fine di permettere il superamento delle criticità in ottica di equivalenza dell'offerta rispetto alla liquidazione, senza doverla rimodulare interamente per raggiungere il miglior soddisfacimento di tutti i creditori ma concentrandosi solo sugli opponenti atteso che coloro che non hanno dedotto alcunché esprimono un'adesione implicita al piano.

In questo caso ritengo tuttavia che la necessità di soddisfare l'esigenza di "ammissibilità giuridica" comporti necessariamente l'obbligo di modulare la proposta modificata in modo da far salvo il requisito della *par condicio* salvo il diritto di contenerlo attraverso una legittima "classazione" dei creditori.

---

[12] Con sentenza 26 settembre 2022, n. 28013 la Cassazione ha confermato il rigetto dell'omologa del piano del consumatore con cui il debitore proponeva ai creditori chirografari un ristoro del 3,84% ritenuto, in rapporto alle circostanze, all'età del debitore e alla sua professione, non integrante un soddisfacimento effettivo.

[13] Si richiama l'attenzione sulla circostanza che non è richiesta un'offerta **più conveniente** ma solo **non inferiore** all'alternativa liquidatoria.

A tale riguardo secondo la recente e condivisibile giurisprudenza, in considerazione del contenuto libero della proposta che può prevedere il soddisfacimento parziale e differenziato dei crediti in qualsiasi forma (art. 67, comma 1), nella Ristrutturazione dei Debiti del Consumatore è ammissibile la distribuzione del valore secondo la regola della c.d. priorità relativa [14].

In caso di **diniego dell'omologazione** il Giudice provvede con decreto motivato al quale il debitore può fare seguire un'istanza di **liquidazione controllata** o un reclamo in Corte d'Appello ai sensi dell'art. 50; al debitore è precluso il ricorso in Cassazione in quanto, secondo la giurisprudenza prevalente, il provvedimento di rigetto non avrebbe i caratteri di decisività e definitività testimoniata dalla possibilità di ripresentare una nuova domanda di Ristrutturazione fondata su un diverso piano [15].

Nel caso il debitore propenda per la liquidazione, "*se ne sussistono i presupposti di legge* [il Giudice] *dichiara aperta la procedura liquidatoria ai sensi degli artt 268 e seguenti*": questa disposizione apre alcuni problemi di coordinamento legati al fatto che l'autorità che dichiara la Liquidazione Controllata è il Tribunale in composizione collegiale che impedisce l'automatismo a cui il legislatore aveva pensato (atteso che il giudice della Ristrutturazione è monocratico).

Riguardo ai "*presupposti di legge*" onestamente risulta difficile capire quali possano essere salvo l'assenza della capacità d'agire o del requisito oggettivo della crisi od insolvenza, atteso che la Liquidazione Controllata si fonda su requisiti minimi.

La scelta se prestare acquiescenza al diniego, reclamarlo o chiedere l'apertura della Liquidazione Controllata spetta solo al consumatore, tranne nel caso di **frode** in cui l'istanza di Liquidazione Controllata può essere presentata anche da un creditore o dal P.M.

L'**intervento del P.M.** costituisce una novità che può risultare decisiva per favorire la chiusura in termini concorsuali della procedura che diversa-

---

[14] Cfr. Trib. Bari 22 settembre 2023, *www.ilcaso.it/sentenze/ultime/29900*; Trib. Modena 28 agosto 2023, *www.ilcaso.it/sentenze/ultime/29793*.

[15] Tardivamente la Cassazione con ordinanza del 26 settembre 2022, n. 28013 si è schierata per la decisorietà e definitività del provvedimento che rigetta la domanda di omologa del piano del consumatore, abilitando il debitore alla richiesta del giudizio in Cassazione, anche se più recentemente con l'ordinanza presidenziale del 26 luglio 2023, n. 22699 la S.C. pare essere ritornata sui propri passi rivalutando la giurisprudenza della Corte di legittimità Cass. Civ. n. 30354/2018 e n. 27301/2022 che sposava l'orientamento per cui i provvedimenti di inammissibilità non siano né decisori né definitivi "*potendo essere riproposti senza condizioni e senza alcun vincolo di giudicato negativo neanche rebus sic stantibus*"; sul punto si veda anche Cass. Civ. 27 gennaio 2022, n. 2461 fitta di riferimenti precedenti.

mente, nelle sole mani di creditori indolenti, potrebbe non giungere ad identica conclusione.

La **conversione** della procedura di Ristrutturazione in Liquidazione Controllata contiene un'espressione punitiva in quanto la liquidazione non può più essere rinunciata o revocata su domanda del debitore che non potrà far altro che subirla.

La nuova procedura concentra la **fase istruttoria** nell'attività d'indagine dell'OCC, prodromica al deposito della domanda in Tribunale, mentre al Giudice è riservata la **funzione decisoria** sulla base delle osservazioni dei creditori.

Al debitore si ritiene che spetti ancora il **diritto di rinuncia** (in conformità all'art. 43) fino a che il Giudice non si sia pronunciato, sottraendo al creditore o al P.M. la possibilità di fare istanza di conversione in Liquidazione Controllata [16].

Peraltro, a differenza della legge n. 3/2012 in cui al debitore, in alternativa al piano del consumatore, era comunque data la facoltà di sottoporre al voto dei creditori un accordo di composizione della crisi, ora questa opzione è negata in quanto la procedura di concordato minore è riservata solo a figure professionali o imprenditoriali e inibita al consumatore al quale, in alternativa alla Ristrutturazione, non rimane che la Liquidazione Controllata.

Non sfuggirà all'interprete l'assenza di una disciplina dedicata agli **effetti dell'omologazione** al pari di quella presente all'art. 12-*ter*, legge n. 3/2012.

La nuova normativa infatti evita l'approccio totalmente segregativo che nel testo precedente era affidato in primo luogo all'equiparazione dell'omologa all'atto di pignoramento (art. 12-*bis*, comma, legge n. 3/2012) e poi ribadito attraverso l'art. 12-*ter*, legge n. 3/2012 con il divieto dei creditori anteriori e posteriori ad avviare azioni esecutive e cautelari sui beni oggetto del piano.

Nel rispetto della direttiva Insolvency ora il debitore è dotato, al più, di un ombrello protettivo che si dissolve al passaggio in giudicato dell'omologa; successivamente la protezione è affidata alla trascrizione sugli immobili della sentenza di omologa (art. 70, comma 7) che deve essere comunicata a tutti i creditori (art. 70, comma 8) nei cui confronti fa stato.

In ogni caso a protezione dei creditori concorsuali, la legge (art. 71, comma 3) prevede l'**inefficacia dei pagamenti** e degli atti dispositivi in violazione del piano, consentendo dunque al creditorie di non subire pregiudizio da (eventuali) atti di frode del debitore e di soddisfare il proprio credito nei limiti del valore dei beni presenti al momento dell'apertura della proce-

---

[16] Conforme Trib. La Spezia 11 agosto 2022, in *www.unijuris.it/node/6448*.

dura di Ristrutturazione nella procedura liquidatoria, obbligatoriamente aperta su iniziativa del P.M. o del giudice stesso *ex* art. 72.

Se poi il debitore assumerà nuovo debito mettendo a rischio l'equilibrio finanziario consegnatogli dall'omologa del piano, si troverà esposto alle azioni esecutive e dunque all'inadempimento del piano cui consegue la revoca dell'omologa e la conversione in liquidazione controllata: dunque una volta riequilibrata la situazione debitoria del sovraindebitato alle condizioni che lui stesso ha indicato nel piano, sarà (o dovrebbe essere) il debitore la prima sentinella della conservazione dell'equilibrio economico-finanziario.

Nella manciata di norme che disciplina la Ristrutturazione dei debiti manca anche una disposizione di conservazione dei diritti dei creditori **nei confronti dei coobligati, fideiussori** del debitore e obbligati in via di regresso (art. 12-*ter*, comma 3, legge n. 3/2012).

In difetto di una disciplina specifica debbono valere le regole generali dell'ordinamento: l'art. 1306 c.c. dispone che "*la sentenza tra il creditore ed uno dei debitori in solido non ha effetto contro gli altri debitori*" dal che si ricava la conservazione dei diritti del creditore nei confronti dei coobligati a diverso titolo.

Non ritengo applicabile l'art. 1301 c.c. che perviene a soluzione opposta in quanto la remissione ha un presupposto volontaristico assente nel caso di specie.

Peraltro l'art. 278 in tema di esdebitazione al comma 6 prevede che sono salvi i diritti vantati dai creditori nei confronti dei coobligati, fideiussori nonché obbligati in via di regresso del debitore; col che il cerchio si chiude.

4. Esecuzione e relazione finale

La fase dell'esecuzione è ricca di novità: in primo luogo il nuovo istituto assegna direttamente al debitore il compito di compierla sotto la vigilanza del gestore che ha l'incarico di **riferire ogni sei mesi** al Giudice; al contrario l'art. 13 legge n. 3/2012 prevedeva la nomina di un liquidatore *ad hoc* che desse esecuzione al piano.

Ancorché gli atti dispositivi siano posti in esecuzione dal debitore, non possono mai avvenire con strumenti privatistici ma solo attraverso **procedure competitive** nel rispetto della trasparenza e previa stima di ciascun lotto (cfr. Cass. Civ. 1° luglio 2022, n. 21007).

Se l'**atto dispositivo è conforme al piano**, il Giudice autorizza lo svincolo delle somme ed ordine la cancellazione delle iscrizioni, trascrizioni ed ogni altro vincolo, compresa la trascrizione della sentenza di omologazione effettuata dall'OCC *ex* art. 70, comma 7: la circostanza rivela che le cessioni sono trattate come vere e proprie **vendite pubbliche** sotto la disciplina degli artt. 2919 ss. c.c. ed in particolare dell'art. 2922 c.c. riguardo ai vizi della cosa che nelle vendite forzate non è garantita.

A conclusione dell'esecuzione (art. 71, comma 4) l'OCC presenta una **relazione finale** volta a dare dimostrazione che il piano è stato eseguito integralmente e correttamente, stimolando così la liquidazione del compenso da parte del Giudice: la liquidazione del compenso da parte del Giudice comporta, dunque, una delibazione sull'esatto adempimento del compito di vigilanza e controllo dell'OCC a cui è attribuita (un po' incongruamente) la responsabilità finale della corretta e completa altrui esecuzione del piano di Ristrutturazione.

Infatti la **liquidazione del compenso** (cfr. art. 71, comma 4) è condizionata all'esecuzione "integrale e completa" del piano, circostanza che pone l'OCC in una situazione di criticità se non di imbarazzo in quanto la norma, pur sottraendogli il potere di condurre direttamente l'esecuzione, gliene lascia intatta la responsabilità, mitigata solo dal comma 6 dello stesso articolo che aggancia la liquidazione anche alla sua diligenza.

Se le cose vanno come debbono andare e cioè verso un'esecuzione integrale e relazionata dall'OCC, il Giudice procede alla liquidazione del compenso attenendosi a quanto concordato tra debitore e OCC all'inizio dell'incarico e ciò sulla base del d.m. n. 202/2014, esattamente come già accade ora; dunque la liquidazione del giudice altro non è se non la conseguenza di un accertamento della buona esecuzione ed adempimento dei compiti del gestore per ottenere la maturazione di quanto già concordato.

Ex parte debitoris la liquidazione del compenso costituisce una sorta di patente a cui ricondurre l'effetto esdebitativo del piano, effetto che sotto la vigenza della legge n. 3/2012 era assente in difetto della previsione di alcun provvedimento di chiusura certificativo della buona esecuzione del piano.

Se però il Giudice non riconosce l'esatto adempimento e rimane inascoltato il suo invito a darvi esecuzione in un termine assegnato, procede alla **revoca** dell'omologa, sciogliendo ogni incertezza sulla mancata esdebitazione (così art. 71, comma 5).

Infine se nel corso del piano intervengono mutamenti di circostanze impreviste ed imprevedibili che rendono inattuabile il piano, l'art. 72, comma 2 lascia aperta la possibilità di **una modifica**: in assenza di una disciplina specifica si può far riferimento all'art. 71, comma 1 che attribuisce all'OCC il potere di risolvere eventuali difficoltà e sottoporle al Giudice.

5. Revoca e conversione

L'istituto della **revoca dell'omologazione** diverge dalla disciplina presente nell'art. 14-*bis* della legge n. 3/2012 che la prevedeva prevalentemente su istanza del creditore come effetto di frode, inadempimento od inattuabilità del piano, mentre l'ipotesi della **revoca d'ufficio** era circoscritta all'ipotesi del ritardo di oltre 90 giorni rispetto alle scadenze previste dal piano verso le amministrazioni pubbliche e gli enti gestori di forme di previdenza ed assistenza obbligatorie e al compimento di atti di frode durante la procedura (art. 11 legge n. 3/2012).

Con l'art. 72, rimasto invariato il diritto propulsivo del creditore, gli è stato affiancato quello del P.M. e dell'iniziativa d'**ufficio,** estesa a tutti i casi di frode, inadempimento od inattuabilità del piano **senza possibilità di modifica**. Per rendere operativa questa facoltà è stato attribuito all'OCC il compito specifico di segnalare al Giudice ogni fatto rilevante ai fini della revoca.

Una breve riflessione merita l'ipotesi (che può capitare con frequenza) dell'inattuabilità del piano, circostanza che da sola non giustifica la revoca per la quale la norma richiede anche il requisito della immodificabilità del piano (**inattuabilità e immodificabilità**).

Se il piano è divenuto inattuabile ma è modificabile, in ogni caso si prospetta l'inadempimento agli obblighi del piano che porta comunque alla revoca (anche d'ufficio).

La salvezza potrebbe giungere dal comma 5 dell'art. 72 secondo cui sulla richiesta di revoca il Giudice, sentite le parti, provvede con sentenza; ritengo che in quel contesto se il Giudice si convince della sostituibilità del piano originario con quello modificato, possa nuovamente omologarlo con nuova sentenza previa riapertura dei termini ai creditori per le osservazioni.

Il termine decadenziale entro cui richiedere la revoca è stato fissato in **6 mesi** dalla relazione finale anziché (come precedentemente disposto dall'art. 14-*bis*, legge n. 3/2012) in due anni dalla scadenza del termine per l'ultimo adempimento, frutto dell'introduzione del controllo finale dell'adempimento che favorisce l'emersione delle eventuali anomalie dell'esecuzione rispetto al piano.

Sotto un profilo processuale non si può non osservare come la revoca intervenga su una sentenza al di fuori del perimetro di cui all'art. 395 c.p.c. in quanto interviene sulla base di eventi (quali l'inadempimento sopraggiunto o l'inattuabilità anche incolpevole del piano originario) successivi ad essa che non hanno, dunque, influito sulla correttezza formale del provvedimento.

Atteso che la relazione illustrativa del d.lgs. n. 14/2019 non spiega la ragione del passaggio dal decreto (più flessibile ed utilizzato anche per il diniego *ex* art. 70, comma 10) alla sentenza, desta ora una certa perplessità registrare la instabilità a cui la sentenza di omologa è potenzialmente esposta.

Infine, è fortemente **semplificata la conversione** in procedura liquidatoria (art. 73) disposta dal Giudice *a quo* e rimessa sempre, in qualunque caso di revoca, all'istanza del debitore o, in caso di frode e inadempimento, alla domanda dei creditori o del P.M., eliminando le poco utili distinzioni tra annullamento e risoluzione di cui era portatore l'art. 14-*quater*, legge n. 3/2012.

Al riguardo si registrano **problemi di coordinamento** con la Liquidazione Controllata che la giurisprudenza sarà chiamata a risolvere.

In primo luogo, si fa fatica ad immaginare come il Giudice monocratico possa disporre la conversione in Liquidazione Controllata provvedendo "*ai sensi dell'art. 270*" atteso che quest'ultima deve essere pronunciata dal **Tribunale in composizione collegiale**; probabilmente al provvedimento del Giudice monocratico farà seguito la sentenza di liquidazione controllata pronunciata dal collegio.

Un secondo tema di coordinamento si ricava dalla domanda di conversione su **iniziativa del P.M.** in quanto le disposizioni degli artt. 268 e 38 ne escludono la legittimazione.

È ben vero che l'art. 271 prevede ancora l'ipotesi della domanda ad opera del P.M. ma ciò è frutto di un refuso dettato da un ulteriore difetto di coordinamento con l'art. 268 che, nella versione anteriore al d.lgs. n. 83/2022, prevedeva bensì l'iniziativa del P.M. ma solo a carico dell'imprenditore insolvente, disposizione cancellata dall'attuale e vigente art. 268.

Dunque rimane poco chiara la ragione per la quale il P.M. possa chiedere, attraverso la conversione, la Liquidazione Controllata del consumatore mentre non possa promuoverla autonomamente neppure in caso di **insolvenza dell'imprenditore** minore.

Un ulteriore dubbio è dato dalla legittimità del debitore ad arrestare la Liquidazione Controllata eccependo, *ex* art. 268 comma 2, l'inferiorità ad € 50.000 dell'ammontare dei debiti scaduti e non pagati o chiedendo all'OCC l'attestazione di impossibile acquisizione di alcun attivo da distribuire ai creditori perfino mediante l'esercizio di azioni giudiziarie.

Infine si osserva come la Liquidazione Controllata sia proponibile dal creditore **solo in caso di insolvenza** del debitore per cui si pone il dubbio se lo stesso requisito dell'insolvenza debba sussistere anche in caso di conversione richiesta dal P.M. o da un creditore.

Nei termini disegnati dal legislatore l'istituto della conversione sembra dunque acquisire un contenuto punitivo di cui, invece, la Liquidazione Controllata, che è l'istituto di destinazione, si è spogliata, attraverso da un lato, l'avvicinamento alla procedura di liquidazione giudiziale e, dall'altra, l'abbandono dell'espressione "fallimento" i cui tizzoni sotto le ceneri sono evidentemente ancora caldi, mostrando retaggi del passato che si manifestano con l'intervento del P.M. ed una officialità d'azione che sembrava definitivamente soppressa.

Capitolo Decimo
CONCORDATO MINORE

di *Margherita Rizzuto*

SOMMARIO: 1. L'ambito soggettivo. – 2. Il concordato minore in continuità e liquidatorio. – 3. La presentazione della domanda, la difesa tecnica, l'attività dell'OCC. – 4. L'inammissibilità della domanda. – 5. Il procedimento. – 6. L'approvazione e l'omologa del piano. – 7. Le opposizioni. – 8. L'esecuzione. – 9. La revoca e la conversione.

1. L'ambito soggettivo

Il concordato minore è la procedura di composizione della crisi da sovraindebitamento disciplinata agli artt. 74-83 CCI e dalle norme sul concordato preventivo, di cui agli artt. 84 ss., "*in quanto compatibili*", in forza del rinvio contenuto nell'ultimo comma dell'art. 74.

La disciplina trova il suo antecedente in quella contenuta nella Sezione I del Capo II della legge n. 3/2012 sull'accordo di composizione della crisi e rispetto alla quale si pone in linea di sostanziale continuità [1].

La principale novità introdotta dal Codice della Crisi, in tema di concordato minore, riguarda l'ambito di operatività soggettiva della procedura in esame dal quale è stato espressamente escluso il consumatore.

L'art. 74, comma 1, CCI, circoscrive, infatti, l'ambito soggettivo a tutti i debitori di cui all'art. 2, comma 1, lett. c), CCI, escluso il consumatore, ovverosia:

- il professionista;
- l'imprenditore minore;
- l'imprenditore agricolo;
- le *start up* innovative; e

[1] Cfr. Relazione illustrativa d.lgs. n. 14/2019, *sub* art. 74.

- ogni altro debitore non assoggettabile alla liquidazione giudiziale ovvero a liquidazione coatta amministrativa o ad altre procedure liquidatorie previste dal codice civile o da leggi speciali per il caso di crisi o insolvenza.

Si illustrano di seguito le singole categorie di debitori che potranno beneficiare del concordato minore.

L'art. 3, comma 1, lett. c) del Codice del consumo definisce **professionista** "*la persona fisica o giuridica che agisce nell'esercizio della propria attività imprenditoriale, commerciale, artigianale o professionale, ovvero un suo intermediario*".

Rientrano in detta categoria, innanzitutto, coloro che possono esercitare la propria attività professionale dopo aver superato l'esame di Stato di cui all'art. 33, comma 5, Cost. e previa iscrizione nell'albo tenuto da un ente pubblico e disciplinato da leggi speciali (cfr. art. 2229 c.c.).

La nozione di professionista include altresì qualsiasi lavoratore autonomo, ossia colui che, ai sensi dell'art. 2222 c.c., si obbliga a compiere un'opera o un servizio verso un corrispettivo con lavoro prevalentemente proprio e senza vincolo di subordinazione.

Tutti i suddetti soggetti sono ontologicamente sottratti all'area della liquidazione giudiziale e, pertanto, possono accedere alle procedure di composizione della crisi da sovraindebitamento.

La categoria dei professionisti pacificamente ricomprende anche le associazioni professionali, gli studi professionali associati e le società professionali di cui alla legge n. 183/2011.

La legge n. 183/2011, infatti, nulla dispone circa l'assoggettamento delle società tra professionisti alle procedure concorsuali, ma, avendo ad oggetto lo svolgimento di attività professionale, dovrebbe escludersi la possibilità che vengano assoggettate alle procedure concorsuali tradizionali in favore delle procedure da sovraindebitamento [2].

L'**imprenditore minore** è, invece, il cosiddetto "imprenditore sotto-soglia", ossia l'imprenditore privo dei requisiti dimensionali per poter essere assoggettato alla liquidazione giudiziale. Detti requisiti dimensionali sono

---

[2] Cfr. E. CICINELLI, *La nuova disciplina del sovraindebitamento*, Nel Diritto Editore, Molfetta, 2019, pp. 39-40, per il quale i seguenti argomenti deporrebbero nel senso di escludere le società tra professionisti dalle procedure di composizione della crisi da sovraindebitamento: *i*) l'art. 4-*bis* della legge n. 247/2012, come introdotto dall'art. 1, comma 141, legge n. 124/2017, non ha ribadito quanto in precedenza previsto dall'art. 5, legge n. 247/2012, ossia che l'esercizio della professione forense in forma societaria non costituisce attività di impresa; *ii*) le procedure da sovraindebitamento sarebbero destinate ai debitori "deboli" mettendogli a disposizione procedure più snelle e più semplici.

indicati all'art. 2, comma 1, lett. d), CCI e sono rimasti invariati rispetto al previgente art. 1, r.d. n. 267/1942[3].

L'onere della prova circa l'eventuale assenza dei requisiti dimensionali per essere assoggettato alla liquidazione giudiziale grava pacificamente sull'imprenditore[4].

L'art. 2135 c.c. identifica l'**imprenditore agricolo** con colui che esercita le attività di coltivazione del fondo, selvicoltura e allevamento di animali, ossia attività dirette alla cura e allo sviluppo di un ciclo biologico o di una fase necessaria di esso, di carattere vegetale o animale, che utilizzano o possono utilizzare il fondo, il bosco o le acque dolci, salmastre o marine.

È altresì imprenditore agricolo colui che esercita le attività connesse a quelle sopra richiamate, ossia quelle attività dirette alla manipolazione, conservazione, trasformazione, commercializzazione e valorizzazione dei prodotti ottenuti prevalentemente dalla coltivazione del fondo o del bosco o dall'allevamento di animali, nonché colui che esercita le attività dirette alla fornitura di beni o servizi mediante l'utilizzazione prevalente di attrezzature o risorse dell'azienda generalmente impiegate nell'attività agricola svolta (cfr. art. 2135, comma 3, c.c.).

Con l'entrata in vigore del Codice della Crisi l'imprenditore agricolo avrà a disposizione tre procedure per la composizione della crisi: *i*) l'accordo di ristrutturazione, in virtù della previsione speciale di cui all'art. 23, comma 43, d.l. n. 98/2011 (convertito nella legge 15 luglio 2011, n. 111); *ii*) il concordato minore e *iii*) la liquidazione controllata.

L'art. 25, comma 2, d.l. n. 179/2012, convertito nella legge 17 dicembre 2012, n. 221, definisce la ***start up* innovativa** la società di capitali, costituita anche in forma cooperativa, le cui azioni o quote rappresentative del capitale sociale non sono quotate su un mercato regolamentato o su un sistema multilaterale di negoziazione, che possiede i seguenti requisiti:

---

[3] Ai sensi dell'art. 2, comma 2, lett. d), CCI si intende per "*'impresa minore': l'impresa che presenta congiuntamente i seguenti requisiti: 1) un attivo patrimoniale di ammontare complessivo annuo non superiore ad euro trecentomila nei tre esercizi antecedenti la data di deposito della istanza di apertura della liquidazione giudiziale o dall'inizio dell'attività se di durata inferiore; 2) ricavi, in qualunque modo essi risultino, per un ammontare complessivo annuo non superiore ad euro duecentomila nei tre esercizi antecedenti la data di deposito dell'istanza di apertura della liquidazione giudiziale o dall'inizio dell'attività se di durata inferiore; 3) un ammontare di debiti anche non scaduti non superiori ad euro cinquecentomila; i predetti valori possono essere aggiornati ogni tre anni con decreto del Ministro della giustizia adottato a norma dell'articolo 348*", ossia con decreto adottato sulla base della media delle variazioni degli indici ISTAT dei prezzi al consumo per le famiglie di operai ed impiegati intervenute nel periodo di riferimento.

[4] Cfr. Cass. Civ., Sez. I, 15 gennaio 2016, n. 625.

- è costituita da non più di sessanta mesi [5];
- ha la sede principale dei propri affari ed interessi in Italia ai fini delle imposte sui redditi;
- a partire dal secondo anno di attività, il totale del valore della produzione annua, così come risultante dall'ultimo bilancio approvato entro sei mesi dalla chiusura dell'esercizio, non è superiore a 5 milioni di euro;
- non distribuisce, e non ha distribuito, utili;
- ha quale oggetto sociale esclusivo o prevalente, lo sviluppo, la produzione e la commercializzazione di prodotti o servizi innovativi ad alto valore tecnologico;
- non è stata costituita da una fusione, scissione societaria o a seguito di cessione di azienda o di ramo di azienda.

Inoltre, la *start up* deve possedere almeno uno dei seguenti ulteriori requisiti:

1. le spese in ricerca e sviluppo devono essere uguali o superiori al 15 per cento del maggiore valore tra costo e valore totale della produzione della *start up* innovativa;
2. impiego come dipendenti o come collaboratori a qualsiasi titolo, in percentuale uguale o superiore al terzo della forza lavoro complessiva, di personale in possesso di titolo di dottorato di ricerca o che sta svolgendo un dottorato di ricerca presso un'università italiana o straniera, oppure in possesso di laurea e che abbia svolto, da almeno tre anni, attività di ricerca certificata presso istituti di ricerca pubblici o privati, in Italia o all'estero, ovvero, in percentuale uguale o superiore a due terzi della forza lavoro complessiva, di personale in possesso di laurea magistrale;
3. sia titolare o depositaria o licenziataria di almeno una privativa industriale relativa ad un'invenzione industriale, biotecnologica, ad una topografia di prodotto a semiconduttori o ad una nuova varietà vegetale ovvero sia titolare dei diritti relativi ad un programma per elaboratore originario re-

---

[5] L'art. 38, comma 5, d.l. n. 34/2020, convertito con modifiche nella legge n. 77/2020, ha prorogato di 12 mesi il termine di permanenza nella sezione speciale del registro delle imprese delle *start up* innovative di cui all'art. 25 del d.l. n. 179/2012 per complessivi 6 anni. Detta proroga, però, "*non si applica ai fini della fruizione delle agevolazioni fiscali e contributive previste dalla legislazione vigente*". Sulla portata applicativa della disposizione in esame è intervenuto il Ministero dell'Economia e dello Sviluppo con la circolare n. 3724/C del 19 giugno 2020: considerato che la "*previsione è stata resa necessaria per l'impatto negativo dell'epidemia per il 2020 su tutto il settore delle* start up" secondo il MISE la norma è applicabile solo alle imprese regolarmente iscritte nella sezione speciale alla data del 19 maggio 2020, per le quali pertanto sarebbe consentito un termine di permanenza eccezionale di altri 12 mesi nella sezione speciale con esclusione delle agevolazioni fiscali e contributive.

gistrato presso il registro pubblico speciale per i programmi per elaboratore, purché tali privative siano direttamente afferenti all'oggetto sociale e all'attività di impresa.

Le *start up* innovative possono accedere al concordato minore sussistendone i suddetti requisiti e, in ogni caso, non oltre 5 anni [6] dalla costituzione.

Superato detto limite temporale, esse potranno accedere al concordato minore (o alla liquidazione controllata) solo nel caso in cui non superino i limiti dimensionali di cui all'art. 2, comma 1, lett. d), CCI, come imprese minori.

Infine, l'ultimo inciso dell'art. 2, comma 1, lett. c), fa riferimento ad "***ogni altro debitore** non assoggettabile alla liquidazione giudiziale ovvero a liquidazione coatta amministrativa o ad altre procedure liquidatorie previste dal codice civile o da leggi speciali per il caso di crisi o insolvenza*".

Si tratta di una clausola generale di chiusura che consente l'accesso alle procedure da sovraindebitamento a tutti coloro che restano esclusi dalle procedure concorsuali "maggiori".

A titolo meramente esemplificativo, possono rientrare in tale categoria: l'imprenditore individuale cancellatosi da oltre un anno dal registro delle imprese; gli enti privati commerciali, ossia gli enti, forniti o meno di personalità giuridica, che esercitano attività senza scopo di lucro e che hanno una rilevanza sociale (*i.e.* associazioni, fondazioni, comitati), purché non svolgano un'attività commerciale in forma prevalente [7].

2. Il concordato minore in continuità e liquidatorio

La proposta di concordato minore ha contenuto libero, ma deve indicare in modo specifico la modalità ed i tempi per il superamento della crisi da sovraindebitamento.

---

[6] Secondo il testo originario dell'art. 31, d.lgs. n. 179/2012, convertito con modifiche nella legge n. 221/2012, la disciplina di cui alla Sezione IX era applicabile per un periodo di quattro anni dalla data di costituzione. Tuttavia, con l'art. 57, comma 3-*ter*, legge n. 26/2017 di conversione del d.l. n. 560/2017 l'ambito di applicazione temporale dell'esenzione dalle procedure concorsuali "classiche" è stato ampliato a 5 anni dalla data di costituzione della società. In giurisprudenza confronta: App. Bologna 24 ottobre 2018, n. 2686 secondo cui "*non è soggetta a procedure concorsuali diverse dal sovraindebitamento, e non è quindi fallibile, la* start-up *innovativa iscritta ininterrottamente per cinque anni nell'apposita sezione del registro delle imprese, ai sensi dell'art. 31 d.l. n. 179/2012*". Cfr. anche nota 5.

[7] Cfr. E. CICINELLI, *La nuova disciplina del sovraindebitamento*, cit., pp. 50-53.

La proposta può prevedere il soddisfacimento totale o parziale dei crediti, attraverso qualsiasi forma, e l'eventuale suddivisione dei creditori in classi. La formazione delle classi è, tuttavia, obbligatoria per i creditori titolari di garanzie prestate da terzi.

L'obbligatorietà della formazione delle classi nella suddetta ipotesi è stata introdotta con il primo decreto correttivo che ha inteso colmare una lacuna del Codice della Crisi sul modello del concordato maggiore. In tal modo, si è voluto, da un lato, rendere effettivo il diritto dei creditori a valutare la convenienza della proposta disponendo di informazioni adeguate; dall'altro, garantire la trasparenza del meccanismo di formazione della maggioranza [8].

Quanto al contenuto, il debitore ha, dunque, un'ampia libertà sia in ordine all'individuazione di tempi e modi di pagamento, sia circa le percentuali di soddisfazione dei creditori, con il limite di cui all'art. 75, comma 2, CCI, secondo cui il pagamento parziale dei crediti muniti di privilegio è consentito purché esso avvenga in misura non inferiore a quanto il creditore otterrebbe in caso di liquidazione, tenuto conto del valore di mercato dei beni su cui grava il privilegio così come attestato dall'OCC.

Il contenuto "libero" della proposta di piano può tradursi in una **proposta in continuità o liquidatoria**: nel primo caso è prevista la prosecuzione dell'attività imprenditoriale o professionale, mentre, nel secondo caso, l'attività cessa ed è prevista la vendita di beni al fine di ottenere liquidità per la soddisfazione dei creditori.

Nel Codice della Crisi, l'ipotesi di una proposta avente finalità esclusivamente liquidatorie assume carattere residuale ed è subordinata all'apporto di risorse esterne che aumentino il soddisfacimento dei creditori in misura apprezzabile.

In ossequio al criterio direttivo dettato dall'art. 9, lett. b), legge n. 155/2017, cosiddetta "legge delega" [9], per la disciplina delle procedure di composizio-

---

[8] Con la previsione dell'obbligatorietà delle classi per i creditori titolari di garanzie esterne è stata data attuazione alla prescrizione di cui all'art. 9, § 4, direttiva UE 2019/1023, il quale testualmente dispone "*Gli Stati membri provvedono affinché le parti interessate siano trattate in classi distinte che rispecchiano una sufficiente comunanza di interessi, basata su criteri verificabili, a norma del diritto nazionale. Come minimo, i creditori che vantano crediti garantiti e non garantiti sono trattati in classi distinte ai fini dell'adozione del piano di ristrutturazione*" (cfr. Relazione illustrativa al primo decreto correttivo *sub* art. 74).

[9] *I.e.* "*disciplinare le soluzioni dirette a promuovere la continuazione dell'attività svolta dal debitore, nonché le modalità della loro eventuale conversione nelle soluzioni liquidatorie, anche ad istanza del debitore, e consentendo, esclusivamente per il debitore-consumatore, solo la soluzione liquidatoria, con esclusione dell'esdebitazione, nel caso in cui la crisi o l'insolvenza derivino da colpa grave, malafede o frode del debitore*".

ne delle crisi da sovraindebitamento, il legislatore del Codice della Crisi ha privilegiato la proposta di concordato in continuità.

L'art. 74, comma 1, CCI, accorda, infatti, ai soggetti di cui al precedente paragrafo la possibilità di proporre ai propri creditori un concordato minore "*quando consente di proseguire l'attività imprenditoriale o professionale*".

Il piano, dunque, deve essere idoneo a garantire la prosecuzione dell'attività di impresa o professionale. In quest'ottica si comprende anche il motivo della preclusione della procedura in esame al debitore consumatore, unica categoria cui la legge n. 3/2012 consentiva l'accesso indiscriminato a tutte le procedure da sovraindebitamento.

In via residuale, il successivo comma 2, disciplina l'ipotesi del concordato liquidatorio a condizione che vi sia l'apporto di risorse esterne che garantiscano ai creditori un grado di soddisfacimento maggiore di quello che gli deriverebbe dall'impiego del solo patrimonio esistente inteso in modo non sistemico.

A differenza del concordato preventivo, il legislatore non ha previsto una soglia minima di soddisfacimento dei creditori rimettendo detta valutazione al giudice, tenuto anche conto della maggiore semplicità della procedura e della tipologia di debitori che vi hanno accesso [10].

Il rinvio alla disciplina del concordato preventivo operato dall'art. 74, comma 4, CCI impone di soffermarsi sulla mancata distinzione, nella disciplina del concordato minore, tra continuità diretta e continuità "indiretta", espressamente disciplinata questa dall'art. 84, comma 2, CCI.

Certamente l'ipotesi della continuità indiretta potrebbe configurarsi esclusivamente con riferimento al piccolo imprenditore, o alle *start up* innovative, o all'imprenditore agricolo dal momento che l'attività del professionista si caratterizza per l'*intuitus personae* e, dunque, la prosecuzione dell'attività per mezzo di un altro soggetto non risponderebbe all'interesse dei creditori.

Non sembrerebbe esservi alcuna norma che impedisca la possibilità di configurare la continuità indiretta nell'ambito del concordato minore, anzi, essa si porrebbe in linea con lo scopo del Codice della Crisi che è, appunto, il salvataggio delle aziende.

L'art. 74 CCI, inoltre, non accenna all'ipotesi di un eventuale concordato misto, ossia una proposta che preveda al contempo la prosecuzione dell'attività e la liquidazione di alcuni beni. Ipotesi, questa, ammessa nella prassi applicativa della legge n. 3/2012.

---

[10] Sull'inammissibilità di una proposta che contempli la mancata soddisfazione di alcune categorie di creditori cfr. AA.VV., *Il nuovo sovraindebitamento dopo il Codice della crisi d'impresa e dell'insolvenza*, Zanchelli, Bologna, 2019, pp. 154-155.

Si pone, dunque, il problema di come inquadrare l'eventuale concordato minore misto, se, cioè, l'interprete dovrà fare ricorso al criterio della prevalenza, ormai diffusamente adottato dalla giurisprudenza di merito nell'ambito del concordato preventivo [11], oppure, se dovrà, di volta in volta, individuare soluzioni applicative più adeguate alla procedura di concordato minore per evitare di ostacolare il ricorso alla stessa.

Infine, l'art. 75, comma 3, CCI prevede la possibilità, nel caso di concordato in continuità, di rimborsare alle scadenze convenute le rate a scadere del contratto di mutuo con garanzia reale gravante sui beni strumentali all'esercizio dell'impresa o dell'attività professionale, se il debitore, alla data di presentazione della domanda di concordato, ha adempiuto regolarmente le proprie obbligazioni e se il giudice lo autorizza al pagamento del debito per capitale ed interessi scaduto a tale data, anche quale debito pregresso. In tale ipotesi l'OCC dovrà attestare altresì che il credito garantito potrebbe essere soddisfatto integralmente con il ricavato della liquidazione del bene effettuata a valore di mercato e che il rimborso delle rate a scadere non lede i diritti degli altri creditori.

Tale previsione è stata introdotta in seguito alle osservazioni della Commissione Giustizia della Camera ed è volta ad allineare la disciplina del concordato minore a quella del concordato preventivo di cui all'art. 100 CCI, trattandosi in entrambi i casi di procedure concorsuali.

3. La presentazione della domanda, la difesa tecnica, l'attività dell'OCC

La **domanda** di accesso al concordato minore è **proposta con ricorso** del debitore (art. 37 CCI).

Come previsto dall'art. 2, comma 1, lett. f) della legge delega, è competente il **Tribunale in composizione monocratica nel cui circondario il debitore ha il centro degli interessi principali** che viene definito nel Codice della Crisi in relazione alla categoria di appartenenza del debitore ed individuato, in un'ottica di semplificazione, attraverso il ricorso a presunzioni assolute.

Ai sensi dell'art. 27, comma 3, CCI il centro degli interessi principali del debitore si presume coincidente:

---

[11] Cfr. *ex multis*, Trib. Milano, decreto 28 novembre 2019, in *Ilfallimentarista.it*, 27 gennaio 2020, con commento di A. PETROSILLO, *Il concordato "misto" e il criterio della "prevalenza quantitativa attenuata"*.

a) per il debitore persona fisica esercente attività di impresa con la sede legale risultante nel registro delle imprese o, in mancanza, con la sede effettiva dell'attività abituale;
b) per il debitore persona fisica che non esercita attività d'impresa con la residenza o il domicilio e, se questi sono sconosciuti, con l'ultima dimora nota o, in mancanza, con il luogo di nascita. Se questo non è in Italia, la competenza è del Tribunale di Roma;
c) per il debitore persona giuridica o ente, anche non esercenti attività di impresa, con la sede legale risultante nel registro delle imprese o, in mancanza, con la sede effettiva dell'attività abituale o, se sconosciuta, secondo quanto previsto nella lett. b) con riferimento al legale rappresentante.

Al ricorso devono essere allegati i documenti di cui all'art. 75, comma 1, CCI, ossia:

a) il piano [12] con i bilanci, le scritture contabili e fiscali obbligatorie e le dichiarazioni dei redditi, le dichiarazioni IRAP e le dichiarazioni annuali IVA concernenti i tre anni anteriori o gli ultimi esercizi precedenti se l'attività ha avuto minor durata;
b) una relazione aggiornata sulla situazione economica, patrimoniale e finanziaria;
c) l'elenco di tutti i creditori, con le rispettive cause di prelazione e l'indicazione delle somme dovute. L'elenco deve contenere l'indicazione del domicilio digitale dei creditori che ne sono muniti;
d) gli atti di straordinaria amministrazione di cui all'art. 94, comma 2, CCI, compiuti negli ultimi cinque anni;
e) la documentazione relativa a stipendi, pensioni, salari e altre entrate proprie e della famiglia, con l'indicazione di quanto occorra al mantenimento della stessa.

Con il primo decreto correttivo l'elenco dei documenti da allegare al ricorso è stato allineato alle produzioni necessarie per l'accesso alle procedure "maggiori", sul modello dell'art. 39 CCI.

Per quanto attiene il patrocinio legale, in materia di concordato minore, non è prevista alcuna deroga espressa al principio generale sancito dall'art. 9, comma 2, CCI secondo cui "*salvi i casi in cui non sia previsto altrimenti, nelle procedure disciplinate dal presente codice, il patrocinio del difensore è obbligatorio*".

---

[12] Il piano dovrà contenere l'esposizione dettagliata di tutte di tutte le attività che il debitore si propone di compiere sia per superare la crisi sia per soddisfare i creditori. Esso può anche essere formulato nel corpo del ricorso formandone parte integrante.

Ne consegue che il patrocinio del difensore e, dunque, la **difesa tecnica è obbligatoria**.

Una precedente versione del decreto delegato prevedeva la non obbligatorietà dell'assistenza tecnica, oltre che per la proposizione dell'istanza di fallimento (*rectius* di liquidazione giudiziale) in proprio e per l'accesso al concordato preventivo, anche per l'accesso alle procedure da sovraindebitamento, ciò sulla base del fatto che il ricorso andava sottoscritto personalmente dal debitore e che, nelle procedure da sovraindebitamento, il ruolo dell'avvocato poteva essere svolto in concreto dall'Organismo di Composizione della Crisi.

In seguito alle osservazioni formulate dalla Commissione giustizia alla Camera, fondate su una lettura costituzionalmente orientata delle norme del Codice della Crisi, è stato introdotto l'obbligo della difesa tecnica soltanto per l'accesso al concordato minore e non per gli altri istituti del sovraindebitamento.

Tale scelta è giustificata con la maggiore complessità tecnica della procedura di concordato minore rispetto, ad esempio, alla ristrutturazione dei debiti del consumatore per la quale è escluso l'obbligo della difesa tecnica (cfr. art. 68 CCI).

Con riferimento al **ruolo dell'Organismo di Composizione della Crisi**, esso svolge una funzione fondamentale durante ogni fase della procedura.

L'avvio del procedimento di concordato minore necessita dell'intervento dell'OCC costituito presso il circondario del Tribunale competente ai sensi dell'art. 27, comma 2, CCI.

Con il primo decreto correttivo è stata disciplinata, anche per il concordato minore, sul modello di quanto l'art. 68 CCI prevede per la ristrutturazione dei debiti del consumatore, l'ipotesi in cui nel circondario del Tribunale competente non vi sia un OCC.

È stato previsto, infatti, all'art. 76, comma 1, CCI, che nella citata ipotesi, i compiti e le funzioni proprie dell'OCC sono svolte da un professionista o da una società tra professionisti in possesso dei requisiti di cui all'art. 358 CCI nominati dal presidente del Tribunale competente o da un giudice da lui delegato, individuati possibilmente tra gli iscritti all'albo dei gestori della crisi di cui al decreto del Ministro della Giustizia 24 settembre 2014, n. 202.

Detta previsione garantisce la piena funzionalità dell'istituto anche nei casi in cui nel circondario del Tribunale competente non sia costituito un OCC.

All'OCC è demandato un duplice ruolo: sia di consulenza del debitore, sia di garante, nei confronti del Tribunale e dei creditori, della serietà e attendibilità della proposta. [Rinvio cap. II].

L'art. 76, comma 2, CCI stabilisce che alla domanda di accesso al concordato minore deve essere allegata una relazione particolareggiata redatta dall'OCC che deve indicare innanzitutto le cause dell'indebitamento e la diligenza impiegata dal debitore nell'assumere le obbligazioni, nonché le ragioni dell'incapacità di adempiere. La relazione deve altresì fornire gli elementi per valutare la proposta e la sua convenienza rispetto all'alternativa liquidatoria, i costi presumibili della procedura, la percentuale, le modalità e i tempi di soddisfacimento, i criteri utilizzati in caso di formazione delle classi.

Novità del Codice della Crisi è l'introduzione di una sorta di valutazione di meritevolezza dei soggetti finanziatori. L'art. 76, comma 3, CCI prevede, infatti, che la relazione dell'OCC debba indicare se il soggetto finanziatore, nel concedere il finanziamento, abbia tenuto conto della capacità del debitore di adempiere, ciò al fine di meglio valutare la proposta di falcidia o di dilazione del credito di eventuali finanziatori. [Rinvio cap. IX].

Il comma 4 dell'art. 76 CCI si sofferma su un ulteriore ruolo svolto dall'OCC, ossia la quantificazione esatta dell'indebitamento fiscale del debitore. L'OCC, entro sette giorni dal conferimento dell'incarico da parte del debitore, deve darne notizia all'agente della riscossione e agli uffici fiscali, anche presso gli enti locali, competenti in base all'ultimo domicilio fiscale del debitore. Detti uffici devono comunicare il debito tributario accertato e gli eventuali accertamenti pendenti entro quindici giorni. Tale previsione è volta a consentire agli uffici di predisporre tempestivamente tutta la documentazione necessaria per fare valere eventuali crediti, ma soprattutto a comunicare l'esposizione debitoria all'OCC, in modo che ne possa tener conto nella redazione della relazione.

Ai sensi dell'art. 76, comma 5, CCI, il deposito della domanda sospende, ai soli effetti del concorso, il corso degli interessi convenzionali o legali fino alla chiusura della liquidazione, salvo che i crediti siano garantiti da ipoteca, pegno o privilegio, fermo restando quanto previsto dagli artt. 2749, 2788 e 2855, commi 2 e 3, c.c.

4. L'inammissibilità della domanda

Al deposito del ricorso per l'accesso al concordato minore segue un vaglio preliminare di ammissibilità della domanda da parte del Tribunale in composizione monocratica. L'art. 77 CCI prevede le seguenti cause di inammissibilità della domanda di concordato minore:

i) mancanza dei documenti di cui agli artt. 75 e 76;
ii) superamento dei limiti dimensionali di cui all'art. 2, comma 1, lett. d), nn. 1), 2) e 3), CCI, che rendono, dunque, il debitore assoggettabile alle procedure concorsuali "maggiori";
iii) esdebitazione del debitore nei cinque anni precedenti il deposito della domanda;
iv) il debitore ha già beneficiato dell'esdebitazione per due volte senza limiti di tempo;
v) presenza di atti in frode ai creditori.

Si tratta di particolari cause di inammissibilità della domanda la cui verifica attiene ad un profilo strettamente formale ad eccezione dell'accertamento degli atti in frode ai creditori, accertamento demandato in via preliminare all'OCC.

L'organismo, infatti, ove accerti la commissione da parte del debitore di atti diretti a frodare le ragioni dei creditori, deve concludere per la non fattibilità del piano.

Da notare che per il concordato minore non è contemplato un meccanismo di arresto della procedura nel caso di emersione di atti in frode in una fase intermedia tra il vaglio di ammissibilità e l'omologa del piano, come previsto, invece, dall'art. 106 CCI per il concordato preventivo.

Tuttavia, è ragionevole ritenere che, in caso di accertamento di atti in frode in un momento precedente all'omologa, il giudice possa intervenire [13], d'ufficio o su sollecitazione di terzi (creditori o pubblico ministero), per instaurare il contraddittorio con il debitore ed eventualmente dichiarare l'inammissibilità del piano.

5. Il procedimento

Il procedimento per l'eventuale omologazione del concordato minore è disciplinato all'art. 78 CCI.

Superato il vaglio di ammissibilità, il giudice dichiara aperta la procedura con decreto non soggetto a reclamo e dispone che l'OCC comunichi a tutti i creditori la proposta e il decreto.

Con il decreto il giudice:

---

[13] In tal senso cfr. AA.VV., *Il nuovo sovraindebitamento dopo il Codice della crisi d'impresa e dell'insolvenza*, cit., p. 183.

- dispone la pubblicazione dello stesso sul sito *web* del Tribunale o del Ministero della Giustizia e, se il debitore è un imprenditore, nel registro delle imprese;
- dispone la trascrizione del decreto, ove il piano preveda la cessione o l'affidamento a terzi di beni immobili o mobili registrati;
- assegna ai creditori un termine non superiore a trenta giorni per far pervenire all'OCC, a mezzo PEC, il voto favorevole o contrario alla proposta ed eventuali contestazioni. In detta comunicazione il creditore, ai sensi dell'art. 78, comma 4, CCI, deve indicare un indirizzo PEC a cui ricevere tutte le comunicazioni, pena la comunicazione mediante deposito in cancelleria;
- su istanza del debitore, dispone che, fino al momento in cui il provvedimento di omologazione diventa definitivo, non possono essere iniziate o proseguite azioni esecutive individuali né disposti sequestri conservativi o acquistati diritti di prelazione sul patrimonio del debitore da parte dei creditori aventi titolo a causa anteriore, a pena di nullità.

L'esecuzione del decreto è demandata all'OCC che, in tal modo, viene ad assolvere una terza funzione: quella di ausiliare del Tribunale nella gestione del procedimento, oltre a quelle di cui all'art. 76 CCI di consulente del debitore e di garante nei confronti del Tribunale e dei creditori della serietà ed attendibilità della proposta.

Infine, l'art. 78, comma 5, CCI, chiarisce che l'apertura della procedura comporta lo spossessamento attenuato del debitore, disponendo che gli atti eccedenti l'ordinaria amministrazione compiuti senza l'autorizzazione del giudice, siano inefficaci nei confronti dei creditori anteriori al momento in cui è stata eseguita la pubblicità del decreto.

6. L'approvazione e l'omologa del piano

Il concordato minore è **approvato con la maggioranza assoluta** dei crediti calcolata sulla base dell'elenco dei creditori e dei relativi crediti.

Dunque, non è più necessario il raggiungimento del 60% come previsto in precedenza dall'art. 11, legge n. 3/2012. Così disponendo, l'art. 79 CCI equipara il *quorum* necessario all'approvazione del concordato minore al *quorum* previsto per l'approvazione della proposta di concordato preventivo.

Sembrava, infatti, irragionevole richiedere una maggioranza più elevata per una procedura destinata alla risoluzione di crisi di minori dimensioni.

Vale la regola del silenzio assenso, sicché oltre ai voti favorevoli espressi sono considerati tali anche quelli non espressi (cfr. art. 79, comma 3, CCI).

Con il primo decreto correttivo è stato riformulato il comma 1 dell'art. 79 CCI al fine di allineare la disciplina del concordato minore a quella del concordato preventivo [14]. È stato, infatti, previsto che, qualora un unico creditore sia titolare di crediti in misura superiore alla maggioranza dei crediti ammessi al voto, l'approvazione del concordato minore sarà subordinata al raggiungimento anche della maggioranza per teste dei voti espressi dai creditori ammessi al voto. In questo modo, i creditori di minoranza hanno la possibilità di influire sul processo deliberativo.

Inoltre, quando il piano prevede diverse classi di creditori, il concordato minore è approvato se la maggioranza dei crediti ammessi al voto è raggiunta anche nel maggior numero di classi.

I creditori muniti di privilegio, pegno o ipoteca, di cui la proposta prevede l'integrale pagamento non sono computati ai fini del raggiungimento della maggioranza e non hanno diritto di votare la proposta, salvo che non rinuncino, in tutto o in parte, al diritto di prelazione.

I crediti soddisfatti parzialmente sono equiparati ai chirografari per la parte residua del credito.

L'art. 79, comma 2, CCI disciplina le ipotesi di esclusione dal voto di quanti si trovino in situazione, accertata o presunta, di conflitto di interessi. In particolare, non sono ammessi al voto e non sono computati ai fini del raggiungimento delle maggioranze:

- coloro che sono legati da vincoli legali di coppia, di parentela o affinità con il debitore fino al quarto grado;
- la società che controlla la società debitrice;
- le società da questa controllate e quelle sottoposte al comune controllo;
- i cessionari o aggiudicatari dei crediti dei suddetti soggetti da meno di un anno prima del deposito della domanda;
- i creditori in conflitto di interessi.

Dette esclusioni sono volte a garantire la trasparenza del processo formativo della volontà dei creditori.

Il comma 4 dell'art. 79 CCI, sul modello di quanto previsto dall'art. 266, comma 1, CCI per il concordato preventivo, stabilisce che, salvo patto contrario, il concordato minore della società produce i propri effetti anche per i

[14] Con l'intervento correttivo si è cercato di allineare il contenuto delle previsioni anche alle disposizioni contenute nella direttiva UE 2019/1023 del Parlamento europeo e del Consiglio del 20 giugno 2019 riguardante i quadri di ristrutturazione preventiva, l'esdebitazione e le interdizioni, ed in particolare all'art. 9, parr. 4 e 6 (cfr. Relazione illustrativa al primo decreto correttivo *sub* art. 79).

soci illimitatamente responsabili che, quindi, restano obbligati nei limiti della proposta. In tal modo si consente di derogare, in virtù di patto espresso, al principio dell'estensione degli effetti del concordato ai soci illimitatamente responsabili.

L'obbligazione rimane, invece, immutata per i coobbligati, i fidejussori e gli obbligati in via di regresso, salvo che la proposta non preveda diversamente.

Ai sensi del già citato art. 78 CCI, il voto favorevole o contrario si esprime mediante una dichiarazione da inviare all'OCC a mezzo PEC entro il termine indicato nel decreto di apertura della procedura. Ne consegue che non potranno essere computati ai fini della maggioranza i voti espressi con modalità e tempistiche diverse da quelle prescritte.

La fase dell'**omologazione** è disciplinata dall'art. 80 CCI il quale dispone che il Tribunale, verificate l'ammissibilità giuridica e la fattibilità economica del piano e il raggiungimento della maggioranza, se non vi sono contestazioni, omologa il concordato minore con sentenza disponendo adeguate forme di pubblicità e, ove necessario, la sua trascrizione.

Con la sentenza di omologazione, il giudice dichiara chiusa la procedura.

7. Le opposizioni

Tuttavia, può accadere che vi siano delle contestazioni circa la convenienza o la regolarità della proposta da parte di qualcuno dei creditori o di qualunque altro interessato.

In tal caso, il comma 3 dell'art. 80 CCI prevede che il Tribunale, sentiti il debitore e l'OCC, ma, ragionevolmente, anche i creditori, omologa il concordato quando ritiene che il credito dell'opponente possa ricevere, in esito all'esecuzione del piano, un soddisfacimento non inferiore a quello che otterrebbe in caso di liquidazione controllata.

Il giudice omologa altresì il concordato minore in mancanza di adesione da parte dell'amministrazione finanziaria o degli enti gestori di forme di previdenza o assistenza obbligatorie [15], determinante ai fini del raggiungimento della maggioranza, quando, tenuto conto anche delle risultanze della

---

[15] Il d.lgs. n. 14/2019 prevedeva la possibilità per il giudice di omologare il concordato minore in mancanza di adesione da parte della sola amministrazione finanziaria e non anche degli enti gestori di forme di previdenza o assistenza obbligatorie. Il primo decreto correttivo è intervenuto nel senso di evitare una disparità di trattamento difficilmente giustificabile.

relazione dell'OCC, la proposta formulata è per l'amministrazione finanziaria o per gli enti gestori di forme di previdenza o assistenza obbligatorie conveniente rispetto all'alternativa liquidatoria.

Con tale previsione si limita di fatto l'autonomia decisionale dell'amministrazione finanziaria e degli enti gestori di forme di previdenza o assistenza obbligatorie e viene accordata al Tribunale la possibilità di trasformare un voto contrario in un voto favorevole, differenziando la posizione di detti enti da quella degli altri creditori, il cui voto contrario non è sindacabile nel merito [16].

La disciplina del concordato minore è stata così allineata al contenuto degli artt. 48 e 88 CCI in tema di concordato preventivo.

Il comma 4 dell'art. 80 CCI prevede che il creditore, anche dissenziente, che ha colpevolmente determinato o aggravato la situazione di indebitamento non può presentare opposizione o reclamo in sede di omologa per contestare la convenienza della proposta.

Con il primo decreto correttivo è stata, infatti, eliminata la previsione secondo cui il creditore che avesse colpevolmente determinato o aggravato la situazione di indebitamento poteva far valere esclusivamente cause di inammissibilità che derivano da comportamenti dolosi del debitore. Si trattava di una previsione dal carattere chiaramente sanzionatorio che è stata ritenuta irragionevole, soprattutto considerato che l'ammissibilità costituisce, in ogni caso, oggetto di verifica che l'autorità giudiziaria deve svolgere d'ufficio.

Nel caso di accoglimento delle opposizioni dei creditori, il rigetto della domanda di concordato minore assumerà la forma del decreto motivato e conterrà la declaratoria di inefficacia delle misure protettive accordate. Il decreto è reclamabile ai sensi dell'art. 50, dinanzi alla Corte d'Appello.

Inoltre, se vi è istanza del debitore o, in caso di frode, del pubblico ministero o di un creditore, il giudice, con separata sentenza [17], dichiara aperta la procedura di liquidazione controllata ai sensi degli artt. 268 ss. CCI.

---

[16] In tal senso cfr. AA.VV., *Il nuovo sovraindebitamento dopo il Codice della crisi d'impresa e dell'insolvenza*, cit., pp. 201-202, secondo cui si tratterebbe di una previsione volta a neutralizzare possibili atteggiamenti di mera autotutela da parte dell'amministrazione finanziaria che potrebbe essere indotta ad esprimere voto contrario al solo fine di evitare profili di responsabilità contabile. La medesima considerazione può valere anche con riferimento agli enti gestori di forme di previdenza o assistenza obbligatorie.

[17] Ai sensi dell'art. 270, comma 1, CCI l'apertura della procedura di liquidazione controllata è dichiarata con sentenza.

8. L'esecuzione

L'esecuzione del concordato minore è affidata dal legislatore del Codice della Crisi al debitore sotto la supervisione dell'OCC, come accade anche per la procedura di ristrutturazione dei debiti del consumatore.

L'OCC sottopone al giudice eventuali difficoltà insorte durante l'esecuzione, per un suo eventuale intervento.

L'art. 81, comma 1, CCI, allo scopo di garantire trasparenza all'attività liquidatoria e dunque che da essa consegua il miglior risultato possibile, prevede che, ove il piano contempli vendite o cessioni, queste abbiano luogo tramite procedure competitive, anche avvalendosi di soggetti specializzati, sulla base di stime effettuate da operatori esperti, fatta eccezione per i beni di modico valore, assicurando, con adeguate forme di pubblicità, la massima informazione e partecipazione degli interessati. Ogni sei mesi, l'OCC dovrà riferire al giudice per iscritto sullo stato dell'esecuzione.

I successivi commi 2 e 3 dell'articolo in commento, introdotti con il primo decreto correttivo, riprendono il disposto dell'art. 13, commi 3 e 4, della legge n. 3/2012, al fine sia di attribuire effetto purgativo alle vendite, consentendo la cancellazione dei vincoli esistenti sui beni liquidati in esecuzione del piano, sia di garantire che, in mancanza di spossessamento, i creditori concorrenti non siano pregiudicati da atti o pagamenti posti in essere dal debitore in violazione del piano.

Una volta eseguito il concordato, l'OCC, ai sensi dell'art. 81, comma 4, CCI, presenta una relazione finale [18] al giudice, il quale, se il piano è stato integralmente e correttamente eseguito, liquida il compenso all'OCC, tenuto conto del preventivo accettato dal debitore, e ne autorizza il pagamento.

Se, invece, il piano non è stato integralmente e correttamente eseguito, il giudice individua gli atti necessari per l'esatto adempimento del piano omologato ed il termine entro il quale detti atti devono essere compiuti. In caso di inadempimento entro il termine fissato, anche prorogato, il giudice revoca l'omologazione (cfr. art. 81, comma 5, CCI).

Il comma 6 dell'art. 81 CCI, come riformulato dal primo decreto correttivo, prevede che nella liquidazione del compenso il giudice tenga conto della diligenza prestata dall'OCC [19] nell'esecuzione dell'incarico.

---

[18] Il d.lgs. n. 14/2019 prevedeva che l'OCC, terminata l'esecuzione, presentasse al giudice un "rendiconto". L'improprio riferimento al rendiconto, che di regola è atto di chi è chiamato a svolgere un'attività gestoria, è stato sostituito dalla previsione della necessità di depositare una relazione finale sull'esecuzione del piano.

[19] Il d.lgs. n. 14/2019 prevedeva la possibilità di escludere il diritto dell'OCC al compen-

9. La revoca e la conversione

L'art. 82 CCI stabilisce che sia revocata l'omologazione del concordato minore quando:

- è stato dolosamente o con colpa grave aumentato o diminuito il passivo;
- è stata sottratta o dissimulata una parte rilevante dell'attivo;
- sono state dolosamente simulate attività inesistenti;
- risultano commessi altri atti in frode ai creditori;
- il piano non sia stato integralmente eseguito;
- il piano sia divenuto inattuabile e non sia possibile modificarlo.

La revoca può intervenire d'ufficio o su istanza di un creditore, del pubblico ministero o di qualsiasi altro interessato, in contraddittorio con il debitore, purché non siano decorsi sei mesi dalla presentazione della relazione finale.

Affinché il Tribunale possa esercitare il suddetto potere d'ufficio, l'OCC è tenuto a segnalare tempestivamente al giudice ogni circostanza rilevante ai fini della revoca dell'omologazione.

Il giudice decide sulla richiesta di revoca dopo aver sentito gli interessati. Il contraddittorio tra le parti interessate è garantito anche solo mediante assegnazione di termini per lo scambio di memorie scritte.

La revoca dell'omologazione del concordato minore è pronunciata con sentenza reclamabile dinanzi alla Corte d'Appello ai sensi dell'art. 51 CCI.

In ogni caso, la revoca dell'omologazione non pregiudica i diritti acquistati dai terzi in buona fede.

In tutte le ipotesi di revoca del concordato minore, il giudice, su istanza del debitore, dispone la conversione della procedura in liquidazione controllata.

Se la revoca del concordato minore deriva *i*) dall'accertamento di atti posti in essere dal debitore in frode alle ragioni dei creditori oppure *ii*) dall'inadempimento degli atti necessari individuati dal giudice in caso di non integrale o non corretta esecuzione del piano, l'istanza di conversione può provenire anche dai creditori o dal pubblico ministero.

Il Tribunale, quando dispone la conversione, deve concedere al debitore un termine per integrare la documentazione e provvedere alla nomina del giudice delegato e del liquidatore.

"*La solidarietà è l'unico investimento che non fallisce mai*" (H.D. Thoreau).

---

so nelle ipotesi di mancata approvazione del "rendiconto" e di inattuabilità del piano omologato anche per cause indipendenti dalla condotta dell'organismo e comunque estranee alla sua sfera di controllo.

Capitolo Undicesimo

LA LIQUIDAZIONE CONTROLLATA

di *Giovanni Angaroni* e *Chiara Mostardini*

1. Collocazione sistematica

Il d.lgs. 12 gennaio 2019, n. 14 (Codice della Crisi d'Impresa e dell'Insolvenza) contiene la disciplina della "*Liquidazione controllata del sovraindebitato*", che abroga [1], supera e razionalizza la pregressa e farraginosa normativa dettata dalla legge27 gennaio 2012, n. 3 [2].

All'interno del CCII la liquidazione controllata è collocata nel Capo IX del Titolo V (artt. da 268 a 277 CCII) subito dopo il plesso normativo dedicato alla liquidazione giudiziale, alla quale è complementare [3] e di cui costi-

---

[1] La legge n. 3/2012 resta transitoriamente in vigore con riguardo alle domande depositate prima dell'entrata in vigore del CCII ed alle procedure pendenti alla data di entrata in vigore dello stesso (art. 390, commi 1 e 2, CCII).

[2] Sul punto la Relazione illustrativa del CCII così recita: "*La disciplina trova il suo antecedente in quella contenuta nella sezione seconda del capo secondo della l. 27 gennaio 2012, n. 3 sulla liquidazione del patrimonio del debitore sovraindebitato*".

[3] "*La liquidazione controllata è il procedimento, equivalente alla liquidazione giudiziale, finalizzato alla liquidazione del patrimonio del consumatore, del professionista, dell'imprenditore agricolo, dell'imprenditore minore e di ogni altro debitore non assoggettabile alla liquidazione giudiziale, che si trovi in stato di crisi o di insolvenza*" (cfr. Relazione illustrativa, art. 268 CCII).

tuisce l'*alter ego* semplificato[4]; gli altri due istituti del sovraindebitamento sono infatti inseriti nel Titolo IV relativo agli strumenti di regolazione della crisi accanto, *inter alia*, al concordato preventivo, all'accordo di ristrutturazione e al piano attestato di risanamento[5].

Lo sforzo sistematico del legislatore della riforma è quindi testimoniato dalla nuova definizione e struttura dell'istituto; la vecchia liquidazione del patrimonio diventa liquidazione controllata, derivata dalla liquidazione giudiziale e adattata alle caratteristiche dei soggetti sovraindebitati, a differenza di quanto previsto dalla precedente legge n. 3/2012, che aveva delineato un procedimento del tutto autonomo rispetto a quello fallimentare[6].

Dunque, il profilo nominalistico, la collocazione sistematica e la fisionomia stessa della liquidazione controllata inducono l'interprete ad applicare in via analogica le norme della procedura maggiore all'istituto in esame.

A conferma della correttezza della cennata opzione ermeneutica, si rivengono nel testo normativo molteplici rimandi alla disciplina della liquidazione giudiziale:

- l'art. 270, comma 1, CCII richiama l'art. 256 CCII in tema di estensione della liquidazione giudiziale anche ai soci illimitatamente responsabili di società di persone;
- sempre l'art. 270, comma 2, lett. d), CCII rinvia all'art. 201 CCII in punto di insinuazione al passivo della procedura;
- ancora l'art. 270, comma 5, CCII rimanda agli artt. 143 (rapporti processuali del debitore), 150 (divieto di azioni esecutive e cautelari individuali) e 151 (concorso dei creditori) CCII;
- l'art. 272 CCII richiama l'art. 213, commi 3 e 4, CCII con riguardo al contenuto del programma di liquidazione;
- gli artt. 273, comma 7 e 275, comma 6, CCII rinviano all'art. 124 in ordine alla reclamabilità dei decreti del giudice delegato;
- l'art. 276, comma 1, CCII rimanda all'art. 233 in punto di chiusura della procedura.

Si può quindi sostenere che le due fattispecie creino un sistema chiuso ed omnicomprensivo: al soggetto, cui non sia ontologicamente applicabile la

---

[4] "*Considerato che la liquidazione concerne patrimoni tendenzialmente di limitato valore e situazioni economico finanziarie connotate da limitata complessità, la procedura è semplificata rispetto alla liquidazione giudiziale*" (cfr. Relazione illustrativa, art. 268 CCII).

[5] L'ultimo capo a chiusura del Titolo V relativo alla liquidazione giudiziale è il Capo X dedicato all'Esdebitazione.

[6] M. GIORGETTI (a cura di), *Codice della crisi d'impresa e dell'insolvenza*, 2019, p. 248.

fattispecie della liquidazione giudiziale, ben potrà applicarsi la liquidazione controllata.

Apprezzabile, infine, è lo sforzo del legislatore di servirsi di un linguaggio chiaro, dissipando le nebbie sintattiche e semantiche che avvolgevano la legge n. 3/2012, foriere di molteplici incertezze applicative.

2. La legittimazione attiva

La liquidazione controllata è riservata a: consumatore, professionista, impresa minore, impresa agricola, *start up* innovativa (d.l. 18 ottobre 2012, n. 179) e ad ogni altro debitore non assoggettabile a liquidazione giudiziale, a liquidazione coatta amministrativa o ad altre procedure liquidatorie previste dal codice civile o da leggi speciali: sono esclusi gli enti pubblici (artt. 65 e 2, comma 1, lett. c), CCII).

I soggetti legittimati ad attivare la liquidazione controllata sono il debitore stesso e il creditore [7] (art. 268, commi 1 e 2, CCII).

Della domanda formulata dal debitore si tratterà nel successivo paragrafo.

Di seguito saranno esaminati i profili e le problematiche relativi alla domanda presentata dal creditore.

L'art. 268 CCII stabilisce che, quando il debitore versi in stato di insolvenza, il creditore è legittimato a presentare la domanda di liquidazione controllata "*anche in pendenza di procedure esecutive individuali*".

Prima facie, la locuzione sembra orientare l'interprete nel senso che il creditore abbia sempre il potere di chiedere la liquidazione controllata del debitore, sia che pendano sia che non pendano procedure esecutive individuali a suo carico [8].

Tale interpretazione troverebbe conforto nella Relazione illustrativa del CCII dove si legge che: "*La legittimazione spetta inoltre ai creditori, anche se a carico del creditore pendono procedure esecutive individuali*".

Un'ulteriore conferma pare rinvenibile anche nella stessa legge delega che all'art. 9, comma 1, lett. h) dispone che il legislatore deve attenersi al seguente

---

[7] L'art. 33 del d.lgs. 17 giugno 2022, n. 83 ha soppresso il riferimento al pubblico ministero contenuto nella versione originaria del CCII. Così si legge nella Relazione illustrativa: "*La modifica in esame rappresenta un intervento di semplificazione e coordinamento che si muove nell'ottica di privilegiare la soluzione stragiudiziale della crisi delle imprese di minori dimensioni, sul presupposto del minore impatto che l'insolvenza di tali imprese produce sul mercato di riferimento e sul sistema economico in generale*".

[8] In questo senso, Trib. Monza 21 dicembre 2022, Pres. Giovanetti, Rel. Ambrosio.

principio e criterio direttivo: "*Riconoscere l'iniziativa per l'apertura delle soluzioni liquidatorie, anche in pendenza di procedure esecutive individuali, ai creditori e, quando l'insolvenza riguardi l'imprenditore, al pubblico ministero*".

In sede di audizioni informali alla Camera dei Deputati è stato inoltre più volte spiegato che la locuzione codicistica sarebbe un'eredità della legge delega (art. 9, lett. h), d.lgs. n. 155/2017) priva di un vero contenuto, in quanto unicamente tesa a tranquillizzare l'interprete sul fatto che la pendenza di un'esecuzione individuale non impedisca comunque il ricorso alla liquidazione controllata.

Più in generale, si può affermare che l'ampliamento della platea dei legittimati attivi persegua l'obiettivo di consentire il beneficio dell'esecuzione in favore dei creditori, tendenzialmente frenati nella tutela dei propri diritti dagli elevati costi della misura coercitiva più efficacie, ossia l'espropriazione immobiliare, riservata ormai solo all'impulso dei creditori fondiari [9] e dei condomini.

La locuzione "*anche in pendenza di esecuzioni*" sarebbe dunque pleonastica non comprendendosi per quale ragione l'esecuzione individuale dovrebbe paralizzare l'esecuzione collettiva, quest'ultima peraltro maggiormente rispettosa della *par condicio creditorum* e più intrisa di rilievo pubblicistico.

Anzi, un'eventuale esecuzione individuale con esito negativo fungerebbe da indizio circa l'incapienza patrimoniale del debitore [10].

Dottrina minoritaria sostiene, invece, che dalla locuzione codicistica, letta in combinazione con la prima stesura della Relazione illustrativa al CCII, si possa evincere che il creditore sia legittimato ad innescare la procedura di liquidazione controllata solo se già pendano esecuzioni individuali [11].

L'estensione al creditore del potere di richiedere la liquidazione controllata del debitore fa sorgere alcuni problemi, cui il CCII non sembra dare risposta.

---

[9] F. CESARE, *La liquidazione controllata nel Codice della crisi e dell'insolvenza*, in *Ilfallimentarista.it*, 2019.

[10] Secondo L. PANZANI: "*La previsione che l'accesso alle procedure di regolazione della crisi e dell'insolvenza sia governato da un procedimento unitario (cfr. artt. 37 e ss. CCII) porterà come verosimile conseguenza che i creditori richiederanno l'apertura della procedura concorsuale maggiore, la liquidazione giudiziale, e per l'ipotesi che il debitore sia in grado di provare di avere i requisiti dimensionali sotto soglia, domanderanno farsi luogo alla liquidazione controllata, cioè alla procedura liquidatoria nell'ambito del sovraindebitamento*", in L. PANZANI, *Dal "Fallimento" alla liquidazione giudiziale. Note minime sulla nuova disciplina del CCII, Leggi d'Italia Legale*, in *Fall.*, 2019.

[11] Cfr. L. D'ORAZIO, *Il sovraindebitamento nel Codice della crisi e dell'insolvenza*, in *Il Fallimento e le altre procedure concorsuali*, n. 6, 2019, p. 708.

Innanzitutto, la normativa non indica un ammontare minimo del credito dell'istante, ma si limita a precisare che non si fa(rà) luogo all'apertura della liquidazione controllata se l'ammontare complessivo dei debiti scaduti e non pagati risultanti dagli atti dell'istruttoria sia inferiore ad euro 50.000,00.

Si tratta, dunque, di un *requisito di procedibilità*, che si colloca nell'istruttoria giudiziale e che, di conseguenza, non pone limiti quantitativi, *ex ante*, all'istanza formulata dal creditore. Anche il creditore *nummo uno*, quindi, ben potrebbe decidere di optare per la richiesta di liquidazione controllata del debitore sovraindebitato consapevole, però, che la sua iniziativa sarà destinata ad arrestarsi in presenza di un indebitamento sotto soglia.

Trattandosi di una condizione di procedibilità, si può ritenere che il giudice sia tenuto a verificarla d'ufficio avvalendosi delle ampie informazioni, che l'Agenzia delle Entrate, l'INPS e il Registro delle imprese dovrebbero automaticamente mettere a sua disposizione, allorché sia depositata un'istanza di apertura della liquidazione controllata ai sensi degli artt. 42 e 367 CCII.

Ci si chiede, inoltre, se anche l'istanza formulata dal creditore debba essere corredata dalla relazione dell'OCC.

Posto che preliminarmente sorgono dubbi sul fatto che un terzo non sovraindebitato possa richiedere la nomina di un gestore, in caso di risposta affermativa l'attività dell'OCC si scontrerebbe irrimediabilmente contro difficoltà pratiche, forse insormontabili, laddove, ad esempio, il debitore non sia collaborativo o, più banalmente, sia impossibile rintracciarlo.

In queste ipotesi, si può ipotizzare un'interpretazione estensiva dell'art. 155-*sexies* disp. att. c.p.c., che stabilisce che le disposizioni in materia di ricerca con modalità telematiche dei beni da pignorare *ex* art. 492-*bis* c.p.c. si applicano anche per la ricostruzione dell'attivo e del passivo nell'ambito di procedure concorsuali e attribuisce al curatore, al commissario e al liquidatore giudiziale il potere di accedere all'anagrafe tributaria e alle banche dati pubbliche ai sensi dell'art. 492-*bis* c.p.c.

Tale interpretazione, tuttavia, sembra incontrare quantomeno due ostacoli.

Innanzitutto, la fase di predisposizione della relazione da parte dell'OCC è soltanto prodromica e non ha natura di procedimento concorsuale; inoltre, quando il curatore intende azionare l'art. 492-*bis* c.p.c. necessita dell'autorizzazione del giudice delegato, organo che, nella prima fase di deposito dell'istanza di liquidazione del patrimonio, non esiste.

Tornando al quesito iniziale, qualora si propenda per la soluzione per cui l'istanza di liquidazione controllata proposta dal terzo non debba essere accompagnata dalla relazione dell'OCC, si può ipotizzare che il creditore depositi istanza di liquidazione controllata e che solo successivamente il Tribunale designato, una volta eseguito l'accertamento circa l'ammissibilità dell'istanza nel contraddittorio con il debitore, disponga la nomina dell'OCC che, a quel punto sì, potrebbe probabilmente valersi dei poteri investigativi riconosciuti dal combinato disposto degli artt. 492-*bis* c.p.c. e 155-*sexies* disp. att. c.p.c.

La previsione che il debitore possa solo eventualmente paralizzare l'istanza del terzo con una relazione dell'OCC che attesti l'assenza di beni utilmente liquidabili (art. 268, comma 3, CCII) sembra comunque confermare che l'iniziativa del creditore non deve essere accompagnata dalla relazione del gestore.

Peraltro, quest'ultima disposizione pone un ulteriore quesito, se cioè sia ammissibile la liquidazione controllata di un debitore incapiente ma, al tempo stesso, privo dei requisiti per accedere all'esdebitazione del sovraindebitato incapiente *ex* art. 283 CCII.

La risposta sembra affermativa per due ragioni.

Innanzitutto, il dato letterale dell'art. 268, comma 3, CCII induce a qualificare l'eccezione di incapienza come un'eccezione in senso proprio e stretto: con essa il debitore contrasta la liquidazione controllata ostile a mezzo di una relazione dell'OCC, con cui attesta di non avere beni da distribuire ai debitori.

Qualora il debitore non sollevi l'eccezione, anche per precisa scelta, il Tribunale non potrebbe sollevarla d'ufficio, poiché esso non ha facoltà di nominare il gestore: si tratta, pertanto, di un'eccezione non rilevabile d'ufficio.

Se dunque l'eccezione di incapienza è una facoltà del debitore, questi può non sollevarla e consentire l'apertura di una liquidazione controllata senza beni [12].

In secondo luogo, l'art. 233, comma 1, lett. d), CCII stabilisce che la procedura di liquidazione si chiude quando, nel corso della stessa, «*si accerta che la sua prosecuzione non consente di soddisfare, neppure in parte, i creditori concorsuali*», ossia, in altre parole, che la procedura è priva di beni utilmente liquidabili.

Pertanto, la chiusura della procedura per insufficienza di attivo presuppone che essa sia già stata aperta.

Dal che deriva che è senz'altro possibile aprire una procedura di liquidazione anche in assenza di beni: diversamente non si comprenderebbe il senso della cennata disposizione.

D'altronde, negare al debitore l'accesso sia all'esdebitazione del sovrain-

---

[12] Si veda Trib. Milano 30 settembre 2022: in accoglimento dell'istanza proposta dal creditore, il Tribunale meneghino ha disposto l'apertura della liquidazione controllata, nonostante il debitore avesse dichiarato, da un lato, di essere privo di beni e, dall'altro, di non volersi valere dell'esdebitazione dell'incapiente e dell'eccezione impeditiva prevista dall'art. 268, comma 3, CCII.

debitato incapiente sia alla liquidazione controllata, significherebbe collocarlo in una zona franca esente da ogni istituto concorsuale.

Una simile impostazione non è compatibile con l'intento manifesto del legislatore italiano e comunitario: creare un sistema chiuso in cui ogni debitore, imprenditore o civile, abbia la possibilità di accedere ad una procedura concorsuale ai sensi dell'art. 1, comma 1, CCII e della direttiva Insolvency (direttiva UE 2019/1023, cfr. in particolare 72° e 73° considerando).

3. Il ricorso e la difesa tecnica

L'istanza di liquidazione controllata si propone con ricorso (art. 269, comma 1, CCII).

L'art. 269, comma 1, CCII prevede che il debitore possa presentare personalmente la domanda senza necessità della difesa tecnica[13], sia al fine di contenere i costi della procedura, sia in quanto l'assistenza sarebbe assicurata dall'intervento obbligatorio dell'organismo di composizione della crisi (cfr. Relazione illustrativa, art. 269).

La non obbligatorietà della difesa tecnica pone la questione relativa alla collocazione, nel passivo della procedura, del credito del professionista che ha assistito il ricorrente nella predisposizione del ricorso: (i) in base ad un primo orientamento, esso non sarebbe prededucibile in virtù dell'art. 6 CCII[14], (ii) un secondo orientamento lo ammette invece in prededuzione ai sensi dell'art. 277, comma 2, CCII[15].

La specialità della norma di cui all'art. 277 CCII rispetto a quella generale prevista dall'art. 6 CCII rende maggiormente condivisibile la tesi che considera il credito del professionista prededucibile, in quanto sorto in funzione della procedura di liquidazione controllata.

Il CCII non indica il contenuto minimo del ricorso e degli allegati.

In relazione alla struttura del ricorso, si può ritenere che, in linea di massima, esso debba esporre le cause del sovraindebitamento, descrivere la consistenza patrimoniale del debitore e precisarne l'ammontare dei debiti.

---

[13] Si veda Trib. Grosseto 19 settembre 2022 per un orientamento restrittivo sulla difesa tecnica: il Tribunale ha ritenuto inammissibile il ricorso per la ristrutturazione dei debiti del consumatore, siccome depositato dal difensore del ricorrente. Peraltro, la norma si limita a stabilire che la difesa tecnica non è necessaria, non che essa renda inammissibile la domanda.

[14] Trib. Arezzo 26 ottobre 2022.

[15] Trib. Pavia 9 settembre 2022.

Quanto agli allegati, l'art. 65, comma 2, CCII, che rientra tra le disposizioni di carattere generale applicabili a tutte le procedure di composizione delle crisi da sovraindebitamento, precisa che, per quanto non specificamente previsto, ad esse si applica la disciplina del procedimento unitario, se compatibile.

Si può quindi ritenere che l'elenco dei documenti indicato dall'art. 39 CCII, norma appunto dettata in tema di procedimento unitario, costituisca il canovaccio su cui il debitore debba costruire il corredo documentale del ricorso, modulandolo a seconda che il ricorrente assuma la vesta di debitore civile o di impresa minore.

A ciò si aggiunga che anche l'art. 66 CCII in tema di procedure familiari rientra tra le disposizioni di carattere generale applicabili a tutte le procedure di composizione delle crisi da sovraindebitamento: come tale, essa si applica anche alla liquidazione controllata.

4. La relazione dell'OCC

Il ricorso in proprio deve necessariamente essere accompagnato dalla relazione dell'OCC (art. 269, comma 2, CCII).

Essa riporta una valutazione sulla completezza e sull'attendibilità della documentazione depositata insieme alla domanda e illustra la situazione patrimoniale, economica e finanziaria del debitore, oltreché la condizione di sovraindebitamento (art. 269, comma 2, CCII).

Si può ipotizzare che questa attività rischi di rivelarsi complessa quando il debitore sia un'impresa esonerata dall'obbligo di tenuta delle scritture contabili (si pensi, ad esempio, all'imprenditore agricolo).

Rispetto alla relazione particolareggiata prevista dalla legge n. 3/2012 il CCII non richiede all'OCC di pronunciarsi sulle cause dell'indebitamento e la diligenza impiegata nell'assumere volontariamente le proprie obbligazioni, sulle ragioni delle incapacità di adempierle, sul resoconto della solvibilità del medesimo negli ultimi cinque anni e, in generale, di indicare l'eventuale esistenza di atti del debitore impugnati dai creditori.

Dunque, ai fini dell'apertura della liquidazione controllata non rilevano la causa e le modalità del sovraindebitamento né l'assenza di atti in frode ai debitori negli ultimi cinque anni [16].

Tale impostazione è coerente con l'attuale fisionomia dell'istituto.

Infatti, poiché la liquidazione controllata è la "sorella minore" della liquidazione giudiziale e, come quest'ultima, è dal legislatore considerata *ex-*

---

[16] M. GIORGETTI, *ibidem*, p. 254.

trema ratio, non vi è motivo di subordinarne l'apertura alla sussistenza di generici requisiti di "meritevolezza" o a condotte "specchiatissime" del debitore.

Se si ragionasse in senso contrario, si dovrebbe allora escludere anche l'apertura della liquidazione giudiziale in tutti i casi in cui siano ravvisabili, ad esempio, condotte distrattive del debitore e paralizzare in tal caso l'istanza del terzo.

L'art. 269, comma 3, CCII prevede infine che l'OCC, entro 7 giorni dal conferimento dell'incarico da parte del sovraindebitato, ne dia notizia all'agente della riscossione e agli uffici fiscali, anche degli enti locali, competenti sulla base dell'ultimo domicilio fiscale dell'istante.

Si ritiene che l'OCC possa adempiere tale obbligo con una comunicazione via Pec agli enti fiscali competenti (agente della riscossione, Agenzia delle Entrate e Comune).

5. La difesa del sovraindebitato resistente nel procedimento intrapreso dal creditore

Quando il creditore formula istanza di liquidazione controllata si prospettano due ipotesi, a seconda che il debitore si avvalga o meno della facoltà di resistere con una procedura alternativa.

Si consideri la prima ipotesi.

Proprio in virtù del carattere residuale e di *extrema ratio* della liquidazione controllata, l'art. 271 CCII, in presenza di una domanda di liquidazione controllata proposta dal creditore [17], attribuisce la facoltà al debitore di chiedere l'accesso ad una delle altre due procedure di composizione della crisi da sovraindebitamento: la ristrutturazione dei debiti del consumatore (art. 67 ss. CCII) ed il concordato minore (art. 74 ss. CCII).

Il ricorso ad uno di questi due ultimi istituti determina la sospensione della procedura di liquidazione controllata e, solo ove accolta [18], l'improcedibilità del ricorso presentato dal creditore.

L'art. 271 CCII presenta plurimi profili di criticità.

Il comma 1 stabilisce che, se la domanda di liquidazione controllata sia proposta dal creditore e il debitore chieda l'accesso ad una procedura alter-

---

[17] Il riferimento al pubblico ministero deve ritenersi un refuso in virtù della novella di cui all'art. 33, d.lgs. 17 giugno 2022, n. 83. Si rinvia, *supra*, alla nota 7.

[18] È appena il caso di precisare che per coerenza sistematica il richiamo al Capo III del Titolo IV, CCII, che disciplina l'istituto del concordato preventivo, è errato.

nativa di composizione della crisi da sovraindebitamento, il giudice conceda al debitore un termine per l'integrazione della sua domanda.

La norma non precisa, innanzitutto, a quale giudice il debitore debba presentare la domanda, se cioè al giudice già investito della domanda di liquidazione controllata (collegiale) presentata dal creditore o, invece, ad un giudice *ex novo* (monocratico).

Il principio di trattazione unitaria delle procedure imposto dall'art. 7 CCII, nonché ragioni di connessione soggettiva ed oggettiva, oltreché di economia processuale, inducono a ritenere competente il medesimo giudice già adito dal creditore [19].

La previsione per cui, all'interno della liquidazione controllata instaurata dal terzo, a fronte della richiesta del debitore di accesso ad una procedura alternativa, il giudice debba concedere "*un termine per l'integrazione della domanda*" induce ad ipotizzare che il debitore abbia la possibilità di formulare una sorta di domanda di "sovraindebitamento in bianco".

Si può ritenere che il debitore resistente possa, in prima battuta, formulare la domanda "in bianco" in funzione difensiva, manifestando la sola intenzione di accedere ad un sovraindebitamento "minore" e riservandosi di scegliere la procedura più consona ed i suoi contenuti entro il termine assegnato *ope legis* dal giudice.

Trattandosi, peraltro, di attività contenziosa, non parrebbe operante la norma di cui all'art. 269, comma 1, CCII che rende facoltativa l'assistenza del difensore nel procedimento di liquidazione controllata.

Il decorso infruttuoso del termine assegnato dal giudice dovrebbe comportare la declaratoria di inammissibilità del sovraindebitamento minore e l'apertura della liquidazione controllata.

Ulteriori criticità derivano da un difetto di coordinamento tra le norme relative agli istituti di regolazione della crisi da sovraindebitamento e quelle inerenti alla liquidazione controllata.

Infatti, il giudice competente per la ristrutturazione dei debiti del consumatore e per il concordato minore è il Tribunale in composizione monocratica (artt. 67, comma 6 e 76, comma 6, CCII); giudice competente per la liquidazione controllata è, invece, il Tribunale in composizione collegiale (art. 270 CCII).

Il debitore che intenda resistere ad un'istanza di liquidazione controllata si troverebbe a dover depositare una domanda di accesso alle procedure di sovraindebitamento minore dinnanzi ad un giudice in composizione diversa

---

[19] G. D'AMICO, *Il sovraindebitamento nel Codice della crisi e dell'insolvenza*, in *Il Fallimento e le altre procedure concorsuali*, n. 6, 2019, p. 328.

da quella ordinaria, il che potrebbe comportare incertezze circa il regime delle impugnazioni.

Tali incertezze, tuttavia, sembrano superate dall'espresso richiamo operato dall'art. 271 CCII al regime delle impugnazioni disciplinate nel procedimento unitario dagli artt. 51-55 CCII, le quali prevedono il reclamo alla Corte d'Appello entro trenta giorni dalla comunicazione del decreto di accoglimento o di rigetto, facendo presupporre la competenza collegiale in primo grado.

Un'ulteriore conferma si evince dalla Relazione illustrativa del CCII laddove si legge che: "*Se* (...) *alla scadenza del termine concesso il debitore non integra la domanda o la procedura non viene aperta o viene dichiarata cessata, il tribunale dispone l'apertura della liquidazione controllata con sentenza reclamabile innanzi alla Corte di appello*".

Si esamini ora la seconda ipotesi indicata, ossia il caso in cui il debitore non si avvalga della facoltà prevista dall'art. 271 CCII.

Nel silenzio della normativa si può ipotizzare che il debitore, previa notifica del ricorso e del decreto di fissazione dell'udienza di comparizione, si costituisca con una memoria difensiva nella quale dimostri di non versare in stato di sovraindebitamento o che, a mente dell'art. 268, comma 2, CCII, il complessivo ammontare dei debiti scaduti risultanti dall'istanza sia inferiore ad euro 50.000,00 e che, quindi, non sussistano i presupposti oggettivi stessi per l'apertura della procedura.

Ai sensi dell'art. 268, comma 3, CCII, il debitore persona fisica potrebbe, inoltre, allegare di non essere titolare di alcun bene utilmente aggredibile, con la conseguenza che non si farà luogo all'apertura della liquidazione controllata, previa attestazione dell'OCC, su richiesta del debitore, circa l'impossibilità di acquisire attivo da distribuire ai creditori, neppure attraverso l'esercizio di azioni giudiziarie [20].

Resterebbe comunque ferma la possibilità per il debitore di ricorrere in proprio all'esdebitazione del debitore incapiente *ex* art. 283 CCII, sempre che ovviamente ne ricorrano le condizioni, ovvero di accedere in proprio alla liquidazione controllata [21].

---

[20] Sul punto, la Relazione illustrativa al decreto correttivo del CCII così recita: "*La* ratio *della disposizione è in sostanza la medesima che giustifica la previsione dell'art. 209 (previsione di insufficiente realizzo) nella liquidazione controllata: evitare i costi che derivano alla collettività dall'apertura di una procedura concorsuale quando sia già chiaro che essa non potrebbe portare al creditore alcun vantaggio*".

[21] Alcune pronunce hanno ammesso la liquidazione controllata anche in assenza di patrimonio: Trib. Genova 22 agosto 2022, Trib. Milano 12 gennaio 2023 e App. Milano, Sez. IV, 21 aprile 2023, n. 21, in rottura con l'opposto orientamento formatosi nella vigenza della legge n. 3/2012 (Trib. Rimini 23 dicembre 2022, Trib. Palermo 30 settembre 2022, Trib. Mantova 27 settembre 2022).

Non sembra, invece, che il giudice possa rilevare d'ufficio la sussistenza del sovraindebitamento mentre l'esposizione debitoria complessiva *ex* art. 268, comma 2, CCII, può essere tuttavia dimostrata mediante consultazione del cassetto fiscale e dell'anagrafe tributaria e previdenziale, anche con l'accesso alla richiesta di informazioni d'ufficio alla pubblica amministrazione.

6. La sentenza del Tribunale: contenuto ed effetti

L'art. 270 CCI, rubricato "*Apertura della liquidazione controllata*" dispone che "*Il tribunale, in assenza di domande di accesso alle procedure di cui al titolo IV e verificati i presupposti di cui agli articoli 268 e 269, dichiara con sentenza l'apertura della liquidazione controllata*" [22].

Con la sentenza, il Tribunale:

a) nomina il giudice delegato;
b) nomina il liquidatore confermando, in caso di domanda presentata dal debitore, l'OCC di cui all'art. 269 o, per giustificati motivi, scegliendolo nell'elenco dei gestori della crisi di cui al decreto del Ministro della Giustizia 24 settembre 2014, n. 202. In questo ultimo caso la scelta è effettuata di regola tra i gestori residenti nel circondario del Tribunale competente e l'eventuale deroga deve essere espressamente motivata e comunicata al Presidente del Tribunale [23]. Infine, ai sensi del comma 3 dell'articolo in parola si applica la disciplina disposta in materia di incompatibilità prevista dal d.lgs. n. 159/2011;

---

[22] Dinanzi alle prime incertezze, il Ministero della Giustizia, con provvedimento del 7 febbraio 2023, ha chiarito che per la "fase" esecutiva che segue la sentenza di apertura non è dovuto il pagamento di un ulteriore contributo unificato: il ricorrente ha già assolto il pagamento del dovuto al momento dell'iscrizione a ruolo della procedura, la "fase" esecutiva non può considerarsi una nuova procedura, in quanto si innesta sulla liquidazione controllata già pendente.

[23] Trib. Torino 11 maggio 2023 nella nomina del liquidatore ha ritenuto di non confermare il professionista che aveva svolto il ruolo di gestore in quanto non iscritto all'Albo di cui all'art. 356 CCII. Detta interpretazione non è pacifica, soprattutto poiché il Codice prevede altri ruoli regolati al di fuori dall'Albo di cui all'art. 356 CCII, come l'esperto nella composizione negoziata e l'ausiliario nel concordato semplificato. Sarebbe pertanto irragionevole pretendere dai professionisti intenzionati a svolgere il ruolo di liquidatore in una procedura minore l'iscrizione a un duplice elenco (elenco *ex* d.m. n. 202/2014 e Albo di cui all'art. 356 CCII). Una simile interpretazione oltre ad avere un impatto negativo sulla realtà, dato che sono pochi i gestori iscritti anche all'Albo *ex* art. 356 CCII, andrebbe inoltre contro il chiaro intento del legislatore di semplificare l'impostazione delle procedure minori.

c) ordina al debitore il deposito entro sette giorni dei bilanci e delle scritture contabili e fiscali obbligatorie, nonché dell'elenco dei creditori;
d) assegna ai terzi che vantano diritti sui beni del debitore e ai creditori risultanti dall'elenco depositato un termine non superiore a sessanta giorni – che si ritiene dovrebbe decorrere dalla notifica della sentenza da parte del liquidatore ai creditori, in coerenza con la previsione del termine concesso al liquidatore di trenta giorni dalla sentenza per notificare il provvedimento – entro il quale, a pena di inammissibilità, devono trasmettere al liquidatore, a mezzo posta elettronica certificata, la domanda di restituzione, di rivendicazione o di ammissione al passivo, predisposta ai sensi dell'art. 201, disposizione dettata in materia di domande di ammissione al passivo nella procedura della liquidazione giudiziale;
e) ordina la consegna o il rilascio dei beni facenti parte del patrimonio di liquidazione, salvo che non ritenga, in presenza di gravi e specifiche ragioni, di autorizzare il debitore o il terzo a utilizzare alcuni di essi. Il provvedimento è titolo esecutivo ed è posto in esecuzione a cura del liquidatore;
f) dispone l'inserimento della sentenza nel sito internet del Tribunale o del Ministero della Giustizia a cura del liquidatore, come previsto dal comma 4. Nel caso in cui il debitore svolga attività d'impresa, la pubblicazione è altresì effettuata presso il Registro delle Imprese;
g) ordina, quando vi sono beni immobili o beni mobili registrati, la trascrizione della sentenza presso gli uffici competenti.

Si applicano l'art. 143 che dispone l'interruzione dei processi in corso e la legittimazione del liquidatore giudiziale per le controversie che attingono al patrimonio del debitore e gli artt. 150 e 151 che sanciscono rispettivamente il blocco delle azioni esecutive e cautelari e l'applicazione delle regolari del concorso per l'accertamento dei crediti.

Se un contratto è ancora ineseguito o non compiutamente eseguito nelle prestazioni principali da entrambe le parti al momento in cui è aperta la procedura di liquidazione controllata, l'esecuzione rimane sospesa fino a quando il liquidatore, sentito il debitore, dichiara di subentrare nel negozio, assumendo, a decorrere dal subentro, tutti i relativi obblighi, ovvero dichiara di sciogliersi salvo che, nei contratti ad effetti reali, sia già avvenuto il trasferimento del diritto. Il contraente può mettere in mora il liquidatore, facendogli assegnare dal giudice delegato un termine non superiore a sessanta giorni, decorso il quale il contratto si intende sciolto. In caso di prosecuzione del contratto, sono prededucibili soltanto i crediti maturati nel corso della procedura. In caso di scioglimento del contratto, il contraente ha diritto di far valere nel passivo della liquidazione controllata il credito conseguente al mancato adempimento, senza che gli sia dovuto risarcimento del danno.

Infine, il decreto correttivo ha aggiunto al comma 1 i seguenti periodi "*La sentenza produce i suoi effetti anche nei confronti dei soci illimitatamente responsabili. Si applica, in quanto compatibile, l'articolo 256*".

La disposizione richiamata regola il fallimento in estensione delle società di persone nei confronti dei soci illimitatamente responsabili. La norma prevede che la liquidazione controllata possa essere dichiarata su istanza del liquidatore giudiziale, ovvero dei creditori o del pubblico ministero o dai creditori particolari dei soci medesimi, nei confronti di ogni membro della compagine sociale.

L'art. 256 precisa inoltre che la liquidazione controllata in estensione possa essere disposta entro un anno dalla cessazione della qualità di socio, ovvero dalla cessazione della responsabilità illimitata per effetto di una operazione straordinaria entro un anno dall'evento e purché l'insolvenza trovi origine dai debiti esistenti prima della cessazione della responsabilità illimitata.

Il comma 5 dell'art. 256 CCII precisa che il fallimento in estensione possa essere richiesto anche laddove si riscontri un rapporto sociale di fatto con terzi soggetti che abbiano ad esempio finanziato la società o la persona fisica con lo scopo di dividerne gli utili. In tal modo viene legislativamente regolamentato il fenomeno della società di fatto, che potrebbe attingere anche a fenomeni imprenditoriali occulti che riguardino persone fisiche soggette alla liquidazione controllata che abbiano collaborato con terzi finanziatori in attività imprenditoriali irregolari scoperte dal liquidatore giudiziale [24].

Il richiamo all'art. 256 CCII armonizza la liquidazione giudiziale rispetto al concordato minore, per il quale l'art. 65, comma 4, dispone che la procedura di composizione della crisi da sovraindebitamento "... *produce i suoi effetti anche nei confronti dei soci illimitatamente responsabili*".

Pertanto, il richiamo del Correttivo all'art. 256 CCII va letto nell'intento di parificare sotto il profilo sistematico la liquidazione controllata al concordato minore e per rafforzare ed evidenziare la scelta fatta dal legislatore della Riforma.

---

[24] Secondo l'impostazione prevalente, la società di fatto si configura senza un accordo espresso, per effetto di comportamenti concludenti dei soci che integrano i requisiti di cui all'art. 2247 c.c. Pertanto, perché si possa affermare l'esistenza di una società di fatto è necessaria la dimostrazione degli apporti dei soci per costituire un fondo comune destinato allo svolgimento di un'attività economica, l'intenzione dei soci di vincolarsi e collaborare tra loro, sopportando il rischio delle perdite (*affectio societatis*). Nei confronti dei terzi, l'esistenza della società presuppone una condotta in grado di ingenerare nei terzi il ragionevole convincimento dell'esistenza del vincolo sociale. Per una disamina delle questioni emerse in giurisprudenza sulla supersocietà di fatto si veda B. ROVATI, *Il fallimento della supersocietà di fatto*, in *Ilfallimentarista.it*.

Proseguendo con l'analisi dell'art. 270 CCII, si scopre che non viene più prevista la verifica della insussistenza degli atti in frode ai creditori negli ultimi cinque anni.

Non solo, per l'apertura della procedura non rilevano le cause del sovraindebitamento e né il contegno del debitore; il perimetro di giudizio del Tribunale si limita alla verifica:

i) del requisito soggettivo dell'inapplicabilità al debitore delle procedure concorsuali maggiori;
ii) della sussistenza dello stato di sovraindebitamento;
iii) della relazione dell'OCC;
iv) dell'assenza di domande di accesso alle altre procedure alternative di regolazione della crisi o dell'insolvenza previste dal Titolo IV, che dovrebbero essere trattate in via pregiudiziale rispetto alla liquidazione controllata.

Nel provvedimento di apertura vengono nominati il giudice delegato e il liquidatore, confermando il *favor* verso la nomina del gestore della crisi che abbia già accompagnato il debitore, ma soltanto nell'ipotesi di domanda presentata dal debitore, come disposto dal decreto correttivo.

Nel caso in cui la domanda venga presentata dal creditore, la norma non prevede la nomina dell'Organismo di Composizione della Crisi all'ufficio del liquidatore giudiziale, che dovrà essere scelto liberamente tra gli iscritti nell'albo di cui all'art. 356.

In ogni caso, viene previsto che il Tribunale possa nominare un liquidatore giudiziale scegliendolo dall'elenco di cui al d.m. n. 202/2014, tra i residenti del circondario del Tribunale competente. In tal caso devono essere indicati specificatamente i motivi della scelta e deve esserne data notizia al Presidente del Tribunale.

Al solo liquidatore giudiziale nominato eccezionalmente in deroga al criterio di conferma del gestore, si applicano le norme dettate in tema di incompatibilità degli amministratori giudiziari tramite il richiamo al Codice Antimafia, d.lgs. n. 159/2011 [25].

---

[25] Si tratta delle norme sull'incompatibilità degli amministratori giudiziari, non particolarmente difformi da quelle stabilite per la nomina all'ufficio del curatore (art. 35, comma 4-*bis*, d.lgs. n. 159/2011), della possibilità di nominare più di un amministratore per procedure particolarmente complesse (art. 35, comma 1, d.lgs. n. 159/2011) e dei criteri di nomina che devono tenere conto, tra l'altro, del limite massimo di tre incarichi (art. 35, comma 2, d.lgs. n. 159/2011).

7. L'abitazione principale e i beni esclusi dal concorso

L'art. 268 CCII dispone che dal patrimonio separato destinato alla liquidazione vengano esclusi i seguenti beni:

a) i crediti impignorabili ai sensi dell'art. 545 c.p.c.;
b) i crediti avente carattere alimentare e di mantenimento, gli stipendi, le pensioni, i salari e ciò che il debitore guadagna con la sua attività nei limiti indicati dal giudice, di quanto occorra al mantenimento suo e della sua famiglia;
c) i frutti derivanti dall'usufrutto legale sui beni dei figli, i beni costituiti in fondo patrimoniale ed i frutti di essi, salvo quanto disposto dall'art. 170 c.c.;
d) le cose che non possono essere pignorate per disposizione di legge.

Dalla semplice lettura della norma risulta evidente che la disposizione ricalca i beni esclusi dalla liquidazione del patrimonio a norma dell'art. 14-*bis*, comma 6, legge n. 3/2012.

Merita particolare attenzione la disciplina del destino dell'abitazione principale del debitore.

La norma di riferimento è l'art. 270 CCII, ma, come verrà a breve spiegato, la disposizione non è del tutto speculare alla novella introdotta dall'art. 147 CCII in materia di liquidazione giudiziale.

Infatti, il Codice della Crisi ha elaborato una norma *ad hoc* per regolare le sorti dell'immobile in cui vive il debitore e la sua famiglia, stabilendo che "*la casa della quale il debitore è proprietario o può godere in quanto titolare di altro diritto reale, nei limiti in cui è necessaria all'abitazione di lui e della famiglia, non può essere distratta da tale uso fino alla sua liquidazione*".

Pertanto, nell'istituto della liquidazione giudiziale viene previsto *ex lege*, per l'abitazione principale, il suo continuo godimento da parte del debitore, mentre per la procedura in esame la possibilità è rimessa al vaglio del Tribunale.

Infatti, per la procedura di liquidazione controllata viene prevista solo la facoltà per il giudice di valutare, nel decreto di apertura, la possibilità di autorizzare il debitore ad utilizzare i beni facenti parte del patrimonio, soltanto laddove sussistano gravi e specifiche ragioni *ex* art. 270, comma 2, lett. e).

La valutazione del Tribunale appare simile al giudizio operato dal giudice dell'esecuzione ai sensi del novellato art. 560 c.p.c. che attribuisce al giudice il potere di autorizzare il debitore ad abitare l'immobile pignorato sino al momento della pronuncia del decreto di trasferimento ai sensi dell'art. 586 c.p.c. (così come modificato dalla legge 11 febbraio 2019, n. 12).

La novella, dunque, si rendeva necessaria e si colloca in armonia con le ulteriori e diverse riforme legislative che riguardano l'abitazione principale del debitore.

Il tema, infatti, è stato recentemente oggetto di un'altra nuova introduzione normativa, infatti, la legge19 dicembre 2019, n. 157 ha convertito apportando delle modifiche al decreto fiscale 2020 introducendo la norma all'art. 41-*bis* rubricato "*Mutui ipotecari per l'acquisto di beni immobili destinati a prima casa e oggetto di procedura esecutiva*".

La disciplina può essere riassunta sinteticamente come segue: in pendenza di una procedura esecutiva immobiliare dell'abitazione principale del debitore consumatore, la legge concede la possibilità di non alienare il bene in parola accordando la facoltà al debitore di richiedere un termine di sei mesi al giudice dell'esecuzione per la rinegoziazione del mutuo oppure un nuovo finanziamento, con surroga nella garanzia ipotecaria, ad un terzo istituto di credito, anche a mezzo di un parente o affine. La somma ricavata verrà utilizzata per estinguere il mutuo che grava sull'immobile e con il beneficio dell'esdebitazione per il debito residuo.

Il creditore, è tuttavia libero di scegliere se accettare o meno la proposta.

La congiunta lettura delle disposizioni sopra richiamate, circa il favore per la prima abitazione, dovrebbe imporre al liquidatore di elaborare un programma di liquidazione che consideri la liquidazione del bene immobile prima casa quale ultimo atto della esitazione dell'attivo, permettendo in tal modo al sovraindebitato di accedere agli istituti che facilitino il riacquisto del bene.

In coerenza con la *ratio* alla base delle recenti riforme legislative, con il decreto di apertura il Tribunale può autorizzare l'utilizzo da parte del debitore di alcuni beni, quale ad esempio l'autoveicolo necessario per svolgere l'attività lavorativa (si pensi a un agente di commercio che necessita di un autoveicolo per produrre il reddito necessario per la prosecuzione dell'attività e la creazione di reddito per sé e per i creditori concorrenti).

8. L'attività del liquidatore giudiziale

La sentenza con cui viene aperta la liquidazione è comunicata al liquidatore, che dovrà accettare l'incarico (art. 126 CCII) dichiarando l'assenza di incompatibilità (art. 125, comma 3, CCII).

L'organo aggiorna l'elenco dei creditori già presente nel fascicolo in caso di domanda in autotutela e notifica il provvedimento di apertura a questi ultimi entro trenta giorni dalla comunicazione della sentenza, per avvisarli dell'apertura del concorso e del termine per il deposito delle insinuazioni al passivo.

Il termine per proporre le richieste dei creditori è fissato, a pena di decadenza, in 60 giorni e può essere prorogato di ulteriori 30 giorni, evidentemente con un provvedimento giudiziale. In ogni caso, entro 90 giorni il liquidatore deve:

a) completare l'inventario dei beni del debitore;
b) redigere un programma in relazione alle modalità e ai tempi di realizzo della liquidazione, da far approvare al giudice delegato;
c) ogni sei mesi dovrà fornire un aggiornamento, circa l'attività svolta, con una relazione da depositare al giudice delegato, pena la possibile revoca dall'incarico o la riduzione del compenso.

Va ricordato che il programma di liquidazione deve assicurare la ragionevole durata della procedura: a norma dell'art. 282 CCII al terzo anno dall'apertura si verifica l'esdebitazione di diritto del sovraindebitato [cfr. Capitolo XII], a prescindere dalla chiusura della liquidazione controllata. È pertanto entro quest'ultimo arco temporale che dovrà essere contenuta normalmente la durata della procedura.

Il programma di liquidazione dovrà indicare i criteri e le modalità della liquidazione dei bene immobili, della liquidazione degli altri beni e la riscossione dei crediti nonché delle azioni intese a recuperare i crediti, tra le quali sono espressamente annoverate le azioni surrogatoria e revocatoria in virtù della precisazione fattane dall'art. 274 CCII, che attribuisce legittimazione attiva al liquidatore giudiziale per le iniziative volte a far dichiarare inefficaci gli atti compiuti in pregiudizio dei creditori, con ciò superando alcune incertezze sorte sotto il regime della legge n. 3/2012.

Le azioni sono autorizzate dal G.D. previa ovvia valutazione di convenienza.

Con riguardo alle azioni revocatorie il legislatore ha colmato la lacuna presente nella legge n. 3/2012, segnalata in dottrina[26].

Tuttavia, l'esercizio dell'azione è condizionato al vaglio di convenienza che deve essere operato dal giudice, chiamato a consentire l'azione *pauliana* soltanto laddove questa si riveli utile al miglior soddisfacimento dei creditori.

---

[26] M. VITIELLO, *Atti in frode ai creditori e procedura di liquidazione del patrimonio del sovraindebitato*, in *Ilfallimentarista.it*, 21 settembre 2017. F. CESARE, *Sovraindebitamento: Liquidazione del patrimonio*, in *Ilfallimentarista.it*, 27 settembre 2017.

Pertanto, parrebbe che l'azione rimanga preclusa in tutte le ipotesi in cui, nel concreto, essa non sia capace di attribuire un beneficio alla procedura.

Una possibile chiave di lettura della previsione espressa della possibilità di esercitare l'azione revocatoria in capo al liquidatore potrebbe cogliersi nella simmetrica espunzione della verifica degli atti di frode all'inizio della procedura.

L'azione revocatoria è dotata giuridicamente di una più penetrante certezza circa la verifica degli atti in frode: questa non viene più affidata, come nella vigente normativa, al vaglio del difensore del debitore e del gestore della crisi e, solo in seconda battuta, al giudizio del Tribunale.

L'accertamento circa la sussistenza degli atti fraudolenti sarà inserita nei binari della cautela pauliana, che richiede il ricorrere di requisiti oggettivi e soggettivi, l'esistenza dei quali impone uno sforzo probatorio ben più incisivo e rigoroso.

In tal modo, il legislatore tutela con maggior efficacia i diritti dei creditori e offre uno strumento che appare più stabile rispetto alla verifica degli atti in frode come ostacolo per l'apertura del concorso, come previsto dalla legge n. 3/2012.

Infine, l'autorizzazione del giudicante dovrebbe permettere di accedere al gratuito patrocinio in virtù della dichiarazione di incapienza, quale condizione di accesso all'istituto attualmente limitato al solo fallimento dall'art. 144 Testo Unico Spese di Giustizia.

Nell'amministrare il patrimonio oggetto della liquidazione si applica la disciplina prevista per le vendite nella liquidazione giudiziale ed effettuata la vendita e incassato il prezzo il giudice ordina la cancellazione: *i*) delle iscrizioni relative ai diritti di prelazione; *ii*) della trascrizione dei pignoramenti e dei sequestri conservativi; *iii*) di ogni altro vincolo.

9. La formazione dello stato passivo

Decorso il termine di 60 giorni per le insinuazioni al passivo, il liquidatore deve redigere un progetto di stato passivo che viene comunicato a cura dello stesso liquidatore, via PEC o in difetto mediante deposito in cancelleria, ai soggetti interessati. Questi ultimi, entro 15 giorni dalla suddetta comunicazione, possono proporre osservazioni, in tal caso si possono configurare tre ipotesi diverse:

1. se non vengono formulate osservazioni, il liquidatore forma lo stato pas-

sivo, lo deposita in cancelleria e si occupa degli adempimenti informativi, inserendo lo stato passivo sul sito web del Tribunale o del Ministero della Giustizia;
2. se vengono proposte osservazioni, ritenute fondate dal liquidatore, nei successivi 15 giorni il professionista predispone un nuovo stato passivo che verrà nuovamente comunicato a tutti gli interessati;
3. se le contestazioni non sono superabili, il liquidatore le trasmette al giudice delegato il quale forma lo stato passivo con decreto motivato che può essere oggetto di reclamo.

Il termine di decadenza di sessanta giorni per l'invio delle insinuazioni al passivo deve trovare un contemperamento dei principi generali in tema di giusto processo, sicché il creditore che sia incorso in una decadenza per motivi non imputabili, dovrà essere rimesso in termini secondo il principio generale sancito dall'art. 153-*bis*, comma 2, c.p.c. In quest'ottica di maggiore elasticità si è spostato il Correttivo, che ha espressamente regolato la disciplina delle domande tardive, colmando così il vuoto normativo presente nel precedente testo.

La disposizione considera tardiva la domanda che proviene decorso inutilmente il termine dei 60 giorni ed, in ogni caso, sino all'esaurimento di tutte le ripartizioni dell'attivo. Essa è ammissibile solo se l'istante: *i*) dimostra che il ritardo non gli è imputabile; *ii*) trasmette la domanda al liquidatore non oltre 60 giorni dal giorno in cui è stato messo in condizioni di procedere al deposito.

Il giudice delegato dovrà ritenere inammissibile la domanda tardiva qualora l'istante non sia in grado di provare la non imputabilità del ritardo, con un procedimento che ricalca la formazione dello stato passivo per le domande tempestive.

Il decreto con il quale il Tribunale dichiara inammissibile la domanda tardiva è reclamabile ai sensi dell'art. 124 CCII. Parimenti, l'ammissione del credito dovrebbe comportare la possibilità per i creditori concorrenti di chiederne la revocazione a norma dell'art. 206 CCII (in tema di liquidazione giudiziale).

10. La chiusura della procedura

Conclusa l'esecuzione del programma, il liquidatore è tenuto a presentare un rendiconto al giudice delegato, il quale, se verifica la conformità degli atti di disposizione, approva il rendiconto e liquida il compenso del professionista, tenendo conto della tempestività delle iniziative e della costanza dell'aggiornamento nelle semestrali. Il giudice può non approvare il rendiconto e in tal caso prescrive al liquidatore gli ulteriori adempimenti, le opportune rettifiche e le adeguate integrazioni, assegnando un termine, prorogabile, per adempiere.

Se le disposizioni non vengono adempiute nel termine assegnato, il giudice ha il potere di sostituire il liquidatore e può ridurre o addirittura escludere il compenso.

Esaurita questa fase, il liquidatore distribuisce le somme ricavate, basandosi sull'ordine di prelazione indicato nello stato passivo, previa redazione del progetto di riparto.

Il progetto deve essere quindi comunicato al debitore e ai creditori per permettere loro di presentare delle osservazioni nel termine di 15 giorni dal ricevimento del progetto.

Nell'ipotesi di assenza di contestazioni, il piano di riparto viene comunicato al giudice delegato che ne autorizza l'esecuzione.

Diversamente, in presenza di osservazioni, il liquidatore, verificata l'impossibilità di superarle, rimette gli atti al giudice, che provvede con decreto motivato, reclamabile nei modi previsti in materia di liquidazione giudiziale, *ex* art. 124 CCII.

Il Correttivo ha inserito il nuovo comma 7 all'art. 273 CCII con il quale viene introdotta la possibilità di depositare le insinuazioni tardive fino al riparto finale, entro il termine di decadenza di sessanta giorni dal venire meno della ragione che ha impedito la conoscenza dell'apertura del concorso, con una motivazione che comunque deve essere indicata a pena di inammissibilità nel ricorso medesimo.

Il procedimento di liquidazione controllata si chiude con decreto, emesso dal giudice monocratico, con una evidente distonia rispetto al provvedimento di apertura che viene adottato dal Tribunale in composizione collegiale [27].

Con il provvedimento e su istanza del liquidatore, il giudice procede ad autorizzare il pagamento del compenso, già liquidato al momento dell'approvazione del rendiconto, e allo svincolo delle somme accantonate.

La sentenza n. 6/2024 della Corte Costituzionale fissa un criterio di durata minima della liquidazione controllata a tre anni non generalizzabile.

Il provvedimento sembra delineare un termine inteso a intercettare beni sopravvenuti per le sole procedure con prospettive reddituali e solo se destinate all'esdebitazione.

---

[27] R. Brogi, *Il codice della crisi d'impresa: il concordato minore e la liquidazione controllata del sovraindebitato*, in *Il Quotidiano giuridico*, 30 luglio 2019.

Le liquidazioni prive di prospettive di esdebitazione e quelle senza attese reddituali future, per esempio le imprese minori e le start up innovative, potrebbero così essere chiuse in un lasso di tempo inferiore per assicurare il precetto dell'art. 272, terzo comma, CCII che impone la ragionevole durata della procedura.

La Consulta ha ritenuto che la disciplina dell'art 142, comma 2, CCII sui beni sopravvenuti esprima un criterio assimilabile al disposto dell'art. 268, comma 4, lettera b), CCII, che impone di destinare alla procedura tutti i redditi salvo «quanto occorre al mantenimento del debitore»: dunque, anche i crediti esigibili nel tempo.

Simile lettura è compatibile con il dettato costituzionale e con l'art. 2740 del codice civile.

Secondo la Corte, il punto di equilibrio tra garanzia patrimoniale, esdebitazione e durata non irragionevole della procedura sta nel limite della durata triennale per l'acquisizione della quota di reddito eccedente le esigenze di sostentamento.

Tuttavia, in un altro passaggio argomentativo, si comprende che la durata minima del triennio in alcuni casi può e deve essere derogata.

Laddove non vi sia la possibilità di applicare l'esdebitazione, la chiusura della liquidazione non incide sulla garanzia dei creditori: pertanto non vi è ragione per estendere al triennio la durata della procedura per apprendere beni sopravvenuti, poiché il ceto creditorio riprende la possibilità di azionare i propri crediti.

Se poi la durata della procedura è un contrappeso del sacrificio imposto dall'esdebitazione ai diritti dei creditori, allora laddove non vi siano redditi da acquisire, la durata può essere inferiore al limite fissato dall'art. 282, terzo comma, CCII: prevale in tal caso l'obbligo di preservare la ragionevole durata della procedura e il principio di efficienza che permea l'intero codice.

Non sarebbe infatti conforme ai principi appena richiamati mantenere aperta la liquidazione controllata di una start up innovativa che non potrà incassare nulla nel tempo una volta terminata la liquidazione, oppure in presenza di debitori senza possibilità di acquisire quote di reddito futuro.

In presenza di particolari situazioni, pensionati a reddito non pignorabile oppure lavoratori che non potranno verosimilmente mutare introiti nel triennio, dovrà prevalere il criterio di efficienza sulla durata minima: le probabilità di acquisire quote di crediti futuri non giustificherebbe l'estensione della durata anche in presenza di prospettive di esdebitazione.

A riguardo, la Consulta ha anche chiarito che le liquidazioni controllate non perseguono criteri di efficienza così da imporre la copertura delle spese di procedura e una durata sufficiente a regolare gli oneri in anteclasse.

E infatti per la Corte, la procedura minore è finalizzata a esitare il patrimonio del debitore a beneficio dei creditori concorsuali, e non a coprire le spese di funzionamento, esattamente come la liquidazione giudiziale.

Ne consegue che la liquidazione controllate "inefficiente", cioè senza introiti nemmeno reddituali, sembra trovare una ulteriore conferma.

In conclusione la durata triennale minima va fissata solo per le procedura prive di beni con prospettive reddituali: le altre, incapienti o munite di asset da liquidare potranno durare indipendentemente dal triennio, anche dopo la pronuncia della Corte.

Capitolo Dodicesimo

L'ESDEBITAZIONE

di *Joel Giuliani* e *Fabio Cesare*

SOMMARIO: 1. Norme comuni. – 2. L'ambito di applicazione dell'istituto. – 3. Le condizioni di accesso all'esdebitazione. – 4. Il procedimento e l'esdebitazione di diritto. – 5. L'esdebitazione del debitore incapiente. – 6. La meritevolezza.

1. Norme comuni

Il Codice della Crisi disciplina l'esdebitazione agli artt. 278-283 CCII, ricalcando sostanzialmente l'istituto delineato nel recente passato dalla legge fallimentare (art. 142 l.fall. come modificato dal d.lgs. n. 5/2006) e dalla legge n. 3/2012 ma ampliandone la sfera applicativa e facilitandone l'accesso. Letteralmente, ai sensi dell'art. 278 CCII, "*l'esdebitazione consiste nella liberazione dai debiti e comporta l'inesigibilità dal debitore dei crediti rimasti insoddisfatti nell'ambito di una procedura di liquidazione giudiziale o di liquidazione controllata*".

2. L'ambito di applicazione dell'istituto

Gli artt. 278-281 CCII inquadrano l'esdebitazione in un unico corpo normativo, valido nella liquidazione giudiziale e nella liquidazione controllata.

L'art. 278, comma 1, CCII, stabilisce espressamente come la liberazione agisca solo per la parte eccedente la percentuale di riparto attribuita nel concorso dei creditori di pari grado.

L'articolo, questa volta al comma 2, precisa che dopo il decreto di esdebitazione, pertanto, i creditori, che non hanno formulato istanza di insinuazione al passivo, potranno procedere esecutivamente fino alla misura dell'importo ripartito nella procedura di liquidazione (art. 278, comma 2, CCII).

La liberazione dei debiti è applicabile trasversalmente a favore di tutti i soggetti che possono accedere alle procedure di sovraindebitamento, a patto che ne ricorrano le condizioni, e quindi a favore del consumatore, del professionista o dell'imprenditore, che eserciti, anche non a fini di lucro, un'attività commerciale, industriale, artigiana o agricola, indipendentemente che sia persona fisica, persona giuridica o altro ente collettivo, gruppo di imprese o società pubblica, con esclusione dello Stato e degli enti qualificati pubblici dalla legge.

Il Codice della Crisi ha esteso l'applicazione dell'istituto alle persone giuridiche mentre la legge n. 3/2012 limitava il beneficio unicamente alle persone fisiche.

I c.d. "debitori incapienti", solo persone fisiche, avranno la possibilità di accedere alla liberazione senza passare dalla procedura di liquidazione controllata, ma a condizioni assai più restrittive.

L'esdebitazione ha effetto in estensione per i soci illimitatamente responsabili, ma i requisiti richiesti per il beneficio devono sussistere in capo a questi ultimi e ai legali rappresentanti degli enti che richiedono l'accesso all'istituto.

In questo contesto rimangono, comunque, salvi i diritti vantati dai creditori nei confronti dei coobbligati e dei fideiussori del debitore, nonché degli obbligati in via di regresso [1].

In linea con la previgente disciplina contenuta all'art. 14-*terdecies*, legge n. 3/2012, rimangono esclusi dall'esdebitazione i debiti derivanti dagli obblighi di mantenimento e alimentari e dai debiti da fatto illecito aquiliano, nonché le sanzioni penali e amministrative di carattere pecuniario che non siano accessorie a debiti estinti.

Al contrario, nella normativa del Codice, è stata espunta la limitazione del beneficio ai debiti fiscali "*che, pur avendo causa anteriore, sono stati successivamente accertati in ragione della sopravvenuta conoscenza di nuovi elementi*": gli eventuali accertamenti fiscali successivi vengono pertanto comunque travolti dall'effetto esdebitatorio.

---

[1] Si veda G.B. NARDECCHIA, *Il nuovo codice della Crisi d'Impresa e dell'Insolvenza*, 2019, p. 226: "*per liberazione dai debiti non si intende l'estinzione dei debiti rimasti insoddisfatti, ma più riduttivamente la loro inesigibilità, restando perciò fermi i diritti dei creditori nei confronti di eventuali coobbligati, obbligati in via di regresso o fideiussori del debitore e, per le stesse ragioni, potendosi ipotizzare la persistenza di una obbligazione naturale in capo al debitore per il pagamento del debito residuo*".

3. Le condizioni di accesso all'esdebitazione

Per l'accesso all'istituto il Codice pone, in primo luogo, delle condizioni di carattere temporale.

Occorre evidenziare come l'esdebitazione possa essere concessa per un massimo di due volte, fermo restando il limite quinquennale tra la prima e la seconda liberazione. A prescindere dalla durata della procedura di liquidazione giudiziale o controllata, il debitore può richiedere il beneficio della liberazione dei debiti, decorsi tre anni dall'apertura del concorso, oppure al momento della chiusura della procedura se anteriore.

In secondo luogo, all'art. 280 CCII, vengono fissate precise condizioni ostative all'esdebitazione, che il legislatore ritiene essere rappresentative di una condotta non meritevole assunta dal sovraindebitato, più precisamente: *i*) il debitore non deve aver subito condanne definitive per bancarotta fraudolenta o per delitti contro l'economia pubblica, l'industria e il commercio, o altri delitti compiuti in connessione con l'esercizio dell'attività d'impresa, salvo che per essi sia intervenuta la riabilitazione. Se è in corso il procedimento penale per uno di tali reati o v'è stata applicazione di una delle misure di prevenzione di cui al d.lgs. 6 settembre 2011, n. 159, il beneficio può essere riconosciuto solo all'esito del relativo procedimento; *ii*) non devono risultare distrazioni dell'attivo o passività insussistenti; *iii*) il debitore non deve aver cagionato o aggravato il dissesto rendendo gravemente difficoltosa la ricostruzione del patrimonio e del movimento degli affari o fatto ricorso abusivo al credito; *iv*) il debitore deve aver collaborato attivamente con la procedura (e quindi non soltanto limitarsi a non ostacolare) e deve aver fornito agli organi ad essa preposti tutte le informazioni utili e i documenti necessari per il suo buon andamento.

Le condizioni ostative all'esdebitazione devono considerarsi non solo tassative ma anche insuscettibili di applicazione analogica o estensiva. Sicché, ad esempio l'eventuale applicazione della pena su richiesta, non essendo una condanna definitiva, non costituisce ostacolo all'esdebitazione[2].

Rispetto alla previgente legge n. 3/2012 è stata espunta, quale condizione per l'esdebitazione, la previsione per cui il sovraindebitato, in pendenza di

---

[2] La tassatività delle ipotesi che impediscono l'accesso all'esdebitazione va affermata anche alla luce dell'art. 23 della direttiva UE 2019/1023 (c.d. direttiva Insolvency), che circoscrive la facoltà degli Stati membri di mantenere o introdurre disposizioni che negano o limitano l'accesso all'esdebitazione. Si veda per un caso di esdebitazione concessa nonostante un patteggiamento per bancarotta per l'esdebitazione prevista dall'art. 142 l fall., App. Venezia 13 aprile 2023, di fronte a sentenze di merito precedentemente contrarie.

procedura, dovesse aver "*svolto un'attività produttiva di reddito adeguata rispetto alle proprie competenze e alla situazione di mercato*" o ancora "*cercato un'occupazione e non abbia rifiutato, senza giustificato motivo, proposte di impiego*", ridimensionando – almeno in apparenza – il proposito di favorire il reinserimento fattivo del sovraindebitato all'interno del circuito economico e sociale.

4. Il procedimento e l'esdebitazione di diritto

Il procedimento di esdebitazione viene disciplinato dall'art. 281 CCII. All'esito della liquidazione controllata (analogo procedimento non è invece previsto nella liquidazione giudiziale), il debitore sovraindebitato può ottenere l'esdebitazione c.d. "di diritto" nel provvedimento di chiusura: stando alla previsione normativa, essa non necessita un'apposita istanza poiché la direttiva Insolvency ha espressamente previsto all'art. 21 che dopo l'apertura del concorso il debitore sia liberato dai debiti alla scadenza dei termini per l'esdebitazione senza necessità di rivolgersi all'autorità giudiziaria o amministrativa.

Ciò sta a significare che l'effetto deve considerarsi automatico dopo il decorso del triennio [3], salva la possibilità per i creditori e il pubblico ministero di opporsi allegando l'esistenza delle condizioni ostative previste dall'art. 280, comma 2, CCII.

Anche se questa appare l'interpretazione più rispettosa del diritto unionale è prevedibile che il Tribunale si sentirà chiamato a pronunciarsi, contestualmente all'emissione del decreto di chiusura, in ordine all'esistenza delle condizioni dettate dai precedenti artt. 278, 279 e 280 CCII (ambito di applicazione e condizioni per l'esdebitazione), sentiti gli organi della procedura. A differenza dell'art. 14-*terdecies*, legge n. 3/2012 non è previsto che il Tribunale senta anche i creditori, per il presumibile minor rilievo economico dei conflitti riguardanti il sovraindebitamento e per il prevedibile maggior conflitto relazionale che può animare le istanze del ceto creditorio in una simile fase e vista la possibilità di questi ultimi di opporsi.

A mente dell'art. 282 CCII il Tribunale dovrà riscontrare l'assenza di

---

[3] Cfr. Cass., Prima Presidente, 26 luglio 2023, n. 22699 ha chiarito come con il CCII l'esdebitazione sia divenuto "*un vero e proprio diritto, ex art. 282 CCI, con il decorso di un triennio dall'apertura della liquidazione controllata, senza neppure dover attendere la chiusura della procedura liquidatoria*".

colpa grave, malafede o frode nella determinazione del sovraindebitamento: simili requisiti, si distinguono dalla c.d. meritevolezza che interessa solo il debitore incapiente e sono perfettamente sovrapponibili alle condizioni di ammissibilità previste dall'art. 69, comma 1, in tema di ristrutturazione dei debiti del consumatore, al quale si rinvia [cfr. Capitolo IX].

Ove il Tribunale dovesse riscontrare le condizioni ostative sopra richiamate, nel decreto di chiusura dovrà indicare le condizioni preclusive che impediscono la concessione dell'esdebitazione.

Se invece il decreto di chiusura della liquidazione controllata (la sola alla quale si applica l'esdebitazione di diritto) dovesse intervenire dopo il terzo anno dall'apertura del concorso, il beneficio dovrebbe operare di diritto e dovrebbe determinare la possibilità del debitore di eccepire l'esdebitazione anche senza un provvedimento espresso del Tribunale ben potendo la liquidazione controllata proseguire dopo la dichiarazione di inesigibilità dei crediti concorsuali.

L'automatismo e la conseguente prosecuzione della procedura ha scarso rilievo pratico, poiché i creditori non potranno richiedere l'accertamento del credito o un'esecuzione contro il debitore pendente la procedura di liquidazione controllata, stante il divieto di azioni esecutive e il divieto di iniziative di impatto patrimoniale per la massa disposti dagli artt. 143 e 150 CCII come richiamati dall'art. 270, comma 5, CCII.

L'unica applicazione delle disposizioni in esame appare collegata al programma di liquidazione e alla misura del mantenimento fissata dal giudice: infatti, se le obbligazioni concorsuali sono ormai divenute inesigibili, se la procedura dispone dei fondi per il pagamento della prededuzione, non avrebbe senso continuare a destinare una quota del reddito del sovraindebitato al pagamento dei creditori concorrenti, mentre gli altri beni potrebbero essere liquidati.

Ne consegue che al decorso del terzo anno: i) la misura del mantenimento fissata dal giudice all'apertura della liquidazione *ex* art. 268, comma 3, lett. b) dovrebbe essere completamente a disposizione del debitore perché opera l'esdebitazione di diritto anche se la procedura concorsuale non è stata formalmente conclusa con l'adozione di un decreto di chiusura; ii) la procedura di liquidazione controllata, ove non vi fossero altri attivi da liquidare, potrebbe giungere fisiologicamente a chiusura [4].

Infine, la norma prevede che l'esdebitazione non abbia effetti sui giudizi in corso e sulle operazioni liquidatorie, anche se posteriori alla chiusura della li-

---

[4] Trib. Verona 20 settembre 2022, proc. 17/2022 e 5 ottobre 2022, proc. 22/2022, nonché Trib. Monza 15 febbraio 2023, proc. 15/2023.

quidazione giudiziale disposta a norma dell'art. 234. Quando dall'esito dei predetti giudizi e operazioni derivi un maggior riparto a favore dei creditori, l'esdebitazione ha effetto solo per la parte definitivamente non soddisfatta.

Il provvedimento di chiusura deve essere pubblicato nel registro delle imprese oppure, per i professionisti e per i consumatori, sul sito web del Tribunale o del Ministero della Giustizia.

5. L'esdebitazione del debitore incapiente

Il Codice della Crisi conferma l'istituto dell'esdebitazione ai c.d. debitori incapienti, istituto già introdotto con le modifiche intervenuto alla legge n. 3/2012 (ad opera della legge 18 dicembre 2020, n. 176, di conversione del d.l. 28 ottobre 2020, n. 137), ossia a quei soggetti che si contraddistinguono per non essere in grado di offrire ai creditori il pagamento di alcuna utilità, nemmeno in via indiretta, e neanche in prospettiva futura, in assenza di beni mobili e immobili da monetizzare, nonché di redditi da destinare, anche in minima parte, al soddisfacimento del ceto creditorio.

Sono legittimati all'istituto, in via eccezionale per una sola volta nella vita, i debitori, purché persone fisiche, che siano meritevoli [5].

Lo schema dell'istituto ribalta il binomio tradizionale che prevede l'apertura della liquidazione e la successiva eventuale liberazione dei debiti: nello schema dell'art. 283 CCII, si assiste ad una completa inversione, l'esdebitazione si verifica subito, e la liquidazione è invece differita ed eventuale.

Interessanti appaiono le prime interpretazioni dei Tribunali in ordine al requisito oggettivo di completa assenza di utilità presente e futura.

A tal riguardo appare ragionevole chiedersi se la valutazione prospettica possa limitarsi ad un giudizio fondato sui dati "storici" acquisiti dal gestore nella relazione particolareggiata (es. dichiarazioni dei redditi riguardanti le annualità più recenti) o, invece, debba estendersi anche alle effettive potenzialità del debitore a generare un'utilità futura (reddito) per il resto della vita, in base, ad esempio, all'età, al titolo di studio, alle condizioni di salute, alle caratteristiche del nucleo familiare.

---

[5] Si veda G.B. NARDECCHIA, *Il nuovo codice della Crisi d'Impresa e dell'Insolvenza*, cit., "*La* ratio *della norma – che prende atto della esistenza, anche a livello europeo, di una larga fascia di soggetti qualificabili come sovraindebitati – consiste nell'offrire una seconda chance a coloro che non avrebbero alcuna prospettiva di superare lo stato di sovraindebitamento, per fronteggiare un problema sociale e reimmettere nel mercato soggetti potenzialmente produttivi*".

L'orientamento finora prevalente sembra aderire al primo criterio, il quale riconosce l'assenza di utilità future, ove il reddito del sovraindebitato, come accertato dalle dichiarazioni fiscali, sia inferiore alla soglia minima di sostentamento prevista dall'art. 283, comma 2 per il calcolo della c.d. "rilevanza" (cfr. *infra*) o, ancora, al reddito impignorabile ai sensi dell'art. 545, comma 7, c.p.c. [6].

Esiste un orientamento più restrittivo, che impone di fornire la prova diabolica dell'impossibilità che il debitore generi reddito futuro in grad di pagare i creditori in misura pari almeno al dieci per cento. Una simile interpretazione limita l'uso dell'istituto ai soggetti affetti da patologie invalidanti e particolarmente anziani, il che forse non corrisponde alla volontà del legislatore [7].

La domanda è presentata, tramite l'OCC, al giudice territorialmente competente: si potrebbe sostenere anche in tal caso, che la difesa tecnica non sia necessaria sia perché in questa fase il procedimento non è contenzioso sia perché l'espressione "tramite l'OCC" farebbe pensare che il gestore sia lo strumento tramite il quale l'istanza possa essere inoltrata al Tribunale, dunque senza l'assistenza di un legale.

La tesi opposta potrebbe sostenersi sul dato letterale dell'art. 9 CCII che invece imporrebbe l'assistenza di un avvocato ogni volta che non si disponga esplicitamente altrimenti (come accade per la ristrutturazione dei debiti del consumatore che prevede all'art. 68, ult. comma, che la difesa tecnica non sia necessaria).

Dopo l'ammissione alla procedura è previsto un monitoraggio di durata quadriennale, a carico dell'OCC, sul reddito del ricorrente per verificare l'eventuale esistenza delle c.d. utilità rilevanti.

La valutazione di rilevanza è prevista su base annua: è rilevante e può essere distribuita la porzione di reddito eccedente le spese per produrlo e quanto occorrente al debitore per assicurare il mantenimento proprio e della propria famiglia, esclusi i finanziamenti in qualsiasi forma erogati. La soglia minima di mantenimento viene definita, dallo stesso legislatore, pari all'assegno sociale aumentato della metà, moltiplicato per il paramento ISEE di cui al DPCM 5 dicembre 2013, n. 159 per ogni membro della famiglia.

Le utilità rilevanti – volte a calmierare il trattamento di riguardo previsto per il debitore incapiente – sono destinate ai creditori, ma solo se siano ido-

---

[6] Si veda a proposito, Trib. Avellino 16 aprile 2022 nella causa 4887/2021, Trib. Modena 5 febbraio 2023, proc. 1/2023, Trib. Gela 13 dicembre 2022, proc. 2/2022, Trib. Mantova, decreto esdebitazione del 25 gennaio 2022, Trib. Milano, decreto di rigetto del 26 ottobre 2021.

[7] Trib. Milano 30 settembre 2022, Est. Barbieri.

nee a pagare i creditori concorrenti in una misura di almeno il 10% del valore del passivo. Nelle prime versioni, il Codice non specificava se la percentuale in discorso dovesse riferirsi i creditori chirografari o quelli prelatizi. I successivi correttivi hanno nel tempo aggiunto il lemma "complessivamente", rendendo esplicito come la percentuale in discorso debba riferirsi all'intero passivo, senza distinzione tra chirografo e privilegio.La medesima norma non precisa le modalità per effettuare il riparto ai creditori concorrenti in caso sopravvengano utilità rilevanti. Si può forse ipotizzare che l'OCC apra un procedimento di liquidazione controllata nel quale egli stesso è di norma chiamato a ricoprire il ruolo di liquidatore giudiziale, in modo da procedere al pagamento dei creditori concorrenti con gli importi sopravvenuti. Il procedimento di riparto potrebbe assumere una configurazione c.d. deformalizzata, con conseguenti oneri a carico dell'OCC.

La domanda è presentata dall'OCC – i cui compensi vengono ridotti della metà per precisa disposizione di legge – il quale presenta una propria relazione che riecheggia i contenuti della relazione particolareggiata della previgente normativa riguardante la liquidazione del patrimonio nella legge n. 3/2012. Più precisamente vanno indicate: *a*) le cause dell'indebitamento e la diligenza impiegata nell'assunzione delle obbligazioni; *b*) le ragioni dell'incapacità di adempierle, *c*) gli eventuali atti impugnati dai debitori, *d*) la completezza e attendibilità della documentazione depositata.

Alla medesima relazione dovranno altresì essere acclusi: *i*) l'elenco dei creditori con l'importo delle somme dovute, *ii*) l'elenco degli atti di straordinaria amministrazione, *iii*) le dichiarazioni dei redditi degli ultimi tre anni, *iv*) l'indicazione delle entrate del debitore.

Nella relazione, l'OCC deve, infine, indicare se siano stati erogati finanziamenti con un errata valutazione del merito creditizio, che abbiano potuto trarre in inganno il debitore sulla sua capacità di adempiere alle obbligazioni. Quest'ultima disposizione sembra doversi leggere non nel senso che sia precluso al debitore l'accesso all'istituto qualora siano stati erogati finanziamenti senza la prospettiva di poterli adempiere, ma se vi sia una responsabilità dell'ente creditizio nell'aver alterato la percezione del debitore nella sua capacità di presumere l'inadempimento alle obbligazioni assunte, come chiarisce la relazione illustrativa al Codice.

Il giudice concede la liberazione dei debiti con decreto, reclamabile entro trenta giorni. Il provvedimento deve indicare le modalità per la presentazione annuale della verifica delle utilità rilevanti da ripartire, la cui omissione determina la revoca del beneficio.

6. La meritevolezza

Il decreto deve valutare anche la meritevolezza del debitore e l'assenza di atti in frode, nonché l'assenza di dolo o colpa grave nella determinazione del sovraindebitamento.

Il requisito in esame merita una riflessione a parte.

La valutazione di "meritevolezza" [8] deve differenziarsi da quella relativa al dolo, alla colpa grave e agli atti di frode, poiché trattasi di requisiti letteralmente diversi nel tenore della legge.

Essa, anzitutto, non può riguardare questioni morali. Va ricordato che il lemma è comparso nel nostro ordinamento in un contesto assai distante dal nostro: compare sulla prima legge sul concordato preventivo, la legge 24 maggio 1903, n. 197 [9], in un contesto economico e sociale assai differente da quello attuale.

Il "beneficio" del concordato preventivo doveva essere accordato all'imprenditore onesto ma sfortunato, per mitigare le conseguenze più aspre della concretizzazione del rischio di impresa.

Si trattava di un istituto non dissimile dalla grazia che risultava intriso di valutazioni morali assai pericolose a distanza di quasi centoventi anni, poiché rischiano di giudicare non un fatto, ma una condizione soggettiva del debitore.

Una simile valutazione potrebbe sfociare nell'arbitrio, poiché non sono definiti i criteri del "merito" a cui un simile giudizio dovrebbe essere ancorato e perché potrebbe determinare dubbi di costituzionalità laddove tenda a discriminare un soggetto per le proprie condizioni sociali, religiose o, peggio, per le proprie opinioni.

Non è dunque possibile recuperare il tradizionale concetto di "meritevolezza" anche per l'esdebitazione del debitore incapiente: il concetto è stato

---

[8] Sulla meritevolezza si veda C.L. Appio, *L'esdebitazione del sovraindebitato incapiente: una seconda chance per il debitore meritevole*, in *www.ilcaso.it*. Secondo l'autore l'indagine sulla meritevolezza presuppone la verifica dell'assenza delle condizioni ostative enunciate nel comma 7 dell'art. 283, ossia l'assenza di atti in frode e la mancanza di dolo e colpa grave nella formazione dell'indebitamento.

[9] La legge 24 maggio 1903, n. 197 all'art. 20: "*Il tribunale ove riconosca che il debitore è meritevole del benefizio del concordato; che le opposizioni di cui all'articolo precedente lasciano sussistere le maggioranze richieste; che le proposte di concordato, non minore del 40 per cento, sono legittime e presentano sicurezza di esecuzione, omologa il concordato. Nella stessa sentenza di omologazione il tribunale ordina il deposito giudiziale del dividendo che potrà spettare ai creditori contestati. Se invece il concordato non è omologato, il tribunale dichiara d'ufficio il fallimento*".

peraltro abbandonato già nella stagione delle riforme del 2006 nel diritto fallimentare e non può più essere recuperato se non a pena di fondare una nuova corrente di oscurantismo concorsuale.

Piuttosto, il vaglio di meritevolezza dovrebbe recuperare i valori di solidarietà imposti dall'art. 2 Cost., come già avviene in tema di valutazione dei contratti atipici e in tema di buona fede oggettiva quale strumento di eterointegrazione del contratto.

In quest'ottica la meritevolezza potrebbe configurarsi come una valutazione di opportunità giuridico-sociale in relazione alle dinamiche degli interessi concreti presi in considerazione dalla procedura concorsuale. In quest'ottica, la meritevolezza si porrebbe alla base di un autonomo giudizio di effettiva "utilità" del beneficio per il debitore e il ceto creditorio, con una valutazione effettuata dal giudice sulla base di un complesso bilanciamento di tutti gli interessi coinvolti.

In questo bilanciamento di interessi si dovrebbero prendere in considerazione due poli contrapposti.

Da un lato, l'interesse e l'utilità concreta dei creditori a procedere ulteriormente con l'attività di espropriazione nei confronti del sovraindebitato dopo la chiusura della liquidazione controllata, che di norma non dovrebbe far residuare alcun patrimonio al debitore.

Dall'altro, l'interesse concreto dell'ordinamento a procurare la liberazione dai debiti (*discharge*) ed evitare che il ricorrente sovraindebitato procuri costi indiretti allo Stato per essere privato di ogni mezzo di sussistenza, oppure scivoli in una condizione di indigenza che lo renda facilmente preda di meccanismi illegali quali l'accesso all'usura.

Questo percorso, nel quale può essere recuperato l'obbligo di salvaguardare l'utilità altrui nei limiti dell'apprezzabile sacrificio, potrebbe avere il pregio di differenziare la meritevolezza rispetto agli altri requisiti ostativi e di rendere coerente l'interpretazione dell'istituto con le finalità del sovraindebitamento e con la Costituzione.

Capitolo Tredicesimo

LA COMPOSIZIONE NEGOZIATA MINORE NEL CODICE DELLA CRISI

di *Luca Calò*

SOMMARIO: 1. La composizione negoziata per le imprese sottosoglia. – 2. La nomina dell'esperto. Interferenze con l'OCC? – 3. Responsabilità dell'esperto. – 4. Lo svolgimento del procedimento di composizione negoziata minore. – 5. La conduzione delle trattative. – 6. Esito delle trattative. – 7. Vantaggi nella scelta della CNC minore. – 8. Le misure protettive e cautelari. – 9. Gli atti di straordinaria amministrazione. – 10. Il concordato semplificato per la liquidazione del patrimonio *ex* art. 25-*sexies*. – 11. L'imprenditore agricolo. – 12. Gli esiti della composizione negoziata minore.

1. La composizione negoziata per le imprese sottosoglia

Il nuovo istituto della composizione negoziata della crisi, di cui agli artt. 12 ss. CCII (introdotto dall'art. 2 ss. del d.l. n. 118/2021, come modificato dalla legge di conversione n. 147/2021), viene esteso anche alle imprese commerciali e agricole sotto soglia fallimentare (ovvero in possesso congiunto dei requisiti di cui all'art. 2, comma 1, lett. d), CCII).

È necessario precisare che rispetto alla moltitudine di soggetti destinatari delle procedure di composizione della crisi da sovraindebitamento, solo le imprese commerciali e agricole sottosoglia possono accedere alla composizione negoziata della crisi, ovviamente accessibile anche alle imprese sopra soglia.

Per quanto attiene poi all'imprenditore agricolo, non essendo soggetto fallibile, è soggetto tanto alle procedure di composizione della crisi da sovraindebitamento (accordo con i creditori e liquidazione) quanto alla composizione negoziata con l'accesso al solo accordo di ristrutturazione *ex* art. 57 ss. CCII.

L'art. 25-*quater* CCII definisce i **presupposti soggettivi** del procedimento, escludendo le *start up* innovative e le agricole sopra soglia che vengono regolate dalle disposizioni sulla composizione negoziata maggiore.

Solo le imprese minori, commerciali o agricole, possono accedere alla Composizione, e dunque detto strumento è precluso non solo al consumatore e agli enti *no profit*, associazioni, fondazioni, enti pubblici, ma anche a chi esercita attività professionale o artigianale, o riveste semplicemente la qualità di socio illimitatamente responsabile di un'impresa commerciale o agricola.

I requisiti imprescindibili per l'accesso sono: i) l'iscrizione dell'imprenditore nel Registro delle Imprese, visto che si accede al procedimento solo per il tramite della piattaforma telematica istituita presso i siti istituzionali delle Camere di Commercio; ii) la condizione di squilibrio patrimoniale o economico-finanziario che ne renda probabile la crisi o l'insolvenza, purché sia ragionevolmente perseguibile il risanamento dell'impresa.

Pertanto, non potranno accedere alla CNC minore: i) le società di fatto; ii) le imprese che si sono cancellate dal R.I. (anche se fallibili entro l'anno o che abbiano cessato l'attività d'impresa, con comunicazione formale effettuata in Camera di Commercio); iii) le imprese agricole e le *start up* sopra soglia (che invece possono accedere al sovraindebitamento).

Il **presupposto oggettivo** è uguale a quanto tracciato per la composizione negoziata *maggiore* e si sostanzia: (a) nella presenza di condizioni di squilibrio patrimoniale o economico-finanziario tali da rendere probabile la crisi o l'insolvenza dell'imprenditore e (b) nel risanamento dell'impresa che deve prospettarsi come ragionevolmente perseguibile.

Ai sensi dell'art. 25-*quinquies*, rubricato «*limiti di accesso alla composizione*», in ogni caso, l'imprenditore *sotto soglia* non può accedere all'istituto se:

- ha già depositato domanda di concordato minore;
- ha rinunciato alla domanda di concordato minore nei quattro mesi antecedenti all'istanza di composizione negoziata.

2. La nomina dell'esperto. Interferenze con l'OCC?

L'istanza di accesso alla composizione negoziata delle imprese sottosoglia è regolamentata allo stesso modo delle imprese sopra soglia. Essa va presentata al segretario generale della Camera di Commercio dove si trova la sede legale dell'impresa, a prescindere dal suo spostamento anteriore all'anno e a prescindere dalla collocazione del centro principale degli interessi della stessa.

Vengono superate le incertezze inizialmente presenti a causa della formulazione dell'art. 17, comma 2, d.l. n. 118/2021, laddove veniva prevista l'alternativa di presentazione dell'istanza davanti all'"OCC oppure nelle forme previste dal medesimo articolo 5, comma 1". Infatti, l'art. 25-*quater* stabilisce al comma 2 la presentazione dell'istanza per la composizione negoziata minore solo nelle forme previste dall'art. 17 CCII. L'esperto viene nominato da una commissione istituita presso ciascuna Camera di Commercio territoriale a seguito di istanza presentata dall'imprenditore tramite una piattaforma telematica nazionale, accessibile agli iscritti nel registro delle imprese attraverso il sito istituzionale della CCIAA.

All'istanza deve essere allegata la documentazione di cui all'articolo 17, comma 3, CCII, ossia:

- i bilanci degli ultimi tre esercizi, se non già depositati presso l'ufficio del registro delle imprese, oppure, per gli imprenditori che non sono tenuti al deposito dei bilanci, le dichiarazioni dei redditi e dell'IVA degli ultimi tre periodi di imposta, nonché una situazione patrimoniale e finanziaria aggiornata a non oltre sessanta giorni prima della presentazione dell'istanza;
- l'elenco dei creditori, con l'indicazione dei rispettivi crediti scaduti e a scadere e dell'esistenza di diritti reali e personali di garanzia;
- una autodichiarazione, resa ai sensi dell'articolo 46 del decreto del Presidente della Repubblica n. 445 del 2000, sull'eventuale pendenza di una procedura di liquidazione controllata, nonché contenente l'attestazione di non avere depositato ricorso ai sensi dell'art. 74 (concordato minore) e, per le imprese agricole, anche ai sensi dell'art. 57 (accordo di ristrutturazione dei debiti);
- il certificato unico dei debiti tributari di cui all'articolo 364, comma 1;
- la situazione debitoria complessiva richiesta all'Agenzia delle entrate-Riscossione;
- il certificato dei debiti contributivi e per premi assicurativi di cui all'articolo 363, comma 1 [1];
- un estratto delle informazioni presenti nella Centrale dei rischi gestita dalla Banca d'Italia non anteriore di tre mesi rispetto alla presentazione dell'istanza.

---

[1] Per facilitare l'accesso alla composizione negoziata l'art. 38 del d.l. n. 13/2023 recante "*Disposizioni urgenti per l'attuazione del Piano nazionale di ripresa e resilienza (PNRR) e del Piano nazionale degli investimenti complementari al PNRR (PNC), nonché per l'attuazione delle politiche di coesione e della politica agricola comune*" ha previsto che "*l'imprenditore può depositare, in luogo delle certificazioni previste dal comma 3, lettere e), f) e g), del medesimo articolo 17, una dichiarazione resa ai sensi dell'articolo 46 del testo unico di cui al decreto del Presidente della Repubblica 28 dicembre 2000, n. 445, con la quale attesta di avere richiesto, almeno dieci giorni prima della presentazione dell'istanza di nomina dell'esperto, le certificazioni medesime. Le disposizioni di cui al primo periodo si applicano a tutte le istanze presentate alla data di entrata in vigore del presente decreto e a quelle presentate fino al 31 dicembre 2023*".

Il percorso di accesso alla composizione negoziata è più semplice per l'imprenditore minore, posto che questi in virtù della dimensione contenuta della sua struttura organizzativa ha obblighi documentali più snelli e semplificati.

Inoltre, rispetto alle imprese *sopra soglia*, assoggettabili alla liquidazione giudiziale, l'imprenditore *minore* non deve allegare un progetto di piano di risanamento redatto secondo le indicazioni della lista di controllo di cui all'articolo 13, comma 2, e una relazione chiara e sintetica sull'attività in concreto esercitata recante un piano finanziario per i successivi sei mesi e le iniziative che intende adottare.

L'esperto nominato nella composizione negoziata *minore*, avrà, quindi, un compito di ausilio dell'imprenditore più pregnante e incisivo rispetto al ruolo svolto per le imprese maggiori, avendo la legge assegnato espressamente a tale figura il compito di coadiuvare il debitore nella predisposizione dell'ulteriore documentazione utile a individuare l'eventuale soluzione della crisi [2].

3. Responsabilità dell'esperto

Dal momento che il legislatore ha importato la Composizione negoziata nel Codice della Crisi come procedimento alternativo di allerta (su base volontaria e non invasiva), ma anche come possibilità a intavolare trattative per ricercare una soluzione condivisa, la figura dell'esperto assume particolare importanza nel corso della procedura soprattutto in riferimento alla serietà e all'efficienza delle trattative.

I dialoghi dovranno [dovrebbero] essere facilitati dall'esperto quando l'impresa presenti comprovati profili di risanabilità determinando allora un risultato utile per debitore, creditori e impresa.

La relazione dell'esperto – anche nella CNC minore – svolge un ruolo decisivo nella procedura poiché in virtù di questa i creditori e il giudice basano le proprie determinazioni. La relazione dell'esperto della crisi, infatti, oltre che in funzione della procedura *tout court* è in funzione della tutela dei creditori, per non compromettere i loro diritti.

È definito all'art. 2, comma 1, lett. o-*bis*) come "*il soggetto terzo e indipendente, iscritto nell'elenco di cui all'articolo 13, comma 3 e nominato dalla commissione di cui al comma 6 del medesimo articolo 13, che facilita le trattative nell'ambito della composizione negoziata*", senza essere equipa-

[2] A. MANCINI, *Le "imprese sotto soglia" nel d.l. 118/2021: interazioni con il sovraindebitamento*, in *www.ilcaso.it*.

rabile al professionista indipendente di cui all'art. 2, comma 1, lett. o) (il professionista incaricato dal debitore nell'ambito di uno degli strumenti di regolazione della crisi dell'insolvenza).

Il che, però, non significa che l'attività dell'esperto (così come quella del gestore nel sovraindebitamento) sia indifferente e priva di responsabilità: in fondo è la ragione per cui la legge, oltre a richiedere il proprio parere sulla funzionalità delle misure protettive, esige un controllo proprio da parte dell'esperto sulla attendibilità dei dati presenti nella relazione illustrativa e, quindi, una verifica, ad esempio, dei crediti e dei debiti e, in generale, sul patrimonio del debitore (attraverso l'accesso alle banche dati e una lettura attenta di quanto emerge dai colloqui con il debitore stesso).

Detta attività appartiene agli atti della procedura e determina una responsabilità dell'esperto – così come nel gestore – nei confronti dei creditori nell'ipotesi in cui, ad esempio, essi abbiano esercitato il loro voto in un certo modo confidando sulle valutazioni dell'esperto.

Ecco perché l'attività dell'esperto nella CNC minore richiama quella del gestore della crisi, che deve prestare la massima attenzione proprio alle verifiche sulla completezza e veridicità della documentazione presentata dal debitore e attestarne il contenuto.

Per analogia al sovraindebitamento e all'OCC possiamo ipotizzare l'affermazione secondo cui nei confronti del debitore la Camera di Commercio, risponde di una responsabilità contrattuale da contratto sociale, posto che la CDC è officiata da una specifica istanza del debitore, il quale è tenuto a rivolgersi all'Organismo della CNC se vuole accedere alle procedure ai sensi dell'art. 25-*quater* CCII.

Infatti per attinenza al sovraindebitamento, la disattenta o negligente attività di verifica della documentazione prodotta dal debitore, nonché l'assenza totale di una scrupolosa attività di indagine nelle banche dati opportune e consultabili in virtù del mandato, al fine di accertare la reale capacità patrimoniale del debitore, comporta in capo all'esperto una responsabilità *ex* art. 2043 c.c. Nella stessa responsabilità incorre l'OCC che non ha trattato correttamente i dati acquisiti ai sensi del vecchio art. 15 comma 11, che potrebbero integrare oltre che illeciti amministrativi e penali previsti dal d.lgs n. 196/2003, anche illeciti civili con conseguenti responsabilità risarcitorie.

Nella sezione III dedicata al "*Protocollo di conduzione della composizione negoziata*", i profili affrontati nell'attività di verifica dell'esperto sono quelli inerenti a: a) la perseguibilità del risanamento, b) la presenza di un gruppo di imprese, c) l'esame del piano e la sua coerenza con la lista di controllo, d) la gestione dell'impresa in pendenza della composizione negoziata, e) lo svolgimento delle trattative e la formulazione delle proposte, f) il contenuto dei pareri da rendere in caso di nuovi finanziamenti, g) la rinegoziazione dei contratti, h) la cessione d'azienda o di suoi rami, i) il tema della stima della liquidazione dell'intero patrimonio sia in funzione del concordato semplificato che della valutazione dell'interesse da parte dei creditori, l) la conclusione dell'incarico e la relazione finale.

Pertanto dette attività espongono l'operato dell'esperto a una verifica puntuale di tutti gli adempimenti a cui per legge è chiamato a rispondere e per loro natura devono essere funzionali a una corretta riuscita della procedura.

4. Lo svolgimento del procedimento di composizione negoziata minore

Depositata l'istanza e nominato l'esperto, possibilmente tra coloro che hanno almeno la qualifica di gestori, questi dovrà preliminarmente verificare la ragionevole perseguibilità del risanamento e accertare i rimanenti requisiti di accesso, tra i quali il mancato superamento dei limiti dimensionali di cui all'art. 2, comma 1, lett. d), CCII.

Il test pratico per la verifica della ragionevole perseguibilità del risanamento previsto dal decreto ministeriale anzidetto dovrà essere opportunamente adattato alle caratteristiche contabili delle imprese sottosoglia, avvalendosi dei dati risultanti dalle dichiarazioni fiscali ove i bilanci non siano disponibili e pertanto potrà non tenere conto delle evidenze dello stato patrimoniale, non disponibile per le società a contabilità semplificata.

Anche sotto questo profilo l'art. 25-*quater* CCII opera un rinvio alla disciplina già prevista per le imprese maggiori.

Il professionista dovrà, quindi, accertare la propria indipendenza, il possesso delle competenze e della disponibilità di tempo necessario per dedicarsi all'incarico per decidere se accettare l'incarico medesimo entro due giorni lavorativi dal ricevimento della nomina.

Resta, invece, punto focale della fase iniziale del procedimento la convocazione del debitore, finalizzata a valutare l'esistenza di una concreta prospettiva di risanamento, da valutare rispetto a un piano che deve almeno essere esposto nelle battute iniziali.

Naturalmente, già in questa primissima fase, potrebbe emergere l'impossibilità di dare seguito alle negoziazioni, in presenza di una situazione già definitivamente compromessa e/o a fronte di un atteggiamento dell'imprenditore fermo su posizioni inconciliabili con quelle di un possibile risanamento. In una simile evenienza, l'esperto dovrà comunicare l'impossibilità di proseguire nella procedura, chiedendone l'archiviazione immediata. Qualora, invece, sia confermata la probabilità di successo del tentativo di ristrutturazione, una volta predisposta una bozza di proposta, l'esperto dovrà stilare un calendario di incontri serrati per coltivare una convergenza di interessi con i creditori, con l'obiettivo di risolvere il dissesto entro centottanta giorni, prorogabili con l'assenso di tutte le parti.

5. La conduzione delle trattative

A seguito della nomina dell'esperto e dell'accettazione dell'incarico, le trattative verranno condotte in forza del principio secondo il quale "*le parti si comportano secondo buona fede e correttezza*".

A tal proposito l'imprenditore minore – richiamando l'art. 16 CCII – avrà l'obbligo nell'ambito della negoziazione di consegnare all'esperto, ai creditori e a tutti gli altri soggetti interessati la situazione economico-finanziaria in modo completo e trasparente. Ciò comporta che tutte le informazioni obbligatorie permettano ai creditori di comprendere meglio la situazione dell'impresa per avere una giusta percezione della realtà.

Il dovere di comportarsi secondo buona fede e correttezza nel corso della composizione negoziata (soprattutto nelle trattative) è in capo tanto al debitore quanto ai creditori – ciascuno per il proprio ruolo e funzione – così come espresso nell'art. 4 CCII e si fonda su canoni di comportamento tipici del diritto delle obbligazioni, ai sensi degli articoli del codice civile (1337, 1366, 1375 e 1175).

Anche nella CNC minore il dovere di cooperazione dei creditori – contenuto nell'art. 1175 c.c. e ripreso dall'art. 4, comma 4, CCII – è quello di collaborare lealmente con il debitore, con l'esperto nella composizione negoziata e con gli organi nominati dall'autorità giudiziaria e amministrativa.

Detto dovere è particolarmente rivolto agli istituti di credito, agli intermediari finanziari e i cessionari dei loro crediti. Per questi soggetti corre l'obbligo di partecipare attivamente ed informato alle trattative, scongiurando comportamenti formalmente corretti che potrebbero sfociare in una più sempre ricorrente mancanza di interesse alla trattativa.

Inoltre, in capo all'imprenditore incombe il compito di gestire il patrimonio e l'impresa durante la negoziazione senza compromettere ingiustamente gli interessi dei creditori.

A fronte dell'intervento dell'esperto, i possibili esiti potranno condurre o meno all'individuazione di una soluzione idonea al superamento della situazione di crisi e nel caso di soluzione identificata, la figura dell'esperto servirà a coadiuvare l'imprenditore nella ricerca di un consenso presso il ceto creditorio, da formalizzare in uno degli strumenti negoziali previsti dalla normativa.

6. Esito delle trattative

Nel caso in cui fosse individuata una soluzione, è il comma 3 dell'art. 25-*quater* CCII a prevedere che l'imprenditore potrà accedere alternativamente alla:

a) conclusione di un contratto privo di effetti nei confronti dei terzi idoneo ad assicurare la continuità aziendale;
b) conclusione di una convenzione di moratoria;
c) conclusione di un accordo sottoscritto dall'imprenditore, dai creditori e dall'esperto, idoneo a produrre gli effetti di cui all'art. 67, comma 3, lett. d), l.fall.

Se all'esito delle trattative non si raggiunge un accordo, l'imprenditore – ai sensi del comma 4 dello stesso articolo – potrà giovarsi alternativamente di:

d) proposizione di un ricorso per concordato minore *ex* art. 74 CCII;
e) richiesta di liquidazione controllata ai sensi dell'art. 268 CCII;
f) proposizione di una domanda di concordato semplificato per la liquidazione del patrimonio *ex* art. 25-*sexies*, previsto anche per le imprese maggiori;
g) per le sole imprese agricole, omologazione di un accordo di ristrutturazione dei debiti.

7. Vantaggi nella scelta della CNC minore

A differenza degli altri istituti previsti in materia di sovraindebitamento per le imprese *sotto soglia*, la composizione negoziata *minore* contiene elementi di maggior *favor* per il debitore, così sintetizzabili:

– la possibilità di beneficiare di un periodo protetto da azioni esecutive e cautelari per l'elaborazione di un piano di ristrutturazione del debito (combinato disposto artt. 25-*quater*, 18 e 19 CCII);
– la possibilità di sottrarsi agli obblighi di ricapitalizzazione sanciti dal co-

dice civile per tutta la durata delle trattative, elemento inedito per gli imprenditori non assoggettabili alla liquidazione giudiziale (combinato disposto artt. 25-*quater* e art. 20 CCII);

– la conservazione della gestione ordinaria dell'impresa in pendenza delle trattative (combinato disposto art. 25-*quater* e art. 21 CCII);
– la possibilità di ottenere finanziamenti prededucibili, a seguito di apposita autorizzazione del Tribunale, sottraendosi alla regola della postergazione del credito *ex* art. 2467 c.c.[3] (combinato disposto art. 25-*quater* e art. 22 CCII);
– la messa a disposizione di strumenti nuovi per la soluzione della crisi all'esito della procedura.

Alla luce di ciò, benché attualmente abbiano fatto ricorso alla composizione negoziata solo cinquantanove imprese *sotto soglia* (rappresentanti il 7,04%)[4] si auspica che tale «*percorso*» abbia in futuro più larga portata applicativa[5].

8. Le misure protettive e cautelari

Anche le imprese minori potranno chiedere al Tribunale Ordinario competente *ex* art. 27 CCII le misure cautelari e protettive strumentali sino al buon esito delle negoziazioni, già disciplinate dall'art. 54 CCII: il legislatore introduce così per le imprese minori un ombrello protettivo preventivo non più collegato al provvedimento di apertura della procedura concorsuale.

Le misure protettive sono definite dal codice della crisi all'art. 2, lett. p) come "*le misure temporanee disposte dal giudice competente per evitare che determinate azioni dei creditori possano pregiudicare, sin dalla fase delle trattative, il buon esito delle iniziative assunte per la regolazione della crisi o dell'insolvenza*", mentre le misure cautelari sono definite all'art. 2, lett. q) come "*provvedimenti emessi dal giudice competente a tutela del patrimonio o dell'impresa del debitore, che appaiano secondo le circostanze più idonei ad assicurare provvisoriamente gli effetti delle procedure di regolazione della crisi o dell'insolvenza*".

---

[3] L. DE BERNARDIN, *Le imprese sottosoglia nel DL. 118/2021: nuove opportunità*, in *dirittodellacrisi.it.*

[4] Dati di UNIONCAMERE aggiornati al 23 giugno 2023.

[5] S. SANZO (a cura di), *Il Codice della Crisi dopo il D.lgs 17 giugno 2020 n. 83 2022*, Zanichelli, 2022.

Con il deposito dell'istanza di nomina dell'esperto o in un momento successivo, l'impresa può chiedere l'applicazione delle misure protettive e cautelari. La domanda delle prime è corredata dai bilanci degli ultimi tre anni, da un elenco dei creditori, da un progetto di piano provvisorio e da un piano finanziario per i successivi sei mesi (non richiesti per il deposito della composizione minore) e da un'autocertificazione sulla possibilità di risanamento dell'impresa.

Si noti, con particolare riferimento alle imprese sottosoglia, come l'obbligo di deposito del piano finanziario, pur escluso dal corredo documentale iniziale, torni a essere necessario in caso di richiesta di applicazione di misure protettive o cautelari.

Dal giorno della pubblicazione dell'istanza nel registro delle imprese unitamente all'accettazione dell'esperto, i creditori non possono acquisire diritti di prelazione se non concordati con l'imprenditore, né possono iniziare o proseguire azioni cautelari sui beni e diritti con i quali viene esercitata l'attività di impresa; è tuttavia possibile escludere volontaristicamente la protezione su altri beni, come i beni dei soci garanti fideiussori dei debiti sociali; non sono invece inibiti i pagamenti anche dei debiti anteriori, quale ulteriore conferma dell'assenza del divieto di pagamenti potenzialmente lesivi della *par condicio* in questa fase.

Al deposito della domanda consegue anche il divieto di decisione della sentenza dichiarativa di liquidazione giudiziale, che nella composizione minore dovrebbe essere letto come divieto di dichiarazione della liquidazione controllata *ex* art. 268 CCII, per la quale sono legittimati anche i creditori; non sussiste un divieto, tuttavia, di instaurazione della prefallimentare. Se espressamente richiesto, l'istanza produce l'effetto di sospendere l'obbligo di ricapitalizzazione in caso di perdita del capitale sociale.

Gli effetti sono automatici ma devono essere confermati dal Tribunale a seguito della presentazione di un ricorso per la convalida dell'*automatic stay* da depositare entro il giorno successivo della pubblicazione dell'istanza di protezione nel registro delle imprese.

Successivamente al deposito, entro il termine di trenta giorni dalla pubblicazione, l'imprenditore deve pubblicare nel registro delle imprese il numero di ruolo e i riferimenti della procedura avviata per la conferma delle misure perché i creditori possano conoscere i riferimenti del giudizio di convalida per intervenirvi.

Il Tribunale dovrà indicare le modalità di notifica ai creditori e fissare un'udienza entro il termine di dieci giorni a pena di decadenza.

Inoltre, l'imprenditore, con la richiesta di conferma o modifica delle misure protettive da presentarsi al Tribunale, e non autonomamente da esse, può altresì domandare l'adozione di provvedimenti cautelari necessari a condurre a termine le trattative.

All'udienza di convalida il Tribunale, sentito l'esperto (che può depositare una relazione scritta se richiesto) e i creditori, nominato eventualmente un ausiliario, può confermare o ritagliare le misure protettive nella misura dello stretto necessario per proteggere il patrimonio dell'impresa e assicurare le trattative per la durata presumibilmente necessaria, per un periodo compreso tra i trenta e i centoventi giorni prorogabili dello stesso periodo.

Le misure possono essere revocate su istanza dei creditori o dell'esperto se viene meno la strumentalità di esse rispetto all'obiettivo della conclusione delle trattative con successo.

L'ordinanza è comunque passibile di reclamo, secondo le norme del procedimento cautelare uniforme che governano il giudizio.

Viene in rilievo in tutta questa fase, il ruolo particolarmente pregnante attribuito all'esperto, che deve contemperare la relativa facilità di accesso alle misure protettive e cautelari nella fase iniziale della composizione negoziata, con i diritti dei creditori di agire in via esecutiva.

In prima battuta, l'esperto condividerà le sue prime valutazioni con il Tribunale all'udienza di convalida o modifica delle misure protettive e cautelari, mediante il rilascio del richiesto parere e, successivamente, in caso di richiesta di proroga delle misure protettive e cautelari per il tempo necessario.

Successivamente, l'esperto è espressamente chiamato a segnalare al Tribunale, in virtù della previsione contenuta a p. 15, sez. III, § 6.5 del decreto dirigenziale 28 settembre 2021, "*ogni elemento rilevante per la loro revoca o l'abbreviazione della loro durata ai sensi dell'articolo 7, comma 6, se ritenga che esse non soddisfino più l'obiettivo di assicurare il buon esito delle trattative o siano sproporzionate rispetto al pregiudizio arrecato ai creditori*".

Come già sottolineato in precedenza, si tratta di un procedimento assai articolato e di riflesso, verosimilmente costoso e che difficilmente potrà essere compatibile con le procedure di minori dimensioni che non esprimono valori in grado di assorbire i costi di compensi adeguati per una simile procedura.

9. Gli atti di straordinaria amministrazione

L'imprenditore in crisi conserva la gestione dell'impresa e, poiché non sussiste alcuno spossessamento, sono leciti anche i pagamenti dei debiti anteriori. L'ultimo comma dell'art. 25-*quater* CCII sancisce che gli atti autorizzati dal Tribunale rimangono efficaci se successivamente interviene un accordo di ristrutturazione dei debiti omologato, un concordato minore omologato, l'apertura della liquidazione controllata o il concordato semplificato per la liquidazione del patrimonio.

Il ricorso al Tribunale ha lo scopo di attribuire una definitiva stabilità ad alcune attività negoziali, descritte dall'art. 22 CCII, che devono considerarsi comunque lecite se pure effettuate senza il coinvolgimento del giudice, ma soggette a una possibile azione di inefficacia qualora il debitore acceda a uno strumento di regolazione della crisi.

Si tratta dei seguenti atti:

› finanziamenti prededucibili concessi da terzi;
› finanziamenti dai soci prededucibili ai sensi dell'art. 6 CCII;
› finanziamenti infragruppo prededucibili;
› trasferimento dell'azienda o di uno o più rami senza gli effetti di cui all'art. 2560, comma 2, c.c. dettando le misure ritenute opportune, tenuto conto delle istanze delle parti interessate al fine di tutelare gli interessi coinvolti e fermo l'accollo dei debiti retributivi tra cedente e cessionario di cui all'art. 2112 c.c.

Per ottenere la prededuzione e la cessione di azienda senza accollo *ex lege* di tutti i debiti non retributivi occorre pertanto chiedere l'autorizzazione del Tribunale competente *ex* art. 27 CCII.

Va chiarito che la prededuzione rileva solo successivamente alla composizione negoziata, qualora il debitore intraprenda una successiva procedura concorsuale.

Se invece il debitore vuole che la vendita avvenga con la clausola dell'esonero dell'acquirente dai debiti insistenti sull'azienda e risultanti dai libri contabili obbligatori (art. 2560, 2° comma, c.c.), deve rivolgersi al Tribunale per far ottenere al cessionario l'esenzione parziale dal debito pregresso di origine non retributiva.

È significativo che permanga l'accollo dei debiti tributari tra cedente e cessionario, disciplinato dagli art. 14 ss., d.lgs. n. 472/1997, che dunque deve ritenersi in ogni caso operante come l'accollo dei debiti retributivi della cedente *ex* art. 2112 c.c., probabilmente per una dimenticanza del legislatore.

L'esenzione dell'accollo può essere un incentivo a ottenere migliori condizioni di vendita, e a tal proposito è affidato al Tribunale il compito di assicurare il rispetto del principio di competitività.

10. Il concordato semplificato per la liquidazione del patrimonio ex art. 25-*sexies*

Il concordato semplificato è correttamente collocato fra le ipotesi di soluzione infruttuosa della composizione negoziata perché prescinde dal consenso dei creditori.

L'art. 25-*sexies* CCII precisa che la soluzione in esame può essere esperita se l'esperto attesta che le trattative si sono svolte secondo correttezza e buona fede, e la proposta dovrà essere tendenzialmente confezionata e inoltrata ai creditori. L'esperto dovrà attestare che le negoziazioni non hanno avuto esito positivo e che le soluzioni individuate ai sensi dell'articolo 23, commi 1 e 2, non sono praticabili. Il ricorso va presentato nei sessanta giorni successivi alla comunicazione dell'istanza di archiviazione al debitore. Il concordato non prevede il voto ai creditori, né una soglia minima di soddisfacimento di essi e non necessita di una attestazione, ma di un parere dell'esperto sui presumibili risultati della liquidazione.

Il Tribunale, esaminata la ritualità della domanda, nomina un ausiliario e fissa l'udienza per l'omologa. Ciascuno dei creditori ha facoltà di presentare opposizione all'omologazione.

La possibilità di accesso al concordato semplificato non è priva di interesse per le imprese minori tra le opzioni in discontinuità, poiché prevede l'esdebitazione per le persone giuridiche, preclusa nella liquidazione del patrimonio.

11. L'imprenditore agricolo

Nel perseguire la volontà di integrare il sovraindebitamento con la CNC minore, l'istituto "importato" nella normativa vigente in estensione all'imprenditore agricolo è l'accordo in esecuzione di piano attestato di risanamento che l'art. 56 CCII disciplina tra gli strumenti negoziali stragiudiziali praticabili dagli imprenditori in stato di crisi o di insolvenza. Tale ultima integrazione – realizzabile per mezzo di una semplice modifica dell'art. 67, comma 3, lett. d), l.fall. che ha previsto l'applicazione della disposizione anche all'impresa agricola – infatti, contribuisce a realizzare soluzioni stragiudiziali delle crisi, semplificate e di rapida attuazione, anche al di fuori dei passati schemi procedurali.

Infatti, le imprese agricole non perdono l'opzione già accordata di ricorrere all'accordo di ristrutturazione dei debiti ai sensi degli articoli 57, 60 e

61, già accordata nella previgente normativa dall'art. 2, d.lgs. 6 luglio 2011, n. 98 convertito con legge n. 111/2011.

Il debitore può proporre di ristrutturare il proprio debito mediante un accordo che coinvolga il sessanta percento del proprio debito con un piano che appaia idoneo a conseguire il risanamento. Se la proposta non ha natura liquidatoria, è possibile ricorrere all'ADR a efficacia estesa, disciplinato dall'art. 61 CCII che può imporre ai creditori dissenzienti la soluzione concordata se l'adesione supera la soglia del settantacinque per cento dei passivi.

È molto probabile che le imprese sottosoglia non aderiscano facilmente alla composizione negoziata, poiché i costi professionali del procedimento non sono giustificati dalla dimensione del dissesto, rendendo più semplice l'accesso diretto agli istituti del sovraindebitamento che assicura vantaggi non significativamente incrementati dal preventivo esperimento della composizione.

Testimonia una simile considerazione la circostanza sopra enunciata circa l'esigua percentuale delle domande presentate da imprese sottosoglia (poco più del 7% nel corso del 2023)[6].

12. Gli esiti della composizione negoziata minore

Quando le possibilità di risanamento vengono meno, in ogni momento, l'esperto può archiviare la procedura dandone avviso al Tribunale che ha eventualmente disposto le misure protettive o cautelari. L'ultima versione del CCII fa ordine rispetto alle soluzioni prospettate con il d.l. n. 118/2021.

Se è individuata una soluzione idonea al superamento della situazione di crisi, la legge delinea diverse possibili soluzioni, le prime da individuare se la negoziazione ha avuto esito positivo:

a) **conclusione di un contratto privo di effetti nei confronti dei terzi idoneo ad assicurare la continuità aziendale.**

Nel silenzio della legge si deve ritenere che il contratto debba essere concluso con uno o più creditori che abbiano partecipato alle trattative e debba garantire la continuità aziendale per un periodo non più fissato in un biennio.

La disposizione, a differenza di quanto previsto dall'art. 23, comma 1, lett. a), non riproduce l'inciso "*che produce gli effetti di cui all'art. 25 bis*", vale a dire le misure premiali relative agli interessi sui debiti tributari, che

[6] Dati di UNIONCAMERE aggiornati al 23 giugno 2023.

vengono ridotti alla misura legale e sulla riduzione alla misura minima delle sanzioni tributarie.

b) conclusione di una convenzione di moratoria.

La seconda ipotesi disciplinata dalla disposizione in esame riguarda la conclusione di un accordo avente il contenuto di cui all'art. 62 CCII, già art. 182-*octies* l.fall. vale a dire la c.d. convenzione di moratoria [7].

L'accordo dovrà essere concluso con uno o più creditori che abbiano partecipato alle trattative e può differire solo le scadenze dei crediti, la rinuncia agli atti o la sospensione delle azioni esecutive, conservative e ogni altra misura che non comporti rinuncia al credito, senza possibilità di estensione coattiva a terzi né necessità di una attestazione da parte di un professionista qualificato.

c) conclusione di un accordo sottoscritto dall'imprenditore, dai creditori e dall'esperto, idoneo a produrre gli effetti di cui all'art. 67, comma 3, lett. d), l.fall.

Si tratta di un "piano attestato non attestato": va qui ricordato che, trattandosi di imprese sottosoglia, l'unico effetto possibile di un simile istituto non è l'esenzione dalla revocatoria fallimentare, che presuppone la dichiarazione di liquidazione giudiziale qui impossibile, ma piuttosto l'esenzione fiscale del reddito da sopravvenienze attive conseguenti alla falcidia dei crediti *ex* art. 88, comma 4-*ter*, TUIR, effetto richiamato dall'art. 25-*bis*, comma 5 [8]. Il piano non è predisposto unilateralmente dal debitore, visto che la norma prevede la sottoscrizione anche da parte dei creditori e dell'esperto e che realizza, in sostanza, quindi, un vero e proprio accordo.

* * *

Se invece la composizione non ha sortito un effetto positivo sono individuate le seguenti soluzioni:

d) proposizione di un ricorso per concordato minore *ex* art. 74 CCII.

L'istituto potrà essere esperito se le negoziazioni fanno ben sperare sulla sua successiva approvazione e se, in caso di proposta liquidatoria, vengano predisposte risorse esterne che aumentino in misura apprezzabile la misura di soddisfacimento dei creditori, e non obbligatoriamente nella misura del dieci per cento come nel concordato maggiore. A differenza dell'accordo di

---

[7] Vedi nota 32, Capitolo VIII, che tratta delle disposizioni comuni.

[8] Vedi nota 33, Capitolo VIII, che tratta delle disposizioni comuni.

composizione della crisi, il nuovo istituto prevede la necessità di classare i creditori titolari di garanzie prestati da terzi e prevede una maggioranza del cinquanta per cento per valore dei crediti ammessi al voto, in luogo del sessanta per cento del precedente accordo di composizione della crisi.

e) richiesta di liquidazione controllata ai sensi dell'art. 268 CCII.

Si tratta, anche in questo caso, di un mero richiamo all'erede della liquidazione del patrimonio, che prevede la messa a disposizione dei beni e dei crediti del debitore, ad eccezione di quelli impignorabili e di quelli necessari al sostentamento proprio e della sua famiglia, a servizio dei creditori, peraltro aperto alla legittimazione dei terzi ove nell'istruttoria risultino crediti per un ammontare superiore a cinquantamila euro.

f) proposizione di una domanda di concordato semplificato per la liquidazione del patrimonio *ex* art. 25-*sexies*, previsto anche per le imprese maggiori.

Il semplificato è correttamente collocato fra le ipotesi di soluzione infruttuosa della composizione negoziata perché prescinde dal consenso dei creditori.

L'art. 25-*sexies* CCII precisa che la soluzione in esame può essere esperita se l'esperto attesta che le trattative si sono svolte secondo correttezza e buona fede, e la proposta dovrà essere tendenzialmente confezionata e inoltrata ai creditori. L'esperto dovrà attestare che le negoziazioni non hanno avuto esito positivo e che le soluzioni individuate ai sensi dell'articolo 23, commi 1 e 2, non sono praticabili. Il ricorso va presentato nei sessanta giorni successivi alla comunicazione dell'istanza di archiviazione al debitore. Il concordato non prevede il voto dei creditori, né una soglia minima di soddisfacimento degli stessi e non necessita di una attestazione, ma di un parere dell'esperto sui presumibili risultati della liquidazione.

Il Tribunale, esaminata la ritualità della domanda, nomina un ausiliario e fissa l'udienza per l'omologa. Ciascuno dei creditori ha facoltà di presentare opposizione all'omologazione.

La possibilità di accesso al concordato semplificato non è priva di interesse per le imprese minori tra le opzioni in discontinuità, poiché prevede l'esdebitazione per le persone giuridiche.

g) per le sole imprese agricole, omologazione di un accordo di ristrutturazione dei debiti.

BIBLIOGRAFIA

AA.VV., *Il nuovo sovraindebitamento dopo il Codice della crisi d'impresa e dell'insolvenza*, Zanichelli, Torino, 2019.

AA.VV., *Composizione della crisi: generalità*, in AA.VV., *Fallimento e Crisi di impresa*, Ipsoa, Milano, 2020.

AA.VV., *Fallimento e Crisi di Impresa*, Ipsoa, Milano, 2020.

AMBROSINI S., *Il concordato preventivo e gli accordi di ristrutturazione dei debiti*, in G. COTTINO (diretto da), *Trattato di diritto commerciale*, Cedam, Padova, 2008.

AMBROSINI S., *Crisi e insolvenza: distinzione teorica e incertezze applicative. Il nuovo codice della crisi di impresa e dell'insolvenza*, in *Italia Oggi*, serie speciale, n. 2, 23 gennaio 2019.

APPIO C.L., *L'esdebitazione del sovraindebitato incapiente: una seconda chance per il debitore meritevole*, in *www.ilcaso.it.*, 5 marzo 2020.

BATTAGLIA R., *La crisi da sovraindebitamento nella giurisprudenza: lo stato dell'arte*, in *Fall.*, n. 11, 2018.

BENVENUTO G., *Il sovraindebitamento del socio illimitatamente responsabile*, in *www.diritto24.ilsole24ore.com*, 12 dicembre 2016.

BENVENUTO G., *Domande congiunte e cessione del quinto*, in *www.Ilfallimentarista.it*, 2018.

BENVENUTO G., *Le domande congiunte per crisi familiare nel sovraindebitamento*, in *www.diritto24.ilsole24ore.com*, 1° agosto 2018.

BENVENUTO G., *Gli atti in frode e l'inutilità della meritevolezza*, in *www.Ilfallimentarista.it*, 2019.

BENVENUTO G., *Il ricorso in Cassazione nel sovraindebitamento: l'aporia fra presente e futuro*, in *Diritto24, Il Sole 24 Ore*, 20 gennaio 2020.

BERTOLINI A., *La tutela del debitore inadempiente nella disciplina europea dei mutui ipotecari. Eterogenesi dei fini, errori prospettici ed aporie alla luce dell'analisi economica del diritto*, in *Nuove leggi civ. comm.*, 2016.

BOCCHINI R., *Profili civilistici della disciplina del sovraindebitamento del consumatore*, in *Giur. it.*, 2016.

BOCCHINI R., *La meritevolezza dell'accesso al credito nel sovraindebitamento del consumatore*, in *Giur. it.*, 2017.

BOGGIALI D., *La Composizione delle crisi da sovraindebitamento alla luce delle più recenti novità normative*, in Consiglio Nazionale del Notariato, Studio n. 99-2013/I, reperibile online.

BONFANTE G.-COTTINO C., *L'imprenditore*, in C. COTTINO (diretto da), *Trattato di diritto commerciale*, I, Cedam, Padova, 2001.

BRESCIA G.-CALDIERO F.-DAMIANI S.-GOIA G. *La composizione della crisi da sovraindebitamento*, in *Guida Operativa alla Procedura*, 2013.

BROGI R. *Il codice della crisi d'impresa: il concordato minore e la liquidazione controllata del sovraindebitato*, in *Il Quotidiano giuridico*, 30 luglio 2019.

CAMPOBASSO G.F. (a cura di), *Diritto commerciale*, 3, *Contratti, titoli di credito, procedure concorsuali*, Utet, Torino, 2014.

CAPOCCETTI A., *Procedure di composizione della crisi da sovraindebitamento – La nozione di "consumatore" nella disciplina della crisi da sovraindebitamento*, in *Giur. it.*, 2016.

CARMIGNANI S. *Presupposto soggettivo del fallimento e confini dell'impresa agraria*, in *Fall.*, n. 5, 2011.

CARRATTA A., *La semplificazione dei riti e le nuove modifiche del processo civile*, Giappichelli, Torino, 2012.

CELENTANO P., *La caducazione degli effetti dell'accordo*, in *Il fallimento e le altre procedure concorsuali*, Anno XXXIV, n. 9, 2012.

CENSONI P.F., *I limiti del controllo giudiziale sulla fattibilità del concordato preventivo*, in *Giur. comm.*, 2013.

CESARE F., *Sovraindebitamento: Liquidazione del patrimonio*, in *Il Fallimentarista*, 27 settembre 2017.

CESARE F., *Ammissibile la liquidazione del patrimonio di gruppo proposta dai coniugi congiuntamente*, in *www.Ilfallimentarista.it*, 2 ottobre 2018.

CESARE F., *Apertura della liquidazione del patrimonio di una* start up *innovativa e inapplicabilità della legge fallimentare*, in *Il Fallimentarista*, 12 gennaio 2018.

CESARE F., *Il fallimento della* start up *apparente*, in *www.ilfallimentarista.it*, 13 agosto 2018CESARE F., *L'esdebitazione nel Codice della crisi e dell'insolvenza*, Focus del 27 maggio 2019, in *www.ilfallimentarista.it*.

CESARE F., *La liquidazione controllata nel Codice della crisi di impresa e dell'insolvenza*, in *Il Fallimentarista*, 22 gennaio 2019.

CESARE F., *Sovraindebitamento: sì all'esdebitazione anche con soddisfazione parziale dei creditori privilegiati*, in *Il Fallimentarista*, 2020.

CICCIA MESSINA A., *I nuovi presupposti: la crisi, l'insolvenza ed il sovraindebitamento. Il nuovo codice della crisi di impresa e dell'insolvenza*, in *Italia Oggi*, serie speciale n. 2, Anno 29, 23 gennaio 2019.

CICINELLI E., *La nuova disciplina del sovraindebitamento*, Nel diritto Editore, Molfetta, 2019.

COMMISSIONE CRISI DA SOVRAINDEBITAMENTO-AREA PROCEDURE CONCORSUALI DEL CONSIGLIO NAZIONALE DEI DOTTORI COMMERCIALISTI E DEGLI ESPERTI CONTABILI, *Linee guida sulla crisi del sovraindebitamento di cui alla Legge n. 3 del 27 gennaio 2012 e successive modifiche e integrazioni*, Roma, 2015.

CONFINDUSTRIA, *Riforma del diritto fallimentare – Le modifiche introdotte dal decreto correttivo*, marzo 2008.
CONIGLIARO M., *Sovraindebitamento: il fideiussore può essere considerato "consumatore"*, in *www.ecnews.it*, 5 settembre 2018.
CORDOPATRI M., *Presupposti e ammissibilità*, in F. DI MARZIO-F. MACARIO-G. TERRANOVA (a cura di), *La "nuova" composizione della crisi da sovraindebitamento*, Giuffrè, Milano, 2013.
CORDOPATRI S., *L'esecuzione dell'accordo o del piano del consumatore*, in AA.VV., *La "nuova" composizione della crisi da sovraindebitamento*, a cura di F. Di Marzio-F. Macario-G. Terranova, Giuffrè, Milano, 2013.
CORIGLIANO M., *Sovraindebitamento: la Cassazione fissa la nozione di consumatore*, in *www.ecnews.it*, 4 febbraio 2016.
– *Crisi da sovraindebitamento: anche l'imprenditore è qualificabile come consumatore*, in *Il Fallimentarista*, 3 febbraio 2016.
CRIVELLI A., *Profili applicativi delle procedure di accordo e di piano del consumatore*, in *Dir. fall.*, 2017.

D'AMATO G.P., *La Cassazione definisce la qualifica di consumatore per le procedure di sovraindebitamento di cui alla L. n. 3/2012*, in *www.diritto24.ilsole24ore.com*, 11 febbraio 2016.
D'AMICO G., *Il sovraindebitamento nel Codice della crisi e dell'insolvenza*, in *Il Fallimento e le altre procedure concorsuali*, n. 6, 2019.
D'ORAZIO L., *Le procedure di negoziazione della crisi dell'impresa*, Giuffrè, Milano, 2013.
D'ORAZIO L., *Il sovraindebitamento nel Codice della crisi e dell'insolvenza*, in *Il Fallimento e le altre procedure concorsuali*, n. 6, 2019.
DE CESARE M., *Fissazione del sostentamento nella liquidazione del patrimonio e limiti di pignorabilità ex art. 545, c.p.c.*, in *www.ilfallimentarista.it*, 2019.
DE CESARE M., *I presupposti per l'accesso alla composizione della crisi dà sovraindebitamento dell'impresa agricola*, in *Giur. comm.*, in *www.Ilfallimentarista.it*, 17 gennaio 2019.
DE LUCA N., *La nozione di sovraindebitamento: nuove parole per vecchi concetti*, in F. FIMMANÒ-G. D'ATTORRE (a cura di), *La composizione della crisi da sovraindebitamento*, Collana Regole e Mercati, II ed., Giapeto Editore, Napoli, 2017.
DE SENSI V., *La nuova disciplina della crisi da sovraindebitamento: dubbi sulla sua natura concorsuale*, in *Riv. dir. comm.*, 2013.
DEL LINZ M., *Spunti critici sulle nuove procedure di sovraindebitamento e ordinamenti a confronto*, in *Dir. fall.*, 2015.
DI MARZIO F., *Sovraindebitamento: il procedimento di liquidazione del patrimonio, al quale può seguire la concessione dell'esdebitazione, altra importante novità del Decreto Sviluppo*-bis, in *www.Ilfallimentarista.it*, 2013.
DI MARZIO F., *Fallimento. Storia di un'idea*, Giuffrè, Milano, 2018.
DI NOSSE L., *Gli Occ ed i professionisti designati: casi e problemi*, in F. FIMMANÒ-

G. D'ATTORRE (a cura di), *La composizione della crisi da sovraindebitamento*, Collana Regole e Mercati, II ed., Giapeto Editore, Napoli, 2017.

DI RAIMO R., *Debito, sovraindebitamento ed esdebitazione del consumatore: note minime sul nuovo diritto del capitalismo postmoderno*, in *dirittobancario.it*, 2018.

DIDONE A., *Le riforme delle procedure concorsuali*, II, Giuffrè, Milano, 2016.

DOCUMENTO DELLA FONDAZIONE NAZIONALE DEI DOTTORI COMMERCIALISTI E DELL'ODCEC, *La liquidazione dei compensi nelle procedure di composizione della crisi da sovraindebitamento e nella liquidazione del patrimonio* del settembre 2018.

DONZELLI R., *Prime riflessioni sui profili processuali delle nuove procedure concorsuali in materia di sovraindebitamento*, in *Dir. fall. e soc. comm.*, n. 5, 2013.

FARINA P., *Le procedure concorsuali di cui alla legge n. 3 del 2012 e la (limitata) compatibilità con la legge fallimentare. Le problematiche della domanda e dell'*automatic stay, in *Dir. fall.*, 2017.

FERRO M., *L'avvio del procedimento: il deposito della proposta*, in M. FERRO (a cura di), *Sovraindebitamento e usura*, Milano, 2012.

FICO A., *La fase introduttiva dell'accordo di ristrutturazione dei debiti disciplinato dall'art. 6 e ss. della Legge n. 3/2012*, in F. FIMMANÒ-G. D'ATTORRE (a cura di), *La composizione della crisi da sovraindebitamento*, Collana Regole e Mercati, II ed., Giapeto Editore, Napoli, 2017.

FILOCAMO F.S., *Deposito ed effetti dell'accordo*, in *Il fallimento e le altre procedure concorsuali*, Anno XXXIV, n. 9, 2012.

FILOCAMO F.S., *L'ammissione e l'anticipazione degli effetti protettivi*, in FERRO, M. (a cura di), *Sovraindebitamento e usura*, Milano, 2012.

FILOCAMO F.S.-VELLA P., *L'annullamento e la risoluzione dell'accordo*, in FERRO, M. (a cura di), *Sovraindebitamento e usura*, Milano, 2012.

FORGILLO E., *La nomina del professionista da parte del Tribunale*, in F. FIMMANÒ-G. D'ATTORRE (a cura di), *La composizione della crisi da sovraindebitamento*, Collana Regole e Mercati, II ed., Giapeto Editore, Napoli, 2017.

FRASCAROLI SANTI E., *Gli accordi di ristrutturazione dei debiti, un procedimento concorsuale da inserire nell'ambito di applicazione del regolamento (ce) n. 1346/2000: lo richiede la commissione europea*, in *Dir. fall.*, 2013.

FRIEDLAND J., *Chapter 11 – '101': An Overview of the Automatic Stay*, in 16 *American Bankruptcy Institute Journal*, 2004.

GIORDANO R., *L'impugnazione e la risoluzione dell'accordo*, in F. DI MARZIO-F. MACARIO-G. TERRANOVA (a cura di), *Composizione della crisi da sovraindebitamento. Officina del diritto. Il civilista*, Giuffrè, Milano, 2013.

GIORGETTI M. (a cura di), *Codice della crisi d'impresa e dell'insolvenza*, Pacini Editore, Pisa, 2019.

GIULIANI J.-CESARE F., *Il piano del consumatore*, in AA.VV., *Fallimento e Crisi d'Impresa*, Ipsoa, Milano, 2019.

GUGLIEMUCCI L., *Diritto fallimentare*, IV ed., Giappichelli, Torino, 2017.
GUIDOTTI R., *Esdebitazione*, in *www.ilfallimentarista.it*, 26 luglio 2019.
GUIOTTO A., *Nuove modifiche alla disciplina delle crisi da sovraindebitamento*, in *Fall.*, 2012.

IOVERNO F., *Socio illimitatamente responsabile e accesso alla procedura di sovraindebitamento – Quesiti Operativi*, in *www.ilfallimentarista.it*, 17 aprile 2019.
IVONE G., *L'accordo tra debitore e creditori*, in AA.VV., *La "nuova" composizione della crisi da sovraindebitamento*, a cura di F. DI MARZIO-F. MACARIO-G. TERRANOVA, Giuffrè, Milano, 2013.
IVONE G., *L'ammissione alla procedura*, in F. DI MARZIO-F. MACARIO-G. TERRANOVA (a cura di), *Composizione della crisi da sovraindebitamento. Officina del diritto. Il civilista*, Giuffrè, Milano, 2013.

JORIO A. *Introduzione generale alla disciplina della crisi d'impresa*, in A. JORIO-B. SASSANI (a cura di), *Trattato delle procedure concorsuali*, I, Giuffrè, Milano, 2014.
– *La crisi da sovraindebitamento nella giurisprudenza: lo stato dell'arte*, articolo, dalla rivista *Il Fallimento e altre procedure concorsuali*, Ipsoa, Milano, segnalazione del 21 novembre 2018.

LAMANNA F., *Composizione delle crisi da sovraindebitamento: poteri e funzioni del tribunale*, in *www.ilfallimentarista.it*, 2012.
LAMANNA F., *Osservazioni sul DDL delega della Commissione Rordorf*, in *www.ilfallimentarista.it*, 22 settembre 2016.
LAZOPPINA G., *Falcidia IVA nel sovraindebitamento*, in *www.ilfallimentarista.it*, 2020.
LAZZARA M., *Riflessioni sulla meritevolezza del consumatore*, in *Dir. fall.*, 2017.
LEOZAPPA A.M., *Il sovraindebitamento del debitore fallibile, delle società professionali e degli enti pubblici*, in *Giur. comm.*, 2015.
LEUZZI S., *La liquidazione del patrimonio dei soggetti sovraindebitati fra presente e futuro*, in *Ilcaso.it*, 9 marzo 2019
LIMITONE G., *La nuova nozione di autonomia patrimoniale "causale" riferita al consumatore sovraindebitato*, in *ilcaso.it*, 15 novembre 2017.
LIMITONE G., *Postilla sulla colpa nella legge n. 3/2012 sul sovraindebitamento del consumatore e la proposta della commissione Rordorf*, in *ilcaso.it*, 2016.
LO CASCIO G., *La composizione delle crisi da sovraindebitamento (Introduzione)*, in *Il fallimento e le altre procedure concorsuali*, Anno XXXIV, n. 9, 2012.
LO CASCIO G., *Composizione della crisi da sovraindebitamento*, in *Fall.*, 2013.
LO CASCIO G., *L'ennesima modifica alla legge sulla composizione della crisi da sovraindebitamento*, in *Il fallimento e le altre procedure concorsuali*, n. 7, 2013.
LOCORATOLO S., *Le funzioni degli organismi di composizione della crisi da sovraindebitamento*, in F. FIMMANÒ-G. D'ATTORRE (a cura di), *La composizione della crisi da sovraindebitamento*, Collana Regole e Mercati, II ed., Giapeto Editore, Napoli, 2017.

MACARIO F., *Finalità e definizioni*, in F. DI MARZIO-F. MACARIO-G. TERRANOVA (a cura di), *La "nuova" composizione della crisi da sovraindebitamento*, Giuffrè, Milano, 2013.

MAFFEI ALBERTI A., *Commentario breve alla legge fallimentare*, Cedam, Padova, 2013.

MANENTE D., *Gli strumenti di regolazione delle crisi da sovraindebitamento dei debitori non fallibili introduzione alla disciplina della l. 27 gennaio 2012, n. 3, dopo il c.d.* "decreto crescita-*bis*", in *Dir. fall.*, 2013.

MASTURZI S., *La composizione della crisi da sovraindebitamento mediante accordo di ristrutturazione dei debiti e soddisfazione dei crediti*, in *Dir. fall.*, 2014.

MICHELOTTI F., *Il sovraindebitamento nel Codice della crisi di impresa e dell'insolvenza*, del 13 settembre 2019.

MICHELOTTI F., *Il sovraindebitamento per le imprese minori e i privati*, in M. POLLIO, *La riforma del fallimento, Il nuovo codice della crisi di impresa e dell'insolvenza*, in *Italia Oggi*, serie speciale n. 2, Anno 29, 23 gennaio 2019.

MICHELOTTI F., *I soci illimitatamente responsabili e le procedure di composizione della crisi da sovraindebitamento*, in *Fall.*, n. 3, 2020.

MONTINARO R., *Il sovraindebitamento del consumatore: diligenza nell'accesso al credito ed obblighi del finanziatore*, in *Banca, borsa, tit. cred.*, 2015.

NARDECCHIA G.B., *Il nuovo codice della Crisi d'Impresa e dell'Insolvenza*, Nel diritto Editore, Roma, 2019.

NARDECCHIA G.B.-FABIANI M., *Legge fallimentare. Formulario commentato*, Ipsoa, Milano, 2014.

NIGRO A.-VATTERMOLI D., *Diritto della crisi delle imprese*, Il Mulino, Bologna, 2014.

NISIVOCCIA N., *La rinascita del debitore. Le regole sul sovraindebitamento per risolvere le crisi, Il Sole 24 Ore – Economia*, Mensile n. 2, 2020, I ed., ottobre 2020.

NONNO G.M., *Il presupposto soggettivo di ammissibilità ed il contenuto del piano*, in M. FERRO (a cura di), *Sovraindebitamento ed usura*, Milano, 2012.

PACCHI S., *Il sovraindebitamento. Il regime italiano*, in *Riv. dir. comm.*, 2012.

PACCHI S., *I procedimenti concorsuali per la crisi da sovraindebitamneto*, in A. CAIAFA-S. ROMEO (a cura di), *Il fallimento e le altre procedure concorsuali*, Cedam, Padova, 2014.

PACIELLO A., *Prime riflessioni (inevitabilmente) critiche sulla composizione della crisi da sovraindebitamento*, in *Riv. dir. comm.*, 2012.

PACILEO F., *Ancora sullo "stato di insolvenza". Appunti sull'art. 5 legge fallim. e spunti sulla nozione di "sovraindebitamento" di cui alla l. n. 3/2012*, in *Dir. fall.*, 2013.

PAGANINI A., *Start-up innovativa e sovraindebitamento, la procedura non inizia con la mera richiesta di nomina del gestore della crisi*, in *Dir. e Giust.*, 3 febbraio 2020.

PAJARDI P.-PALUCHOWSKI A., *Manuale di diritto fallimentare – Esdebitazione nel fallimento*, Giuffrè, Milano, 2008.

PALUCHOWSKI A.-PAJARDI P.-BOCCHIOLA M., *Codice del Fallimento*, Giuffrè, Milano, 2013.

PANZANI L., *Composizione delle crisi da sovraindebitamento*, in *Nuovo dir. soc.*, n. 1, 2012.

PANZANI L., *La nuova disciplina da sovraindebitamento dopo il D.L. 18 ottobre 2012, n. 179*, in *www.ilfallimentarista.it*, 2012.

PANZANI L., *Crisi d'impresa e ristrutturazione: protagonisti, costi e scenari europei*, in *Nuovo dir. soc.*, 2015.

PANZANI L., *Dal "Fallimento" alla liquidazione giudiziale. Note minime sulla nuova disciplina del CCII, Leggi d'Italia Legale*, in *Fall.*, 2019.

PASQUARIELLO F., *Le procedure di sovraindebitamento alla vigilia di una riforma*, in *Nuove leggi civ. comm.*, 2018.

PELLECCHIA E., *Primi provvedimenti sulle procedure di composizione delle crisi da sovraindebitamento: in particolare, il piano del consumatore*, in *Banca, borsa, tit. cred.*, 2014.

PELLECCHIA E., *L'interesse del debitore alla ristrutturazione dei debiti*, in *Contr. e impr.*, 2015.

PELLECCHIA E., *Chi è il consumatore sovraindebitato? Aperture e chiusure giurisprudenziali*, in *Nuova giur. civ.*, 2016.

PETROSILLO A., *Il concordato "misto" e il criterio della "prevalenza quantitativa attenuata"*, in *il Fallimentarista*, 27 gennaio 2020.

PORTINARO D., *Le procedure da sovraindebitamento nel Codice della crisi e dell'insolvenza*, in *Il Fallimentarista*, 16 maggio 2019.

RESTREPO A., *A Pro-debtor and Majority Approach to the 'Automatic Stay' Provision of the Bankruptcy Code – In re Cowen Incorrectly Decided*, in 59 *Boston College School Review*, n. 537, 2018.

RISPOLI FARINA M., *La nuova disciplina del sovraindebitamento del consumatore*, in *Dir. fall.*, 2014.

ROLFI F., *Composizione delle crisi da sovraindebitamento: il profilo della fattibilità nell'accordo e nel piano*, in *Il Fallimentarista*, 2013.

RONDINONE N., *L'imprenditore agricolo esercente attività commerciale nel nuovo diritto concorsuale*, in *Riv. dir. comm.*, 2014.

RONDINONE N., *Note critiche sul declino della* lex concorsus *commerciale e sull'avvento del* novus concorsus *civile*, in *Dir. fall.*, n. 2, 2014.

RONDINONE N., *Il presupposto soggettivo delle procedure di sovraindebitamento quale espressione della nuova concorsualità* "debitor oriented", in F. FIMMANÒ-G. D'ATTORRE (a cura di), *La composizione della crisi da sovraindebitamento*, Collana Regole e Mercati, II ed., Giapeto Editore, Napoli, 2017.

ROPPO E., voce "*Responsabilità patrimoniale*", in *Enc. dir.*, XXXIX, 1988.

ROVATI B., *Il fallimento della supersocietà di fatto*, in *www.ilfallimentarista.it*.

SABATELLI E., *Prime osservazioni su una disciplina in itinere: la composizione delle crisi da sovraindebitamento del consumatore*, in *Il Fallimentarista*, 7 novembre 2012.

SABATELLI E., *La Cassazione precisa la nozione di «consumatore» ai fini dell'accesso al procedimento riservato di composizione delle crisi da sovraindebitamento*, in *Dir. fall.*, n. 5, 2016.

SANNINI T.-STANGHELLINI T., *L'imprenditore agricolo insolvente tra fallimento e sovraindebitamento: un caso nel florovivaismo pistoiese*, in *Ilcaso.it*, 20 luglio 2015.

SANZO S.-BURRONI D. *Il nuovo Codice della crisi di impresa e dell'insolvenza*, Zanichelli, Bologna, 2019.

SERRA L., *Codice della crisi di impresa e dell'insolvenza*, in *https://www.altalex.com/documents/news/2018/11/28/codice-crisi-impresa-e-insolvenza*, del 15 febbraio 2019.

SERRA M., *Gli effetti e l'esecuzione*, in A. PISANI MASSAMORMILE (a cura di), *La crisi del soggetto non fallibile*, Giappichelli, Torino, 2016.

SPIOTTA M., *Insolvenza (non ancora) prospettica: quali rimedi?*, in *Fall.*, n. 1, 2020.

TISCINI R., *I procedimenti di composizione della crisi da sovraindebitamento e di liquidazione del patrimonio*, in *Riv. dir. proc.*, 2013.

TRENTINI C., *Ammissibilità delle procedure collegate di accordi* ex *art. 182* bis *l.fall. di società di persone e di accordo da sovraindebitamento dei soci illimitatamente responsabili*, commento a Trib. Rimini 27 giugno 2019.

TRISORIO LIUZZI G., *La composizione della crisi da sovra indebitamento*, in *Giusto proc.*, 2013.

VALERINI F., *Sovraindebitamento*, in *Il Fallimentarista*, 14 febbraio 2019.

VEZZANI N., *L'accordo di composizione della crisi e il piano del consumatore nella disciplina del sovraindebitamento*, in *ilsovraindebitamento.it*.

VIGO MAJELLO A., *L'"accordo" del debitore ed il "piano del consumatore": nozione, presupposti e differenze*, in A. PISANI MASSAMORMILE (a cura di), *La crisi del soggetto non fallibile*, Giappichelli, Torino, 2016.

VITIELLO M., *Atti in frode ai creditori e procedura di liquidazione del patrimonio del sovraindebitato*, in *Il Fallimentarista*, 21 settembre 2017.

INDICE ANALITICO

Finito di stampare nel mese di febbraio 2024
nella Rotolito S.P.A. – Via Sondrio, 3
20096 Pioltello (MI)

Registrati alla Biblioteca Digitale >

La **Biblioteca Digitale** di Giappichelli Editore è una piattaforma che offre allo studente strumenti e contenuti integrativi al libro.

Per accedere >

Aprire l'indirizzo **https://biblioteca.giappichelli.it/varia** ed effettuare la registrazione impostando *login* e *password*.

Autenticarsi alla piattaforma con le credenziali scelte.

Per sbloccare il libro nella versione digitale e/o i contenuti integrativi associati:

- Accedere alla piattaforma;
- Cliccare sul pulsante "Aggiungi un libro";
- Inserire l'ISBN del volume acquistato;
- Inserire il codice di sblocco (presente sul bollino SIAE) che si trova nella prima pagina del volume.

Avvertenza: i materiali on-line sono disponibili fin quando il testo sarà presente nel catalogo Giappichelli fatto salvo differente disposizione da parte dell'Editore

Finito di stampare nel mese di febbraio 2024
nella Rotolito S.P.A. – Via Sondrio, 3
20096 Pioltello (MI)

Registrati alla Biblioteca Digitale >

La **Biblioteca Digitale** di Giappichelli Editore è una piattaforma che offre allo studente strumenti e contenuti integrativi al libro.

Per accedere >

Aprire l'indirizzo **https://biblioteca.giappichelli.it/varia** ed effettuare la registrazione impostando *login* e *password*.

Autenticarsi alla piattaforma con le credenziali scelte.

Per sbloccare il libro nella versione digitale e/o i contenuti integrativi associati:

- Accedere alla piattaforma;
- Cliccare sul pulsante "Aggiungi un libro";
- Inserire l'ISBN del volume acquistato;
- Inserire il codice di sblocco (presente sul bollino SIAE) che si trova nella prima pagina del volume.

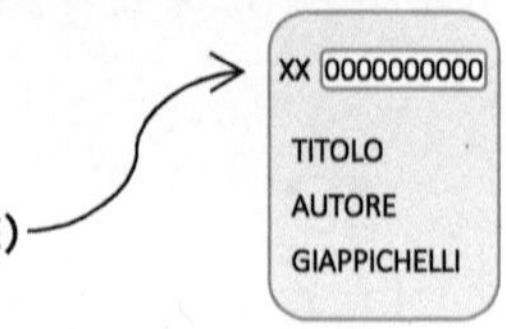

Avvertenza: i materiali on-line sono disponibili fin quando il testo sarà presente nel catalogo Giappichelli fatto salvo differente disposizione da parte dell'Editore